21 世纪高等学校
经济管理类规划教材
高校系列

THEORY AND PRACTICE OF STATISTICS

统计学
理论与实务

✚ 潘向阳 编著

ECONOMICS
AND
MANAGEMENT

人 民 邮 电 出 版 社

北 京

图书在版编目（ＣＩＰ）数据

统计学理论与实务 / 潘向阳编著. -- 北京：人民
邮电出版社，2014.2
21世纪高等学校经济管理类规划教材
ISBN 978-7-115-33759-7

Ⅰ．①统… Ⅱ．①潘… Ⅲ．①统计学－高等学校－教
材 Ⅳ．①C8

中国版本图书馆CIP数据核字(2013)第314753号

内 容 提 要

统计学是研究如何搜集、整理、分析反映事物总体数字的信息资料，并以此为依据，对总体特征进行推断的原理和方法。用统计来认识事物的步骤是：研究设计→调查整理→统计分析→结论。本书就是在此基础上，系统地阐述了统计学的基本理论，结合实例介绍了统计学的基本方法及其应用。注意对统计方法思想的阐述，并结合大量示例和实际数据说明统计分析方法的特点及应用条件。本书摒弃了烦琐的数学、数理统计理论公式推导，注重实用，浅显易懂。旨在为师生提供便捷的途径，掌握有关常用的统计调查、整理、分析方法。通过深入认识统计基本理论和正确的统计方法，使读者可以了解如何利用统计方法客观而有效地理解各种社会及经济现象。

本书可作为管理类、经济学类各专业学习统计学课程的入门教材，也可供从事社会、经济和管理等研究和实际工作的人员阅读参考。

◆ 编　著　潘向阳
责任编辑　武恩玉
责任印制　彭志环　焦志炜
◆ 人民邮电出版社出版发行　北京市丰台区成寿寺路 11 号
邮编　100164　电子邮件　315@ptpress.com.cn
网址　http://www.ptpress.com.cn
大厂回族自治县聚鑫印刷有限责任公司印刷
◆ 开本：787×1092　1/16
印张：18.5　　　　　　2014 年 2 月第 1 版
字数：484 千字　　　　2025 年 7 月河北第 17 次印刷

定价：39.80 元

读者服务热线：(010)81055256　印装质量热线：(010)81055316
反盗版热线：(010)81055315

前 言 Preface

  经济全球化是任何一个企业都不可回避的客观现实，也是每一个经济管理工作者必须面对的趋势，针对纷繁复杂的现象，如何获得数据，并将数据转化为有用的信息，统计学不失为一种很好的方法。统计学广泛吸收和融合相关学科的新理论，不断开发应用新技术和新方法，深化和丰富了统计学传统领域的理论与方法，并拓展了新的领域。今天的统计学已展现出强有力的生命力。一方面，统计学运用描述的方法，结合统计指标真实地反映了客观的社会经济现象；另一方面，还利用推断统计的方法对现象的变化规律及未来的趋势进行了分析。

  本书编写的基本目的是使读者更好地利用统计学的方法，将数据变为有用的信息，针对一般读者数学功底较弱，以及对数理统计学理论的"畏惧"，摒弃了数学及数理统计学的理论推导，只是利用其结果对数据进行分析，通过浅显的实例介绍统计学的基本原理和方法。课后的思考题能够加深读者对本章内容的认识。通过对本书的阅读学习，可使读者熟悉统计学的基本理论知识与方法，掌握运用统计方法对客观现象的数量特征进行收集、整理、计算与分析的基本技能。

  在本书的编写过程中，编者学习吸收了许多经典统计学著作和相关文献资料的研究成果。林洁参与编写了本书的第一章、第二章和第三章，并对书中的文字进行了修饰。本书由扬州大学出版基金资助出版，也受到了许多同仁特别是高功步老师的鼓励和帮助，在此，一并表示深切的感谢。

  由于编者水平所限，书中的疏漏和错误之处在所难免，希望各位读者在阅读学习过程中不吝指教，多提宝贵意见，以便在以后进行修改和完善。

编者
2013 年 10 月

目 录 Contents

【学习目标】

本章目的在于提供对统计学的基本认识。通过本章教学，要求学生了解统计的基本含义、统计工作、统计学产生和发展的历程，正确理解统计工作过程、统计学研究对象、统计研究的基本方法，掌握统计学的基本概念和范畴等，并且能够举实例说明其含义及相互关系。使学生对统计有明确的认识，培养学生的数量概念和数字观点，为学习后续内容打好基础。

【重点难点】

本章重点内容是统计学的研究对象、统计工作过程、统计学科的几个基本范畴以及它们之间的关系，学会在具体实例中运用这些概念。

难点是统计学的研究对象和统计学的几个基本概念的理解，包括统计总体、总体单位、指标、指标体系等，以及相关概念的区别与联系。

第一节 统计的产生与发展

一、统计的含义

（一）统计一词的来源

统计一词起源很早，其含义也屡有变化。英语统计 statistics 这个词的语源出自中世纪拉丁语 status 和 statista。status 意思是指各种现象的状态和情势，statista 则表示通晓政治熟悉各国国情者。根据这些词根组成的意大利语 stato 表示国家的概念以及关于各国的国家结构和国情这方面知识的总称。

至 18 世纪，德国哥丁根大学阿亨瓦尔（G.Achenwall）首先为"国势学"课程定了一个新名词 statistik ，因为在外文中"国势"与"统计"意义相通，所以，后来就正式命名为"统计学"。该课程主要用文字叙述，极少用到数字资料。

在英国，用数字说明社会现象早在 17 世纪就开始了，但使用的是另一个完全不同的名称"政治算术"（Political Arithmetic）。直到 18 世纪末，英语 statistics 才作为德文 statistik 的译语传入英国，并赋予新的意义即用数字表述事实。

在我国古代，统计一词多作为动词使用，其意义与"合计"、"总计"相同。现代意义的统计，是在20世纪初传到中国来的。

（二）统计的含义

"统计"一词在各种实践活动和科学研究领域中经常出现。然而，不同的人，或在不同的场合，对其理解是有差异的。比较公认的看法是，统计有三种含义，即统计工作、统计资料和统计学。

1. 统计工作

统计工作又称统计活动，统计工作即统计实践，是指人们对客观事物数量方面进行调查研究的认识活动。对于社会经济统计来讲，它是利用各种科学的统计方法，对社会经济现象总体数量方面进行搜集、整理和分析工作过程的总称。它的产生和发展已有五千多年的历史。

2. 统计资料

统计资料又称统计数据，统计资料即统计信息，是指统计工作活动过程中所取得的各项数字资料以及与之相联系的其他资料的总称。统计资料具体表现为各种反映社会经济现象数量特征的原始记录、统计台账、统计表、统计图、统计分析报告、政府统计公报、统计年鉴等各种数字和文字资料。

3. 统计学

统计学是一门关于研究客观事物数量方面和数量关系的方法论科学，指阐述统计工作基本理论和基本方法的科学，是对统计工作实践的理论概括和经验总结。它以现象总体的数量方面为研究对象，阐明统计设计、统计调查、统计整理和统计分析的理论与方法，是一门方法论科学。

《不列颠百科全书》的定义：统计学是收集、分析、表述和解释数据的科学。

统计的三种含义是一个事物的三个方面，三者之间有着密切联系。统计工作同统计资料之间是过程同成果之间的关系，统计资料是统计工作的直接成果。就统计工作和统计学的关系来说，统计工作属于实践的范畴，统计学属于理论的范畴，统计学是统计工作实践的理论概括和科学总结，它来源于统计实践，又高于统计实践，反过来又指导统计实践，统计工作的现代化同统计科学研究的支持是分不开的。由此可见，三者中统计工作是基础，是源头。没有统计工作，统计资料就无法提供；没有统计工作，统计学也就不能产生和发展。

需要指出的是，根据不同对象的特点，统计学有下面几种。

社会经济统计学：是研究和认识社会经济现象总体数量方面的方法的科学，如国民经济统计学、工农业统计学、交通运输统计学等。

自然技术统计学：是研究和认识自然技术现象总体数量方面的方法的科学，如天文统计学、生物统计学等。

数理统计学：是专门研究和认识随机现象数量方面的方法的科学。它是以数学的概率论为其理论依据，所以，又是数学的一个分支。

统计的产生和发展就是统计史。

统计史包括统计实践史和统计理论史两部分。两者既有区别，又有联系。

二、统计实践简史

统计是适应社会经济发展的需要、适应国家管理的需要而产生和发展的。从原始社会的人类最初的统计萌芽开始，至今已有五千年历史。随着奴隶制国家的产生，统治阶级为了对内统治和对外战争，需要征兵征税，开始了人口、土地和财产的统计。

（一）西方统计实践简史

西方各国统计最早的主要是公元前 3050 年埃及建造金字塔，为征集建筑费，曾对全国人口与财产实行调查。

古希腊、古罗马时代（前 1600—前 1400），开始了财产和世袭领地的人口统计工作。例如，罗马帝国规定每 5 年进行一次人口、土地、牲畜和家奴的调查，并以财产总额作为划分贫富等级和征丁课税的依据。

中世纪许多国家利用统计搜集人口、军队、世袭领地、居民职业、财产、农业生产等方面的资料，并编制详细的财产目录。

封建社会生产的落后限制了统计实践和统计理论的发展。

资本主义经济的发展对统计提出了新的要求，社会生产力迅速发展，社会分工日益深化，交通、航运、贸易日趋发达，国际市场逐步形成，极大地促进了统计工作实践和统计理论的发展。当时，不仅政府需要有包括人口、土地、财富、赋税和军事等方面国情国力的统计，各类企业主、商人为了经营管理和争夺市场，也需要各种商业情报和市场信息，统计从国家管理领域逐步扩展到工业、农业、贸易、银行、保险、交通、邮电、海关等社会经济活动的领域，并且出现了专业的统计机构和研究组织，召开国际统计会议，出版国际性的统计刊物。统计逐步成为社会分工中的一个独立部门和专业。

（二）中国统计实践简史

中国从公元前两千多年的夏朝（夏禹时代）开始就有人口、土地等方面活动的记载。例如，"平水土，计民数，分九州"的活动，分中国为九州，人口 1355 万，土地约 2438 万顷。当时生产力水平很低，统计还处于初级阶段。《书经·禹贡篇》记述了九州的基本土地情况，被西方经济学家推崇为"统计学最早的萌芽"。

封建社会，统计已略具规模。封建君主和精明的政治家日益意识到统计对于治国强邦的重要作用。例如，我国战国时期秦国的商鞅（约公元前 390—前 338）就提出，要使国家强盛必须知道"境内仓、口（府）之数，壮男、壮女之数，老、弱之数，官、士之数，以言说取食者之数，利民之数，马、牛、刍、藁之数"等"十三数"。

秦始皇统一了中国，建立了中央集权制国家，分全国为 36 郡，人口 2000 万。

西汉孝平帝元始二年（公元 2 年）进行的人口调查得出："户千二百二十三万三千零六十二，口五千九百五十九万四千九百七十八"的总数，并详列各郡的数字。

唐代有计口授田统计指标。

宋明有田亩鱼鳞册等土地调查制度和计算。

明清，又建立了经常的人口登记和保甲制度，使统计工作有了进一步发展（一户一长，十户一甲，十甲一保）。

明初的户帖（1370 年），最早取得人口普查资料，是世界上"最早试行全面的人口普查的历史证据"。

我国最早的政府统计机构是 1906 年（清光绪三十二年），在宪政编查馆下设的统计局。

中华民国成立后，1916 年在国务院内设立统计局，奠都南京后，在国民政府主计处下设统计局。

1931 年 11 月 7 日，中国共产党领导的中华苏维埃共和国在瑞金中央苏区宣告成立。1933 年 2 月 26 日，苏维埃中央人民政府国民经济人民委员部内设调查统计局。调查统计局组织开展了多项统计调查工作，为中央领导革命战争和根据地经济建设提供了真实可靠的依据。

1949 年 10 月，中央人民政府政务院财政经济委员会（简称中财委）计划局内设统计处（后改称为统计总处）。统计总处在前苏联专家帮助下，研究规划新中国的财经统计工作。

1952 年 8 月 7 日，中央人民政府委员会第 17 次会议决定成立国家统计局，统一组织领导全国统计工作，并任命薛暮桥为国家统计局局长。国家统计局内设秘书处、综合处、工业处、农业处、贸易处、基本建设处、交通处及劳动工资组、物资分配组、世界经济统计组等 7 处 3 组，编制初定 250 名。

统计实践活动的发展，逐步成为社会分工中的一个独立部门和专业，客观上需要从理论上加以概括与总结，这时，统计学也应运而生。下面介绍统计学史略。

三、统计理论简史

社会经济统计活动已有几千年的历史，但其理论的形成，作为一门学科出现，其历史只有三四百年。其产生于 17 世纪中叶的欧洲。

时代背景：当时的欧洲，封建社会解体，工业革命使资本主义得到了迅猛发展。但各国内部矛盾重重，国家间政治、经济、军事斗争日益激烈。统治者迫切需要了解、研究本国和外国的状况。从 17 世纪下半叶开始，欧洲出现了一些统计理论著述，并逐步形成不同的学派。从统计学的产生和发展过程来看，可以把统计学大致划分为古典统计学、近代统计学和现代统计学三个时期。

（一）18 世纪至 19 世纪——统计学的创立和发展

德国的斯勒兹曾说过："统计是动态的历史，历史是静态的统计。"可见统计学的产生与发展是和生产的发展、社会的进步紧密相联的。

1. 统计学的创立时期

统计学的萌芽产生在欧洲。17 世纪中叶至 18 世纪中叶是统计学的创立时期。在这一时期，统计学理论初步形成了一定的学术派别，主要有政治算术学派和国势学派。

（1）政治算术学派。

政治算术学派产生于 17 世纪中叶的英国，主要代表人物是威廉·配第（W. Petty，1623—1687），其代表作是《政治算术》一书，这本书写于 1671 年，1690 年正式出版。这里的"政治"是指政治经济学，"算术"是指统计方法。在这部著作中，他以数字资料为基础，用计算和对比的方法对英、法、荷的经济、军事、政治等方面的实力进行了比较，论证了英国称雄世界的条件和地位。尤为重要的是他所采用的独特的方法，即一切论述都用数字、重量和尺度来进行，只重视"诉诸感觉的"即经验上的论证，反对受主观因素左右的思辨的议论。他还提出了用图表形式概括数字资料的理论和方法，这种理论和方法对后来统计学的形成发展有深远的影响。马克思称他为"政治经济学之父，在某种程度上也可以说是统计学的创始人"。

政治算术学派的另一个代表人物是约翰·格朗特（J. Graunt，1620—1674）。17 世纪上半叶，英国多次发生严重的瘟疫，死亡人数众多，引起社会动荡不安。政府定期公布有关人口出生和死亡的数字。约翰·格朗特利用这些资料研究并出版了《关于死亡率的自然观察和政治观察》的论著，首次提出通过大量观察，可以发现新生儿性别比例具有稳定性和不同死因的比例等人口规律，他当时算出的性别比例是男 14：女 13；并且第一次编制了初具规模的"生命表"，对各种年龄的死亡率和人口寿命作了分析。

政治算术学派是用计量方法研究社会经济问题，运用大量观察法、分类法以及对比、综合、推算等方法解释与说明社会经济生活。他们在自己的著作中初具规模地建立了社会经济统计的研究方法，但由于受历史、经济等条件的限制，在很大程度上还处于统计核算的初创阶段，只能以简单、粗略的算术方法对社会经济现象进行计量和比较。尽管这个学派当时还未采用统计学之名，但已有统计学之实了。

政治算术学派虽然以数字表示事实，但它还未从政治经济学中分化出来，这一学派所探讨的规律，都是用数字表示的社会经济规律，所以属于实质性的社会科学。

（2）国势学派。

国势学派又称记述学派，产生于 18 世纪的德国。所谓国势学就是以现实的国家的领土、人口、财产、贸易、货币、阶级、政治制度等（显著事项）领域为研究对象，采用记述的方法，以文字描述，罗列出各国的显著事项。

由于当时德国许多大学设有国势学这门课程，故国势学派亦称德意志大学教授派，其主要代表人物为康令（H. Coning，1606—1681）和阿亨瓦尔（G. Achenwall，1719—1772）。

最早讲授国势学的是康令，他第一个在德国赫尔莫斯达德大学讲授"欧洲最近国势学"（1660年），奠定了国势学的基础。

阿亨瓦尔在哥丁根大学开设国势学课程，其主要著作是 1749 年出版的《欧洲各国国势学概论》，书中讲述"一国或多数国家的显著事项"，主要是用对比分析的方法研究关于国家组织、人口、军队、领土、财产等国情国力，比较各国实力的强弱，为德国的君主政体服务。这个学派在进入国势比较分析中，偏重事物性质的解释，而不注重数量分析。实际上，国势学派研究的是历史学的组成部分，也属于实质性的社会科学。

"国势学派"和"政治算术学派"这两个学派具有很大的共同点：都以社会经济作为研究对象，都以社会经济的实际调查资料作为理论的基础，都认为自己这一科学是具体阐述国情国力的社会科学。不同点就是：是否把数量方面的研究，作为这门科学的基本特征。正是由于这样的共性和特性，使得两个学派共同发展、互相争论达 200 年之久。两个学派在欧洲各国以至在资本主义世界都产生了很大的影响。直至 19 世纪中叶，随着社会经济实践统计的要求以及社会科学的发展和分工，相应的统计工作也得到迅速的发展，许多国家建立或恢复了统计机构，成立了统计学会，开始出版统计杂志，一般人在提到统计这个概念时，总是与数量观察联系在一起，从而统计学作为一门对社会经济现象进行数量对比分析的方法论科学，已为社会所公认，两个学派之间的长期争论最终平息。与此同时，把政治算术学派的政治算术称作统计学，而把国势学派的著作称作国家论，也逐渐被人们所接受。

2. 统计学的发展时期

这个时期是指 18 世纪末到 19 世纪末的 100 多年。在这时期统计学有了很大发展，各种学派的学术观点逐步形成，并且形成了两个主要学派，即数理统计学派和社会统计学派。

（1）数理统计学派。

数理统计学派产生于 19 世纪中叶，以比利时的凯特勒（A. Quetelet，1796—1874）作为奠基人。在统计学的发展中，凯特勒作过巨大的贡献，产生了重要的影响，被称为近代"统计学之父"。他最先运用大数定律论证社会生活现象并非偶然，而有其发展规律性。此外他还运用概率论原理，提出了"平均人"的概念，他认为这是典型的人物，"模特"应具有平均的身高、平均的体重、平均的智慧和平均道德品德等。这一理论对于误差法则理论、正态分布理论等有一定影响。

凯特勒认为统计学既研究社会现象又研究自然现象，是一门独立的方法论科学。

凯特勒的努力初步完成了统计学与概率论的结合，使统计学开始进入新的阶段。可以说，凯特勒是古典统计学的完成者和近代统计学的先驱，同时也是数理统计学派的奠基人，因为数理统计学就是在概率论的基础上发展起来的。

随着统计学的发展，对概率论方法的运用逐步增加，同时自然科学的迅速发展和技术不断进步更对数理统计的方法有进一步的要求，数理统计学就从统计学中分离出来自成一派。它从 19 世纪末叶以来逐步形成，由于它主要由英美等国发展起来，故又称英美数理统计学派。

（2）社会统计学派。

19 世纪后半叶，正当英美数理统计学派刚开始发展的时候，在德国兴起了社会统计学派。

社会统计学派以德国为中心，由德国大学教授克尼斯（K. G.A. Knies，1821—1898）首创，主要代表人物为恩格尔（C. L. E. Engel，1821—1896）和梅尔（G. V. Mayr，1841—1925）等人，他们认为统计学是一门社会科学，是研究社会现象变动原因和规律性的实质性科学。社会统计学派认为统计学所研究的是社会总体而不是个别的社会现象，由于社会现象的复杂性和总体性，必须对总体进行大量的观察和分析，研究其内在联系，才能揭示社会现象的规律。社会统计学派一方面研究社会总体；另一方面在研究方法上采用大量观察法，这两方面构成了他们"实质性科学"的两大特点。从学术渊源上看，他们融合了国势学派和政治算术学派的观点，又继承和发扬了凯特勒强调研究社会现象的传统，把政府统计与社会调查结合起来形成自己的特点。德国的社会统计学派在国际统计学界占有一定的地位，对日本等国的统计学界都有一定影响。

社会经济的发展，要求统计提供更多的统计方法；社会科学本身不断地向细分化与定量化发展，要求统计能提供更有效的调查整理、分析资料的方法。所以社会统计学派逐步从实质性科学向方法论转化。社会统计学派虽然向方法论过渡，但仍强调以事物的质为前提，如德国法兰克福大学教授弗拉斯卡姆波（P. Flaskamper, 1886—?），是第二次世界大战后社会统计学派的重要人物，他吸收了英国数理统计学派的通用方法论，把自然领域中的方法也应用于社会现象，但他认为社会现象的核心，即质的规律性，不可能全部转化为以量来表示，仍然强调在统计研究中必须以事物的质为前提和认识事物质的重要性，这同数理统计学的计量不计质是有根本区别的。

数理统计学派和社会统计学派已共存和争论了 100 多年，至今有些问题还没有得到解决。但是这两者的地位，都发生了明显的变化。在 19 世纪中叶到 20 世纪初，数理统计尚未充分发展时，社会统计学派占优势。但是，社会统计工作和社会统计学的发展，与社会制度和社会科学的发展有着密切的联系。在资本主义条件下，社会科学的发展落后于自然科学的发展，社会统计学的发展也受到了很大的限制，长期以来进展不大。在与迅速发展起来的数理统计学派的争论中，社会统计学派逐渐丧失了自己的优势地位。

数理统计学的基础理论扎实，紧密结合自然科学的实践，不断地充实自己的内容，同时，还向研究社会问题方面发展。两派较量的结果，数理统计学派成为在国际统计学界占有巨大优势的派别，主要表现在：教科书的内容体系上和统计学术研究成果上，都用概率论和数理统计取代了原来的社会统计。原来教材中有关从实践统计工作中总结出来的搜集资料、整理资料和分析资料方法，逐渐被数理统计方法所代替，甚至把数理统计学和统计学等同起来了。虽然这种情况不断发展，但在许多重要的资本主义国家中，仍存在社会统计学派。例如，在日本就有不少统计学者认为现代统计学既包括数理统计学，也包括社会统计学。不过，由于受到数理统计学派的影响，社会统计学的性质逐渐发生了变化，由原来的实质性科学日益向方法论科学转变，并吸收了某些数理统计方法。时至今日，已有不少学者把社会统计学看作是一门方法论科学。

（二）20 世纪——迅速发展的统计学

20 世纪初以来，科学技术迅猛发展，社会发生了巨大变化，统计学进入了快速发展时期。归纳起来有以下几个方面。

1. 由记述统计向推断统计发展

记述统计是对所搜集的大量数据资料进行加工整理、综合概括，通过图示、列表和数字，如编制次数分布表、绘制直方图、计算各种特征数等，对资料进行分析和描述。而推断统计，则是在搜集、整理观测的样本数据基础上，对有关总体作出推断。其特点是根据带随机性的观测样本数据以及问题的条件和假定（模型），而对未知事物作出的，以概率形式表述的推断。目前，西方国家所指的科学统计方法，主要就是指推断统计来说的。

2. 由社会、经济统计向多分支学科发展

在 20 世纪以前，统计学的领域主要是人口统计、生命统计、社会统计和经济统计。随着社会、经济和科学技术的发展，到今天，统计的范畴已覆盖了社会生活的一切领域，几乎无所不包，成为通用的方法论科学。它被广泛用于研究社会和自然界的各个方面，并发展成为有着许多分支学科的科学。

3. 统计预测和决策科学得到发展

传统的统计是对已经发生和正在发生的事物进行统计，提供统计资料和数据。20 世纪 30 年代以来，特别是第二次世界大战以来，由于经济、社会、军事等方面的客观需要，统计预测和统计决策科学有了很大发展，使统计走出了传统的领域而被赋予新的意义和使命。

4. 信息论、控制论、系统论与统计学的相互渗透和结合，使统计科学进一步得到发展和日趋完善

信息论、控制论、系统论在许多基本概念、基本思想、基本方法等方面有着共同之处，三者从不同角度、侧面提出了解决共同问题的方法和原则。三论的创立和发展，彻底改变了世界的科学图景和科学家的思维方式，也使统计科学和统计工作从中吸取了营养，拓宽了视野，丰富了内容，出现了新的发展趋势。

5. 计算技术和一系列新技术、新方法在统计领域不断得到开发和应用

近几十年间，计算机技术不断发展，使统计数据的搜集、处理、分析、存储、传递、印制等过程日益现代化，提高了统计工作的效能。计算机技术的发展，日益扩大了传统的和先进的统计技术的应用领域，促使统计科学和统计工作发生了革命性的变化。如今，计算机科学已经成为统计科学不可分割的组成部分。随着科学技术的发展，统计理论和实践在深度和广度方面也不断发展。

6. 统计在现代化管理和社会生活中的地位日益重要

随着社会、经济和科学技术的发展，统计在现代化国家管理和企业管理中的地位，在社会生活中的地位，越来越重要了。人们的日常生活和一切社会生活都离不开统计。英国统计学家哈斯利特说："统计方法的应用是这样普遍，在我们的生活和习惯中，统计的影响是这样巨大，以至统计的重要性无论怎样强调也不过分。"甚至有的科学家还把我们的时代叫作"统计时代"。显然，20世纪统计科学的发展及其未来，已经被赋予了划时代的意义。

（三）今天的统计学

在科学技术飞速发展的今天，统计学广泛吸收和融合相关学科的新理论，不断开发应用新技术和新方法，深化和丰富了统计学传统领域的理论与方法，并拓展了新的领域。今天的统计学已展现出强有力的生命力。

1. 对系统性及系统复杂性的认识为统计学的未来发展增加了新的思路

由于社会实践广度和深度迅速发展，以及科学技术的高度发展，人们对客观世界的系统性及系统的复杂性认识也更加全面和深入。随着科学融合趋势的兴起，统计学的研究触角已经向新的领域延伸，新兴起了探索性数据的统计方法的研究。研究的领域向复杂客观现象扩展。21世纪统计学研究的重点将由确定性现象和随机现象转移到对复杂现象的研究。如模糊现象、突变现象及混沌现象等新的领域。可以这样说，复杂现象的研究给统计开辟了新的研究领域。

2. 定性与定量相结合的综合集成法将为统计分析方法的发展提供新的思想

定性与定量相结合的综合集成方法是钱学森教授于1990年提出的。这一方法的实质就是将科学理论、经验知识和专家判断相结合，提出经验性的假设，再用经验数据和资料以及模型对它的确实性进行检测，经过定量计算及反复对比，最后形成结论。它是研究复杂系统的有效手段，而且在问题的研究过程中处处渗透着统计思想，为统计分析方法的发展提供了新的思维方式。

3. 统计科学与其他科学渗透将为统计学的应用开辟新的领域

现代科学发展已经出现了整体化趋势，各门学科不断融合，已经形成一个相互联系的统一整体。

由于事物之间具有的相互联系性，各学科之间研究方法的渗透和转移已成为现代科学发展的一大趋势。许多学科取得的新的进展为其他学科发展提供了全新的发展机遇。模糊论、突变论及其他新的边缘学科的出现为统计学的进一步发展提供了新的科学方法和思想。将一些尖端科学成果引入统计学，使统计学与其交互发展将成为未来统计学发展的趋势。统计学也将会有一个令人振奋的前景。今天已经有一些先驱者开始将控制论、信息论、系统论以及图论、混沌理论、模糊理论等方法和理论引入统计学，这些新的理论和方法的渗透必将会给统计学的发展产生深远的影响。

四、我国统计学的发展历程

旧中国是半封建、半殖民地的国家，统计工作落后，人数不多的学者也主要受英美数理统计学派的影响。我国最早写统计学书的是沈秉诚，他在 1909 年就著有《统计学纲领》。这本书是在日本印刷的，对我国早期统计学观点的形成和以后的发展都有影响。

我国最早出版统计学书籍是 20 世纪初日本横山雅男的《统计学》的译本，该书是一本社会统计学著作，以后陆续翻译出版了一些英美的统计学著作，如英国鲍莱的《统计学原理》和美国密尔斯的《统计方法》等，在我国流传很广。这些著作表达的是英美统计学派的观点，即数理统计学派的观点。在我国虽然有两派（社会统计学派和数理统计学派），但是，两派之间没有激烈的争论，甚至有人试图将这两种统计学融合于一体。这个尝试没有取得什么结果，相反，两门统计学在发展中的地位发生了变化。早期社会统计学派的观点曾一度占优势。但是后来，被数理统计学派的观点所取代。

新中国成立后，引进了前苏联的社会经济统计学，并基本上照搬了前苏联的统计组织体制。在高度集中的计划经济时代，前苏联模式的统计工作为了解基层情况、编制国民经济计划提供了依据，为党和政府决策发挥了重要作用，取得了很大成绩。但同时受到前苏联 1954 年统计科学会议的影响，统计学的发展缺乏生机，进展缓慢。1978 年年底，国家统计局在四川峨嵋县召开统计教学和科研规划会议以来，中国统计界长期被禁锢的思想终于获得了解放，关于统计学性质、研究对象、统计学究竟是一门还是两门等理论问题上的各种不同学术观点在改革开放的春风吹拂下纷纷萌发出来。1992 年 11 月，国家技术监督局发布的《中华人民共和国国家标准学科分类与代码》，将统计学与数学、哲学、经济学等一起并列为一级学科，从此，"大统计"学科的构思受到统计界大多数人的拥护和欢迎。统计科学工作者总结我国统计工作正反两方面的经验和教训，兼收并蓄世界各国统计科学发展的先进成果，正在努力建设一门既符合世界统计科学发展趋势，又服务于具有中国特色的社会主义建设事业的现代统计学。

第二节　统计学的研究对象和任务

一、统计学的研究对象

统计学的研究对象是指统计研究所要认识的客体。一般来说，统计学的研究对象是客观现象总体的数量特征和数量关系，以及通过这些数量方面反映出来的客观现象发展变化的规律性。

（一）统计在客观事物的质量和数量的辩证统一中研究其数量方面

任何事物不仅表现为一定的质，而且表现为一定的量，都是质的规定性和量的规定性的统一，没有数量也就没有质量。任何一项统计，只有对该现象质的规定性有了明确的认识，然后才能研究它的数量表现。正是由于客观事物具有质和量两个方面并由此形成一个统一体这一特点，决定了统计要从质量和数量的辩证统一中来研究社会现象的数量方面。定性认识是定量认识的前提和基础，但只有做好定量分析，才能达到定性认识的目的。统计必须把定性分析和定量分析结合起来，通过数量来反映质量，这是符合定性——定量——定性的认识规律的。

（二）统计对客观事物进行大量观察而揭示其总体数量特征和数量关系

所谓大量观察，就是对所研究总体的全部或足够数量的单位进行观察。社会经济现象是受各种因素相互影响的结果，总体中各个别单位往往受偶然因素的影响而表现出差异。因此，只有对总体的全部或足够的单位进行观察，并加以综合分析，才能使事物中非本质的偶然因素的影响相互抵消而获得关于总体本质特征或规律的认识。如果我们仅仅研究社会经济现象的个体特征，而不对足够大量的个体进行全面考察，从总体上揭示社会经济现象的数量关系和数量特征，就难以显示社会经济现象的本质和规律性，难以发挥统计的认识社会的作用。例如，我们对职工的收入进行调查，各个职工收入的变化差异很大，变化情况也各不相同，若我们仅仅根据个别职工收入的变化反映职工收入水平，就可能得出错误的结论；尽管各个职工收入的变化是不一致的，是受偶然性支配的，全部职工的收入变化却是有规律性的。我们通过对全部职工收入变化情况的研究，就可以消除偶然因素的影响，认识职工收入变化的规律性。正如马克思所说："通过这些偶然性来为自己开辟道路并调节着这些偶然性的内部规律，只有在对这些偶然性进行大量概括的基础上才能看到。"

统计对社会经济现象总体的数量方面进行考察，并不否定对个体现象的研究。相反，统计研究必须对每个个体的特征加以观察和登记，从个别事实的考察开始，但对个体现象的研究并不是统计认识的目的，而是通过个体现象的观察把握各单位的资料，为过渡到集合大量单位的事实，反映总体数量关系奠定基础。同时以大量观察为依据的总体数量特征不免单一化、抽象化，必须用生动、具体的个体现象的资料加以补充，才能使我们对总体现象的认识更加全面、深刻而具体。

二、统计学研究对象的特点

（一）数量性

数量性是统计学研究对象的基本特点，因为数字是统计的语言，数据资料是统计的原料。一切客观事物都有质和量两个方面，事物的质与量总是密切联系、共同规定着事物的性质。没有无量的质，也没有无质的量。一定的质规定着一定的量，一定的量也表现为一定的质。但在认识的角度上，质和量是可以区分的，可以在一定的质的情况下，单独地研究数量方面，通过认识事物的量进而认识事物的质。因此，事物的数量是我们认识客观现实的重要方面，通过分析研究统计数据资料，研究和掌握统计规律性，就可以达到我们统计分析研究的目的。例如，要分析和研究国民生产总值，就要对其数量、构成及数量变化趋势等进行认识，这样才能正确地分析和研究国民生产总值的规律性。就社会经济统计来说，它研究社会经济现象的数量方面，具体是指社会经济现象的规模、水平、结构、比例关系、速度、普遍程度、差异程度等，也即数量多少、数量间依存关系和质与量互变的数量界限。

（二）总体性

统计学是以客观现象总体的数量作为自己的研究对象的。统计学研究对象是自然、社会经济领域中现象总体的数量方面，即统计的数量研究是对总体普遍存在着的事实进行大量观察和综合分析，得出反映现象总体的数量特征和资料规律性。自然、社会经济现象的数据资料和数量对比关系等一般是在一系列复杂因素的影响下形成的。在这些因素当中，有起着决定和普遍作用的主要因素，也有起着偶然和局部作用的次要因素。由于种种原因，在不同的个体中，它们相互结合的方式和实际发生的作用都不可能完全相同。所以，对于每个个体来说，就具有一定的随机性质，而对于有足够多数个体的总体来说又具有相对稳定的共同趋势，显示出一定的规律性。统计研究对象的总体性，是从个体的实际表现的研究过渡到对总体的数量表现的研究的。研究总体的统计数据资料，不排除对个别事物的深入调查研究，但它是为了更好地分析研究现象总体的统计规律性。

（三）变异性

统计研究对象的变异性是指构成统计研究对象的总体各单位，除了在某一方面必须是同质的以外，在其他方面又要有差异，而且这些差异并不是由某种特定的原因事先给定的。也就是说，总体各单位除了必须有某一共同标志表现作为它们形成统计总体的客观依据以外，还必须要在所要研究的标志上存在变异的表现。否则，就没有必要进行统计分析研究。

（四）具体性（社会性）

统计研究的是具体事物的数量方面，而不是抽象的量，这是社会经济统计与数学的一个重要区别。数学研究客观世界的空间形式和数量关系时，具有高度的抽象性，可以撇开所研究客体的具体内容；而统计在研究社会经济现象的数量方面时，则必须紧密联系被研究现象的具体内容，联系其质的特征。

三、统计的基本任务

《中华人民共和国统计法》第二条规定：统计的基本任务是对国民经济社会发展情况进行统计调查、统计分析，提供统计资料和统计咨询意见，实行统计监督。从中可以得出统计的三大基本职能：信息职能、咨询职能、监督职能。

（一）信息职能

信息职能指统计具有一整套科学统一的统计指标体系和统计调查方法，能够灵活地、系统地为决策和管理采集、处理、传递、存储和提供大量综合反映客观事物总体数量特征的社会经济信息。具体讲就是在社会经济领域，经统计调查、加工、整理、分析的全部信息，向全社会开放和向党政领导提供服务。

（二）咨询职能

咨询职能指利用掌握的丰富统计资源，运用科学的分析方法和先进的技术手段，深入开展综合分析和专题研究,为科学决策和管理提供各种可供选择的咨询建议和对策方案。咨询职能要求统计部门、统计工作不仅要发挥信息库、数据库的作用,还要发挥思想库、智囊库的作用,利用自己无以比拟的优势,为信息使用者提供咨询服务。

（三）监督职能

监督职能就是运用统计手段,及时、准确地从总体上,对经济、社会和科技的运行状况进行全面、系统的定量检查、监督和预警,以促使社会经济活动按照客观规律的要求,持续、稳定、健康、协调地发展。

三者的关系是相互作用、相互促进、相辅相成和密切联系的。信息职能是统计最基本、最经常的职能,是保证咨询和监督职能得以有效发挥的前提,三者构成了一个协调统一的整体。

第三节 统计研究的方法和工作过程

一、统计学的研究方法

统计的研究对象决定了统计学的研究方法,而科学的统计方法又有助于统计任务的完成。统计方法是统计学的精髓,在统计工作的每个阶段,都有其特定的研究方法,但就整个统计工作过程而言,主要有以下基本方法。

（一）大量观察法

大量观察法是指对研究现象总体中的全部或足够多数单位进行调查并进行综合分析的方法。采用大量观察法是由统计研究对象的特点所决定的,在社会经济现象的总体中,个体单位由于必然的、主要的因素和偶然的、次要的因素交互作用,彼此间存在着不同程度的数量差异,如果只选择一部分单位进行观察,是不能代表总体的一般特征的,因此,必须观测事物的全部或足够数量单位并加以综合分析。这样可使个别单位的偶然数量上的差异相互抵消或削弱,从而使现象的一般特征显示出来。

大量观察法的数理依据是大数定律。大数定律是随机现象出现的基本规律,也是随机现象大量重复出现的必然规律。总体中所包含的个体存在着共同的规律性,这种规律性只有在大量观察中才能显示出来。大数定律的本质意义在于,经过大量观察,把个别的、偶然的差异性互相抵消,而必然的规律性便呈现出来。社会经济现象也具有随机性,我们分析社会经济现象,必须对总体中全部或足够数量的单位进行观察,通过平均数将偶然的随机的因素抵消,从而呈现出现象的规律性。

总之,大量观察法是进行统计调查和研究的重要指导原则,同时对统计分析也具有重要的方法论上的指导意义。

（二）统计分组法

根据统计研究的任务和事物内在的特点,将被研究的社会经济现象划分为性质不同的几个部分,称为统计分组。分组是整理阶段的专门方法,也是贯穿统计工作全过程的方法。借助于统计分组,可以确定同质总体，使统计能够正确地运用特有的指标来分析社会经济现象的数量关系。统计分组在统计研究各个阶段上的重要意义，表现在统计调查必须首先通过分组划分社会经济类型，来确定调查范围，去占有必要的调查资料。有了调查资料，又必须运用分组法作为资料进行加工整理的基础。分组法也是统计分析过程中的重要方法，如分析现象的内部结构及其变化，分析现象之间的依存关系等。

（三）综合指标法

综合指标法是指运用各种统计综合指标来反映和研究社会经济现象总体的一般数量特征和数量关系的研究方法。对大量的统计数据经过整理汇总，计算各种综合指标，可以显示出现象在具体时间、地点条件下的总量规模、相对水平、集中趋势、变异程度等，它概括地描述了总体各单位数量分布的综合数量特征和变动趋势。在统计分析中广泛运用各种综合指标来探讨总体内部的各种数量关系，揭露矛盾，发现问题，进一步寻找解决问题的方法。例如，对比分析法、平均分析法、动态分析法等都是运用综合指标来研究现象的数量特征和数量关系的。

（四）模型推断法

模型推断法是指在综合指标分析的基础上，借助于数学模型，对社会经济现象的数量特征和数量关系作出归纳、推断和预测的方法。数学模型是根据社会现象的内在、外在因素变量及其相互关系进行抽象和假设而构造的一个或一组反映社会经济数量关系的数学方程式。

统计推断分析一般是借助于统计数学模型完成的。它是利用已有信息推断未知信息的工作过程，如利用过去的资料推测未来，利用局部资料推断总体，利用相关总体的资料进行变量间关系的推断等。

统计研究的是大量社会经济现象总体的数量方面，但由于种种原因，我们有时不必要也不可能对总体的所有单位进行全面调查，而是抽取一部分单位进行调查获取信息数据，从而对总体的状况做出估计和推断。正因如此，统计推断方法在统计研究中占有重要地位。

统计研究中的抽样推断、相关与回归分析、统计预测、统计假设检验等方法都是模型推断方法的具体表现形式。这些方法主要是从样本调查的结果推算总体，包括在一定的把握程度下，对总体的数量特征作出一定的区间估计；也可以对两个不同总体间某一数量特征是否具有明显差异作假设检验；还可以用样本回归方程对总体的参数作出估计和推断等。总之，模型推断法是现代统计学的基本方法。

二、统计工作过程

统计工作是对社会经济现象的数量特征与数量关系进行调查研究与综合分析以认识其本质与规律性的一种工作。统计工作的过程是由定性认识到定量认识再到定性认识不断循环的辩证统一的认识过程。这个过程一般分为统计设计、统计调查、统计整理、统计分析和统计资料的开发利用五个阶段。

（一）统计设计

统计设计是指根据统计研究的目的和被研究现象的性质特征，对统计工作的各个方面和各个环节所做的通盘考虑和安排。统计设计的结果表现为各种标准、规定、制度、方案和办法，如统计分类标准、统计指标体系、统计调查方案、统计整理或汇总方案等。统计设计的主要内容有统计指标和指标体系的设计、统计分类和分组的设计、搜集资料和整理资料的方法和步骤、统计工作各部门和各阶段的协调与联系、统计力量的组织与安排等。统计设计的目的是统一认识、统一步骤、统一行动，使整个统计工作有秩序地、协调地进行，保证统计工作的质量。

（二）统计调查

统计调查也就是统计资料的搜集，它是根据统计设计的要求，运用各种调查方式、方法，具体收集并占有反映各调查单位特征的统计资料的过程。统计调查是统计认识活动由初始定性认识过渡到定量认识的阶段，它是定量认识的起点。这个阶段所搜集的资料是否准确、及时、全面，直接关系到统计整理及统计分析工作的质量，它是整个统计工作的基础。

（三）统计整理

统计整理是根据统计研究的目的，对调查搜集的统计资料，按照一定的标志进行科学的分组和汇总，使之条理化、系统化，将反映个体现象特征的资料转化为反映总体数量特征资料的工作过程。统计整理是统计工作的一个中间环节，是由对个体的认识过渡到对总体的认识，由感性认识上升到理性认识的必经阶段，是统计调查的继续，又是统计分析的前提。

（四）统计分析

统计分析是指对经过加工整理的统计资料，应用各种统计分析方法，从静态和动态方面进行基本的数量分析，认识和揭示所研究现象的本质和规律性，作出科学的结论，进而提出建议和进行预测的活动过程，统计分析是统计工作的定性认识阶段，是统计研究的决定性环节。

从统计研究的工作过程可以看出，统计是研究量的，但其作为一种认识活动，必须符合认识活动的发展变化规律，从质的研究开始。即统计设计（定性分析、理性认识）→统计调查、统计整理（定量分析、感性认识）→统计分析（定性分析、理性认识）。

此外，统计资料的开发利用也可以作为一个后续阶段，统计资料的开发利用是指充分利用统计信息资源，并对其进行深层加工，使得统计资料能够多次开发，信息能为社会共享并被多次提供利用，使认识成果更好地发挥作用。

第四节　统计学中的几个基本概念

统计学是一门方法论科学，它在论述其理论与方法时，经常要运用其特有的专门的概念。明确这些基本概念，有利于掌握统计学的基本理论和基本方法，有利于本书以后各章的学习。统计学的基本概念有统计总体和总体单位、标志与指标、变异与变量等。

一、统计总体和总体单位

统计总体是指客观存在的、在同一性质基础上结合起来的许多个别事物所构成的整体，简称为总体。构成总体的每一个个别事物，就是总体单位，也称个体。由于研究目的不同，总体单位可以是人、社会单位（组织），也可以是具体事物。

（一）统计总体的基本特征

统计总体应同时具备三个基本特征。

1．同质性

统计总体中的各个单位，必须在某一方面具有共同的性质，或者说，总体单位都必须具有某一共同的品质标志属性或数量标志数值，至少具有一个不变标志。即必须是在同质基础上结合起来的整体，这是成为总体的必要条件。它也是统计总体的基本属性或特征，所以统计总体也有同质总体的说法。

2．大量性

这是指总体所包含的单位数要足够多，仅仅由个别单位或为数极少的单位是不足以构成总体的。因为个别单位的数量表现可能是各种各样的，只对少数单位进行观察，其结果难以反映现象总体的一般特征。总体的综合数量特征只有在大量总体单位的普遍联系中才能表现出来，"大量之后出必然"。大量性是一个相对的概念，因为一方面它和统计研究的目的和要求有关，即要求精确度越高，就要相应地增加调查单位；另一方面，总体的大量性又与总体中各个单位之间的差异程度有关，如果各单位之间的差异较大，则应增加调查单位数目，以减少偶然性的偏差，得出比较可靠的结果。

3．变异性（差异性）

总体各个单位除了具有某种或某些共同的性质以外，在其他方面又各不相同，具有质的和量的差别，这些差别就是总体变异性的体现。总体单位必须具有一个或若干个可变的品质标志或数量标志。统计研究就是通过对这些差异来揭示事物的矛盾运动，认识事物的规律。从这个意义来说，变异是统计研究的前提，有变异才有统计，如果总体单位之间没有变异，也就没有必要进行统计研究了。

（二）统计总体的种类

统计总体根据所包含的单位数的多少，可分为有限总体和无限总体。如果总体中所包含的单位数是有限的，能够计算出总数的，可以具体计量的，则为有限总体。它在现象中为多数。统计调查中，对有限总体既可以进行全面调查，也可以进行非全面调查。例如，人口普查和1%人口抽样调查。相反，如果总体中所包含的单位数是无限的，不能直接计算出总数的，则为无限总体。它在现象中为少数。对无限总体不能进行全面调查，只能进行非全面调查。例如，抽样调查、重点调查等。

（三）统计总体与总体单位的关系

统计总体和总体单位的概念是相对于一定的统计研究目的而言的，并不是固定不变的。随着研究目的的不同，同一事物可以作为总体，也可以作为总体单位，它们是可以相互变换的。统计总体是根据统计任务的要求确定的，目的任务不同，总体也会变化为总体单位，所以总体具有相对性，是一个相对的概念，总体也就有大小之分。例如，本班所有同学为大总体，某小组同学为小总体，个别同学为个体。大总体可以分解为小总体，小总体可以进一步分解为个体（总体单位）。

二、标志、指标与指标体系

（一）标志

标志是说明总体单位特征的名称。标志表现是说明总体单位特征的具体表现。

（1）按表示事物特性不同，标志可以分为品质标志和数量标志。

品质标志是说明总体单位某种品质特征的名称，如人的性别、职务，企业的所有制性质、行业性质等。品质标志的具体表现用文字表示，而不用数值表示。

数量标志说明总体单位某种数量特征的名称，如人的年龄、身高，企业的销售收入、利润等。数量标志的具体表现用数值表示。

（2）按照某一标志的具体表现在总体中各单位是否相同，标志可以分为不变标志和可变标志。

如果某一标志的具体表现在总体中各单位相同，则称该标志为不变标志；对总体来讲是同质性的体现，一个统计总体至少存在一个不变标志，使各个单位结合起来，构成一个同质的总体。

如果某一标志的具体表现在总体中各单位不尽相同，则称该标志为可变标志。可变标志的标志表现由一种状态变化到另一种状态，统计上把这种现象或过程称为变异。变异是一种普遍现象，有变异才有必要进行统计。即至少存在一个可变标志，才能使统计研究成为必要。

标志和标志的具体表现不同，标志的具体表现是在标志名称之后所表明的属性或数值。如人的性别是品质标志，男或女是性别这个标志的具体表现（属性表现）；又如人的年龄是数量标志，18岁或60岁是年龄这个数量标志的数值表现。

（二）统计指标

1．统计指标概念

统计指标是说明某种社会经济现象总体数量特征的概念和具体数值。指标由指标名称和指标数值构成。指标名称是指标质的规定性，它反映一定的社会经济范畴，是总体数量特征的概念；指标数值是指标量的规定性，它是根据指标内容所计算的具体数值。有时，我们将指标的名称也称作指标。指标是统计中极为重要的概念。统计研究社会经济现象总体的数量方面，主要是靠指标来反映的。指标是统计认识的手段和主要形式。

统计指标一般包括六个构成要素，即时间限制、空间限制、指标名称、具体数值、计量单位、核算方法。

例如，我国2012年年末全国大陆总人口为135404万人，比上年年末增加669万人，2012年我国国内生产总值为519322亿元。按可比价格计算，比上年增长7.8%。这两个指标都包含了上述六个要素。

2．统计指标特点

（1）可量性。统计指标是反映现象总体数量特征的，因此都是用数字来表现的。不存在不能用数字表示的统计指标，能够用统计指标来表述的现象，其前提条件必须是可以度量的。

（2）综合性。统计指标是大量同质总体单位的数量综合的结果，是通过将总体各单位的数量差异抽象概括，来反映现象总体的综合数量特征。因此，统计指标也称综合指标。例如，某企业3月月末库存产品 2000 件，则将生产厂家、规格、品种等舍去了。

（3）具体性。统计指标是现象总体在一定时间、地点条件下的数量特征的具体表现，不存在脱离质的内容的统计指标。指标里的数字与数学、文学里的数字不同。

3．统计指标的种类

（1）统计指标按其说明总体现象的内容不同，可分为数量指标和质量指标。

数量指标是反映社会经济现象总体规模大小、数量多少的统计指标。它表示事物的外延量的大小。例如，人口总数、企业总数、国内生产总值、商品销售额等。数量指标在统计实践中通常以总量指标的形式出现，其指标数值的大小随总体范围的大小而增减变动。

质量指标是反映社会经济现象总体之间、总体内部的数量关系，以及总体单位一般水平的统计指标。它表示事物内涵量的状况。例如，人均国内生产总值、产品合格率、劳动生产率、单位产品成本、职工平均工资等。质量指标在统计实践中通常以相对指标或平均指标形式出现，其指标数值的大小与总体范围的大小没有直接的关系。

（2）统计指标按其作用和表现形式的不同，可分为总量指标、相对指标和平均指标。

总量指标又称统计绝对数，是反映总体现象的总规模、总水平的统计指标，表明现象的广度，一般都有计量单位，又称绝对指标。

相对指标又称统计相对数，是两个有联系的统计指标之比，用来表明现象的总体结构、比例、程度、密度、发展速度等。

平均指标又称统计平均数，是表明总体各单位标志值一般水平的指标。

（3）统计指标按其功能作用不同，可分为描述指标、评价指标和预警指标。

描述指标是用于反映社会经济现实状况，反映社会生产生活的过程和结果的统计指标。如自然资源拥有量、土地面积、人口总数、国内生产总值、财政收入与支出、进出口总额、居民平均生活费收入与支出、居民文化程度等指标。这类指标是对社会经济情况的基本认识，是统计信息的主体。

评价指标是用于对社会经济行为的结果进行比较、评估、考核，以检查其工作质量和经济效益的指标。包括企业经济活动的评价指标，如劳动生产率、总资产贡献率、资产负债率、资本保值增值率、成本费用利润率、产品销售率等；国民经济评价指标，如国内生产总值增长速度、社会劳动生产率、固定资产交付使用率等。评价指标通常要和计划、预算或其他定额指标相比，才能确定其优劣程度。

预警指标主要用于宏观经济运行的监测，并根据指标数值和变化，预报国民经济即将出现的不平衡状态、突变事件，以及某些结构性障碍等。如国民生产总值和国民收入增长率、固定资产投资增长率、通货膨胀率、失业率、汇率和利率等。这类指标通常都是涉及面广、敏感性强，对国民经济发展和社会稳定具有关键影响的指标。

按照功能划分的指标并非绝对的，有的指标通常既可用于描述，又可用于评价和预警。

统计指标除上述分类以外，还可根据其他标志进行有关分类。如描述现象所处的阶段不同，分为投入指标和产出指标等。

4．统计指标的设计

指标设计的中心内容是围绕指标概念和指标数值两部分进行的。

（1）指标名称必须具有正确含义与理论依据。指标名称是一个社会经济范畴，说明一定社会的政治经济内容。如果指标的含义不明确或不正确，不仅不能统计到正确的数据，而且会出现方向性的错误。

（2）要明确指标的计算口径范围。这是指指标所包括的时间、空间、隶属关系必须有明确的规定，使实际工作者能够判断哪些经济现象的数值应当计入指标的范围，哪些又不应当计入。指标仅有正确的含义还不够，它只是确定了指标的性质、概念，规定了指标的统计原则，而在实际统计工作中往往还有许多具体问题需要作出具体规定，有些特殊问题，要作特殊例外的处理，划定指标统计的界限，而且这些界限又随着历史的发展变化常常更动。

（3）要有科学的计算方法。指标的含义与计算口径范围确定以后，应以它们为准绳，制订科学的计算方法。如果计算方法不科学或不明确，仍然不能保证统计指标数据的准确性。科学的计算方法，应当是既准确无误，又简便易行。计算方法过于复杂，不仅增加各级统计部门的工作量，而且往往由于复杂烦琐致使数据不准确。但是也不能为了简便易行而忽略了准确性，保证数据的准确可靠是首要的问题。

（4）要确定指标的计量单位。统计指标的计量单位，要根据指标所反映的现象性质严格确定。在实际工作中，都必须采用国家统一规定的法定计量单位进行统计。由于研究现象的多数计量单位是自然形成的，可以依据现象的计量标准确定。对实物量指标还要规定是用自然实物计量单位，还是用标准实物计量单位。而对价值量指标还应明确具体的计价标准和具体的货币单位。

（三）统计指标体系

一个统计指标只能表明总体一个方面的数量特征，但任何现象的总体往往具有多个侧面或特征，并且常常是相互联系、相互制约的。为了全面深刻了解或认识某一现象总体的特征，往往需要通过多个指标所构成的指标体系来共同反映总体的各方面特征。所谓统计指标体系，就是由一系列从不同侧面（角度）反映总体特征并相互联系的统计指标所构成的整体。

总体现象之间的相互联系是统计指标体系产生的客观基础。例如，一个工业企业生产经营成果，是企业内人、财、物、产、供、销共同运行的结果。因此，为了全面反映工业企业的生产经营活动情况，必须按照生产经营活动过程建立一系列指标，从各个方面共同反映，才能说明企业生产经营活动的全貌。

由于现象间的联系形式是多种多样的，反映这些相互联系的统计指标体系也有不同的种类。

（1）根据所反映现象的内容不同，社会经济统计指标体系大致可分为两类：基本统计指标体系和专题统计指标体系。

基本统计指标体系是指反映经济、社会与科技发展及其组成部分基本情况的指标体系。它可以分为三个层次：第一层次是反映整个国民经济、社会和科技发展的统计指标体系，包括国民经济统计指标体系、社会发展统计指标体系和科技发展统计指标体系。第二层次是反映各个地区和各个部门基本情况的统计指标体系，它是第一层次统计指标体系的横向和纵向的分支。第三层次是基层统计指标体系，即各基层单位的统计指标体系，它是整个社会经济统计工作的基础。这类指标体系具有双重任务，既要为本单位的管理进行服务和监督，又要符合地区的、部门的乃至整个国民经济、社会和科技发展统计指标体系的要求。

专题统计指标体系是指针对某项社会、经济、科技问题而制定的专项指标体系。例如，经济效益指标体系、人民物质文化生活水平指标体系、国际收支指标体系、科技创新指标体系等。由于这类统计指标体系的内容具有专门化的特点，因此，必须与相应的经济、社会、科技问题的研究具体结合，才能符合研究目的和实际要求。

（2）根据所研究问题的范围大小，可以建立宏观统计指标体系和微观统计指标体系。

宏观统计指标体系就是反映整个现象大范围的统计指标体系，如反映整个国民经济和社会发展的统计指标体系。

微观统计指标体系就是反映现象较小范围的统计指标体系，如反映企业或事业单位的统计指标体系。介于这两者之间的可以称为中观统计指标体系，如反映各地区或各部门的统计指标体系。

（四）标志和指标的区别与联系

1．标志和指标的区别

（1）两者说明的对象不同。指标是说明总体特征的，而标志是说明总体单位特征的。

（2）具体表现不同。指标都是用数值表示的，没有不能用数值表示的统计指标；标志有能用数值表示的数量标志与不能用数值表示的（只能用文字表示的）品质标志两种。

2．标志和指标的联系

（1）汇总关系。许多统计指标的数值从数量标志值汇总而来。如全国工业总产值是每一个工业企业的工业总产值汇总而来的。

（2）转化关系。指标与数量标志之间存在变换关系。由于研究目的不同，原来的总体和总体单位发生了变化，则相应的指标和数量标志也会发生变化。如当我们以全国工业企业为总体时，全国工业总产值是一个指标，某市的工业总产值是总体单位特征的名称，故为一个标志；现在研究范围缩小到某市工业企业，则该市工业企业为总体，全市工业总产值就是一个指标了。

三、变异和变量

（一）变异

统计标志与指标都是可变的，即标志和指标的具体表现都不相同，它们之间的差异与变化称为变异。变异就是可变标志的差别，包括质的差别与量的差别，它分为属性（品质）变异和数值（数量）变异。属性变异指品质标志的变化，如企业所有制形式的变异。数值变异是指数量标志的具体变化，如工业企业的工业增加值、职工人数等。客观事物的变异是统计分组与统计分析的基础，因此，变异是统计的前提条件。

（二）变量

变量是指可变的数量标志和全部的统计指标。变量的具体表现，就是可变数量标志或统计指标的不同取值，称为变量值。例如，职工的年龄是一个变量，某企业各个职工的具体年龄为 23 岁、26

岁、33 岁等，则是年龄这一变量的不同取值，即变量值。

（1）变量按其取值是否连续，可分为连续变量与离散变量。

离散变量的数值都是以整数位断开的，即只能取整数的变量。例如，职工人数、企业个数、地区的学校数、企业设备台数、医院病床数等，都是离散变量。离散变量的数值只能用计数的方法取得。

连续变量的变量值是连续不断的，相邻两值之间可以进行无限的分割，即在任意两个相邻数值之间可以取无限多个不同的数值。如人的身高、体重、粮食产量、零件误差的大小等，都是连续变量。连续变量的数值是通过测量或计算方法取得的。

有些变量其性质是属于连续变量，但实际工作中往往把它们当作离散变量处理，其尾数采用"四舍五入"等，以利于统计资料的整理，如学生的成绩、身高，人们的年龄，企业的总产值、利润等，都取其整数或小数点后只保留 1 到 2 位小数，这并不改变变量值的连续性质。

（2）变量按其性质不同，又可分为确定性变量与随机变量。

确定性变量是指影响变量值的变动有某种起决定性作用的因素，影响变量值变化的因素是明确的、可以解释的、人为的或受人控制的。受这种因素影响的变量值发生多大的变化，变化的方向也是可以确定的。例如，职工工资总额，不外乎职工人数和平均工资这两个因素的影响，这两个因素都是人为控制的变量，它们对工资总额影响的大小和方向也都是确定的。

随机变量则是另一种性质的变量，影响这种变量值变动的因素很多，因而可能出现多种可能的结果，表现出一定的波动性与随机性，但其中也蕴藏着一定的规律性，通过大量观察或试验，可以揭示这种规律性。在观察或试验之前，随机变量的取值是不能确定的，但在观察或试验之后，它只取多种可能结果中的一个，这个值就是随机变量的观察值。例如，在同样条件下加工的某种零件，其尺寸大小总是存在差异，造成这种差异的原因可能有原材料的质量、供电电压和周波的变化、气温和环境的变化以及生产工人的注意力等，这些因素都是不确定的，带有偶然性的因素。

社会经济现象既有确定性变量，也有随机变量；许多经济变量既受确定性因素影响，又受随机因素的影响。因此，社会经济统计研究往往要根据具体的目的和要求，将复杂的变量或是作为确定性变量处理，或是作为随机性变量处理。

思考题

一、单项选择题

1. 社会经济统计的研究对象是（　　）。

　　A．抽象的数量关系　　　　　　　　　　B．社会经济统计认识过程的规律和方法

　　C．社会经济现象的数量特征和数量关系　　D．社会经济现象的规律性

2. 调查某大学 2000 名学生学习情况，则总体单位是（　　）。

　　A．2000 名学生　　　　　　　　　　　　B．2000 名学生的学习成绩

　　C．每一名学生　　　　　　　　　　　　D．每一名学生的学习成绩

3．统计指标按其说明的总体现象的内容不同，可以分为（　　　）。

    A．基本指标和派生指标　　　　　　　B．数量指标和质量指标

    C．实物指标和价值指标　　　　　　　D．绝对数指标、相对数指标和平均数指标

4．统计学的基本方法包括（　　　）。

    A．调查方法、整理方法、分析方法、预测方法

    B．调查方法、汇总方法、预测方法、实验设计

    C．相对数法、平均数法、指数法、汇总法

    D．大量观察法、统计分组法、综合指标法、模型推断法

5．要了解某市国有工业企业生产设备情况，则统计总体是（　　　）。

    A．该市国有的全部工业企业　　　　　B．该市国有的每一个工业企业

    C．该市国有工业企业的每一台生产设备　D．该市国有制工业企业的全部生产设备

6．变量是（　　　）。

    A．可变的质量指标　　　　　　　　　B．可变的数量标志和所有统计指标

    C．可变的品质标志　　　　　　　　　D．可变的数量标志

7．构成统计总体的个别事物称为（　　　）。

    A．调查单位　　　　　　　　　　　　B．总体单位

    C．调查对象　　　　　　　　　　　　D．填报单位

8．统计总体的基本特征是（　　　）。

    A．同质性、大量性、差异性　　　　　B．数量性、大量性、差异性

    C．数量性、综合性、具体性　　　　　D．同质性、大量性、可比性

9．下列属于品质标志的是（　　　）。

    A．工人年龄　　　　　　　　　　　　B．工人性别

    C．工人体重　　　　　　　　　　　　D．工人工资

10．标志是说明（　　　）。

    A．总体单位的特征的名称　　　　　　B．总体单位量的特征的名称

    C．总体质的特征的名称　　　　　　　D．总体量的特征的名称

11．"统计"一词的基本含义是（　　　）。

    A．统计调查、统计整理、统计分析　　B．统计设计、统计分组、统计计算

    C．统计方法、统计分析、统计预测　　D．统计科学、统计工作、统计资料

12．在全国人口普查中（　　　）。

    A．男性是品质标志　　　　　　　　　B．人的年龄是变量

    C．人口的平均寿命是数量标志　　　　D．全国人口是统计指标

13．标志是说明总体单位特征的名称，标志有数量标志和品质标志，因此（　　　）。

    A．标志值有两大类：品质标志值和数量标志值

    B．品质标志才有标志值

C. 品质标志和数量标志都具有标志值

D. 数量标志才有标志值

14. 某机床厂要统计该企业的自动机床的产量和产值，上述两个变量是（　　　）。

　　A. 二者均为离散变量　　　　　　　　B. 前者为连续变量，后者为离散变量

　　C. 二者均为连续变量　　　　　　　　D. 前者为离散变量，后者为连续变量

15. 指标是说明总体特征的，标志是说明总体单位特征的，所以（　　　）。

　　A. 标志和指标之间的关系是固定不变的　　B. 标志和指标之间的关系是可以变化的

　　C. 标志和指标都是可以用数值表示的　　　D. 只有指标才可以用数值表示

二、多项选择题

1. 统计以社会经济现象为研究对象的特点是（　　　）。

　　A. 数量性　　　　　　　　　　　　　B. 总体性

　　C. 具体性　　　　　　　　　　　　　D. 社会性

2. 统计总体的主要特点是（　　　）。

　　A. 同质性　　　　　　　　　　　　　B. 抽样性

　　C. 大量性　　　　　　　　　　　　　D. 差异性

3. 研究某市的工业生产情况（　　　）。

　　A. 总体是该市所有的工业企业　　　　B. 该市某厂职工人数 1500 人是指标

　　C. 总体单位是该市的每个工业企业　　D. 该市工业总产值及职工人数是指标

4. 下列变量中属于连续变量的是（　　　）。

　　A. 学生的身高　　　　　　　　　　　B. 企业的职工人数

　　C. 工厂的日耗电量　　　　　　　　　D. 银行的储户数

5. 对某地区工业企业进行调查得到如下资料，其中统计指标有（　　　）。

　　A. 该地区亏损企业 5 个　　　　　　　B. 某地区负债 80 万元

　　C. 该地区工业机床 12 万台　　　　　　D. 某企业劳动生产率 2 万元/人

6. 一个完整的统计工作过程包括（　　　）。

　　A. 统计设计　　　　　　　　　　　　B. 统计调查

　　C. 统计整理　　　　　　　　　　　　D. 统计分析

7. 以下指标中质量指标有（　　　）。

　　A. 全员劳动生产率　　　　　　　　　B. 职工平均工资

　　C. 设备完好率　　　　　　　　　　　D. 单位产品成本

8. 要了解某地区全部成年人口的就业情况，那么（　　　）。

　　A. 全部成年人是研究的总体

　　B. 成年人口总数是统计指标

　　C. 成年人口就业率是统计标志

　　D. 某人职业是"教师"，这里的"教师"是标志表现

9. 国家统计系统的功能或统计的职能是（　　　）。

    A. 信息职能　　　　B. 咨询职能　　　　C. 监督职能　　　　D. 决策职能

10. 下列统计指标中，属于质量指标的有（　　　）。

    A. 工资总额　　　　B. 单位产品成本　　　C. 合格品率　　　　D. 人口密度

11. 统计指标的特点有（　　　）。

    A. 可量性　　　　　B. 社会性　　　　　　C. 具体性　　　　　D. 综合性

12. 变量按其是否连续可分为（　　　）。

    A. 确定性变量　　　B. 随机性变量　　　　C. 连续变量　　　　D. 离散变量

13. 品质标志表示事物的质的特征，数量标志表示事物的量的特征，所以（　　　）。

    A. 数量标志可以用数值表示　　　　　　B. 品质标志可以用数值表示

    C. 数量标志不可以用数值表示　　　　　D. 品质标志不可以用数值表示

14. 某企业是总体单位，数量标志有（　　　）。

    A. 所有制　　　　　B. 职工人数　　　　　C. 月平均工资　　　D. 产品合格率

15. 统计指标的构成要素有（　　　）。

    A. 指标名称　　　　　　　　　　　　　B. 计量单位和计算方法

    C. 时间限制和空间限制　　　　　　　　D. 指标数值

三、判断题

1. 某工商银行的职工人数、工资总额都是离散变量。（　　　）

2. 数量指标可以用数值表示，质量指标不能用数值表示。（　　　）

3. 许多统计指标的数值都是由数量标志值汇总而来的。（　　　）

4. 在人口普查中，某人女性是品质标志，36岁是数量标志。（　　　）

5. 统计工作和统计资料是统计活动过程和统计成果的关系。（　　　）

6. 统计方法中所采用的大量观察法，指必须对研究对象的所有单位进行调查。（　　　）

7. 标志是说明总体特征的，指标是说明总体单位特征的。（　　　）

8. 在全国工业普查中，全国工业企业数是统计总体，每个工业企业是总体单位。（　　　）

9. 标志通常分为品质标志和数量标志两种。（　　　）

10. 品质标志表明单位属性方面的特征，其标志表现只能用文字来表现，所以品质标志不能转化为统计指标。（　　　）

11. 统计指标和数量标志都可以用数值表示，所以两者反映的内容是相同的。（　　　）

12. 因为统计指标都是用数值表示的，所以数量标志就是统计指标。（　　　）

13. 品质标志和质量指标一般都不能用数值表示。（　　　）

14. 社会经济统计工作的研究对象是社会经济现象总体的数量方面。（　　　）

15. 对某市工程技术人员进行普查，则每个人员的工资收入水平是数量标志。（　　　）

四、名词解释

1. 总体　　　2. 统计指标　　　3. 变量　　　4. 连续变量　　　5. 离散变量

6．统计指标体系

五、简答题

1．简述统计学的发展历程和发展趋势。

2．简述统计和统计学的含义。

3．简述统计研究对象及其特点。

4．简述统计学的研究方法和工作过程。

5．什么是统计总体？统计总体有哪些基本特征？

6．什么是统计指标？统计指标有哪些基本特点？

7．简述标志与指标的区别和联系。

统计调查 | 第二章

【学习目标】

通过本章学习，了解统计调查的概念、意义和种类，原始资料的来源和统计报表的基本知识；使学生初步学会调查方案的编制；掌握各种专门统计调查的理论及方法、调查问卷的设计内容。能够灵活运用各种统计调查方法，取得所需要的统计资料。

【重点难点】

本章重点是统计调查的一般概念，统计调查方案的基本内容，普查、重点调查、典型调查、抽样调查概念、特点和应用条件，调查问卷的设计。

难点是普查、重点调查、典型调查、抽样调查等方法的不同点，实际应用时如何选择各种调查方法的问题，调查问卷的设计问题。

第一节 | 统计调查概述

一、统计调查的意义

统计调查就是根据统计研究的目的和任务，采用科学的方法，有组织、有计划地搜集客观实际资料的过程。

统计调查是统计工作的第二阶段，是人们认识社会经济现象的基础，因此，要想客观地认识社会，就必须深入地进行实际调查研究，掌握丰富而真实的资料。统计调查也是统计资料整理和统计分析与预测的基础前提，其质量决定着整个统计工作的质量。

二、统计调查的要求

统计调查的要求是准确、及时、全面和系统，这实际是对统计调查所搜集资料的要求。

（一）准确性

准确性是指统计调查所搜集的资料必须准确可靠，符合实际情况。统计调查所取得的资料的准确性是衡量统计调查工作质量的重要标志。

（二）及时性

及时性是指提供统计资料的时间性限制。要按照调查方案所要求的呈报统计资料的时间，及时调查、及时上报，以满足各部门对统计资料的需求。

（三）全面性

全面性是指按照调查计划的规定，对要调查的单位和项目的资料，毫无遗漏地进行搜集。如果调查资料残缺不全，就不能反映被调查事物的全貌，从而给统计整理和统计分析带来困难，这将直接影响统计工作的进程和质量。

（四）系统性

系统性是指搜集的统计资料要符合事物的逻辑，不能杂乱无章，即所提供的统计资料，应该是便于整理、便于汇总的资料。

三、统计调查的种类

社会经济现象错综复杂，根据不同的研究对象和调查目的，统计调查有多种调查方式和方法，它们各有其独特的功能和局限性。要搞好统计调查，就应对统计调查的基本种类进行深入的认识。常用的统计调查形式有统计报表制度、普查、抽样调查、重点调查、典型调查等，可以按照不同的角度进行分类。

（一）按照组织方式的不同分为报表制度和专门调查

报表制度是搜集统计资料的主要组织形式，它是按照国家统一规定的报表形式，定期地、自下而上地填报统计资料的一种统计调查制度。报表制度是党和国家全面了解社会经济情况，对国民经济进行宏观管理的重要手段。

专门调查是为了某一特定目的，专门组织的一种搜集统计资料的调查形式，主要包括普查、重点调查、典型调查和抽样调查等。

（二）按照调查对象包括的范围不同划分为全面调查和非全面调查

全面调查是对调查对象中的各单位逐一进行调查，其目的是要取得有关总体的比较全面系统的总量资料。例如，某汽车生产企业要想了解本企业在市场竞争中所占的地位，对周围各省所有汽车生产厂家的汽车产量、质量、规格型号、价格及市场占有率等方面进行全面调查。全面调查主要包括普查和全面报表等方式。

全面调查存在着如下一些缺陷。

（1）成本大、周期长。由于全面调查要涉及总体的所有单位，而总体单位数有时多达数万人甚至上亿人，进行普查的工作量是非常大的。我国每十年进行一次人口普查，每次均需动用数十万调查员，耗用大量的资金。

（2）经济上不可行。有一些调查如果采用普查的方式，在经济上成本过大，超过了调查可能带来的收益，从而是不可行的。

（3）对于破坏性调查，不可能进行普查。有一些调查活动本身对于调查对象是有破坏性的，举例说，在购买橘子时，如果对要购买的橘子每一个都打开尝一尝，这些橘子就无法销售了。

（4）质量控制困难。由于全面调查涉及的单位数较多，调查人员多、时间长，质量控制往往难以保证。如果不能保证调查过程中手段的严格，就难以保证调查质量。

非全面调查是对调查对象中的一部分单位进行的调查，但要求所调查的单位应具有较充分的代表性。如典型调查、重点调查和抽样调查等。

全面调查和非全面调查的区分是以调查对象所包括的单位是否完全来衡量的，而不是以所得到的调查结果是否反映总体数量特征的全面资料来说的。因为，抽样调查等非全面调查也可以最终通过推断得到总体的全面资料。全面调查由于调查单位多，组织工作量大，所耗人、财、物也较多，所以，在不影响调查目的实现的情况下，采用非全面调查就显得十分必要。

（三）根据调查登记时间的连续性不同划分为经常性调查和一次性调查

经常性调查是随着现象在时间上的发展变化连续不断地进行登记的，其主要目的在于获得关于现象全部发展变化过程及其结果的信息资料。例如，连续进行的居民家庭生活状况调查就属经常性调查。

一次性调查是指对那些短期内变动不大的研究对象一般不做连续性调查，而是为了某一特定目的而组织的定期或不定期的调查，其目的在于搜集现象在某一特定时点上的水平资料。

统计调查的方式按照不同的标志有不同的分类，若将这些分类进行排列，可以归纳为统计调查方式体系，见表2-1。

表 2-1   统计调查方式体系

统计调查方式体系	按调查的组织形式分	统计报表制度	
		专门调查	普查
			重点调查
			典型调查
			抽样调查
	按调查的范围分	全面调查	全面报表
			普查
		非全面调查	重点调查
			典型调查
			抽样调查
	按调查的连续性分	经常性调查（统计报表等）	
		一次性调查（普查、抽样调查等）	

（四）根据统计调查搜集资料方法不同的分类

不论采用何种方式进行调查，在取得统计资料时，都需要采用一定的数据搜集方法。从统计资料的获得与使用角度来看，统计资料主要来源于两种渠道：一是直接的调查和科学试验，这是统计资料的直接来源，我们称之为第一手资料；二是他人调查或试验的数据，这是统计资料的间接来源，称之为第二手或间接统计资料。

1. 直接搜集方法

统计资料的直接获得主要有两种渠道，一是专门组织的调查，二是科学试验。

专门调查是取得社会经济资料的重要手段，其中有统计部门进行的统计调查，也有其他部门或机构为特定目的而进行的调查，如产量调查、市场调查等。科学试验是取得自然科学数据的主要手段。这里重点讨论搜集社会经济资料的主要方式和方法。

（1）直接观察法。它是指就调查对象的行为，调查人员通过观察、记录搜集统计资料的方法，也就是调查人员当场对调查对象进行观察、点数或度量以获取资料的方法，如农作物预计产量调查。采用直接观察法，由于调查人员不是强行介入，受调查对象无需任何反应，因而常常能够在被观测者不觉察的情况下获得信息资料。该方法的优点是资料准确，缺点是花费的人力、财力和时间较多。

（2）报告法。就是基层单位以原始记录、基层台账或有关核算资料为基础，向上级提供资料的方法。我国各地区、各部门、各单位所采用的统计报表就属此类方法。

（3）询问调查法。就是调查者与被调查者直接或间接接触，并根据被调查者的答复来搜集调查资料的方法。它又分为访问调查法、邮寄调查法、开调查会法和计算机辅助调查法等。

① 访问调查法。访问调查法就是调查者通过与被调查者直接交谈，逐一调查，从而搜集统计资料的方法。调查的方式又可分为标准式访问和非标准式访问两种。标准式访问是根据调查人员事先设计好的标准化问卷或表格，按顺序依次提问，由被调查者做出回答。其优点是能够对调查过程加以控制，从而获得比较可靠的调查结果。

非标准式访问就是事先不制作统一的问卷或表格，没有一定的提问顺序，调查人员只是给一个题目或提纲，由调查者和被调查者自由交谈，以获得所需资料的方法。

② 邮寄调查法。邮寄调查法又称为通讯法，就是通过邮寄或宣传媒体等方式将调查表或问卷送至被调查者手中，由被调查者填写，然后将填写好的调查结果寄回或投放到指定的搜集点的资料搜集方法。其特点是调查人员和被调查人员没有直接接触和语言交流，信息的传递完全依赖于调查表。

③ 开调查会法。开调查会法就是由调查人员有计划地邀请一些被调查者集中在调查现场，进行座谈、讨论，以了解和搜集资料的方法，也称作座谈会法。参加座谈会的人员一般不宜过多，通常为 6～10 人，并且是所调查问题的专家或有经验的人员。其优点在于被调查者之间可以在座谈中相互启发、相互补充，并在座谈中不断修正自己的观点，从而有利于取得较为广泛、深入的调查资料。

④ 计算机辅助调查法。随着现代电信技术特别是网络技术的发展，统计资料的搜集和处理均可由计算机辅助完成。计算机辅助调查法就是借助现代科技手段，将设计好的调查问卷或提纲通过网络传送给被调查者，被调查者填好调查问卷后再通过网络送回到调查者处以获得调查资料的方法。其优点在于缩短调查时间，提高调查效率，便于资料的汇总。

（4）试验法。试验法是一种特殊的观察调查方法，它是在所设定的特殊试验场所、特殊状态下对调查对象进行试验，以取得所需资料的一种调查方法。根据场所的不同，试验法可分为在室内进行的室内试验法和在市场或外部进行的市场试验法。

室内试验法可用于广告认知的试验等，例如，在同日的同种报纸上，版面大小相同，分别刊登A 和 B 两种广告，然后将其散发给读者，以测定其反应结果。市场试验法可用于消费者需要调查等，例如，企业让消费者免费使用一种新产品，以得到消费者对新产品看法的资料。

2．间接搜集方法

通过直接的调查或试验取得需要的第一手数据是最好的，但对大多数使用者来说，亲自去做调查往往是不可能的，这时还可以通过其他渠道获取别人调查或科学试验的第二手数据，即第二手资料的搜集。

第二手数据主要是公开出版的或公开报道的数据，当然也有些是尚未公开的数据。在我国，公开出版或报道的社会经济统计数据主要来自国家和地方的统计部门以及各种报刊媒介，公开出版物有《中国统计年鉴》、《中国统计摘要》、《中国社会统计年鉴》、《中国农村统计年鉴》、《中国人口统计年鉴》、《中国市场统计年鉴》，以及各省、市、区的统计年鉴等。提供世界各国社会和经济数据的出版物也有许多，如《世界统计年鉴》、《国外经济统计资料》、世界银行各年度的《世界发展报告》等。联合国各有关部门及世界各国也定期出版各种出版物，公布统计数据。

除了使用公开出版物公布的统计数据外，还可以通过其他渠道使用一些尚未公开的统计数据，以及广泛分布在各种报刊、杂志、图书、广播、电视传媒中的数据资料。现在，随着计算机网络技术的发展，也可以在网络上获取所需的各种数据资料。

利用第二手数据对使用者来说既经济又方便，但使用时应注意统计数据的含义、计算口径和计算方法，以避免误用或滥用。同时，在引用时一定要注明数据的来源，以尊重他人的劳动成果。

第二节 统计调查方案

统计调查是一项科学、周密、细致的工作，同时也是一项复杂的工作。为了使这项工作有计划、有组织、有步骤地顺利进行并取得预期的效果，在组织调查之前，即在统计设计阶段必须制订一个周密的调查方案。这是保证统计调查工作顺利开展，及时完成搜集统计资料的纲领性文件，是统计的整体设计和系统安排。

一个完整的统计调查方案通常包括以下几项基本内容。

一、确定调查目的和任务

明确规定调查目的和任务，是统计调查中最根本的问题。它决定着调查工作的内容、范围、方法和组织。任何社会经济现象和过程都可以根据不同任务，从不同的目的来搜集资料进行研究。例如，对商业经营情况，既可以从商品购进方面来反映，又可以从商品销售方面来观察，还可以从商品库存结构、改进服务态度、提高经济效益等方面来研究。现象不同，目的和任务不同，调查方案的内容和范围也就不同。对同一现象进行统计调查，由于目的不同，调查方案的内容和范围也不完全相同。如果目的不明确、任务不清楚，就无法确定向谁调查、调查什么、怎样调查，其结果是调查来的资料并不都需要，而需要了解的情况又得不到充分反映，既浪费了人力、物力和时间，又延误了整个工作。

二、确定调查对象和调查单位

调查对象是指根据调查目的，需要进行调查的社会经济现象总体，即统计总体。它是由性质相同的许多调查单位所构成的。确定调查对象，就是要明确规定总体的界限，划清调查的范围，以防在调查工作中产生重复或遗漏。

调查单位就是构成调查总体的每一个单位，即总体单位，也就是在调查过程中应该登记其标志的那些具体单位。它是调查项目或标志的直接承担者。例如，当调查目的是要了解企业职工的情况时，调查对象就是企业职工这一总体，而调查单位就是每一个职工；如果调查目的是了解所有企业的经营情况时，调查对象就是所有的企业这一总体，每一个企业就是一个调查单位。由此可见，确定调查对象和调查单位，主要是为了解决调查的界限和向哪些单位登记其标志的问题。

在确定调查单位时，要明确调查单位与填报单位的区别，调查单位是调查登记的标志的承担者，填报单位则是指负责向上级提供调查资料的单位。调查单位与填报单位有时一致，有时不一致。例如，工业企业普查时，每个工业企业既是调查单位又是填报单位，两者是一致的。而在工业企业职工普查时，调查单位是每一工业企业职工，而填报单位则是每个工业企业，两者是不一致的。

三、确定调查项目和设计调查表

1．确定调查项目

调查项目是指向调查单位所要调查的具体内容，即向调查单位调查登记的标志。它是由调查对象的性质、调查目的和任务所决定的，包括一系列品质标志和数量标志。确定调查项目，就是规定向被调查者调查什么，也就是需要被调查者回答什么问题。因此，列入调查项目的标志名称必须明确、具体，使人一目了然。在具体确定调查项目时应该注意的是，调查项目应是调查目的所需要的项目，可有可无的项目和备而不用的项目不应列入。调查项目应是能够取得实际资料的项目，有些虽属需要，但实践中难以取得实际资料的项目，也不要列入。

2．设计调查表

调查表是把拟好的调查项目按照合理的顺序设计的表格。它是调查阶段搜集原始资料常用的基本工具，也是拟订调查方案的核心部分。

调查表有单一表和一览表两种形式。

单一表又称卡片式，是在一份调查表只调查一个单位；一览表是在调查项目较多时，在一份调查表中登记若干个调查单位，便于资料对比和汇总。

调查表的结构一般由表头、表体和表脚构成，见表2-2。

表2-2　　　　　　　　　　　　　城市住户现金收支调查表

户主姓名	期初手存现金	实际收入	储蓄借贷收入	实际支出	储蓄借贷支出	期末手存现金
×××××						

调查时间：　　年　　月　　日　　调查人

表头是用来表明调查表的名称以及填写报告单位的名称、性质、隶属关系等。这些项目只在核实和答复各调查单位时使用。表体是调查表的主要部分，包括调查所要说明的社会经济现象的项目、栏号、计量单位等。表脚包括调查者（填报人）的签名和调查日期等，用以明确责任，如发现问题，便于查询。

为了保证调查资料的正确性和统一性，必须附以必要的填表说明，内容包括调查表中的各个项目的解释，有关数字的计算方法以及填表时应注意的事项等。

四、确定调查时间、调查地点和调查方式方法

调查时间包括三个方面的含义：首先是指调查资料所属的时间，即所谓客观时间。如果所调查的是时期现象，调查时间就是资料所反映的起讫日期；如果所调查的是时点现象，调查时间就是明确规定的统一标准时间。其次是指调查时限（主观时间），即进行调查工作的期限，包括搜集资料和报送资料的整个工作所需的时间。再次是指调查工作进行的时间，即指对调查单位和标志进行登记的时间。

调查方式方法是指调查工作的组织方式方法。这主要取决于调查的目的、内容和调查的对象。统计调查的方式多种多样，按其组织形式不同，可分为统计报表制度和专门组织的统计调查；专门组织的调查有普查、重点调查、典型调查和抽样调查等方式。

五、拟订调查的组织实施计划

严密细致的组织工作，是使统计调查顺利进行的保证。调查的组织实施计划应包括以下内容（根据时间的多少灵活处理，以 2010 年全国人口普查为例说明）。

（1）建立调查工作的组织领导机构，做好人员的配备与分工。

（2）做好调查前的准备工作，如宣传教育、人员培训、文件资料的印发、方案的传达布置、经费的筹措等。

（3）制定调查工作的检查、监督方法。

（4）调查成果的公布及工作后的总结等。

较大规模的调查还应进行试点调查。通过试点，检验调查方案是否切实可行，以便修改和补充，还可积累实施调查方案的经验，提高调查人员的业务技能，更好地完成调查任务。

第三节　统计调查的方法体系

一、统计报表制度

（一）统计报表制度的含义和任务

统计报表制度是我国定期取得统计资料的一种最重要的组织形式。统计报表就是以一定的原始数据为基础，按照国家统一规定的表式、指标内容、报送时间和报送程序，自上而下地统一布置，

自下而上地提供基本统计资料的一种统计调查形式。通常把这一整套提供基本统计资料的组织形式叫作统计报表制度，把提供统计基本资料的表格叫作报表。

它的任务是经常地、定期地搜集反映国民经济和社会发展基本情况的资料，为各级政府和有关部门制定国民经济和社会发展计划，以及检查计划执行情况服务。

（二）统计报表的特点

（1）由于统计报表的指标体系、表格形式、报送时间及报送程序都是按照国家统计局规定实施的，保证了统计资料的统一性。

（2）在统计报表的实施范围内被调查单位都进行填报，并且经过部门和各个地区的乃至全国的层层汇总，各个部门、各个地区及国家可以获得相应的统计资料。能够满足各个层次对统计资料的需求，保证了统计资料的全面性。

（3）统计报表是按照一定周期（如月报、季报）进行报告的，可以获得周期性的统计资料，保证了统计资料的动态性。

（4）由于统计资料是建立在原始记录和统计台账的基础之上，可以获得较为准确的统计资料，保证了统计资料的可靠性。

（三）统计报表的作用

（1）统计报表资料是国家制定计划和检查计划的主要依据，统计报表是国家获得统计资料的重要途径。

（2）通过完整地积累统计报表资料，可以满足各种分析研究的需要。如对社会经济现象进行动态比较，研究经济和社会发展变化的规律。

（3）通过完整地积累统计报表资料，可以满足各种分析研究的需要。如对社会经济现象进行动态比较，研究经济和社会发展的变化的规律。

（4）各级领导部门可以通过报表资料，经常了解本部门、本地区的经济和社会发展情况，方便各种业务主管部门对基层企业进行宏观指导，以确保不偏离本地区、本部门的远景发展目标。

（四）统计报表的种类

统计报表按其性质和要求不同，有如下几种分类。

（1）按报表内容和实施范围不同，分为国家统计报表、部门统计报表和地方统计报表。国家统计报表也称国民经济基本统计报表，是由国家统计部门统一制发，用以搜集全国性的经济和社会基本情况，包括农业、工业、基建、物资、商贸、劳动工资、财政等方面最基本的统计资料。部门统计报表是为了适应各部门业务管理需要而制定的专业技术报表，作为国民经济基本统计报表的补充。地方统计报表是针对地区特点而补充制定的地区性统计报表，是为本地区的管理服务的。

（2）按报送周期长短不同，分为日报、旬报、月报、季报、半年报和年报。日报和旬报又称作进度报表。周期短的，要求资料上报迅速，填报的项目比较少；周期长的，内容要求全面一些；年报具有年末总结的性质，反映当年中央政府的方针、政策和计划贯彻执行情况，内容要求更全面和详尽。

（3）按填报单位不同，分为基层统计报表和综合统计报表。基层统计报表是由基层企事业单位填报的报表，综合统计报表是由主管部门根据基层报表逐级汇总填报的报表。

（五）统计报表制度的优点

统计报表主要用于搜集全面的基本情况，此外，也常为重点调查等非全面调查所采用。统计报表制度具有以下三个显著的优点。

（1）它是根据国民经济和社会发展宏观管理的需要而周密设计的统计信息系统，从基层单位日常业务的原始记录和台账（即原始记录分门别类的系统积累和总结）到包括一系列登记项目和指标，都可以力求规范和完善，使调查资料具有可靠的基础，保证资料的统一性，便于在全国范围内汇总、综合。

（2）它是依靠行政手段执行的报表制度，要求严格按照规定的时间和程序上报，因此，具有100%的回收率；而且填报的项目和指标具有相对的稳定性，可以完整地积累形成时间序列资料，便于进行历史对比和社会经济发展变化规律的系统分析。

（3）层层上报、逐级汇总的方式，可以满足各级管理部门对主管系统和区域统计资料的需要。

二、普查

普查是为了某种特定目的而专门组织的一次性的全面调查，用以搜集重要国情国力和资源状况的全面资料，为中央政府制定规划、方针政策提供依据。

（一）普查的特点

普查有两个主要特点。

（1）普查是一次性调查。它主要是用来调查属于一定时点上的社会经济现象的总量。

（2）普查是专门组织的全面调查。它主要是用来全面、系统地掌握如人口、工业企业等国情国力方面的统计资料。

（二）普查和全面统计报表的区别

统计报表属于经常性调查，报表的内容主要是经常调查的项目。而普查属于一次性调查，主要用于调查有关国情国力的重要资料在一定时点状态下的数量。有些社会现象不可能也不需要进行经常调查，但又需要掌握比较全面的统计资料，这就可以通过普查来解决。

普查比一般调查规模要大，而且调查内容比较详细，可以得到完整的统计资料。而统计报表则不可能像普查那样掌握如此详尽的全面资料。

（三）我国普查的开展情况

1994年7月20日国务院批转了国家统计局《关于建立国家普查制度，改革统计调查体系的请示》，明确了普查在统计调查体系中的基础地位，正式确立国家周期性普查制度。普查项目包括人口普查、农业普查、工业普查、第三产业普查和基本单位普查5项。其中人口普查、第三产业普查、工业普查、农业普查每10年进行一次，分别在逢0、3、5、7的年份实施；基本单位普查每5年进行一次，在逢1、6的年份实施。

2003年，国家将原定于2003年在全国进行的第三产业普查推迟，并与计划在2005年及2006年分别进行的工业普查、基本单位普查合并，同时将建筑业纳入普查内容，统称为经济普查，定于2004年在全国进行第一次经济普查。该项普查以后每10年进行两次，分别在逢3、8的年份实施。例如，我国曾进行过以下普查。

1953 年、1964 年、1982 年、1990 年的 6 月 30 日 24 时（7 月 1 日零时）以及 2000 年、2010 年 11 月 1 日零时的人口普查。

1954 年的个体手工业和全国 10 个以上职工的私营工业企业的普查。

1955 年的私营商业及饮食业普查。

1956 年全国钢材库存普查。

1971 年进行的机床、锻压设备拥有量的普查。

1973 年 9 月 1 日零时、1974 年 12 月 1 日零时的物资库存普查。

1977 年全民所有制和集体所有制单位实际使用工人数普查（为掌握"文革"中被搞乱的一些重要数字）。

1978 年科技人员普查（为掌握"文革"中被搞乱的一些重要数字）。

1978 年基建项目和挖潜、革新、改造措施项目普查（为掌握"文革"中被搞乱的一些重要数字）。

1950 年、1985 年、1995 年的三次工业企业普查。

1997 年的第一次全国农业普查。

1996 年的第一次、2001 年的第二次全国基本单位普查。

2004 年的第一次、2008 年的第二次、2013 年的第三次全国经济普查。

（四）普查的组织方式

普查的组织方式一般有两种：一种是建立专门的普查机构，配备大量的普查人员，对调查单位进行直接的登记，例如，我国进行的历次人口普查。

另一种是利用调查单位的原始记录和核算资料，颁发调查表，由登记单位填报，例如，工业普查以及历次的物资库存普查等。这种方式比第一种简便，适用于内容比较单一、涉及范围较小的情况，特别是为了满足某种紧迫需要而进行的"快速普查"。

（五）普查的原则

普查作为一次性的全面调查，对资料的准确性和时效性要求高；而且由于面广量大，更需要进行集中领导和统一行动。因此，普查必须注意以下几个原则。

1．统一规定标准时点

标准时点是指对被调查对象登记时所依据的统一时点。规定调查时点主要有以下两个原因。

（1）普查的目的主要是为了获得时点资料（当然，也不排除收集时期资料），不确定一个时点是不可能得到现象的总体资料的。

（2）没有一个明确的时点就容易造成重复或遗漏。

调查资料必须反映调查对象在这一时点上的情况，以保证普查结果的准确性。标准时点一般定在调查对象比较集中、相对变动较小的时间。

例如，我国第六次人口普查的标准时点为 2010 年 11 月 1 日 0 时，就是要反映这一时点上我国人口的实际状况。

2．统一规定普查期限

在普查范围内各调查单位或调查点尽可能同时进行登记，并在最短的期限内完成，以便在方法和步调上保持一致，保证资料的准确性和时效性。

3．统一规定普查的项目和指标

普查时必须按照统一规定的项目和指标进行登记，不准任意改变或增减，以免影响汇总和综合，降低资料的质量。同一种普查，每次调查的项目和指标应尽可能一致，并按规定的周期进行。这样，就便于进行历史调查资料的对比分析和观察社会经济现象发展变化情况。

三、重点调查

重点调查是专门组织的一种非全面调查，它是在总体中选择个别的或部分重点单位进行调查，以了解总体的基本情况。

重点单位是指在总体中具有举足轻重地位的单位。这些单位数目虽然少，占总体单位总数的比重较小，但它们调查的标志值之和占全部单位标志值之和的比重在总体中占有绝大比重，通过对这些单位的调查，就能掌握总体的基本情况。

例如，鞍钢、武钢、首钢、包钢和宝钢等特大型钢铁企业，虽然在全国钢铁企业中只是少数，但它们的产量却占全国钢铁产量的绝大比重。对这些重点企业进行调查，便能省时省力而且及时地了解全国钢铁生产的基本情况。

当调查目的只要求掌握调查对象的基本情况，而在总体中又确有部分单位能较集中地反映所要研究的问题时，进行重点调查是比较适宜的。

根据调查的目的和内容不同，重点调查可以是经常性调查，也可以是一次性调查。通常情况下，可以同统计报表制度相结合，采用统计报表取得所需要的资料。这种调查，重点单位少，调查项目可多些，了解情况可以详细一些。如果是为了了解重点单位较长时期生产情况或进行阶段性总结，则应制定全面详细的调查纲要。如果是了解生产进度情况，时效要求高，则需掌握少数几个指标（产量和一些主要技术经济指标即可。）

因为重点单位与一般单位的差别较大，所以其结果不用来推算总体指标。

调查还可以和抽样调查结合起来应用，将调查对象分为重点单位和非重点单位两种，对重点单位实行全面调查，而对非重点单位实行抽样调查，以获得很好的效果。

四、典型调查

典型调查也是专门组织的一种非全面调查，它是根据调查研究的目的和要求，在对总体进行全面分析的基础上，有意识地选择其中有代表性的典型单位进行深入细致的调查，借以了解事物的本质和规律性，用以概括同类现象发展变化的一般趋势。

典型单位是指那些最充分、最集中地体现总体某方面共性的单位。一般存在于个别之中，个别包含着一般。因此，只要客观地、正确地选择典型单位，通过对典型单位的深入细致的调查，既搜集详细的第一手数字资料，又掌握生动具体的实际情况，就可以获得对总体特征的深刻认识；特别是对一些复杂的社会经济问题的研究，典型调查可以了解得更深入、更具体、更详尽。

（一）典型调查的特点和作用

典型调查的特点就是调查单位少，节省各种费用。

典型调查具有以下两个突出的作用。

（1）研究尚未充分发展、处于萌芽状况的新生事物或某种倾向性的社会问题。通过对典型单位深入细致的调查，可以及时发现新情况、新问题，探测事物发展变化的趋势，形成科学的预见。

（2）分析事物的不同类型，研究它们之间的差别和相互关系。例如，通过调查可以区别先进事物和后进事物，分别总结它们的经验教训，进一步进行对策研究，促进事物的转化与发展。

此外，在总体内部差别不大，或者分类后各类型内部差别不大的情况下，典型调查的代表性很显著，也可用典型调查资料来补充和验证全面调查的数字。

（二）典型调查的方法

典型调查的关键是如何正确地选择典型单位，所选典型单位是否真正具有代表性，因此该调查对调查设计者的理论水平和实际经验要求较高。选择典型单位必须依据正确的理论进行全面的分析，切忌主观片面性和随意性；它不仅要求调查者有客观的、正确的态度，而且要有科学的方法。根据不同的研究目的和要求，通常有解剖麻雀法、划类选典法、抓两头等方法。

"解剖麻雀法"只要选择少数几个典型单位就可以了。其主要目的就是通过几个个别单位的特征来说明事物的一般情况或事物的一般规律性。该方法注重质的方面的调查研究，任何部门都可以采用。

"划类选典法"是先将总体按照某一个标志进行分组，然后再在每个组中选出有代表性的典型单位，形成一个典型总体。可以用典型总体的指标推断整个总体的指标，但这种结果只能是一种近似值，这种推断无法计算误差。例如，农业统计中的农产量调查、商品需求量调查、农副产品上市量调查等。

"抓两头"是抓两头、促中间的选典方法。

典型调查通常是为了研究某种特殊问题而专门组织的非全面的一次性调查。但是，有时为了观察事物发展变化的过程和趋势，系统地总结经验，也可对选定的典型单位连续地进行长时间的跟踪调查。例如，对新生事物或处于萌芽状态的事物的研究，就适宜采用这种定点的跟踪调查。

五、抽样调查

抽样调查是指按照随机原则从总体中抽取部分单位组成样本（也称抽样总体），对样本指标进行测定并据此对总体的数量特征进行估计或作出判断。抽样调查是现代推断统计的核心，因为无论是对总体的参数估计还是假设检验，都是以测定样本得到的样本指标——统计数据为依据的。

抽样调查同前述的重点调查和典型调查比较，有以下三个显著的重要特点。

（1）它是按随机的原则从总体中抽取样本单位的。

（2）它以样本指标即统计量为依据推断总体参数或检验总体的某种假设。

（3）抽样调查的误差可以事先计算并加以控制。

抽样调查主要适用于这样一些情况：某些不可能进行全面调查的情况；虽然可能取得全面资料

但不必进行全面调查的情况；对全面调查的资料进行验证和修正。另外，对于要求资料及时性很强的事物，如产品的验收检查、农作物收割前的产量预计和其他应急的社会问题的调查等，也可以用抽样调查来满足需要。

从组织方式来分，抽样调查可以分为简单随机抽样、类型抽样、等距抽样、整群抽样等。此外，还存在着其他一些调查方式，如非随机抽样、固定样本连续调查等。非随机抽样调查是指不按随机原则而是按调查者主观设定的某个标准，抽选样本单位的调查方式，具体又可分为任意抽样、判断抽样和配额抽样等不同的抽样方法。固定样本连续调查是把选定的调查单位固定下来，长期进行连续调查。例如，我国的城市职工家庭生活调查（即家计调查），这种调查方式的好处是调查户稳定，可以及时取得各种可靠的资料，而且资料比较系统，可比性强，调查成本也比较低。

第四节 | 调查问卷设计

一、调查问卷设计的概念

在统计调查中，应有事先准备好的询问提纲或调查表作为调查的依据，这些文件统称问卷。它系统地记载了所需调查的具体内容，是了解市场信息资料、实现调查目的和任务的一种重要形式。采用问卷进行调查是国际通行的一种调查方式，也是应用最广的一种调查手段。

所谓问卷设计，它是根据调查目的，将所需要调查的问题具体化，使调查能顺利地获取必要的信息资料，并便于统计分析。由于问卷方式通常是靠被调查者通过问卷间接地向调查者提供资料，所以，作为调查者与被调查者之间中介物的调查问卷，其设计是否科学合理，将直接影响资料的真实性、实用性，影响问卷的回收率。因此，在统计调查中，应对问卷设计给予足够的重视。

二、调查问卷的作用

（一）问卷是一种通俗易懂、实施方便的表达方法

调查可以采取个别口头询问、集体访问、电话访问等方式进行，但这些方式都要求调查者具有较高的询问技巧，同时还需要记录。这就难免出现问题回答不完整或是记录不完整、时间过长等情况。而采用问卷方式，则可将所有问题全部用提问方式在问卷中列出，许多问题都给出了多种可能的备选方案供被调查者选择，因此这种方式较容易为调查者所接受。而且，实际调查人员只要稍加培训即可胜任此项工作。

（二）问卷适用于各种范围的社会经济调查

问卷方式既可以用于对企业、部门等较小范围的社会经济现象进行调查，更适用于对省、地区、全国等较大范围的社会经济现象进行调查。采用问卷方式选择调查对象，一般是经过抽样调查方法选取，因此，应使所选出的调查对象具有较高的代表性。此外采用问卷方式涉及面广，能用较少的经费进行大规模的调查。

（三）采用问卷方式有利于对资料进行统计处理和定量分析

问卷设计将调查内容分解为各个细致的项目，并将其规范地排列在问卷中，绝大多数问题列出备选方案，供被调查者选答，少数问题采用文字表达方式，这样就有利于统计调查内容的系统化、标准化，便于利用手工或计算机对所取得的资料进行研究。同时，由于问卷方式能将人们的态度、观点、行为、看法等定性认识转化为定量研究，这样就不仅便于调查者对调查对象的基本状况进行了解，还可以对各种复杂现象的有关因素进行相关分析、回归分析和聚类分析等。

（四）采用问卷方式可以节省调查时间，提高调查效率

由于问卷设计中已将调查目的、调查内容进行了说明和编排，因此，除特殊情况外，问卷形式无需再由调查人员就有关问题向被调查者详细说明，只需被调查者完成答案即可。这样就节省了调查者用于详细解释意图、项目的时间，加快了调查进度。

三、调查问卷设计的原则

（一）目的性原则

问卷调查是通过向被调查者询问问题来进行调查的，所以，询问的问题必须是与调查主题有密切关系的问题。这就要求在问卷设计时，重点突出，避免可有可无的问题，并把主题分解为更详细的细目，即把它们分别做成具体的询问形式供被调查者回答。

（二）可接受性原则

调查表的设计要易于让被调查者接受。由于被调查者对是否参加调查有着绝对的自由，调查对他们来说是一种额外负担，他们既可以采取合作态度，接受调查，也可以采取对抗行为，拒绝回答。因此，请求合作就成为问卷设计中一个十分重要的问题。应在问卷说明词中，将调查目的明确告诉被调查者，让对方知道该项调查的意义和自身回答对整个调查结果的重要性。问卷说明词要亲切、温和，提问部分要自然、有礼貌和有趣味性，必要时可采用一些物质鼓励，并代被调查者保密，以消除其某种心理压力，使被调查者自愿参与，认真填好问卷。此外，还应使用适合被调查者身份、水平的用语，尽量避免一些会令被调查者难堪或反感的问题。

（三）顺序性原则

它是指在设计问卷时，要讲究问卷的排列顺序，使问卷条理清楚，顺理成章，以提高回答问题的效果。问卷中的问题一般可按下列顺序排列。

（1）容易回答的问题放在前面，较难回答的问题放在后面，关于个人情况的事实性问题放在末尾。

（2）封闭性问题放在前面，开放性问题放在后面。这是由于封闭性问题已由设计者列出备选答案，较易回答，而开放性问题需被调查者花费一些时间考虑，放在前面易使被调查者产生畏难情绪。

（3）要注意问题的逻辑顺序，如按时间顺序、类别顺序等加以合理排列。

（四）简明性原则

简明性原则主要体现在下列几个方面。

（1）调查内容要简明。没有价值或无关紧要的问题不要列入，同时要避免出现重复，力求以最少的项目设计必要的、完整的资料。

（2）调查时间要简短，问题和整个问卷都不宜过长。设计问卷时，不能单纯从调查者的角度出发，而要为回答者着想。调查内容过多，调查时间过长，都会招致被调查者的反感。

（3）问卷设计的形式要简明，易懂、易读。

（五）匹配性原则

匹配性原则是指要使被调查者的回答便于进行检查、数据处理和分析。所提问题都应事先考虑到能使对问题结果做适当分类和解释，使所得资料便于交叉分析。

四、调查问卷设计的程序

问卷设计是由一系列相关工作过程所构成的，为使问卷具有科学性和可行性，需要按照一定的程序进行。

（一）准备阶段

准备阶段是根据调查问卷需要确定调查主题的范围和调查项目，将所需问卷资料一一列出，分析哪些是主要资料，哪些是次要资料，哪些是调查的必备资料，哪些是可要可不要的资料，并分析哪些资料需要通过问卷来取得，需要向谁调查等。同时要分析调查对象的社会阶层、行为规范、社会环境等社会特征；文化程度、知识水平、理解能力等文化特征；需求动机、行为等心理特征；以此作为拟定问卷的基础。在此阶段，应充分征求有关各类人员的意见，以了解问卷中可能出现的问题，力求使问卷切合实际，能充分满足各方面分析研究的需要。可以说，问卷设计的准备阶段是整个问卷设计的基础，是问卷调查能否成功的前提条件。

（二）初步设计

在准备工作基础上，设计者就可以根据收集的资料，按照设计原则设计问卷初稿。主要是确定问卷结构，拟定并编排问题，在初步设计中，首先要标明每项资料需要采用何种方式提问，并尽量详尽地列出各种问题，然后对问题进行检查、筛选、编排，设计每个项目。对提出的每个问题，都要充分考虑是否有必要、能否得到答案。同时，要考虑问卷是否需要编码，或需要向被调查者说明调查目的、要求、基本注意事项等。这些都是设计调查问卷时十分重要的工作，应精心研究，反复推敲。

（三）试答和修改

一般来说，所有设计出来的问卷都难免存在一些问题，因此，需要将初步设计出来的问卷，在小范围内进行试验性调查，以便弄清问卷在初稿中存在的问题，了解被调查者是否乐意回答和能够回答所有的问题，哪些语句不清、多余或遗漏，问题的顺序是否符合逻辑，回答的时间是否过长等。如果发现问题，应做必要的修改，使问卷更加完善。试调查与正式调查的目的是不一样的，它并非要获得完整的问卷，而是要求回答者对问卷各方面提出意见，以便于修改。

（四）付印

付印就是将最后定稿的问卷，按照调查工作的需要打印复制，制成正式的问卷。

五、调查问卷的格式

一份完整的调查问卷通常包括标题、问卷说明、被调查者基本情况、调查内容、编码、调查者情况等内容。

（一）问卷的标题

问卷的标题是概括说明调查的研究主题，使被调查者对所要回答什么方面的问题有一个大致的了解。确定标题应简明扼要，易于引起回答者的兴趣。一般不要简单采用"问卷调查"这样的标题，它容易引起回答者不必要的怀疑而拒答。

（二）问卷说明

问卷说明旨在向被调查者说明调查的目的、意义。有些问卷还有填表须知、交表时间、地点及其他事项说明等。问卷说明一般放在问卷开头，通过它可以使被调查者了解调查目的，消除疑虑，并按一定的要求填写问卷。问卷说明既可以采用比较简洁、开门见山的方式，也可以在问卷说明中进行一定的宣传，以引起调查对象对问卷的重视。

（三）被调查者基本情况

这是指被调查者的一些主要特征，如在消费者调查中，消费者的性别、年龄、民族、家庭人口、婚姻状况、文化程度、职业、单位、收入、所在地区等。通过这些项目，便于对调查资料进行统计分组、分析。在实际调查中，列入哪些项目、列入多少项目，应根据调查目的、调查要求而定。

（四）调查主题内容

调查的主题内容是调查者所要了解的基本内容，也是调查问卷中最重要的部分。它主要是以提问的形式提供给被调查者，这部分内容设计的好坏直接影响整个调查的价值。主题内容主要包括以下几个方面。

（1）对人们的行为进行调查。包括对被调查者本人行为进行了解或通过被调查者了解他人的行为。

（2）对人们的行为后果进行调查。

（3）对人们的态度、意见、感觉、偏好等进行调查。

（五）编码

编码是将问卷中的调查项目变成数字的工作过程，大多数统计调查问卷需加以编码，以便于分类整理，易于进行计算机处理和统计分析。所以，在问卷设计时，应确定每一个调查项目的编号，为相应的编码做准备。通常是在每一个调查项目的最左边按顺序编号，在调查项目的最右边，根据每一个调查项目允许选择的数目，在其下方画上相应的若干短线，以便编码时填上相应的数字代号。

（六）作业证明的记载

在调查表的最后，附上调查员的姓名、访问日期、时间等，以明确调查人员完成任务的性质。如有必要，还可写上被调查者的姓名、单位或家庭住址、电话等，以便于审核和进一步追踪调查。但对于一些涉及被调查者隐私的问卷，上述内容则不宜列入。

六、问卷设计中的询问技巧

问卷的语句由若干个问题所构成，问题是问卷的核心，在进行问卷设计时，必须对问题的类别和提问方法仔细考虑，否则会使整个问卷产生很大的偏差，导致调查的失败。因此，在设计问卷时，应对问题有较清楚的了解，并善于根据调查目的和具体情况选择适当的询问方式。

（一）问题的主要类型及询问方式

1. 直接性问题、间接性问题和假设性问题

直接性问题是指在问卷中能通过直接提问方式得到答案的问题。直接性问题通常给回答者一个明确的范围，所问的是个人基本情况或意见，例如，"您的职业"、"您最喜欢的洗发水是什么牌子的"等，这些都可获得明确的答案。这种提问对统计分析比较方便，但遇到一些窘迫性问题时，采用这种调查方式可能无法得到所需的答案。

间接性问题是指那些不宜于直接回答的问题。通常是指那些被调查者因对所需回答的问题产生顾虑、不敢或不愿真实地表达意见的问题。这时，如果采用间接回答方式，使被调查者认为很多意见已被其他人提出来了，他所要做的只不过是对这些意见加以评价罢了，这样，就能排除调查者和被调查者之间的某些障碍，使被调查者有可能对已得到的结论提出自己不带掩饰的意见。

假设性问题是通过假设某一情景或现象存在而向被调查者提出的问题。例如，"有人认为目前的电视广告过多，您的看法如何？"这样的语句就属于假设性问题。

2. 开放性问题和封闭性问题

所谓开放性问题是指所提出的问题并不列出所有可能的答案，而是由被调查者自由回答的问题。开放性问题一般提问比较简单，回答比较真实，但结果难以作定量分析，在对其作定量分析时，通常是将回答进行分类。

所谓封闭性问题是指已事先设计了各种可能答案的问题，被调查者只要或只能从中选定一个或几个现成答案的提问方式。封闭性问题由于答案比较标准化，不仅回答方便，而且易于进行各种统计处理和分析。但缺点是回答者只能在规定的范围内被迫回答，无法反映其他各种有目的的、真实的想法。

3. 事实性问题、行为性问题、动机性问题、态度性问题

事实性问题是要求被调查者回答一些有关事实性的问题，例如，"您通常什么时候看电视？"这类问题的主要目的是获得有关事实性资料。因此，问题的意见必须清楚、使被调查者容易理解并回答。通常在一份问卷的开头和结尾都要求回答者填写其个人资料，如职业、年龄、收入、家庭状况、教育程度、居住条件等，这些问题均为事实性问题，对此类问题进行调查，可为分类统计和分析提供资料。

行为性问题是对回答者的行为特征进行调查，例如，"您是否购买过××物品？""您是否做过某事？"

动机性问题是为了了解被调查者行为的原因或动机的问题。例如，"为什么购某物？""为什么做某事？"在提动机性问题时，应注意人们的行为可以是有意识动机，也可以是半意识动机或无意识动机产生的。对于前者，有时会因种种原因不愿真实回答；对于后者，因回答者对自己的动机不十分清楚，也会造成回答的困难。

态度性问题是关于对回答者的态度、评价、意见等问题。例如，"您是否喜欢××品牌的汽车？"

以上是从不同角度对各种问题所做的分类，在实际调查中，几种类型的问题往往是结合使用的。在同一个问卷中，既有开放性问题，也有封闭性问题；事实性问题既可以采取直接提问方式，也可

以采取间接提问方式，问卷设计者可以根据具体情况选择不同的提问方式。

（二）问句的答案设计

在调查中，无论是何种类型的问题，都需要事先对问句的答案进行设计。在设计答案时，可以根据具体情况采用不同的设计形式。

1. 二项选择法

二项选择法也称真伪法或二分法，是指提出的问题仅有两种答案可以选择。"是"或"否"、"有"或"无"等。这两种答案是对立的、排斥的，被调查者的回答非此即彼，不能有更多的选择。这种方法的优点是易于理解和可迅速得到明确的答案，便于统计处理，分析也比较容易。但回答者没有进一步阐明理由的机会，难以反映被调查者意见与程度的差别，了解的情况也不够深入。这种方法，适用于互相排斥的两项择一式问题，及询问较为简单的事实性问题。

2. 多项式选择法

多项式选择法是指所提出的问题事先预备好两个以上的答案，回答者可以任选其中的一项或几项。由于所设计答案不一定能表达出填表人所有的看法，所以在问题的最后通常可设"其他"项目，以便使被调查者表达自己的看法。这个方法的优点是比二项选择法的强制选择有所缓和，答案有一定的范围，也比较便于统计处理。但采用这种方法时，设计者要考虑以下几种情况。

（1）要考虑到全部可能出现的结果，及答案可能出现的重复和遗漏。

（2）要注意选择答案的排列顺序。有些回答者常常喜欢选择第一个答案，从而使调查结果发生偏差。

（3）答案不要过多。答案过多，易使回答者无从选择或产生厌烦。一般这种多项选择答案应控制在 5 个以内。当样本量有限时，多项选择易使结果分散，缺乏说服力。

3. 顺位法

顺位法是列出若干项目，由回答者按重要性决定先后顺序。顺位法主要有两种：一种是对全部答案排序，另一种是只对其中的某些答案排序。究竟采用何种方法，应由调查者来决定。具体排列顺序，则由回答者根据自己所喜欢的事物和认识程度等进行排序。顺位法便于被调查者对其意见动机、感觉等作衡量和比较性的表达，也便于对调查结果加以统计。但调查项目不宜过多，过多则容易分散，很难顺位，同时所询问的排列顺序也可能对被调查者产生某种暗示影响。这种方法适用于对要求答案有先后顺序的问题。

4. 回忆法

回忆法是指通过回忆，了解被调查者对不同商品质量、品牌等方面印象的强弱。调查时可根据被调查者所回忆牌号的先后和快慢以及各种牌号被回忆的频率进行分析研究。

5. 比较法

比较法是指采用对比提问的方式，要求被调查者作出肯定回答的方法。比较法适用于对质量和效用等问题作出评价。应用比较法要考虑被调查者对所要回答的问题是否相当熟悉，否则将会导致空项存在。

6. 自由回答法

自由回答法是指提问时可以自由提出问题，回答者可以自由发表意见，并无已经拟定好的答案。

这种方法的优点是涉及面广，灵活性大，回答者可充分发表意见，可为调查者搜集到某种意料之外的资料，缩短问者和答者之间的距离，迅速营造宽松的调查气氛。缺点是由于回答者提供答案的想法和角度不同，因此在答案分类时往往会出现困难，资料较难整理，还可能因回答者表达能力的差异形成调查偏差。同时，由于时间关系或缺乏心理准备，被调查者往往放弃回答或答非所问，因此，此种问题不宜过多。这种方法适用于那些没有预期答案或不能限定答案范围的问题。

7．过滤法

过滤法又称"漏斗法"，是指最初提出的是离调查主题较远的广泛性问题，再根据被调查者回答的情况，逐渐缩小提问的范围，最后有目的地引向要调查的某个专题性问题。这种方法询问及回答比较自然、灵活，使被调查者能够在活跃的气氛中回答问题，从而增强双方的合作，获得回答者较为真实的想法。但要求调查人员善于把握对方心理，善于引导并有较高的询问技巧。此方法的不足是不易控制调查时间。通常适用于被调查者在回答问题时有所顾虑，或者一时不便于直接表达对某个问题的具体意见的情况。

思考题

一、单项选择题

1．将统计调查分为全面调查和非全面调查是根据（　　）。

A．能否取得全面资料　　　　　　　B．调查登记的时间是否连续

C．调查对象包括的范围不同　　　　D．搜集资料的方法不同

2．统计调查方案的首要问题是（　　）。

A．统计调查组织工作　　　　　　　B．统计调查目的和任务

C．统计调查时间和地点　　　　　　D．统计调查经费

3．在统计调查中，调查项目的承担者是（　　）。

A．调查对象　　　　B．填报单位　　　　C．汇总单位　　　　D．调查单位

4．在统计调查中，调查单位与报告单位之间（　　）。

A．是完全一致的　　　　　　　　　B．是完全无关系的两个概念

C．通常是有区别的，但有时也一致　D．是完全不一致的

5．某市工业企业 2014 年生产经营成果年报呈报时间规定在 2015 年 1 月 31 日，则调查期限为（　　）。

A．一日　　　　B．一个月　　　　C．一年　　　　D．一年零一个月

6．对某省饮食业从业人员的健康状况进行调查，其调查对象是该省饮食业的（　　）。

A．全部网点　　　B．每个网点　　　C．全部从业人员　　D．每个从业人员

7．统计调查方案中调查的客观时间是指（　　）。

A．调查资料所属的时间　　　　　　B．搜集资料的时间

C．调查工作的起迄时间　　　　　　　　D．报送资料的时间

8．重点调查中重点单位是指（　　　）。

　A．标志总量在总体中占有很大比重的单位

　B．具有典型意义或代表性的单位

　C．那些具有反映事物属性差异的品质标志的单位

　D．能用以推算总体标志总量的单位

9．在对某些产品进行质量检验时带有破坏性，一般宜采用（　　　）。

　A．普查　　　　　　B．典型调查　　　　　C．抽样调查　　　　D．重点调查

10．有意识地选择三个农村点调查农民收入情况，这种调查方式属于（　　　）。

　A．普查　　　　　　B．重点调查　　　　　C．抽样调查　　　　D．典型调查

11．调查全国最大的30个零售商场，以了解我国零售市场状况，这种调查属于（　　　）。

　A．普查　　　　　　B．重点调查　　　　　C．典型调查　　　　D．抽样调查

12．下列调查中，调查单位与填报单位一致的是（　　　）。

　A．企业设备调查　B．人口普查　　　　　C．农村耕地调查　　D．工业企业现状调查

13．统计调查中的专门调查有（　　　）。

　A．统计报表、重点调查、抽样调查

　B．经常性调查和一次性调查

　C．普查、重点调查、典型调查、抽样调查

　D．全面调查和非全面调查

14．调查问卷中最重要的部分是（　　　）。

　A．问卷说明　　　　　　　　　　　　B．被调查者基本情况

　C．调查主题内容　　　　　　　　　　D．作业证明记载

15．调查时间的含义是（　　　）。

　A．调查资料所属的时间　　　　　　　B．进行调查的时间

　C．调查工作期限　　　　　　　　　　D．调查资料报送的时间

二、多项选择题

1．在全国人口普查中（　　　）。

　A．每个人是总体单位　　　　　　　　B．男性是品质标志

　C．"年龄"是数量标志　　　　　　　　D．男性人口所占比重是数量指标

2．抽样调查（　　　）。

　A．是按随机的原则抽取调查单位　　　B．抽样误差是不可避免的但是可以控制的

　C．调查对象的时点现象　　　　　　　D．抽样的目的是为从数量上推断总体指标

3．重点调查（　　　）。

　A．是非全面调查　　　　　　　　　　B．调查目的是从数量上推断总体指标

　C．可以获得对总体基本情况的认识　　D．调查单位是具有代表性的典型单位

4．我国统计调查的方法有（　　）。

    A．统计报表　　　　　B．普查　　　　　C．抽样调查　　　　　D．重点调查

5．在工业设备普查中（　　）。

    A．工业企业是调查对象　　　　　　　B．工业企业的全部设备是调查对象

    C．每台设备是填报单位　　　　　　　D．每台设备是调查单位

6．抽样调查方式的优越性表现在以下几个方面（　　）。

    A．全面性　　　　　B．经济性　　　　　C．准确性　　　　　D．灵活性

三、判断题

1．调查对象是调查项目的承担者。（　　）

2．调查方案的核心内容是确定调查表。（　　）

3．统计调查对象可以同时又是调查单位。（　　）

4．全面调查和非全面调查是根据调查结果所得的资料是否全面来划分的。（　　）

5．调查单位和填报单位在任何情况下都不可能一致。（　　）

6．在统计调查中，调查标志的承担者是调查单位。（　　）

7．对全国各大型钢铁生产基地的生产情况进行的调查属于非全面调查。（　　）

8．我国的人口普查每十年进行一次，因此它是一种连续性调查方法。（　　）

9．对我国主要粮食作物产区进行调查，以掌握全国主要粮食作物生长的基本情况，这种调查是重点调查。（　　）

10．我国人口普查的总体单位和调查单位都是每一个人，而填报单位是户。（　　）

四、名词解释

1．统计调查　　2．统计报表制度　　3．重点调查　　4．抽样调查　　5．典型调查

6．调查对象　　7．普查　　　　　8．填报单位

五、简答题

1．统计调查方案应包括哪些内容？

2．什么叫普查？普查应遵循的原则有哪些？

3．什么是抽样调查？有哪些作用？

4．简述调查问卷的作用。

5．调查对象、调查单位与填报单位的关系是怎样的？

6．统计调查有哪些分类？

第三章 ┃ 统计整理

【学习目标】

通过本章的教与学，学生要了解统计资料整理的意义、内容；明确统计分组在统计研究中的重要意义，掌握统计资料审核检查的一般方法，能查找一般性差错，掌握正确选择分组标志的原则及分组方法；明确分配数列的概念及其种类，掌握变量数列的编制方法，根据等距数列中的组限与组中值之间的关系进行数量上的推算；熟悉统计表的设计要求，能编制较为规范的统计表。

【重点难点】

本章的重点是统计分组的作用、种类、分组标志的选择，分配数列、统计表的编制方法。

难点是变量数列的编制，设计统计表时需要注意的问题。

第一节 ┃ 统计整理概述

一、统计整理的概念

统计整理是根据统计工作的任务，按照统计整理方案的要求，把调查所得到的大量原始资料进行科学的分类与汇总，使其成为系统化、条理化的综合资料，以反映所研究总体特征的工作过程。

统计整理是统计工作的第三阶段，经过统计调查后，人们得到了以调查表形式表现的原始资料，这些原始资料所表示的内容仍然是反映各个总体单位具体情况的资料。例如，通过调查得到某商店 20 位职工的月工资额（单位：元）如下。

2550	2550	2640	2680	2720	2720	2760	2760	2800	2800
2850	2850	2890	2890	2960	2980	3050	3050	3090	3090

人们如果直接利用上面的原始资料是很难进行统计研究的，因为它只能说明总体各个单位的具体情况，无法说明总体的数量特征和变化规律。我们如果能根据统计研究的目的，把这些零碎而不系统的原始资料进行系统化整理，就可以利用整理过的资料清楚地了解该商店职工月工资额的分布情况，见表 3-1。

表 3-1   某商店 20 位职工月工资分组

月工资额（元）	职工人数（人）
2500～2700	4
2700～2900	10
2900～3100	6
合　计	20

二、统计整理的内容

统计整理主要包括以下几方面内容。

（一）对原始资料进行审核与检查

审核、检查被调查单位的资料是否齐全，是否准确、及时、完整，有无迟报、不报、漏报的情况。如果报送资料已齐全，应审查有无差错。审查的办法主要有以下几种。

1. 完整性审核

完整性审核包括检查应调查的总体单位是否齐全以及调查项目（标志）的回答是否完整两个方面。调查表（问卷）的所有问题都应有答案。答案缺失，可能是被调查者不能回答或不愿回答，也可能是调查人员遗忘所致。资料整理人员应决定是否接受该份问卷，如果接受就应马上向原来的被调查者询问，填补问卷的空白；或者询问调查人员有无遗漏，能否追忆被调查者的回答。否则，就应放弃该份问卷，以确保资料的可靠性。在进行完整性审核时，应注意答案缺失有三种表现，第一种是全部不回答，第二种是部分不回答，第三种是隐含不回答，如对所有问题都选 A，或都回答"是"。第一种和第二种容易发现，对第三种情况应仔细辨别，谨慎处理，一旦确认，一般作为无效问卷加以剔除。

2. 准确性审核

准确性审核则可以通过逻辑检查法、比较审查法和设置疑问框等方法进行。

（1）逻辑检查法是分析现象标志、数据之间是否符合逻辑，有无自相矛盾或违背常理的资料，即进行合理性检查。如人口调查中，少年儿童年龄段的居民，不应有婚姻情况，文化程度不应是大学毕业以上，职务不应是工程师以上等。如果出现已婚、高级工程师的少年儿童，显然在逻辑上是不可能的，要进一步查实更正。

（2）比较审查法是利用指标数据之间的关系及规律进行审查。可以利用各项目之间的平衡关系是否成立，在不同统计调查表上的统一指标数值是否一致等关系来审查。如地区居民户数不可能大于居民人数，工业总产值应等于重工业产值与轻工业产值之和，全国的 GDP 总额应等于各省、市、自治区的 GDP 之和等。凡是不符合上述规定要求的，必然是数据有问题，必须查清。

（3）设置疑问框审查则是利用指标之间存在一定的量值与比例关系，通过规定疑问框，审查数据是否有疑问。如规定工业净产值与现价总产值的比值不低于 0.2，不高于 0.6，如果数据在此范围之外，即属于有疑问数据，应该被检出审查。操作中应注意疑问框的设置不能相距过大，否则会遗漏有差错的数据；但也不能过小，过小会使大量正确数据被检出来，增加审查的工作量。因此，疑问框的设计应由经验丰富的专家负责，才能取得良好的效果。

以上一些方法，设计好以后可以输入计算机，由计算机进行审查，以节约人力与时间。

发现数据差错以后，要分别按不同情况及时纠正与处理。属于被调查单位填报错误的，应通知他们重新填报；属于汇总过程中的错误，应根据情况予以修正。

（二）对分类方法进行检查

根据数据的实际情况，检查统计设计阶段制定的分类方法是否合理、周到、可行，如有需要，进行修改。

（三）归纳与汇总

按最后确定的总体分类方法，将各总体单位归入相应的组，并汇总各组和整个总体的数据，这一过程通常称为"归纳与汇总"过程。

归纳与汇总即通过计算机或手工将原始资料的各种标志值汇总、计量，得出总体指标。有些资料需要进行各种分组汇总的，也一并进行。对整理好的资料再进行一次审核，改正在汇总过程中所发生的各种错误。具体的方法可以是：复计审核，就是对每一个指标数值都要经过复核计算；表、表审核，就是对某些在不同报表上重复出现的指标数值，则要审核各项数字之间是否相符；表、实审核，就是对汇总而得到的指标数值，应与了解的实际情况联系起来研究，若发现出入，则应检查；对照审核，就是对某些统计、会计、业务三种核算都进行计算的指标数值（如利润率），则相互对照检查，要求数字相同，若不同，找出不同的原因。

（四）制表

将汇总的结果，编制成统计表与分析表，以备分析之用。

（五）对资料进行系统积累

一般将汇总的统计资料存入数据库，若有条件可以把原始资料一并存入数据库，以便在需要时进一步加工，用于特定课题的研究。

三、统计整理方案的设计

在进行上述资料整理之前，要设计统计资料整理方案，即对资料整理的各个环节做出具体的安排与规定，拟订工作计划，以保证整理工作顺利进行。特别需要指出的是，统计整理方案的设计应该在统计设计阶段完成，而不是在统计整理阶段开始后设计的，进入统计整理阶段，只是按照其方案做具体的工作。

统计整理方案应包括如下内容。

（一）确定汇总的指标与综合表

如果是专门调查的资料，应按调查方案规定的指标汇总；如果是专题研究任务，应根据研究任务的要求，选择有关指标汇总，并设计综合表。

（二）确定分组方法

规定各种指标汇总时要进行哪些分组，如果是按数量标志分组，还要确定组数、组距、组限值等。

（三）选择资料汇总的形式

确定是采用手工汇总还是用计算机汇总，计算机汇总又采用哪种形式，以及汇总的组织工作与时间安排。

（四）确定资料的审查内容与方法

在实际工作中应根据情况选用某种资料审查方法，或者以某种方法为主，结合其他方法并用。

此外，有些调查资料往往需要同历史资料衔接，为此还必须进行历史资料口径的调整，以便于对比。

资料整理方案是保证资料整理工作按质、按量、按时完成的指导性文件，方案的好坏直接关系到资料整理工作的质量。因此，设计统计资料整理方案是一项重要的工作，不可忽视。

四、统计资料报送的组织形式

随着统计资料汇总手段的现代化，统计资料报送的形式多种多样，可以根据情况及不同的要求，选用不同的报送形式。

（一）传统的报送方式

（1）邮寄报送。它是由被调查单位填报书面报表后，通过邮局邮寄给受表单位。

（2）电话电报报送。它是对那些时效性强的统计资料，如日报、旬报、季报等，采用电话、电报、传真等报送的方式。电话报送统计资料往往由于口误、听误、笔误等原因，最容易发生差错，应特别注意资料的核对。

（二）计算机处理数据远程传输

它是由报送单位把资料按照规定的要求处理好后，将数据直接传输到受表单位的计算机内，经审核后很快可制出综合表。这种形式用于时效性较强的统计报表，如月报、季报或快速调查。

（三）磁介质报送统计资料

它是将计算机处理好的统计资料录入软磁盘或磁带，把这种磁盘（带）报送给受表单位。受表单位收到磁盘（带）后，用计算机审核处理，很快可得到综合统计资料。磁盘（带）能容纳大量的统计资料，复杂的、大型的统计调查取得的资料多采用这种报送形式，并可把基层单位的统计资料一并报送，实行超级汇总。

五、次级资料的整理

次级资料的整理是指对已经汇总的统计资料进行再加工，使其成为适合需要的资料的工作过程。例如，对历史资料的整理，由于行政区域的变更、组织机构的调整、隶属关系的改变、统计指标包括范围的更改、计量单位的改进等原因，使原有的历史资料不适合目前工作的需要，必须进行再加工整理。又例如对专题问题的研究，需要利用现有的年报资料、季报资料、月报资料，进行再加工，计算各种分析指标，以便适应研究的需要。

对次级资料的整理需要注意以下问题。

（一）对现有资料进行甄别

哪些资料是目前可用的，哪些目前不适用；哪些资料需要加工，哪些资料不需要再加工，要分不同情况处理。对于那些虚假不实的资料，必须剔除掉。对于那些包括范围不全或不同的资料，要进行调整。

（二）对现有资料做出评价

对现有资料做出评价，即现有资料经过再加工以后，是否可以达到我们的要求与满足实际的需要。如果经过再加工后，仍然达不到要求，则这项整理工作毫无价值与意义，不应再加工。

（三）选用适当的再加工方法

对具有再加工价值的资料，要选用切实可行的加工方法。如果是资料的口径、范围不全，则要采用指标调整方法，对各项指标按现有要求的口径、范围重新整理；如果是在现有资料中，存在某些资料的缺口，而又可以采取措施补充的，则应将资料的缺口补上；如果是现有资料的分组不合理，需要重新再分组的，则可以选择适当的分组标志进行再分组。

第二节 | 统计分组

一、统计分组的概念

统计分组是根据统计研究的任务和研究对象的特点，按照某种分组标志将统计总体分为若干组成部分的一种统计研究的基本方法。总体的这些组成部分称为"组"。统计总体具有"同质性""大量性"的同时，还必须具有"差异性"，因为有了"差异性"才能有统计研究，也才能有统计分组。例如，研究某一地区居民的文化素质状况，将文化程度这一标志作为分组依据或标准，进行统计分组，则分成文盲、小学、中学、大学、研究生等组。又如，研究 2013 年某大学某班级某门课程的成绩情况，以考试成绩这一数量标志为分组依据，则分成 60 分以下、60～70 分、70～80 分、80～90 分、90 分以上等组。

统计分组必须遵循穷尽原则和互斥原则。

穷尽原则就是要使总体中的每一个单位都有组可归，或者说各分组的空间足可以容纳总体的所有单位，也就是总体每一个单位不遗漏。例如，企业就业人员按照文化程度分组可以分为小学、中学和大学三组，这样的分组文盲或识字不多的职工则无组可以归纳，就会造成人员统计遗漏。要包括全部人员，分组应该为文盲及识字不多、小学、中学、大学及以上。

互斥原则就是要使总体中每一个单位只能归属某一组，不能同时归属几个组，也就是总体每一个单位不重复。例如，如果把学生成绩分为 50～60 分、55～65 分等若干组，那么成绩为 57 分的同学在两组都会出现，显然这是错误的，不符合互斥原则。

统计分组具有两个方面的含义。

对总体而言，是"分"，即将同质总体区分为性质不同的组成部分。

对总体单位而言，它是"组（合）"，即将性质相同或相近的不同总体单位组合在一起，构成一个组。

例如，要了解我国人口状况，只知道总人口数量是不够的，而应将人口总体按照年龄、性别、民族、城乡、文化程度等分组，才能进一步地深入了解我国人口总体的年龄结构、性别比例、民族构成等。

对分组标志而言，是"分"，即按分组标志将不同的标志表现区分为若干组成部分。

而对于其他标志而言，它是"合"，即在一个组内的各单位即使其他标志表现不相同也只能结合在一组。例如，把所有的工业企业组成一个总体，又可把这个总体按所有制形式不同，划分为全民所有制企业、集体所有制企业、合资企业等组。每一组内企业的所有制性质相同，而组与组之间各种所有制又存在着性质上的差别。

由此可见，选择一种分组方法，突出了一种差异，显示了一种矛盾，必然同时掩盖了其他差异，忽略了其他矛盾。不同的分组方法，可能得出不同的结论。因此，统计分组是在统计总体内部进行的一种定性分类。统计分组必须先对所研究现象的本质作全面、深刻的分析，确定所研究现象类型的属性及其内部差别，而后才能选择反映事物本质的正确的分组标志。

二、统计分组的作用

统计分组是基本统计方法之一，统计工作从始至终都离不开统计分组的应用，在统计调查方案中必须对统计分组做出具体规定，才能收集到满足分组需要的资料。统计资料整理的任务是使零散资料系统化，但怎样使资料系统化，本着什么去归类，这就取决于统计分组。因此，在取得完整、正确的统计资料前提下，统计分组的优劣是决定整个统计研究成败的关键，它直接关系到统计分析的质量。

科学的统计分组是统计整理和分析的基础，是研究社会现象的重要方法。其主要作用如下。

（一）划分社会经济现象的类型

统计的研究对象是错综复杂的，具有各种不同的类型。通过统计分组，可以从数量方面说明不同类型现象的数量特征，表明不同类型现象的本质和发展规律。统计总体中，各个单位总是客观地存在某种差异，这是统计研究的基本条件。但是，统计研究这种差异，主要不是研究个别单位的具体差异程度和变化，而是对这种差异加以抽象和概括。统计分组将总体按一定标志划分为不同类型的组，这就确定了总体各部分的范围和界限，从而使我们对总体有一个深刻的认识。对社会经济现象划分类型的分组通常叫作类型分组。例如，将工业企业按生产要素组合特征划分为资金密集型、技术密集型和劳动密集型，便可以分析各种类型企业的生产组织特点和在生产体系中的作用。再如，将经济单位按所有制的不同划分，从而说明不同经济类型的特点，见表 3-2。

表 3-2	某年我国不同所有制单位职工及工资资料			
	工人数（万人）	比重（%）	工资总额（亿元）	比重（%）
国有经济单位	10765.9	73.40	7211.0	76.67
集体经济单位	2817.0	19.20	1253.4	13.33
联营经济单位	42.6	0.29	30.9	0.33
股份制经济单位	460.1	3.14	350.9	3.73

续表

	工人数（万人）	比重（%）	工资总额（亿元）	比重（%）
外商投资经济单位	290.4	1.98	293.4	3.12
港澳台投资经济单位	274.8	1.87	253.4	2.69
其他经济单位	17.5	0.12	12.2	0.13
合计	14668.3	100.0	9405.2	100.0

（二）反映现象的内部结构及其比例关系

将所研究的现象按某一标志进行分组，计算出各组在总体中的比重，用以说明总体内部的构成。在划分类型的基础上，计算各类型在总体中的比重，可以说明总体的结构和基本性质，从而加深对总体数量特征的认识。研究现象内部结构的分组叫作结构分组。例如，将人口总体按年龄分组，说明人口的年龄结构，并可据此判断该人口总体属于增长型、稳定型还是减少型。再如，将国内生产总值按照三次产业分组，分别计算出它们的比重，并计算出第一产业、第二产业和第三产业的增加值的比值，便可揭示国民经济结构及其比例关系，见表3-3。

表3-3　　　　　　　　　　　　GDP按产业分组资料

产业	2002年		2011年		2012年	
	GDP（万元）	比重（%）	GDP（万元）	比重（%）	GDP（万元）	比重（%）
第一产业	14883	14.54	47712	10.12	52377	10.08
第二产业	52982	51.74	220592	46.78	235319	45.31
第三产业	34533	33.72	203260	43.10	231626	44.61
合计	102398	100.00	471564	100.00	519322	100.00

从表3-3中可以看出2002年、2011年和2012年国民经济的发展情况，通过分组表明了GDP在三次产业中的分布，也显示了GDP在三次产业中的结构比重，说明这10年间我国的产业结构发生了很大的变化。

在发达国家GDP构成中，第一产业所占比重一般不超过5%，第二产业一般不超过30%，而第三产业所占比重却是最大的，一般为65%以上。与发达国家相比，我国第一、第二、第三次产业之间的结构还不太合理，第二产业占的比重偏大，而第三产业占的比重偏小。

（三）研究现象之间的依存关系

客观世界中，各种现象都不是彼此孤立的，相互之间总是存在着一定的联系。在一定条件下，这种联系就会起变化，如果一方表现为变化的原因，另一方就表现为变化的结果。要反映现象之间的依存关系，也必须运用统计分组的方法。通过研究现象的有关因素的分组来分析该因素对现象的影响，可以发现未被利用的后备力量，这种分组叫作分析分组。将现象之间属于影响的因素进行分组，并按组计算出被影响因素的相对指标或平均指标，这样可以研究指标在各组间的变动规律。例如，从表3-4资料中可以看出，随着企业的商品销售额增大，流通费用率相对呈下降趋势。

表 3-4 某集团公司企业规模与流通费用率依存关系

企业按商品销售额分组（万元）	企业单位数	流通费用率（%）
400 以下	3	3.84
400～600	10	3.09
600～800	15	2.66
800 以上	2	1.94

再如，某种农作物的耕作深度与平均亩产量、文化程度与收入水平、学习时间的长短与学习成绩高低等也存在依存关系。

统计分组的三个作用并不是孤立的，而是相互联系相互补充的。研究一个问题时需要将三种分组结合起来运用。例如，划分经济类型时，也可以分析现象的内部构成及规律性；在研究现象内部结构的同时，也可以进行现象间的依存关系分析。

三、统计分组的种类

统计分组可以按照不同的标志进行分类。分组的标志是划分资料的标准和依据，分组的标志选择是否得当，关系到能否正确反映总体数量特征及其变化规律。统计分组主要有以下几种。

（一）统计分组按分组标志的多少和组合情况分为简单分组和复合分组

简单分组就是对被研究现象只按一个标志进行的分组。例如，将职工分别按年龄、工龄、文化程度等标志进行分组。简单分组只能说明被研究现象某一方面的差别情况。

复合分组是采用两个或两个以上的标志结合起来进行分组。例如，将职工先按"性别"分成男、女两组，然后在男性和女性两组中分别按照"文化程度"划分为大学生及大学以上、高中、初中、小学、文盲及半文盲 5 组。采用复合分组可以对被研究的现象作更深一步的分析，但也不宜采用过多的标志进行复合分组，以免组数过多，反而难以显示出事物的本质特征。

由于客观事物是非常复杂的，有时需要从不同角度来分析研究，才能认识事物的本质，因此，常常要采用一系列相互联系、相互补充的分组来进行分析。这一系列相互联系的分组，称为分组体系。例如，对企业职工的分析，就常按工作性质、年龄、文化程度等标志进行许多分组，组成分组体系，从各个方面反映企业职工的各种特征，获得对企业职工比较全面的认识。分组体系按照形成的分组不同，可以分为平行分组体系和复合分组体系两种。

对同一总体选择两个或两个以上的标志分别进行简单分组，排列起来，即成为平行分组体系。多个复合分组组成的体系就形成了复合分组体系。

（二）按分组标志的不同性质分为品质分组和数量分组

品质分组（属性分组）就是按品质（属性）标志进行分组。一般来说，对于以定类尺度（列名尺度）或定序尺度（顺序尺度）计量的，采用品质分组。例如，职工按性别分组，企业按经济类型分组等。数量分组（变量分组）就是按数量（变量）标志分组，数量标志的变异性体现在它不断变动自身的数量上，故也称为变量分组。例如，企业按固定资产、盈利能力分组。品质分组所形成的数列称为品质数列，变量分组所形成的数列称为变量数列。

（三）按分组的作用和任务不同分为类型分组、结构分组和分析分组

把复杂的现象总体划分为若干个不同性质的部分，就是类型分组。例如，我国将企业登记注册类型分为内资企业，港、澳、台商投资企业和外商投资企业三大类。

在对总体分组的基础上计算出各组对总体的比重，借此研究总体各部分的结构，即结构分组。类型分组与结构分组往往紧密地联系在一起。

为研究现象之间的依存关系而进行的统计分组即分析分组。分析分组的分组标志称为原因标志，与原因标志相对应的标志称为结果标志。如影响某种商品消费需求的因素有该商品的价格、消费者收入、相关商品的价格、消费者偏好以及消费者对该商品的预期等。原因标志不同，结果标志也会不同；同一原因标志由于分组的不同，结果标志也会不同。例如，工人的劳动生产率与产值之间、商品流通费用率与商品销售额之间的依存关系，都可以按分析分组法来研究。

四、统计分组的方法

（一）正确选择分组标志

要进行科学分组，必须选择适当的分组标志。分组标志就是作为分组依据的标准。统计分组的关键在于选择分组标志和划分各组界限，选择分组标志是统计分组的核心问题，因为分组标志与分组的目的有直接关系。任何一个统计总体都可以采用许多分组标志分组。分组时采用的分组标志不同，其分组的结果及由此得出的结论也会不同。这是因为分组标志一经选定必然表现出总体在这个标志上的差异情况，但同时又掩盖了其他标志的差异。如果分组标志选择不恰当，不但无法表现出总体的基本特征，甚至会把不同质的事物混在一起，从而掩盖和歪曲现象的本质特征。划分各组界限，就是要在分组标志的变异范围内划定各相邻组间的性质界限和数量界限。

选择分组标志的方法有以下几种。

1．根据统计研究的目的和具体任务选择分组标志

对于同一总体，由于统计研究的目的和任务不同，需要采用的分组标志也就不同。例如，为了研究商业企业计划完成情况，则应按计划完成程度这一标志进行分组；如果是为了研究商业企业的经济效益，则应选择商业劳动效率、利税率等作为分组标志。

2．选择最重要、最能够反映研究对象的本质特征及内在联系的标志作为分组标志

社会经济现象具有多种特征与多种矛盾，在选择分组标志时，往往遇到既可以使用这种标志，又可以选择另一种标志的情况，这就需要根据被研究对象的特征，选择最主要的、能抓住事物本质特征的标志进行分组。例如，研究职工生活水平的高低情况，可以用职工的工资水平（包括奖金）作为分组标志，也可以用职工家庭成员平均收入水平作为分组标志。究竟选用哪个分组标志更能充分反映职工的生活水平呢？我们知道，职工的工资水平并不能反映职工的生活水平高低，还要看他赡养的家庭人口数。如果他赡养的人口数很多，即使他的工资很高，其生活水平也不会高。因此，选用工资水平这个标志不恰当，只能选用按家庭成员计算的人均收入水平作为分组标志。

3．要根据现象的历史条件及经济条件来选择分组标志

社会是不断发展的，历史条件与经济条件也在不断地发生变化，不同的历史条件与不同的经济

条件，选用的分组标志也不一样，要根据情况的变化而变化。例如，前面讲到研究职工生活水平问题，现在要分列出职工生活困难户一组，那么什么是困难户的标准呢？当然要根据现在的实际情况确定，而不能根据 20 世纪 50 年代、60 年代或者 70 年代的职工生活水平作为分组的标准，必须根据现在的收入水平和物价水平重新确定困难户的标准，然后再分组。随着国民经济的发展，统计部门的许多经济分类与按数量标志的分组，因情况变化都相应地作了修改。

（二）按照品质标志或数量标志分组

1. 按照品质标志分组

按品质标志分组就是按事物的质量属性分组。例如，人口按民族、职业分组，工业企业按所有制分组等。按品质标志分组时，其组数的确定主要取决于两个因素——统计研究的任务与事物的特点。对事物进行品质分组，其组数的多少首先取决于事物本身的特点。事物本身具有的既定属性是我们确定组数的基本依据。例如，人口按性别分组，就只能分为男、女两组。对于有些事物构成比较复杂、组数可多可少的情况，就需要考虑统计研究任务的具体要求。例如，人口按职业分组就可粗可细，组数可多可少，到底该分几组，应根据统计研究的任务来确定。

2. 按照数量标志分组

按数量标志分组即按事物的数量特征分组。例如，工业企业按职工人数分组。按数量标志分组时，根据每组数量标志值的具体表现，又分为单项式分组和组距式分组两种。按数量标志分组应注意如下两个问题：第一，分组时各组数量界限的确定必须能反映事物质的差别。第二，应根据被研究的现象总体的数量特征，采用适当的分组形式，确定相宜的组距、组限。

（1）单项式分组与组距式分组。

① 单项式分组。按数量标志分组，数量标志的表现就是变量的取值，即标志值，又称变量值。单项式分组就是用一个变量值作为一组，形成单项式变量数列。例如，家庭按拥有人口数可分为 0、1、2、3、4、5 个及以上等 6 组。单项式分组一般适用于离散型变量且变量变动范围不大的场合。离散型变量是指所描述对象的标志值可以按一定次序——列举（通常取整数值）的数量标志。

② 组距式分组。就是将变量依次划分为几段区间，一段区间表现为"从……到……"距离，把一段区间内的所有变量值归为一组，形成组距式变量数列。区间的距离就是组距。如学生成绩分为 60 分以下、60～80 分、80～90 分和 90～100 分 4 个组。对于连续型变量或者变动范围较大的离散型变量，适宜采用组距式分组。

（2）间断组距式分组和连续组距式分组。在组距式分组中，每组包含许多变量值，每一组变量值中，其最小值为下限，最大值为上限。相邻两组的界限称为组限。凡是组限不相连的，称为间断组距式分组。例如，少年儿童按年龄分组可分为未满 1 岁、1～2 岁、3～4 岁、5～9 岁、10～14 岁。凡是组限相连（或称相重叠的），即以同一数值作为相邻两组的共同界限，称为连续组距式分组，如上述学生成绩分组。连续型变量只能采用连续组距式分组。在连续组距式分组中，存在以同一个数值作为相邻两组共同界限的做法，根据统计分组必须遵循的互斥原则，凡是总体某一个单位的变量值是相邻两组的界限值，则这一个单位归入作为下限值的那一组内，即所谓"上限不在内"原则。例如学生按成绩分组，把 70 分的学生归入 70～80 分组内，把 80 分的学生归入 80～90 分组内。

（3）等距分组与异距分组。按数量标志进行组距式分组，还可分为等距分组和不等距（或称异距）分组。等距分组就是标志值在各组保持相等的组距，即各组的标志值变动都限于相同的范围。在标志值变动比较均匀的情况下，都可采用等距分组。等距分组有很多好处：便于计算，便于绘制统计图。

异距分组即各组的组距不相等。一般来说，异距分组适用于如下几种场合：第一，标志值分布很不均匀的场合。第二，标志值相等的量具有不同意义的场合。例如，生命的每一个月对于新生婴儿和对于成年人是大不一样的，此时，若按年龄分组进行人口疾病研究，应采用异距分组。第三，标志值按一定比例发展变化的场合。

（三）组距式分组中相关指标的计算

1．组距

在组距式分组中，组距是上下限之间的距离。连续组距分组的组距计算公式为

$$组距=本组上限-本组下限 \tag{3.1}$$

间断组距分组的组距计算公式为

$$组距=本组上限-前组上限 \tag{3.2}$$

或
$$组距=本组下限-前组下限 \tag{3.3}$$

或
$$组距=本组上限-本组下限+1 \tag{3.4}$$

连续组距分组的组距大小也可根据式（3.2）或式（3.3）求得。

2．组数

组距的大小直接关系到组数的多少，组距大，组数就少；组距小，组数就多。这里介绍一种确定组数和组距的经验公式，这一公式是美国学者斯特吉斯（H.A.Sturges）创立的，称为斯特吉斯经验公式，即：

$$n=1+3.322\lg N \tag{3.5}$$

$$d=\frac{R}{n}=\frac{x_{max}-x_{min}}{1+3.322\lg N} \tag{3.6}$$

式中　n——组数；

　　　N——总体单位数；

　　　d——组距；

　　　R——全距，即最大值 x_{max} 与最小值 x_{min} 之差。

根据这一公式，可以得出表 3-5 的组数参考标准。

表 3-5　　　　　　　　　　　分组组数参考

N	15~24	25~44	45~89	90~179	180~359
n	5	6	7	8	9

上述公式及表 3-5 中的数据只是作为参考，不能生搬硬套。在实际分组过程中，采用组数的多少主要应根据所研究资料的性质、特点而定。

3．组中值

组中值就是上下限之间的中点值。组中值的计算公式为

$$组中值=\frac{上限+下限}{2} \tag{3.7}$$

对于组距数列而言，在计算平均指标或进行其他分析时，每一组标志值的水平一般以组中值代表。以组中值来代表各组标志值的平均水平。当各组标志值均匀分布时，组中值代表各组标志值的水平，其代表性就高。因此，分组时，应尽可能使组内各单位标志值分布均匀。

有时候，连续型变量按离散型变量表示，组距数列的编制采取相邻组限不重叠的形式，组中值的确定应考虑到连续型变量自身的特点。年龄就是比较典型的例子，它实质是连续型变量，习惯上用整数表示。例如，一群大学生分为17～19岁、20～22岁两组，则组距3岁，组中值分别为18.5岁和21.5岁。因为第一组应包括19岁又不到20岁的大学生，上限应视为20岁；第二组上限应视为23岁。

4. 开口组的组距与组中值

在编制组距式变量数列时，使用"××以上"或"××以下"这样不确定组距的组，称为开口组。例如，要反映企业工人生产任务定额完成情况，按定额完成程度分组，分为90%以下、90%～100%、100%～110%、110%以上。开口组的组距是以相邻组的组距为本组的组距，如上例，90%以下的组，由于相邻组的组距为10%(100%-90%)，因此，第一组可以看作80%～90%，其组中值为(80%+90%)÷2 = 85%；同样，对于110%以上的组，由于相邻组的组距也为10%(110%-100%)，因此，可以看作110%～120%，其组中值为(110%+120%)÷2=115%。

五、统计分组体系

统计分组体系就是根据统计分析的要求，通过对同一总体进行多种不同分组而形成的一系列相互联系、相互补充的分组体系。统计对于总体数量特征的认识，仅仅采用一个分组标志的分组是不全面的，必须运用多种分组标志进行分组，才能从各种不同性质分组的数量特征中加深对总体的全面认识。

统计分组体系有两种形式。

（一）由简单分组形成的平行分组体系

总体按一个标志分组称为简单分组。对于同一总体，选择两个或两个以上的标志分别进行简单分组，就形成平行分组体系。例如，为研究我国商业企业从业人员的基本情况，可以分别选择性别、年龄、文化程度、经济类型4个分组标志进行分组，得到如下分组体系。

1. 按性别分组

（1）男职工

（2）女职工

2. 按年龄分组

（1）20岁以下

（2）21～35岁

（3）36～50岁

（4）51～55岁

（5）56～60岁

3. 按文化程度分组

（1）大学或大专毕业

（2）中专毕业

（3）高中

（4）初中

（5）小学

（6）不识字或识字较少

4. 按经济类型分组

（1）全民所有制

（2）集体所有制

（3）合营企业

（4）个体企业

（5）外商独资企业

平行分组的特点是，每一种分组只能了解某一标志内各组差异，不能同时了解各个组在其他标志下的差别，此外，各个简单分组之间彼此独立，无主次之分，又不相互交叉，只能各自说明问题。

（二）由复合分组形成的复合分组体系

对同一总体选择两个或两个以上标志层叠（交叉）起来进行分组，称为复合分组。复合分组形成复合分组体系。

例如，为研究我国某些工业从业人员的状况，可以同时选择按产品部门、经济类型、性别等三个标志进行复合分组，得到表 3-6 的分组体系。

表 3-6 　　　　　　　　　　　　我国某些工业从业人员状况

一、机械工业	二、电子工业	三、化学工业
1．全民所有制 （1）男性职工 （2）女性职工	1．全民所有制 （1）男性职工 （2）女性职工	1．全民所有制 （1）男性职工 （2）女性职工
2．集体所有制 （1）男性职工 （2）女性职工 …　…　…	2．集体所有制 （1）男性职工 （2）女性职工 …　…　…	2．集体所有制 （1）男性职工 （2）女性职工 …　…　…

	机械工业	电子工业	化学工业	合计
男				
女				
合计				

建立复合分组体系，应根据统计分析的要求，在选择分组标志的同时，确定它的主次顺序。在进行复合分组时，首先按照主要的标志对总体进行第一次分组，然后按次要标志对第一次所分的组再进行第二次分组，依次按所有标志至最后一层为止。

复合分组体系的特点是：一个复合分组中各标志分组要层叠结合，不同复合分组之间一般要彼此交叉。当研究的总体比较复杂时，复合分组体系有助于深入分析总体中各部分之间的差异和关系，从而对总体特征的反映和认识更全面、更细致、更深入。但是，复合分组的层次也不能太多，太多了则显得烦琐，主要特征不够突出，影响对总体特征的正确认识。

社会经济统计中广泛使用统计分组体系，并且与统计指标体系相结合，形成一个统计资料信息系统，共同反映社会经济现象各方面的联系。

第三节　分配数列

一、分配数列的概念和种类

（一）分配数列及其相关概念

在统计分组的基础上，将总体中的所有单位按其所属的组别归类整理，并且按照一定的顺序排列，形成总体单位数在各组分布的一系列数字，称为分配数列，又称次数分配或次数分布。

分配数列中，分布在各个组的总体单位数叫次数，又称频数，各组次数与总次数之比称为频率。

如果将分组标志序列与各组相对应的频率按照一定的顺序排列，就形成频率分布数列。

（二）分配数列的种类

分配数列根据分组标志的不同分为品质数列与变量数列。

1. 品质数列

品质数列是按品质标志分组的数列，用来观察总体单位中不同属性的单位分布情况。例如，2010年我国大陆男性人口为 686852572 人，占 51.27%；女性人口为 652872280 人，占 48.73%，见表 3-7。

表 3-7 　　　　　　　2010 年我国大陆人口性别构成情况（第六次人口普查资料）

人口性别分组	人口数（人）	占人口的比重（%）
男	686852572	51.27
女	652872280	48.73
合计	1339724852	100
（分组名称）	（次数）	（频率）

品质数列的编制比较简单，但要注意分组时，应包括分组标志的所有表现，不能有遗漏，各种表现相互独立，不得相融。

2. 变量数列

变量数列是将总体按数量标志分组，将分组后形成的各组变量值与该组中所分配的单位次数或频数，按照一定的顺序相对应排列所形成的分配数列。例如，表 3-8 所示为某班级统计学成绩分布构成的变量数列。

表 3-8 　　　　　　　　　　某班级统计学成绩分布

考试分数（分）	人数（人）	频率（%）
60 以下	2	5.0
60～70	7	17.5
70～80	11	27.5
80～90	12	30.0
90～100	8	20.0
合计	40	100.0
（各组变量值）	（次数）	（频率）

从以上两表可以看出，分配数列由两个基本因素构成：各组组别和各组总体单位数。

二、变量数列的编制

变量数列按数列中每组变量值的多少分类，又可分为单项数列和组距数列。

（一）单项数列的编制

当变量是一个离散型变量且变量值变动幅度较小时，我们应编制单项数列。例如，某年某农村40 户居民家庭饲养生猪数的资料如下。

0，1，2，3，4，1，1，1，3，3

3，3，4，5，1，5，0，5，3，3

4，4，3，4，4，3，3，2，2，3

3，2，2，3，3，2，2，2，2，2

养猪头数属于离散型变量，且变量值最大值为5，最小值为0，变量值变动幅度很小，故我们以每个变量值作为一组，编制单项数列，见表3-9。

表3-9 　　　　　　　　　　　　某年某农村居民家庭按养猪头数分组

养生猪数（头）	户数（户）
0	2
1	5
2	10
3	14
4	6
5	3
合计	40

（二）组距数列的编制

组距数列编制方法的难度稍大一些。当我们遇到的变量是连续型变量或离散型变量但变量值的变动幅度较大时，必须编制组距数列来反映总体单位数的分布状况和分布特征。组距数列涉及影响因素有组数、组距和组限等。在编制组距数列时应牢牢抓住各个因素对次数分布的影响，编制出反映总体分布特征的组距数列。下面以实例说明组距数列的编制方法。

例如，某班40位学生统计学考试成绩的资料如下。

50、60、71、76、80、91、52、64、72、77

81、99、54、62、73、77、82、92、63、72

78、83、94、65、73、79、84、96、67、74

76、86、68、75、75、87、64、75、74、85

1．对全部数据资料进行排序

由于上列数据资料凌乱、分散，不能描述现象特征。因此，必须把原始数据按由小到大的顺序排列起来。这种排列起来的数据称为序列，通过这一初步整理，能从序列中对现象有一个大致的了解，如：

50、52、54、60、62、63、64、64、65、67

68、71、72、72、73、73、74、74、75、75

75、76、76、77、77、78、79、80、81、82

83、84、85、86、87、91、92、94、96、99

经过初步加工，可以看出资料的集中趋势，资料的最小值为50，最大值为99，并且考试成绩在70～80分的人数最多。

2．组数的确定

组数的确定，就是把总体分为多少组。组数与次数分布存在着密切的关系，对一个总体来讲，分组的组数必须恰当，不能太多也不能太少。组数太多，分布数列显得很烦琐，难以反映总体分布特征；组数太少，分布数列显得过于笼统，同样难以反映总体分布特征。组数确定为多少才是正确的呢？这并没有绝对标准加以衡量。一般而言，如果根据所确定的组数而编制的组距数列能反映总体分布特征，那就可以认为组数的确定是正确的。实际工作中，一般采用以下两种方法确定组数。

（1）根据对事物的定性分析加以确定。

最为典型的例子就是根据某个班级的学生学习成绩的数据资料编制组距数列，在编制组距数列以前首先确定不及格、及格、中等、良好、优秀五个不同性质的组，然后把组距数列分为 60 分以下、60～70 分、70～80 分、80～90 分、90～100 分这五个组（区间）。这种方法需要对研究总体进行认真的分析才能做出准确的判断，否则很难正确运用。

（2）利用斯特吉斯经验公式。

例如，编制某班 40 位学生统计学考试成绩变量数列，根据公式（3.5），其组数确定为

$$组数＝1＋3.322lg40=6.32$$

取整数为 6 组。

3．组距的确定

组距是各组变量最大值与最小值之差。变量数列中的最大变量值与最小变量值之差称作全距。组距与组数是有密切关系的，它们两者之间成反比关系，在等距分组情况下，有

$$组距＝\frac{最大变量值－最小变量值}{组数}$$

例如，编制某班 40 名学生统计学考试成绩变量数列的组距为

$$组距＝\frac{99－50}{1＋3.322lg40}＝7.8$$

计算结果是 7.8 分，取其整数为 8 分，考虑部分组距的数值一般应是 5 或 10 的倍数，故上列组距确定为 10，并据以编制等距数列，见表 3-10。

表 3-10　　　　　　　　　　　　某班学生统计学考试成绩

按考分分组（分）	人数（人）	比重（%）
50～60	3	7.5
60～70	8	20.0
70～80	16	40.0
80～90	8	20.0
90～100	5	12.5
合　计	40	100.0

如果是异距数列，则各组次数的数值受组距不同的影响。在研究各组次数的实际分布时，要消除组距不同的影响。也就是说，要按次数密度来观察实际的次数分布情况。若上例按异距数列分组，编制组距数列见表 3-11。

表 3-11　　　　　　　　　　某班学生统计学考试成绩异距数列

考　分	组　距	次　数	次数密度 =次数÷组距
50～60	10	3	0.3
60～75	15	15	1
75～90	15	17	1.13
90～99	9	5	0.56
合　计		40	——

4．组限的确定

组距数列中各组区间的最大值和最小值分别称为上限和下限。上、下限合称为组限。组限的确定首先必须保证每个数据能既不重复、又不遗漏地划归至各个组内，其次应能清楚地反映总体分布特征。

为了使各个数据资料能既不重复、又不遗漏地划归到各个组内，对组限的表示方法要区别离散型变量的组距数列和连续型变量的组距数列，并分别规定要求。

对于离散型变量的组距数列，其组限表示方法要求将上一组组限与下一组组限"断开"。

例如，10～19、20～29、30～39、40 以上。

对于连续型变量的组距数列，其组限表示方法要求将上一组组限与下一组组限"重叠"。

例如，10～20，20～30、30～40、40 以上。

如果有一个变量值正巧为 30，应将 30 放在第二组还是第三组呢？这就要贯彻"上限不在内"原则，将 30 划归第三组，即如果某一变量值正巧等于某组的上限，就将该变量值划归下一组组内。经过以上处理，我们就可以将数据资料既不重复、又不遗漏地划归到各组内。

5．组中值的确定

组距数列掩盖了分布在各组内单位的实际变量值。为了反映分布在各组中总体单位变量值的一般水平，需要用组中值代表它。组中值是各组变量范围的中间数值，通常可以根据各组上限、下限进行简单平均，即

$$组中值 = \frac{上限 + 下限}{2}$$

例如，组距数列 10～20、20～30、30～40、40 以上，前三组的组中值分别为 15、25、35。

在组距数列中，有时因变量值的变动范围过大，而采取"若干以上"或"若干以下"的方式来确定组距。这类分组有的缺上限，有的缺下限，称为开口组。对于开口组组中值的确定，有以下几种不同的情况。

（1）根据邻近组组距推算。

$$缺下限组组中值 = 上限 - \frac{1}{2} 邻近组组距$$

$$缺上限组组中值 = 下限 + \frac{1}{2} 邻近组组距$$

则上面的组距数列中，40 以上，缺上限，其组中值为

$$末组组中值 = 40 + \frac{10}{2} = 45$$

（2）对于缺下限组而言，当邻近组组距过大时，使用上限的一半计算。

例如，关于收入的两个组是"500 元以下"、"500～1500 元"，此时，计算第一组的组中值为 500 元的一半，即 250 元。

（3）根据现实情况人为确定。

有些情况下，一个组的上下限虽然不能确定，但可以进行模糊地判断，此时就可以利用这种模糊判断的结果，确定该组的组中值。例如，在收入数据中，"5000 元以上组"的组中值可以根据城市中高收入人群的平均收入情况确定为"8000 元"，这种确定的依据是现实的社会经济经验数值。

（三）次数和频率

1．次数与频数的意义

次数是分布在各组中的总体单位数，又称频数。在变量数列中，次数多，则该组变量值对全体变量水平所起的作用就大；反之，则该组变量值对全体变量水平所起的作用就小。因此，在分析次数分配时，既要注意各组变量值的变动范围，又应注意各组变量值次数所起的作用。

频率是各组次数与总次数之比，又称比率、比重。它是次数的相对数形式，其大小反映该组变量值对整个数列所起的相对作用程度，也表明该组变量值在总体数量中所具有的地位或比重。频率比次数更能准确表明总体单位在各组间的分布特征。

2．累计次数的频率分布

总体中各单位数在分组间的分布，称次数分布。次数分布是统计分析的一项重要内容，通过次数分布规律，可以研究大量现象的统计规律性。

将变量数列各组的次数和频率逐组累计相加而成累计次数分布，它说明总体在某一变量值的某一水平上下总共包含的总体次数和频率。累计次数和频率的计算方法有两种。

（1）较小制累计。称向上累计，又称以下累计，它是将各组次数和频率，由变量值低的组向变量值高的组逐组累计。组距数列中的向上累计，说明各组上限以下总共所包含的总体次数和比率有多少。

（2）较大制累计。称向下累计，又称以上累计，它是将各组次数和频率，由变量值高的组向变量值低的组逐组累计。组距数列中的向下累计，说明各组下限以上所包含总体次数和比率有多少。

累计次数和累计频率可更简便地概括总体各单位的分布特征。现以表 3-12 资料为例说明。

表 3-12　　　　　　　　　　　某班学生考试成绩分布

按成绩分组（分）	学生数（次数）	频率（%）	较小制累计		较大制累计	
			次数	频率	次数	频率
50～60	3	7.5	3	7.5	40	100.0
60～70	8	20.0	11	27.5	37	92.5
70～80	16	40.0	27	67.5	29	72.5
80～90	8	20.0	35	87.5	13	32.5
90～100	5	12.5	40	100.0	5	12.5
合计	40	100.0	—	—	—	—

累计次数的特点是同一数值的以下累计和以上累计次数之和等于总体次数，而累计频率之和等于100%。

频率表明各组标志值对总体相对作用的强度，也是表明各组标志值出现的概率的大小。

（四）次数分布

将各组标志表现（变量值）和相应的次数（频率）按顺序排列，即成为次（频）数分布数列，简称次数分布。

1．次数分布直方图

除了用表格形式表明次数分布状况，还可以在平面直角坐标系上，以分组标志为横轴，次数或者频率为纵轴，画出次数分布的直方图。例如，上例中的次数分布情况如图 3-1 所示。

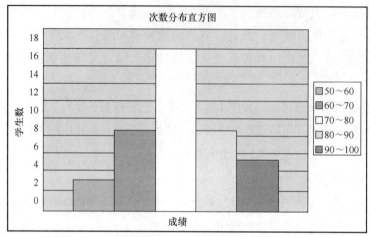

图 3-1　次数分布直方图

2．次数分布折线图

将直方图的顶端用折线连接，可以获得次数分布的折线图，折线图的含义与直方图是一致的，均反映不同组的次数分布情况，折线越高的地方，反映该组的次数越多，反之则越少。

3．次数分布曲线

当样本量较大，组距较小时，折线图会越来越平滑，直至成为一条曲线。这种曲线称为次数分布曲线，反映出数据的分布规律，如图 3-2 所示。

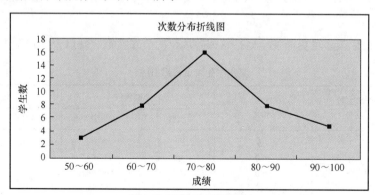

图 3-2　次数分布折线图

数据的分布特征不同，形成的次数分布曲线也表现出各种不同的类型，常见的次数分布曲线的类型有下列几种。

（1）钟形分布。钟形分布是社会经济现象中最常见的分布形式，具体表现为中间隆起，两侧逐渐降低。钟形分布表明数据具有集中的趋势，大多数数据集中在中间，越往两端，数据越少。在远离中心的位置，只有极少数的数据。钟形分布的中间隆起部分称为峰，两侧称为尾。

在自然或社会现象中，有许多变量分布是属于钟形分布的。例如，人的体重、身长、单位面积、农产量等，这类分布是以标志变量的平均值为中心，沿着对称轴而两边发展，越接近中心，分配的次数越多，离中心越远，分配的次数越少，形成"两头小、中间大"的钟形分布曲线。

在钟形分布中，如果两侧的数据不对称，则这种钟形分布称为偏态的钟形分布。根据较长的尾所指的方向不同，将偏态又分为正偏（右偏）和负偏（左偏）两种。如果较长的尾指向左方，即数据的负方向，则称为负偏或者左偏，如图 3-3 所示；反之，称为正偏或右偏。

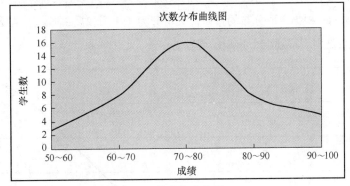

图 3-3　次数分布曲线图

左右对称的钟形分布是一种特殊情况，因为自然现象中严格呈现出左右对称的是非常少见的。对称的钟形分布大多数是属于数据经过处理后的分布形式，其中最典型的对称钟形分布是正态分布，例如，将 1 万人分成 250 组，每组 40 人，每组计算一个平均身高，根据数理统计理论中的中心极值定理，我们可以知道 250 个组平均身高数值将表现为一种近似于正态分布的情况。

正态分布的概率密度函数公式为：

$$f(x) = \frac{1}{\sigma\sqrt{2\pi}} e^{\frac{(x-u)^2}{2\sigma^2}} \quad -\infty < x < +\infty$$

正态分布如图 3-4 所示。

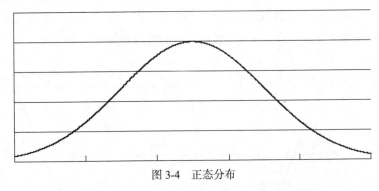

图 3-4　正态分布

尽管正态分布的名称看上去像是一种常规的分布形式，但实际上自然现象恰好表现为正态分布的情况是非常少的。例如，成年男性的身高虽然具有钟形分布的特征，但往往表现为一种偏态的钟形，而非对称的钟形，更不可能恰好是正态分布。钟形频数分布示意图如图 3-5 所示。

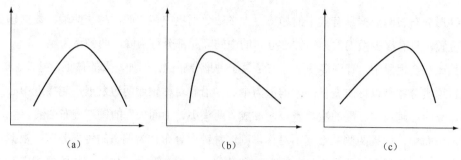

(a)　　　　　　　　　(b)　　　　　　　　　(c)

图 3-5　钟形频数分布示意图

（2）J形分布。J形分布一般是累积分布的表现形式，在图形上表现为一条从下向上单调变化的曲线，如图 3-6 所示。根据 J 形分布的方向，又可分为正 J 形和反 J 形。所谓反 J 形，是指曲线单调递减的情况，一般是用于描述向下累积的现象。

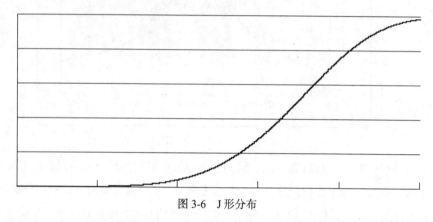

图 3-6　J 形分布

（3）U 形分布。U 形分布是指中间凹陷、两端翘起的分布形式，反映出某一个社会经济现象在开始和结束时某项活动比较频繁，而在中间则相对比较稳定。U 形曲线沿"两头大、中间小"的形式发展，因形状像浴缸，又称为浴缸曲线，如图 3-7 所示。U 形曲线一般用于描述具有生命或者质量特征的现象。例如，人口的死亡率按年龄分布如下：0～4 岁，特别是未满 1 岁的婴儿，死亡率最高，从 5 岁起死亡率逐渐下降，至 10～14 岁时，达到最低水平，从 15 岁起又缓慢上升，50 岁以后上升显著增快，到 60 岁以后又达到最高水平，从而表现为 U 形曲线。产品的故障率也具有这样的特征，产品使用初期和老化期的故障率都比较高，中间阶段则故障率比较低。

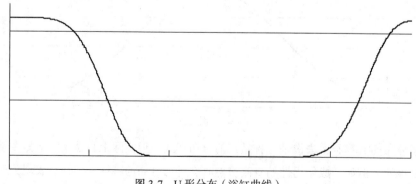

图 3-7　U 形分布（浴缸曲线）

（4）多峰分布。多峰分布是指超过一个隆起部分的分布，数列有若干个隆起部分，反映出影响数据的主要因素有若干个不同的水平，受不同水平影响的数据分别以不同的中心点聚集，从而形成若干个峰值。

例如，将某次调查中男女受访者的身高数据放在一起观察，就会发现数据表现出两个峰值，男性的平均身高和女性的平均身高分别为 175cm 和 162cm。

次数分布的类型主要取决于社会经济现象本身的性质。通过统计分组整理而编制的次数分布数列因统计总体所处的客观经济条件不同而有各不相同的数量表现，但分布数列的形态仍应符合该社会经济现象的分布特征。

第四节　统计表和统计图

统计资料可以用各种形式表现出来。如果我们将统计资料合理地、科学地编制在一张统计表上，使这些资料对社会经济现象的说明更加明确、清晰，既科学实用，又简练美观，就可以更好地发挥统计整理的作用。统计表是表现统计资料最普遍、最常用的形式，也是统计资料调查与整理工作的一个重要组成部分。

一、统计表的构成

从形式上看，统计表是由纵横交叉的格线组成的左右两边不封口的表格。表格的上面有总标题，即表的名称，左边有横行标题，上方有纵栏标题，表内是统计数据。因此，统计表的构成一般包括四个部分。

（一）总标题

它相当于一篇论文的总题目，表明全部统计资料的内容，一般写在表的上端正中。

（二）横行标题

横行标题通常也称为统计表的主词（主栏），它是表明研究总体及其组成部分，也是统计表所要说明的对象，一般写在左方。

（三）纵栏标题

纵栏标题通常也称为统计表的宾词（宾栏），它是表明总体特征的统计指标的名称，一般写在表的上方。

（四）统计数据

统计数据即各横栏与纵栏的交叉处的数字（这些数字是由横行与纵栏所限定的内容）。

从内容上看，包括主词和宾词两个部分。主词是统计表所要说明的总体，它可以是各个总体单位的名称、总体的各个组或者是总体单位的全部，宾词是用来说明总体的统计指标，包括指标名称和指标数值。

主词与宾词不是固定不变的，而是可以互换的，特别是主词的分组太多时，往往将一些分组移到宾栏中，这由统计表如何设计得更为合理、鲜明、清晰而定。统计表的构成格式的例子，见表 3-13。

表 3-13　　　　　　　　　　某市从业人口分布表（2012 年）（总标题）

		总 人 口		(纵栏标题)(统计数据)
		绝对数（万人）	比重（%）	
横行标题	总　计	1200	100.0	
	第一产业	400	33.3	
	第二产业	500	41.7	
	第三产业	300	25.0	

二、统计表的种类

（1）统计表按照总体分组情况不同，可分为简单表、分组表和复合表三类。

简单表即统计表的主词栏未经任何分组，仅仅罗列各单位名称，或按时间顺序排列的表格（见表 3-14）。它的特点是反映的内容只按时间顺序或按逻辑排列，也可以有合计数，一般在对调查来的原始资料初步整理时采用这种形式。

表 3-14　　　　　　　　　　　　某地国内生产总值　　　　　　　　　　单位：亿元

年　份	国 内 生 产 总 值
2009	5155.25
2010	6004.21
2011	6680.34
2012	7199.95

分组表即表的主词栏按照一定标志进行分组的统计表（见表 3-15）。它可以揭示出现象的不同类型的特征，研究现象的内部结构。

表 3-15　　　　　　　　　　某地工业企业按经济类型分组

按经济类型分组	企业数	职工人数（人）	人均总产值（百元）	产品销售收入（万元）	利润总额（万元）
国有经济	4	11044	162.7	1442	21.3
集体经济	6	2883	114.5	994.69	29.51
其他经济	5	803	89.3	647.3	18.72
合计	15	14730	149.9	3083.99	69.53

复合表是指统计表的主词栏按两个及两个以上标志进行分组的统计表，见表 3-16。

表 3-16　　　　　　　　　　2012 年年末某地区人口数

	人 口 数	
	绝对数（万人）	比重（%）
全地区人口合计	3826	100.0
一、城镇	2783	72.7
男性	1419	37.1
女性	1364	35.6
二、农村	1043	27.3
男性	532	13.9
女性	511	13.4

（2）按宾词设计分类，可分为宾词简单排列、分组平行排列和分组层叠排列。

宾词简单排列：宾词不进行任何分组，按一定顺序排列在统计表上。

分组平行排列：宾词栏中各分组标志彼此分开，平行排列。

分组层叠排列：统计指标同时有层次地按两个或两个以上标志分组，各种分组层叠在一起，宾词的栏数等于各种分组的组数连乘积。

三、统计表的设计

为了使统计表的设计合理、科学、实用、简明、美观，设计时应注意以下问题。

（1）设计统计表之前，要对列入表中的统计资料进行全面的分析研究，确定如何分组、如何设置指标，哪些指标放在主栏，哪些指标放在宾栏等，要有一个全面的考虑与安排，务必使表的设计主次分明，简明醒目，科学合理。

（2）统计表的形式应长宽比例适中，一般为长方形，既不要太细长，也不能太粗短，最好不要为正方形。

（3）统计表的上下两端的端线应当用粗线绘制，表中其他线条一律用细线绘制。表的左右两端习惯上均不画线，采用开口式。

（4）表中的横行"合计"一般列在最后一行（或最前一行），表中纵栏的"合计"一般列在最前一栏。

（5）表的纵栏较多时，为便于阅读与核对指标之间关系，可以按栏的顺序编号。习惯上对非填写统计数字的各栏分别用（甲）、（乙）、（丙）……的顺序编号；而对指标数字的各栏分别用（1）、（2）、（3）……的顺序编号。各栏之间如果有计算关系，可以用数字符号表示。如（3）＝（2）÷（1），表示第3栏等于第2栏除以第1栏。

（6）表中的总标题要简明扼要，并能确切说明表中的内容。标题内或在标题下面说明统计资料所属时间、空间。

（7）表中的指标应有计算单位，如果全表的计算单位都是相同的，若用"亿元"为单位，应在表的右上角注明"单位：亿元"的字样，如表 3-14 所示；如果表中同栏的指标数字计算单位相同而各栏之间不同时，应在各栏标题中注明计算单位，如表 3-15 所示。如果表中同行的分组指标数字计算单位相同而行与行之间不同时，应在各栏的前面增加一栏"计算单位"，用于标明各行的计算单位。

（8）表内上下栏数字的位数要对整齐，同类数字要保持有效的统一位数。例如，统一规定整数后面保留一位小数等，如果小数点后面是零时，应填上"0"，以表示没有小数。表内如有相同的数字时，应全部重写一遍，不能用"同上""同左"等字样表示。没有数字的空格，而且不可能有数字，应当用短横线"－"填满，以免被人误为漏报；如果缺某项数字或虽有数字但数字很小，达不到规定的小数点时，可用虚线"……"填满；如果某项资料规定免于填报，应当用符号"×"填满。总之，表内各行各栏不应留有空格。

四、统计图

（一）统计图的概念

统计图是以图形形象地表现统计资料的一种形式。用统计图表现统计资料，具有鲜明醒目、富于表现、易于理解的特点，因而绘制统计图是统计整理的重要内容之一。

统计图可以揭示现象的内部结构和依存关系，显示现象的发展趋势和分布状况，有利于进行统计分析与研究。

（二）统计图的种类

常用的统计图主要有条形图、直方图、折线图、圆形图、环形图、曲线图、散点图等。

1. 条形图

条形图是用宽度相同的条形的高度或长短来表示数据的多少的图形，如图 3-8 所示。条形图可以横置或纵置，纵置时也称为柱形图。此外，条形图有单式、复式等形式。

在表示分类数据的分布时，用条形图的高度或长度来表示各类别数据的频数或频率，条形的宽度没有意义。

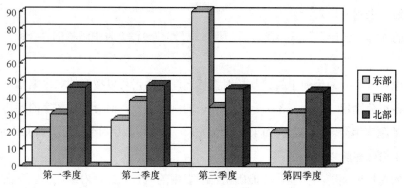

图 3-8　离散型变量次数分布条形图

绘制条形图应注意以下几个问题。

（1）在图形中条形的宽度、条形之间距离要相等。

（2）图形上的尺度必须以 x 轴或 y 轴为等线。

（3）图形中要注明相应的数字。

（4）各条形的排列应有一定的顺序，如比较现象在时间上的变动时，条形应按时间顺序排列。

2. 直方图和折线图

直方图和折线图用于显示连续型变量的次数分布。直方图是用矩形的宽度和高度（即面积）来表示频数分布的图形。在平面直角坐标中，用横轴表示数据分组，纵轴表示频数或频率，这样，各组与相应的频数就形成了一个矩形，即直方图。在直方图中，实际上是用矩形的面积来表示各组的频数分布。在直方图基础上添加趋势线，形成折线图。例如，根据表 3-17 资料，可绘制如图 3-9 所示的直方图和如图 3-10 所示的折线图。

表 3-17 某生产车间 50 名工人日加工零件频数分布

零件数（个）	人数（人）	频率（%）
105～110	3	6
110～115	5	10
115～120	8	16
120～125	14	28
125～130	10	20
130～135	6	12
135～140	4	8
合计	50	100.0

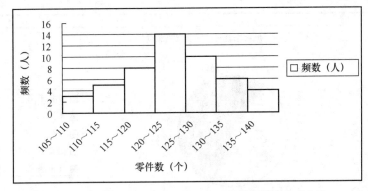

图 3-9 某生产车间 50 名工人日加工零件频数分布直方图

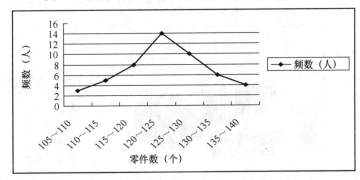

图 3-10 某生产车间 50 名工人日加工零件频数分布折线图

直方图与条形图不同。首先，条形图是用条形的长度（横置时）表示各类别频数的多少，其宽度（表示类别）则是固定的；直方图是用面积表示各组总量的多少，矩形的高度表示每一组的频数或频率，宽度则表示各组的组距，因此，其高度与宽度均有意义。其次，由于分组数据具有连续性，直方图的各矩形通常是连续排列，而条形图则是分开排列。最后，条形图主要用于展示分类数据，而直方图主要用于展示数值型数据。

3．圆形图

圆形图也称为饼图，它是用圆形及圆内扇形的面积来表示数值大小的图形。圆形图主要用于表示总体中各组成部分所占的比例，对于研究结构性问题十分有用。在绘制饼图时，总体中各部分所占的百分比用圆内的各个扇形面积表示，这些扇形的中心角度，是按各部分比占 360^0 的相同比例确定的。根据表 3-18 资料绘制成的圆形图如图 3-11（a）、（b）、（c）所示。

表 3-18　　　　　　甲、乙城市家庭对住房状况满意程度的频数分布

满意程度	甲城市		乙城市	
	户数	百分比（%）	户数	百分比（%）
非常不满意	24	8	21	7
不满意	108	36	99	33
一般	93	31	78	26
满意	45	15	64	21.3
非常满意	30	10	38	12.7
合计	300	100	300	100

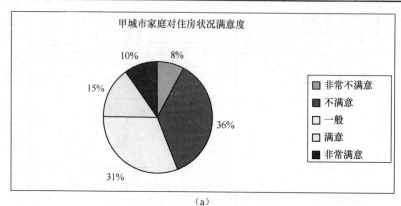

（a）

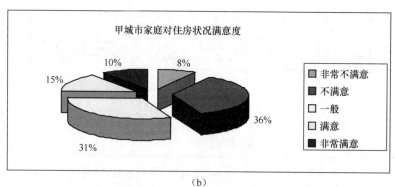

（b）

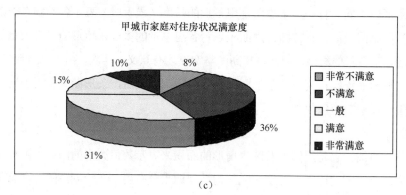

（c）

图 3-11　圆形图

4．环形图

环形图与饼形图类似，但又有区别。环形图中间有一个"空洞"，总体或样本中的每一部分数据用环中的一段表示。饼图只能显示一个总体和样本各部分所占的比例，而环形图则可以同时绘制多个总体或样本的数据系列，每一个总体或样本的数据系列为一个环。因此环形图可显示多个总体或样本各部分所占的相应比例，从而有利于我们进行比较研究。例如根据表 3-18 资料绘制成的环形图，如图 3-12 所示。

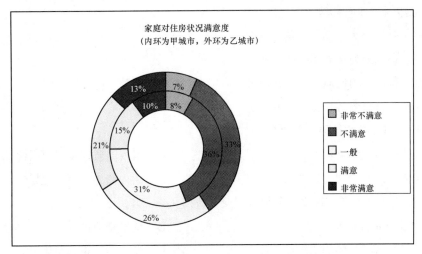

图 3-12　甲、乙两城市家庭对住房状况满意程度环形图

5．散点图

散点图主要用来观察变量间的相关关系，也可显示数量随时间的变化情况，如图 3-13 所示。

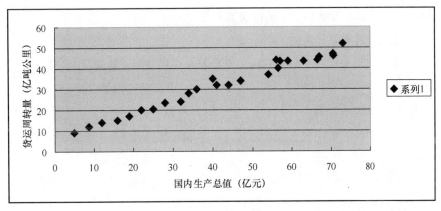

图 3-13　散点图

思考题

一、单项选择题

1．统计分组首先要考虑的是（　　　）。

A．按什么标志分组　　　　　　　　B．分成哪几组

C．各组的数量界限　　　　　　　　D．各组的差异大小

2．统计分组的关键是（　　　）。

A．确定合理的分组形式　　　　　　B．正确选择分组标志和分组指标

C．正确选择组数和组距　　　　　　D．正确选择分组标志和划分各组界限

3．统计分组对总体而言是（　　　）。

A．将总体区分为性质相同的几部分

B．将总体区分为性质相异的几部分

C．将单位区分为性质相同的几部分

D．将单位区分为性质相异的几部分

4．按某一标志分组的结果表现为（　　　）。

A．组内差异性组间同质性　　　　　B．组内同质性组间同质性

C．组内同质性组间差异性　　　　　D．组内差异性组间差异性

5．某地30个商店按销售额多少分组编制变量数列（　　　）。

A．变量是商店总数　　　　　　　　B．变量是销售额

C．变量是每组具体的销售额数值　　D．变量是每组的商店个数

6．分组标志一经选定（　　　）。

A．就掩盖了总体在此标志下的性质差异

B．就突出了总体在此标志下的性质差异

C．就突出了总体在其他标志下的性质差异

D．就使得总体内部差异消失了

7．对同一总体选择两个或两个以上的标志重叠起来进行分组，称为（　　　）。

A．简单分组　　　　　　　　　　　B．平行分组

C．一次性分组　　　　　　　　　　D．复合分组

8．对从业人员按年龄和劳动收入进行分组，其形成的数列是（　　　）。

A．变量数列　　　　　　　　　　　B．品质数列

C．动态数列　　　　　　　　　　　D．分组体系

9．按数量标志分组形成的数列叫（　　　）。

A．属性数列　　　　　　　　　　　B．品质数列

C．变量数列　　　　　　　　　　　D．分组体系

10．下列适宜编制单项数列的是（　　　）。

A．连续变量且变量值较少　　　　　B．离散变量且变量值较少

C．连续变量且变量值较多　　　　　D．离散变量且变量值较多

11．划分连续变量的组限时，相邻组的组限必须（　　　）。

A．重叠　　　　　B．不重叠　　　　C．间断　　　　D．不等

12. 某连续变量数列，其末组为开口组，下限为 500，又知其邻组的组中值为 480，则最后一组的组中值为（　　）。

    A. 490   B. 510   C. 520   D. 530

13. 企业按资产总额分组（　　）。

    A. 只能使用单项式分组   B. 只能使用组距式分组

    C. 可以是单项式分组,也可以是组距式分组   D. 无法分组

14. 在同一变量数列中，组距与组数的相互关系是（　　）。

    A. 组数越多，组距越小   B. 组数越多，组距越大

    C. 组距大小与组数多少无关   D. 组数多少与组距大小成正比

15. 频数密度是指（　　）。

    A. 平均每组组内分布的频数   B. 单位组距内分布的频数

    C. 平均每组组内分布的频率   D. 组距除以次数

16. 统计表从内容上看，主要由（　　）构成。

    A. 主词和宾词   B. 各标题和数字资料   C. 总体及分组   D. 标志和指标

17. 统计表从形式上看，主要由（　　）构成。

    A. 主词和宾词   B. 各标题和数字资料   C. 总体及分组   D. 标志和指标

18. 统计表的横行标题表明（　　）。

    A. 全部统计资料的内容   B. 研究总体及其组成部分

    C. 总体特征的指标名称   D. 现象的具体数值

19. 用离散变量划分组限时，相邻的组限原则上（　　）。

    A. 应重合   B. 应连续   C. 应间断   D. 应相等

20. 变量数列中各组频率的总和必须等于（　　）。

    A. 等于 0   B. 等于 1   C. 大于 1   D. 小于 1

二、多项选择题

1. 统计分组的主要作用在于（　　）。

    A. 区分现象质的差别   B. 反映总体的内部构成

    C. 分析现象间的依存关系   D. 说明总体单位的特征

2. 统计表的主词栏（　　）。

    A. 可以是总体   B. 也可以是总体各组

    C. 还可以是总体各单位   D. 或者是总体各指标

3. 统计分组是（　　）。

    A. 在统计总体内进行的一种定性分类   B. 在统计总体内进行的一种定量分类

    C. 将同一总体区分为不同性质的组   D. 将不同的总体划分为性质不同的组

4. 在组距数列中，组中值是（　　）。

    A. 上限和下限之间的中点数值

B. 用来代表各组标志值的平均水平

C. 就是组平均数

D. 在开放式分组中,可以参照相邻组的组距来确定

5. 在次数分配数列中（　　）。

A. 总次数一定，频数和频率成反比

B. 频率又称为次数，各组的频数之和等于 100

C. 各组频率大于 0，频率之和等于 1

D. 频数越小，则该组的标志值所起的作用越小

6. 对连续变量与离散变量，组限的划分在技术上有不同要求，如果对企业按工人人数分组，正确的方法应是（　　）。

A. 200 人以下，200～400 人　　　B. 200 人以下，210～400 人

C. 200 人以下，201～400 人　　　D. 199 人以下，200～400 人

7. 下列数列属于（　　）。

按生产计划完成程度分组（%）	企业数
80—90	15
90—100%	30
100—110	5
合　计	50

A. 品质分配数列　　　　　　　　B. 变量分布数列

C. 组距式变量分配数列　　　　　D. 等距变量分配数列

8. 下列分组哪些是按品质标志分组（　　）。

A. 职工按工龄分组　　　　　　　B. 科技人员按职称分组

C. 人口按民族分组　　　　　　　D. 企业按经济类型分组

9. 下面哪些分组是按数量标志分组（　　）。

A. 企业按隶属关系分组　　　　　B. 学生按健康状况分组

C. 工人按产量分组　　　　　　　D. 职工按工龄分组

10. 次数分配数列（　　）。

A. 由总体按某标志所分的组和各组单位数两个因素构成

B. 可以用图表形式表现

C. 由组距和组数，组限和组中值构成的

D. 包括品质分配数列和变量数列两种

三、判断题

1. 按分组标志分组形成的次数分配数列叫变量数列。（　　）

2. 用离散变量分组编制的组距数列的上下限应该重合。（　　）

3．统计分组是将性质相同的总体归并在一起。（　　）

4．统计分组的关键问题是确定组距和组数。（　　）

5．按数量标志分组的目的，就是要区分各组在数量上的差别。（　　）

6．"上限不在内"原则指的是某个变量值为某组的上限值时，应将对应单位分在该组。（　　）

7．统计整理仅指对原始资料的整理。（　　）

8．能够对统计总体进行分组，是由统计总体中各个单位所具有的差异性特点决定的。（　　）

9．连续变量可以作单项式分组或组距式分组，而离散变量只能作组距式分组。（　　）

10．某一变量分为下列两组：10～20，21～30，由此可以判断该变量为一连续变量。（　　）

四、名词解释

1．统计整理　　2．复合分组　　3．分配数列　　4．单项数列　　5．统计分组

6．统计表　　7．组中值　　8．组距数列

五、简答题

1．简述统计资料整理的概念及其意义。

2．统计资料整理方案包括哪几项内容？

3．什么是统计分组？统计分组应遵循的基本原则是什么？

4．说明组距、组限、组数、全距与组中值的含义及其计算方法。

5．品质型数据的显示方法主要有哪些？

6．数值型数据的显示方法主要有哪些？

7．简述变量数列的编制过程。

8．变量数列有哪些分布类型？各有何特点？

六、计算分析题

1．某车间30个工人看管机器数量的资料如下。

5　4　2　4　3　4　3　4　4　5　4　3　4　2　6

4　4　2　5　3　4　5　3　2　4　3　6　3　5　4

根据以上资料编制变量分配数列。

2．某班40名学生统计学考试成绩如下。

67　88　89　84　86　87　75　73　72　67

76　82　97　50　83　54　79　76　95　77

73　60　90　65　76　72　75　85　89　91

62　55　83　80　78　77　72　61　70　83

要求：

（1）根据上述资料编制一张学习成绩的次数分配表；

（2）编制向上和向下累计的频数和频率数列；

（3）指出分组标志及类型；分组方法的类型；分析本班学生考试情况。

第四章 综合指标

【学习目标】

通过本章学习，使学生掌握总量指标的概念、作用和种类；掌握相对指标的概念、作用，能够准确、熟练地掌握各种相对指标的计算方法，能作简单的分析，为计算其他分析指标服务。能够熟练地判断报刊杂志上统计指标的类型。了解静态平均指标的概念、作用，算术平均数的数学性质和应用特点；掌握算术平均数、调和平均数和几何平均数的计算方法，理解算术平均数、调和平均数和几何平均数的关系；掌握中位数、众数的概念、作用、应用特点，理解算术平均数、中位数、众数的相互关系；掌握标志变异指标的概念、作用、种类和测定方法，能在今后实践中，正确运用各种静态平均指标和标志变异指标进行社会经济现象的分析。

【重点难点】

本章重点是理解并掌握各种总量指标的概念、种类；各种相对指标的计算；平均指标与标志变异指标的概念、作用；算术平均数、调和平均数、几何平均数、标准差及标准差系数的计算方法。

难点是时期指标与时点指标的区别；计划任务为相对数时计划完成程度相对指标的计算；结构相对数的计算；强度相对指标的含义及与平均指标的区别；加权平均数的计算，权数的理解与选择，离散系数的计算原因、方法及其应用条件。

第一节 总量指标

一、总量指标的概念和作用

总量指标是反映社会经济现象总体在一定时间、地点条件下的规模、水平或总量的综合指标，其表现形式是具有计量单位的绝对数。例如，企业的销售收入、固定资产净值、产品库存量等；一个地区或国家的社会总产值、国民生产总值等。总量指标的特点是其数值大小随着所研究总体范围的大小而呈同方向变化。总量指标多是在统计调查和统计整理过程中直接得到，也有一些总量指标是根据已知的总量指标通过各种方法间接推算出来的。

总量指标在社会经济研究和管理中有着重要的作用。

（1）总量指标是反映一个国家国情和国力，一个地区或一个企业单位人力、物力、财力的基本数据。例如，国民生产总值等总量指标可以表明一个国家或地区的经济发展水平，还可以用作国际间、地区间经济实力的比较分析；企业总产值、职工总人数、固定资产总额、设备总能力等总量指标可以说明企业的生产能力，是企业制订计划和决策方案的基本依据。

（2）总量指标是加强社会经济管理，平衡供求关系，保证国民经济协调发展，全面提高社会经济效益的重要工具，也是企业进行经济核算和经济活动分析的基础。例如，企业计算一定时期的总产值、生产费用总额、利税总额等总量指标，并加以比较分析，就能反映出企业经营管理的水平和经济效益的高低。

（3）总量指标是计算相对指标和平均指标的基础。相对指标和平均指标一般都是两个有联系的总量指标对比的结果，它们是总量指标的派生指标。总量指标计算是否科学合理，直接影响相对指标和平均指标的准确性。例如，某班学生总数为 50 人，其中女生为 15 人，全班英语统考总成绩为 4000 分，则该班女生占全班总人数的 15/50=30％，全班英语统考平均成绩为4000/50=80 分。

二、总量指标的种类

（一）总量指标按其反映总体内容的不同，分为总体标志总量和总体单位总数

标志总量是指总体各单位某一标志值的总和，表明总体在一定时间、地点条件下达到的总水平，如全国工业总产值、某地区工业上缴利税总额等。总体单位总数表明总体在一定时间、地点条件下达到的总规模，它说明总体本身规模的大小。例如，全国商业系统零售商店总数、全国高等学校总数、某地区工业企业总数等。

一个特定总体内，只能存在一个单位总量，而可以同时并存多个标志总量，从而构成一个总量指标体系。

总体单位总量和总体标志总量并不是固定不变的，而是随研究目的的不同而变化。只有正确确定什么是总体单位，才能正确分辨单位总量和标志总量指标。

举例说明：

如考察某地区工业企业生产经营情况时，全部工业企业构成一个总体，其中每一个企业为一个总体单位，将总体单位数汇总即全部企业数则构成了总体单位总量指标，可以反映总体规模的大小，而将各单位有关标志值汇总则成为反映总体各方面数量特征的标志总量，如工人数、总产值、实现利税、年末固定资产原值的汇总，构成标志总量指标，这样形成一套总量指标体系，用以全面分析该地区工业企业的状况，见表4-1。当研究的目的是考察地区工业企业的工人状况时，总体为全体工人，总体单位为每一个工人，全体工人总数构成单位总量指标，而每一个工人的劳动消耗量（如出勤工时、加班工时）、劳动成果（生产量）和劳动报酬（工资、奖金等）又汇总构成劳动总工时、总产量和工资总额等标志总量指标。这也是一套完整的指标体系，用以对工人的状况做出系统、全面的评价。

明确总体单位总量与标志总量之间的差别，对于区分计算相对指标与平均指标具有重要意义。

表 4-1　　　　　　　　　　　　某地区工业企业生产经营情况统计资料

经济类型	企业数	工人数	总产值（万元）	实现利税（万元）	年末固定资产原值（万元）
全民	164	73900	204510	63850	22375
集体	160	75800	197585	59780	22398
其他	161	75670	201348	62375	22536
单位总量		标志总量			

（二）总量指标按其反映总体的时间状况不同，分为时期指标和时点指标

时期指标反映总体在一段时间内累积的总量，如产品的产值、商品销售额等。时点指标反映总体在某一时刻的数量状态，如人口总数、资金占用余额、库存总额等。时期指标和时点指标有不同的特点。

第一，时期指标的数值可以连续计数，它的每个数据都说明现象在这一时期的总量。时点指标的数值只能间断计数，其每个数据表明现象在一定时点上所处的水平。

第二，时期指标的各个数值可以直接相加，说明较长时期现象发生的总量。时点指标的数值在一般情况下相加没有意义，只有需要时在计算过程中可以相加。

第三，一般情况下，时期指标数值大小与时间长短成正比，时点指标数值大小与时间长短没有直接联系。实际工作中，这两种总量指标在对比分析、平均分析时，计算处理的方法有所不同，须加以注意。因为时点指标是该种现象在一定间隔期间变化中离差抵消的结果，而不是积累的结果。例如，某公司年末的人口总数不一定比该年某月末的人口总数来得大。

（三）总量指标按其计量单位不同，可分为实物量指标、价值量指标和劳动量指标

实物量指标可以反映产品使用价值的数量，通常采用实物计量单位，有自然计量单位、度量衡单位和标准实物单位等。自然单位如汽车以辆、牲畜以头、电视机以台等计量。度量衡单位是以统一的度量衡制度规定的单位计量，如钢材以吨、木材以立方米、建筑面积以平方米等计量。此外，实际工作中还经常用标准实物单位计量。标准实物单位用于加总不同规格同类事物的实物数量，可以更加准确地反映产品的使用价值量。例如，10t 含氮 70％的化肥与 10t 含氮 100％的化肥不能简单加总成 20t 化肥，若按含氮 100％的标准把不同含氮量的化肥进行折算，则 10t 含氮 70％的化肥可折算成 7t 标准化肥，这样合计为 17t 含氮 100％的标准化肥。

不同的实物量指标是不能相加的。

价值量指标用价值单位反映产品和劳务的数量，具体用货币单位表示。反映生产经营综合成果、社会财富以及进行国民经济核算和企业经济核算的总量指标都采用价值量指标。因为价值量指标能将任何种类、用途的产品或商品数量价值加总，因此，价值量指标得到广泛使用。

劳动量指标是用劳动时间为单位计算的产品产量或完成的工作量，通常用于企业内部的核算。一个工人工作小时，称为一个工时。企业根据具体条件制定了生产单位产品或完成单位作业量所需要的时间标准，即工时定额。按照这种工时定额计算产品总量或完成的作业总量，便是劳动量指标。它的优点是可以把不同种类、规格的产品产量或作业量进行加总。因此，企业常用这种定额工时产量指标安排作业计划，组织劳动竞赛和核定工人的劳动成果。

第二节 | 相对指标

一、相对指标的概念和作用

相对指标是用两个有联系的指标进行对比的比值来反映现象数量特征和数量关系的综合指标。相对指标也称为相对数。

相对指标的主要作用有以下几个方面。

（1）说明总体内部的结构特征，为深入分析事物的性质提供依据。

例如，计算一个地区不同经济类型的结构，可以说明该地区经济的根本特征；计算一个地区第一、第二、第三产业的比例，可以说明该地区社会经济现代化的程度。

（2）将现象的绝对差异抽象化，使原来不能直接对比的总量指标可以直接比较。

由于不同企业的生产规模条件不同，直接用总产值或总产量比较，评价意义不大。但用各自的计划完成程度、资金利润率、资金产值率、发展速度等相对指标进行比较，便可对其生产经营的结果作出合理的评价。

（3）相对指标说明现象的相对水平，表明现象的发展过程和程度，反映事物发展变化的趋势。

例如，计算人均国民收入、人均钢铁产量等相对指标，可以反映一个国家或地区的国情国力，表明经济实力的相对水平；用发展速度可以揭示经济发展变化的趋势和方向等。

相对指标的具体数值大多采用系数（倍数）、成数、百分数和千分数等无名数表示，也有一些相对指标用有名数表示，包括单名数和复名数，单名数如衡量商品流转速度的商品流转次数，复名数如衡量人口密度用每平方公里的人口数等。

二、相对指标的种类

社会经济统计中，常用的相对指标可以分为计划完成情况相对数、结构相对数、比例相对数、比较相对数、强度相对数与动态相对数等 6 种。

（一）计划完成情况相对数

计划完成情况相对数也称计划完成百分数，它是将某一时期的实际完成数与同期计划数进行对比，反映计划执行情况的相对指标，一般用百分数表示。其计算公式为

$$计划完成相对数（\%）=（实际完成数÷同期计划数）×100\%$$

实际工作中，由于计划数可表现为绝对数（总量指标）、相对数（相对指标）和平均数（平均指标）等多种形式，因此计算计划完成相对数的方法也不尽相同。

（1）计划数为绝对数即总量指标时，计划完成相对数的计算公式为

$$计划完成相对数（\%）=（实际完成数÷同期计划数）×100\%$$

在检查中长期计划（如五年计划）任务的完成情况时，根据计划指标的性质不同，分为水平法

和累计法两种。

① 水平法适用于反映生产能力的经济指标，如钢产量、发电量等指标的计划完成情况的检查。它是以计划期期末水平（即最后一年水平）为对象考核的。其计算公式为

计划完成相对数（%）=（计划期期末实际达到的水平÷计划期规定的期末水平）×100%

② 累计法适用于检查计划期内构成资产存量的经济指标，如固定资产总额、住宅建设、开耕荒地、毕业生人数等计划完成情况。它是以计划期内各年计划数量的累计总和为对象考核的。其计算公式为

计划完成相对数（%）=（计划期间实际完成累计数÷计划期规定的累计数）×100%

（2）计划数为相对数时，计划完成相对数的计算公式为

计划完成相对数（%）=（实际达到的百分数÷计划规定的百分数）×100%

例如，某企业某种产品的产值计划要求增长10%，该种产品的单位成本要求下降5%，而实际产值增长了15%，实际单位成本下降3%，则计划完成程度指标为

产值计划完成相对数（%）=[（100%+15%）/（100%+10%）]×100%

=104.55%

单位成本计划完成相对数（%）=[（100%-3%）/（100%-5%）]×100%

=102.11%

上述两种计划完成相对数的经济意义是不同的。产值计划完成程度若大于100%，说明超额完成计划，若小于100%，则说明没有完成计划。比值越大，表明完成计划越好，这种指标称为正指标。单位成本计划完成程度若大于100%，说明成本比计划提高，没有完成计划，若小于100%，说明成本比计划降低，超额完成计划。比值愈小，说明完成计划愈好，这种指标称为逆指标。

（3）计划数为平均数时，计划完成相对数的计算公式为

计划完成相对数（%）=（实际完成的平均数÷计划规定的平均数）×100%

例如，某企业计划要求劳动生产率达到5000元/人，某种产品的计划单位成本为100元，该企业实际的劳动生产率达到6000元/人，某种产品的实际单位成本为80元。它们的计划完成程度指标如下。

劳动生产率计划完成相对数（%）=（6000元/人÷5000元/人）×100%

=120%

单位成本计划完成相对数（%）=（80元÷100元）×100%=80%

计算结果表明该企业劳动生产率实际比计划提高20%，单位成本实际比计划降低20%。这里，劳动生产率为正指标，单位成本为逆指标。一般地说，正指标如产量、产值、利税额、销售额等，计划指标是按最低限额规定的；而逆指标如单位成本、原材料消耗、流通费等，计划指标是按最高限额规定的。

（二）结构相对数

结构相对数是总体内某一部分数值与总体全部数值对比的比值，反映总体内部的构成和类型特

征，一般用百分数或系数表示。其计算公式为

$$结构相对数（\%）=（总体中某部分数值 / 总体全部数值）\times 100\%$$

例如，本班学生总数为 50 人，其中，男生 35 人，那么，男生占全班人数的比重为 0.70 或 70%。

（三）比例相对数

比例相对数是将总体内某一部分数值与另一部分数值对比所得到的相对数，其计算公式为

$$比例相对数=（总体中某一部分数值 / 总体中另一部分数值）$$

公式中的分子与分母可以颠倒。

比例相对数指标通常用百分比或几比几的形式来表现。若用几比几的形式来表现，为了简洁，要求比数以简单的正数表示，如 10∶9 等。在实践中，有时要求用 1∶m∶n 的连比形式来反映，如农、轻、重的比例关系等［也可以用它们的结构相对数的数据对比，例如，农、轻、重的比例 1985 年（按 1957 年不变价格计算）为 34∶31∶35，它反映的是结构性的比例关系，这与结构相对指标的作用相同，只是比例的方法不同，则重点有所不同。实际工作中，常将两个指标结合使用］。但为了清晰地反映各组间的数量关系，连比的组数不宜过多。

（四）比较相对数

比较相对数是将某一总体的指标与另一总体的同类指标对比的比值，反映同类事物在不同国家、不同地区或不同单位之间的差异程度，一般用倍数或百分数表示。如甲地粮食亩产为同期乙地粮食亩产的 1.5 倍。其计算公式为

$$比较相对数=某一地区（单位）的指标数值 / 另一地区（单位）同一指标的数值$$

比较相对数可以是总量指标相比，也可以是相对指标或平均指标对比。由于总量指标受总体范围大小的影响，因而，计算比较相对数更多地采用相对指标或平均指标。

（五）强度相对数

强度相对数是将两个有联系但性质不同的指标对比而得到的比值，反映现象的强度、密度和普及程度。强度相对数是一种特殊形式的相对数，一般采用复名数表示，有的也用无名数表示。其计算公式为

$$强度相对数=某一指标的数值 / 另一有联系的性质不同指标的数值$$

部分强度相对数也有正指标、逆指标之分。正指标是指比值的大小与其反映的强度、密度和普及程度成正比，逆指标比值的大小与其反映的强度、密度和普及程度成反比。有些强度相对数将其比式的分子分母互换，就可从正指标变为逆指标，或者由逆指标变为正指标，其评判的意义相同。

例如，某地区 2012 年总人口 1200 万人，有 6 万个零售商业机构，则该地区零售商业网点密度指标为

$$某地区零售商业网点密度=60000 个÷1200 万人=50 个/万人$$

上述地区商业网点密度也可以用逆指标表示为

$$某地区每个零售商业网点服务人数=1200 万人÷60000 个=0.02 万人/个$$
$$=200 人/个$$

正指标说明每 1 万人中有 50 个商业网点，逆指标说明每个商业网点服务对象为 200 人，其意义是相同的。

强度相对数还用于反映企业的经济效益，如流通费率、资金利税率、资金产值率等，这些指标说明企业投入流通费、周转资金等获取产值、利税等收益的程度。如：

流通费用率（%）=商品流通费用总额／销售收入　　　　　　　　元/百元

资金利税率 ＝ 利税总额÷流动资金、固定资金占用余额　　　　元/百元

（六）动态相对数

动态相对数是将总体不同时期的同一类指标对比而计算的比值，说明事物发展变化的程度，一般用百分数表示。通常将作为比较基础的时期称为基期，与基期对比的时期称为报告期或计算期。动态相对数计算公式为

动态相对数（%）=（报告期数值／基期数值）×100%

例如，甲地 2012 年的 GDP 为 100 亿元，2011 年的 GDP 为 80 亿元，2012 年为 2011 年的 125%，该指标即为动态相对指标。

第三节　静态平均指标

一、静态平均指标概述

1．静态平均指标的意义

静态平均指标是同质总体内各单位数量标志值在一定时间、地点条件下的一般水平或代表值，其表现形式为平均数，可以用来反映标志值的中心位置。例如，将某地区居民某年生活费支出进行平均，得到人均生活费支出，反映了该地区居民生活费支出的一般水平；将某种产品的成本进行平均，得到该种产品的单位平均成本，反映了生产这种产品的费用水平；将某班学生某门课程考试分数进行平均，得到该班学生这门课程考试成绩的一般水平。

平均指标也能测定次数分布数列中各变量值分布的集中趋势。大量的客观事物总体服从于钟形分布，这种分布靠近平均数的变量值出现的次数多，而远离平均数的变量值出现的次数少。分布从两边向中间集中，中心是平均数，因此平均数反映了总体的集中趋势。平均数值的大小是有条件的，条件发生变化，平均数值也发生变化，但现象变动的集中趋势则是不变的，是始终存在的。

平均指标将总体内各单位的差异抽象化了，平均指标是一个代表值，代表总体综合数量特征的一般水平。

2．计算平均指标时的注意事项

（1）只能就同质总体计算平均数。

构成同质总体的各个单位，除了具有某些相同特征外，还有若干不同的特征，有些表现为品质标志，有些表现为数量标志，其中，数量标志所表现出的数值，在各总体单位之间又是不相同的。

平均指标是通过平均将总体各单位变量值之间的差异抽象化，能反映出总体的综合特征。总体中每个单位的数量大小受着许多因素的影响，有些是必然影响因素，起决定作用，使各单位具有一

定水平；还有一些是偶然因素，这些因素的影响，使各单位数量上存在差异。通过平均，将偶然因素造成的数量差异抽象化、概括化，显示出必然因素作用达到的一般水平（即总体各单位某一数量标志值的代表值）。

（2）只能就总体单位的某一数量标志值计算平均数。

对于品质标志的具体表现是不能直接计算平均指标的，但实际统计工作中，可将某些品质标志的具体表现数量化后，再计算平均指标，如评分平均数，就是对产品产量的优劣、生产工作的好坏，通过各种标志的评分计算得到的。产品质量优劣可以就各种性能和外观进行评分，生产、工作的好坏可以就产量、品种、质量、成本、利润、劳动生产率等计划完成情况进行评分。对于这些标志，不论是品质标志还是数量标志都可以采用评分的方法，以区别它们在数量上的差别，然后计算总平均分数，用以作出综合性的判断。

3. 静态平均指标的作用

（1）利用静态平均指标可以揭示现象在一定历史条件下的一般水平，即反映总体的综合特征与总体各单位变量值分布的集中趋势。例如，某学期某班统计平均分数。

（2）利用静态平均指标可以对不同总体的同一数量标志进行比较，以正确评价各部门、各单位工作成绩的大小。

（3）利用静态平均指标可以说明总体的某一数量标志在时间上的发展变化及其发展趋势。

（4）利用静态平均指标可以分析现象之间的依存关系。例如，分析劳动生产率与平均工资水平、农田施肥量多少与平均收获率、商业企业规模大小与平均商品流通费用率的关系等。

（5）利用静态平均指标可以进行数量上的推算和预测。统计中常常利用部分单位的平均数去推算总体平均数，根据总体平均数与总体单位数可以推算和预测总体标志总量。例如，农产量调查，就是根据部分农作物的平均收获率和土地播种面积的统计资料推算和预测农作物总产量的。

4. 平均指标的种类

平均指标按照反映时间状况不同分为静态平均指标（本节讲述）和动态平均指标（第五章讲述）。按照计算方法的不同分为数值平均数和位置平均数，数值平均数的计算与每一个变量值有关，包括算术平均数、调和平均数、几何平均数；位置平均数包括中位数和众数。其中应用最为广泛的是算术平均数。

二、算术平均数

（一）算术平均数的基本形式

算术平均数是表明同质总体各单位标志值一般水平的平均数，是将总体各单位数量标志值的总和除以总体单位数的总和，其基本公式为

$$算术平均数 = \frac{总体标志总量}{总体单位总量}$$

算术平均数是计算平均指标最常用、最基本的方法，在实际工作中得到最广泛的运用。因为它的计算方法是与许多社会经济现象中的个别现象与总体现象之间存在的客观数量关系相符合的，即

个体单位标志值的代数和等于总体的标志总量。（所以，这里只考虑变量为绝对数的情况）。例如，某班某学期每个学生的统计分数相加则为全班统计总分数。

在掌握总体的标志总量（或各组的标志总量）及总体单位总数的总量指标时，可直接采用此公式计算算术平均数。计算时要注意两点：第一，分子和分母在总体范围上要有可比性，两者必须是属于同一总体或标志总量附属于总体单位总数，而作为各单位的一种数量特征，各标志值和各单位之间必须是一一对应的，否则，计算出来的平均指标就会失去它应有的含义。这也是与强度相对指标的重要区别。强度相对指标虽然也是两个总量指标之比，但是，它是两个性质不同而又有联系的总量指标之比。强度相对指标的分子、分母是两个不同总体现象总量，不存在各标志值与各单位的对应问题。例如，某年某地平均人口数为 3504.2 万人，工业总产值（按当年价格计算）为 373.1 亿元，则每人平均产值约为 1065 元。这里，分子、分母有着密切联系，但并不反映该地的每个人都具有工业产值这一标志，所以，人均工业总产值是一个强度相对指标。第二，算术平均数是一个具有计量单位的名数，计量单位与标志总量（属于绝对数情况）或变量为比值时（指相对数、平均数情况）的计量单位一致。

实际工作中，由于掌握资料的不同和计算的复杂程度不同，又可分为简单算术平均数、截尾平均数和加权算术平均数。

（二）简单算术平均数（资料未分组，或分组后各组次数都相等时采用）

简单算术平均数是直接将总体各单位的标志值相加除以总体单位数而求得的，其计算公式为

$$简单算术平均数 = \frac{各单位标志值之和}{总体单位总数}$$

用符号表示为

$$\bar{x} = \frac{x_1 + x_2 + x_3 + \cdots + x_n}{n} = \frac{\sum x_i}{n}$$

式中 $\bar{x}$ ——算术平均数；

x——各单位标志值；

n——总体单位数；

$\sum$—— 总和符号。

在资料未分组时，掌握了总体各单位标志值资料，或已经有了总体总量和标志总量两个总量指标资料时，就可采用简单算术平均数的形式计算算术平均数。

例如，某工业企业有 518 名工人，某月工资总额为 1098160 元，该企业职工的平均工资则为

$$平均工资 = \frac{总体标志总量}{总体单位总量}$$

$$\bar{x} = \frac{\sum x_i}{n} = \frac{1098160}{518} = 2120（元）$$

（三）截尾平均数

截尾平均数也叫截尾均值，是指在一个数列中，去掉两端的极端值后所计算的算术平均数。最

常见的截尾均值的例子是在一些比赛中，计算选手的最终得分需要"去掉一个最高分，去掉一个最低分"，这种处理方法，即为计算截尾均值的方法。

截尾均值由于去掉了数列中影响数据稳定性的极端值，从而具有较好的稳健性，不易受到极端值的干扰。在数据序列本身存在少量错误的情况下，通过有效地判定极端值，并将极端值去掉来计算算术平均数，可以获得较为真实的反映数据情况的平均指标。

极端值的判定根据分析目的的不同，可以有下列各种不同的方法。

1．确定两端或者一端固定数量的值为极端值

例如，确定最大值和最小值为极端值，而不去观察这两个值本身是多少。

2．确定一个固定范围外的数值为极端值

在数据处理时，人为地确定一个取值范围，超出这个范围内的数值一律被当作极端值。例如，在计算平均收入时，将10000元以上的收入值统一判定为极端值，不进行平均计算。

3．根据数据的统计结果来确定极端值

这种方法的特点是不事先确定极端值的范围，而是根据数据的实际数值，来推算极端值的范围。例如，在计算收入数据时，约定以中位数的3倍作为极端值的范围，这样，对于不同的工资水平的地区，极端值的范围也就有所不同了。

（四）加权算术平均数

如果总体按数量标志经过分组后形成变量数列，各个变量值出现的次数又不相同，那就要考虑次数的影响作用而采用加权算术平均数（这说明变量数列是计算静态平均指标的依据）。计算时，必须先把各组的变量值乘上该组的次数，得出各组的标志总量，然后将各组标志总量相加，得出总体标志总量，同时把各组次数相加，得出总体总量，最后用总体标志总量与总体总量相除即可。

资料分组以后，平均指标的数值大小不仅受各组变量值的影响，而且受各组单位数的影响。在各组变量值既定的前提下，各组单位数的多少对平均指标的数值大小具有权衡轻重的作用，统计上习惯把各组单位数（次数）叫作权数。运用权数计算的算术平均数，称为加权算术平均数。其计算公式为

$$\bar{x} = \frac{x_1 f_1 + x_2 f_2 + x_3 f_3 + \cdots + x_n f_n}{f_1 + f_2 + f_3 + \cdots + f_n} = \frac{\sum x_i f_i}{\sum f_i}$$

式中 f——权数（频数），即变量值出现的次数。

其余符号含义同前。

1．根据单项变量数列计算加权算术平均数

例如，某车间11名工人生产某种产品的日产量资料整理见表4-2。

表4-2　　　　　　　　　　某车间工人生产某种产品日产量资料

日产量 x（件）	工人数 f（人）	日总产量 xf（件）	工人数比重
17	2	34	0.1818
18	4	72	0.3637
19	3	57	0.2727
20	2	40	0.1818
合　　计	11	203	1.0000

$$\overline{x} = \frac{\sum x_i f_i}{\sum f_i} = \frac{203}{11} = 18.45(\text{件})$$

权数可以用绝对数来表示,称为频数;也可用比重(结构相对数)来表示,称为频率。权数举足轻重的作用体现在其比重大小上。权数比重是权数的实质,即在各组变量值不变的情况下,比重不变,平均数则不变;权数比重变动,平均数则必然变动。

$$\overline{x} = \frac{\sum x_i f_i}{\sum f_i} = \sum \left(x_i \times \frac{f_i}{\sum f_i} \right)$$

公式中,$f_i/\sum f_i$为权数比重。如表 4-2 中频数发生变化后(见表 4-3),计算的算术平均数不变。

表 4-3   某车间工人平均日产量计算

日产量 x（件）	工 人 数		日总产量 xf（件）
	绝对数 f	比重 f/∑f	
17	4	0.1818	68
18	8	0.3637	144
19	6	0.2727	114
20	4	0.1818	80
合 计	22	1.0000	406

$$\overline{x} = \frac{\sum x_i f_i}{\sum f_i} = \frac{406}{22} = 18.45(\text{件})$$

从以上计算可以看出,平均数没有变化,这是因为权数比重未发生变化。

而表 4-4 与表 4-2 比较起来权数比重发生了变化,因此计算的算术平均数也发生了变化。

表 4-4   某车间工人平均日产量计算

日产量 x（件）	工 人 数		日总产量 xf（件）
	绝对数 f	比重 f/∑f	
17	3	0.2727	51
18	4	0.3636	72
19	3	0.2727	57
20	1	0.0910	20
合 计	11	1.0000	200

$$\overline{x} = \frac{\sum x_i f_i}{\sum f_i} = \frac{200}{11} = 18.18(\text{件})$$

许多情况下,当权数以相对数表示时,可以直接利用权数比重来计算平均数,即用标志值乘以相应的频率求得,见表 4-5。

$$\overline{x} = \frac{\sum x_i f_i}{\sum f_i} = \sum \left(x_i \times \frac{f_i}{\sum f_i} \right) = 18.45(\text{件})$$

表 4-5   某车间工人平均日产量计算

日产量 x（件）	各组工人数占全部工人比重 $f/\sum f$	$x_i \dfrac{f_i}{\sum f_i}$
17	0.1818	3.0906
18	0.3637	6.5466
19	0.2727	5.1813
20	0.1818	3.6360
合　　计	1.0000	18.4545

次数具有权数作用，是因为各组的次数不等。若各组次数都相等（被平均的各变量值的次数是一个常数），这时，权数则失去了权数的作用，这种情况下，可直接用简单算术平均数的方法计算平均数。从这里说明了这两种平均数的主要区别是权数的作用是否存在。

简单算术平均数实际上是加权算术平均数的一种特例。也就是说当各组次数相等时，加权算术平均数形式就是简单算术平均数，用公式表示如下。

若 $f_1 = f_2 = f_3 = \cdots = f_n$ ，则

$$\bar{x} = \frac{\sum x_i f_i}{\sum f_i} = \frac{f \sum x_i}{nf} = \frac{\sum x_i}{n}$$

2. 根据组距变量数列计算加权算术平均数

在组距分配数列条件下计算加权算术平均数，应以各组的实际平均数乘以相应的权数来计算。但在实际工作中，编制组距数列时不计算组平均数。在缺少组平均数的条件下，通常用组中值代替组平均数进行计算，其计算方法与由单项变量数列计算算术平均数的方法相同。

例如，某工业企业 150 名职工生产某种产品的日产量资料见表 4-6。

表 4-6   某工业企业职工生产某种产品日产量分组资料

日产量（kg）	职工人数 f（人）	组中值 x	xf
50 以下	33	40	1320
50～70	65	60	3900
70～90	46	80	3680
90 以上	6	100	600
合　　计	150	—	9500

$$\bar{x} = \frac{\sum xf}{\sum f} = \frac{9500}{150} = 63.33(\text{kg})$$

但这样计算的结果带有假定性，即各单位标志值在组内的分配是均匀的，实际上不一定如此。因而根据组中值计算的加权算术平均数只是实际平均数的近似值。

（五）算术平均数的数学性质和运用中的优缺点

1. 算术平均数的数学性质

（1）各个标志值与其算术平均数离差之和等于零。

简单算术平均数：

$$\sum(x - \bar{x}) = \sum x - n\bar{x} = \sum x - \sum x = 0$$

加权算术平均数：

$$\sum (x - \bar{x})f = \sum xf - \sum \bar{x}f = \sum xf - \sum xf = 0$$

（2）各标志值与其算术平均数的离差平方和为最小值。

对于简单算术平均数，可证得：

$$\sum (x - \bar{x})^2 \text{ 为最小值}$$

对于加权算术平均数，同样可证得：

$$\sum (x - \bar{x})^2 f \text{ 为最小值}$$

（3）算术平均数与总体单位数的乘积等于标志总量。

简单算术平均数：

$$n\bar{x} = \sum x$$

加权算术平均数：

$$\bar{x}\sum f = \sum xf$$

（4）将各变量值都加上（或减去）常量 c，则算术平均数也加上（或减去）此常量 c。

现以简单算术平均数为例：

$$\frac{\sum (x + c)}{n} = \frac{\sum x + \sum c}{n} = \frac{\sum x + nc}{n} = \bar{x} + c$$

（5）将各变量值都乘上（或除以）常量 c，则算术平均数也乘上（或除以）此常量 c。

现以简单算术平均数为例：

$$\frac{\sum cx}{n} = \frac{c\sum x}{n} = c\bar{x}$$

2．算术平均数的优缺点

（1）算术平均数适合于代数方法的演算。这种方法不仅易于掌握，而且它与大量社会经济现象中存在的客观数量关系相符合，所以得到广泛的应用。

（2）算术平均数受抽样的影响较小，各个样本的算术平均数常常接近于一致，所以在抽样推断中就可以用抽样平均数代替总体平均数。

（3）算术平均数最容易受极端变量值的影响。例如，6 名工人生产某种零部件的日产量分别为 7，8，15，16，27，36（件），他们的日平均生产量为 18 件，很明显它的代表性差。所以，当许多变量值出现特大或特小数值时，或变量值之间的差别较大时，算术平均数的代表性差。

（4）根据组距变量数列计算算术平均数时，往往因组中值代表各组实际平均值，假定性很大；特别是开口组的组中值是按相邻组组距或是按其他各组组距的规律加以推算，假定性就更大。据此算出的平均数代表性也就差，且不可靠。

三、调和平均数

调和平均数是变量值倒数的算术平均数的倒数，也称倒数平均数。

（一）调和平均数的计算方法

调和平均数也有两种：简单调和平均数和加权调和平均数。

1．简单调和平均数的计算

简单调和平均数是先计算总体中变量值倒数的简单算术平均数，然后求其倒数。

例如，现有三个标志值分别为 7、8、9，要求计算其调和平均数。

可分为三个步骤进行。

第一步：计算各标志值的倒数。

$$1/7=0.143 \qquad 1/8=0.125 \qquad 1/9=0.111$$

第二步：计算各标志值倒数的算术平均数。

$$\frac{0.143+0.125+0.111}{3}=\frac{0.379}{3}=0.126$$

第三步：计算各标志值倒数的算术平均数的倒数。

$$\frac{1}{0.126}=7.94$$

依此可得简单调和平均数的计算公式为

$$\overline{x_{\mathrm{h}}}=\cfrac{1}{\cfrac{\dfrac{1}{x_1}+\dfrac{1}{x_2}+\dfrac{1}{x_3}+\cdots+\dfrac{1}{x_n}}{n}}=\cfrac{n}{\dfrac{1}{x_1}+\dfrac{1}{x_2}+\dfrac{1}{x_3}+\cdots+\dfrac{1}{x_n}}=\cfrac{n}{\sum\dfrac{1}{x_i}}$$

式中 　$\overline{x_{\mathrm{h}}}$ ——调和平均数；

　　　n ——变量值个数。

例如，三种苹果的价格分别为 2 元、1.8 元、1.5 元。若各买 1 元钱，其平均价格为

$$\overline{x_{\mathrm{h}}}=\frac{n}{\sum\dfrac{1}{x_i}}=\frac{3}{\dfrac{1}{2}+\dfrac{1}{1.8}+\dfrac{1}{1.5}}=\frac{3}{1.722}=1.74（元）$$

2．加权调和平均数的计算

加权调和平均数是先计算总体中变量值倒数的加权算术平均数，然后求其倒数。其计算公式为

$$\overline{x_{\mathrm{h}}}=\cfrac{1}{\cfrac{\dfrac{m_1}{x_1}+\dfrac{m_2}{x_2}+\dfrac{m_3}{x_3}+\cdots+\dfrac{m_n}{x_n}}{m_1+m_2+m_3+\cdots+m_n}}=\cfrac{m_1+m_2+m_3+\cdots+m_n}{\dfrac{m_1}{x_1}+\dfrac{m_2}{x_2}+\dfrac{m_3}{x_3}+\cdots+\dfrac{m_n}{x_n}}=\cfrac{\sum m_i}{\sum\dfrac{m_i}{x_i}}$$

式中 　m ——权数。

若前面例中，每种苹果不是各买 1 元钱，而是分别购买 5 元、5.4 元、4.5 元，其平均价格为

$$\overline{x_{\mathrm{h}}}=\frac{\sum m_i}{\sum\dfrac{m_i}{x_i}}=\frac{5+5.4+4.5}{\dfrac{5}{2}+\dfrac{5.4}{1.8}+\dfrac{4.5}{1.5}}=\frac{14.9}{8.5}=1.75（元）$$

式中，购买金额起着权数的作用。

需要指出的是，调和平均数作为一种方法，此时权数 m 的含义仍是原始含义，即各组单位数出现的次数。不管变量值 x 为绝对数、相对数还是平均数。

以上是就调和平均数本身来说的，它是不同于算术平均数的一种平均数。上面举过的三个标志值 7、8、9 的算术平均数为 8。但作为平均数的一种方法，调和平均数在统计中应用的机会是极少的。通常将调和平均数作为算术平均数的变形来使用。

（二）算术平均数的变形——调和平均数形式

统计实践中，反映总体单位特征的标志值常常是相对数或平均数。如果要反映总体的一般特征，就要根据相对数或平均数来计算平均指标。又由于掌握资料的不同，有时不能直接计算算术平均数，而要以调和平均数的形式来计算，这时，我们可将调和平均数形式看作是算术平均数的变形来使用，即用特定的权数（$m=xf$）加权，其计算公式为

$$\overline{x_h} = \frac{\sum m_i}{\sum \frac{m_i}{x_i}} = \frac{\sum x_i f_i}{\sum \frac{x_i f_i}{x_i}} = \frac{\sum xf}{\sum f}$$

式中权数 m 已不是次数了，而是各组标志总量。这种计算方法与算术平均数的形式不同，计算结果是一样的。社会经济统计中应用的加权调和平均数都是从算术平均数的变形这个角度出发的。

（三）相对数为变量计算平均数时，调和平均数形式的运用

例如，某商业局系统所属的 20 个商店 2013 年第二季度流通费用率、企业数、流通费用额资料见表 4-7，要求计算出 20 个商店的平均流通费用率。

表 4-7　　　　　　　　某商业局所属商店流通费用率及流通费用额资料

流通费用率（%）	企业数（个）	流通费用额（万元）
11.0	5	103.73
12.0	8	165.60
13.2	4	85.54
14.6	3	67.01
合　计	20	421.88

本例的标志值为相对数，计算其平均数（平均流通费用率）时，不能采用单位数为权数，而应以做变量的流通费用率的基本公式：流通费用率＝$\frac{流通费用额}{商品销售额}$×100% 为依据，视掌握这个基本公式的分子或分母资料来加以确定。

如果我们掌握的资料除各组流通费用率以外，只有流通费用额，就需要用调和平均数形式来计算平均流通费用率了，计算过程见表 4-8。

$$\overline{x_h} = \frac{\sum m_i}{\sum \frac{m_i}{x_i}} = \frac{421.88}{3430} = 12.3\%$$

如果掌握了各组流通费用率和商品销售额资料，则可以用加权算术平均数公式计算。

表 4-8   某商业局平均流通费用率计算

流通费用率 x（%）	企业数 n（个）	流通费用额 m（万元）	商品销售额 m/x（有经济意义）（万元）
11.0	5	103.73	943
12.0	8	165.60	1380
13.2	4	85.54	648
14.6	3	67.01	459
合　　计	20	421.88	3430

（四）平均数为变量计算平均数时，调和平均数形式的运用

例如，某糖烟酒副食品商店各种糖果配装混合糖资料见表 4-9，要求计算该糖烟酒副食品商店各种糖果的平均单价。

表 4-9   某糖烟酒副食品商店各种糖果销售资料

品　　名	单价 x（元/kg）	糖果销售额 m（元）	m/x（有现实经济意义）
奶　　糖	19.20	3360	175
水 果 糖	9.60	4080	425
酥　　糖	14.00	2800	200
软　　糖	10.40	2080	200
合　　计	—	12320	1000

如果我们只掌握了各种糖果的单价和销售额资料，就不能采用加权算术平均数的形式（因为 xf 没有现实经济意义），而要采用调和平均数的形式计算：

$$\overline{x_{\mathrm{h}}} = \frac{\sum m_i}{\sum \dfrac{m_i}{x_i}} = \frac{12320}{1000} = 12.32（元/\mathrm{kg}）$$

如果掌握了各种糖果单价和销售量资料，则可以用加权算术平均数公式计算（有现实经济意义）。

总之，以相对数或平均数计算平均数的时候（即变量值为比值的时候），在什么情况下，可以采用算术平均数或调和平均数，首先要以作为变量的相对指标或平均指标形成的基本公式为依据；其次根据掌握比值基本公式分母或分子的资料而定。若所掌握的权数资料是比值基本公式的分母数值，则可直接采用加权算术平均数的形式；若所掌握的权数资料是比值基本公式的分子数值，则需要采用调和平均数的形式。

> ✏️**注意**   选择的权数资料与变量值相乘或相除后的结果，必须具有现实的经济意义。

（五）调和平均数的优缺点

（1）由于掌握资料的原因，在不能直接采用算术平均数形式计算平均数时，可以采用调和平均数的形式来计算，其结果与算术平均数计算的结果相同。调和平均数的数值大小受次数分配中的每一项数值大小的影响。

（2）调和平均数易受极端数值的影响，而且受极小值的影响比极大值的影响还要大。因为它是各个变量值倒数的算术平均数的倒数，小数值的倒数其值大于大数值的倒数。

（3）当组距变量数列有开口组时，所用的组中值，特别是开口组的组中值的假定性大，计算出的调和平均数的代表性也不可靠。

（4）若各组变量值中有一个数值为零，则无法求其确定的调和平均数。这可以从简单公式中看出，当变量值中有一个为零，公式的分母式则等于无穷大，因而就无法求出调和平均数。

四、几何平均数

几何平均数是 n 个变量值连乘积的 n 次方根。几何平均数与算术平均数、调和平均数的应用条件不同。算术平均数与调和平均数应用于按算术级数形式变化的事物，即事物总量等于各变量值的总和求平均水平。而几何平均数应用于按几何级数形式变化的事物，即事物总量等于各变量值乘积求平均水平。在社会经济领域中几何平均数常用来计算平均比率（静态平均数，例如流水线情况下的平均废品率、合格品率等）或平均速度（动态平均数）。几何平均法有两种：简单几何平均法和加权几何平均法。

（一）几何平均数的计算方法

1．简单几何平均数的计算

若总体中每个比率只出现一次或未分组资料，计算其几何平均数应采用简单几何平均法。其计算公式为

$$\overline{x_g} = \sqrt[n]{x_1 x_2 x_3 \ldots x_n} = \sqrt[n]{\prod x_i}$$

式中　$\overline{x_g}$——几何平均数；

　　　x——变量值；

　　　$\prod$——连乘符号。

计算几何平均数开高次方，有两种方法，一种是使用计算器直接开方；另一种是采用对数方法。

例如，某期某厂四个车间流水线作业生产某种产品的合格率分别为 95%、92%、90%、94%。则全厂生产该种产品的合格率为

$$\overline{x_g} = \sqrt[4]{95\% \times 92\% \times 90\% \times 94\%} = 92.7\%$$

2．加权几何平均数的计算

当总体中每个比率出现次数不止一次时，计算平均数应采用加权几何平均法。其计算公式为

$$\overline{x_g} = \sqrt[f_1 + f_2 + \cdots + f_n]{x_1^{f_1} \cdot x_2^{f_2} \cdot x_3^{f_3} \cdots x_n^{f_n}} = \sqrt[\sum f_i]{\prod x_i^{f_i}}$$

计算方法与简单几何平均数相同，可以用计算器直接开高次方，也可以采用对数方法。

例如，某银行在 10 年内几次调整贷款利率（按复利计息），各年利率为：第 1 年 8%，第 2 年至第 5 年 6.5%，第 6 年至第 8 年 5%，第 9 年、第 10 年 4%。求这 10 年中银行贷款的平均年利率。

计算平均年利率，首先将年利率加上 100%，换算为各年的本利率，然后计算出平均本利率，再减去 100%，得到平均年利率。

根据复利的规定，前一年的本利是后一年的本金。因此：

$$总本利率=\frac{最后一年的本利}{最初存入本金}=\frac{第一年的本利}{最初存入本金}\times\frac{第二年的本利}{第一年的本利}\times\cdots\times\frac{最后一年的本利}{倒数第二年的本利}$$

$$=第一年本利率\times第二年本利率\times\cdots\times最后一年本利率$$

由于总本利率等于各年本利率的连乘积，所以要采用几何平均法，又由于各个本利率的次数即年数不相同，因此，要应用加权几何平均数计算。其计算过程如下。

$$\overline{x}_g = \sqrt[10]{1.08\times(1.065)^4\times(1.05)^3\times(1.04)^2}$$

$$=\sqrt[10]{1.7396}=1.0569(或105.69\%)$$

$$平均年利率=105.69\%-100\%=5.69\%$$

又例如，某期某厂生产某种产品，需经 3 道工序，9 个班组的产品合格率资料见表 4-10。

表 4-10 　　　　　　　　　　　　　某厂某产品合格率分组资料

工　序	产品合格率（％）	班组数 f	组中值 x（％）	$\lg x$	$f(\lg x)$
一　道	90～93	2	91.5	-0.03858	-0.07716
二　道	93～96	4	94.5	-0.02457	-0.09828
三　道	96 以上	3	97.5	-0.01100	-0.03300
合　计	—	9	—	—	-0.20844

该厂生产某种产品的平均合格率为

$$\lg\overline{x}_g = \frac{\sum f_i(\lg x_i)}{\sum f_i} = \frac{-0.20844}{9} = -0.02316$$

查-0.02316 的反对数约为 0.9481 即 94.81％，则该厂生产某种产品的平均合格率为 94.81％。

（二）几何平均数的优缺点

（1）几何平均数不易受极端数值的影响，较算术平均数和调和平均数为小。

（2）几何平均数的大小可由次数分配的每一项目所决定，任一项目数值的变动，都会引起其变化。

（3）对于具有等比或近似等比关系的数列，几何平均数比算术平均数具有更大的代表性。

（4）被平均的数列中的数值有一项为零，则不能计算几何平均数。若数列中有负值，则计算出的几何平均数就会成为负数或虚数。若数列中的项数为偶数，几何平均数在理论上有两个可能数值，一为正值，一为负值，实际工作中，往往只取正值。

五、中位数

算术平均数和调和平均数是根据总体各单位标志值计算的，中位数和众数则不是根据总体的全部标志值计算的，而是根据数值按大小顺序排列后处于某种特殊位置有关的一部分数值计算的，中位数是位置在正中间的数值，众数是出现次数最多的数值，其他所有数值对它们毫无影响。所以，中位数和众数是两个位置平均数。

（一）中位数的意义

中位数是把现象总体的各单位标志值按大小顺序排列，处于中间位置的标志值。中位数的确定仅取决于它在数列中的位置，不受极端值的影响，在这一点上它比算术平均数优越。有时为了避免个别不合理的离群值的影响，或由于数据分布严重偏向一边，采用算术平均数表示现象一般水平则缺乏代表性，而采用中位数则比采用算术平均数更有代表性。

（二）中位数的确定与计算方法

中位数的计算方法，根据资料是否分组，可分为如下两种。

1. 根据未分组资料计算中位数

根据未分组资料求中位数，首先，要将全部数值按大小顺序排列；其次，对所研究的序列不论是奇数还是偶数，均按公式确定中位数所在的位置；第三，居于中点位置的标志值就是中位数。

$$中位数的位置=\frac{N+1}{2}$$

当一个序列中项数为奇数时，则处于序列中间位置的数值就是中位数。例如，求 16、12、13、18、20 五个数的中位数，先将五个数值排成序列为 12、13、16、18、20，则

$$中位数的位置=\frac{N+1}{2}=\frac{5+1}{2}=3$$

就是说第三项数值 16 为中位数。

当一个序列中项数为偶数时，则处于序列中间位置的两个数值的算术平均数为中位数。例如，求 8、3、6、4 四个数值的中位数，先将四个数值排成序列为 3、4、6、8，则

$$中位数的位置=\frac{N+1}{2}=\frac{4+1}{2}=2.5，中位数=\frac{4+6}{2}=5$$

2. 根据分组资料计算中位数

根据分组资料计算中位数，则要分两个步骤，一是先确定中位数所在组；二是求中位数的近似值。

由单项数列求中位数是较简单的，主要是考虑次数的分配情况，所以确定中位数的位置以 $\sum f/2$ 来确定，然后就能确定中位数的数值。现以表 4-11 资料加以说明。

表 4-11　　　　　　　　　　某车间工人日产量中位数计算

日产量 x（件）	工人数 f（人）	累　计　次　数	
		较小制累计	较大制累计
17	2	2	11
18	4	6	9
19	3	9	5
20	2	11	2
合　　计	11	—	—

第一步，确定中位数所在组。中位数所在中点位置是 $\sum f/2=11\div2=5.5$。如按较小制累计，中位数在表 4-11 第二组中，如按较大制累计也在第二组。

第二步，确定中位数数值，中位数在第二组内，其数值就是 18 件。

由组距数列计算中位数则较复杂一些，下面以表 4-12 资料说明确定中位数的方法和步骤。

表 4-12　　　　　　　　　　　　某企业职工工资资料

工资额（元）	职工人数（人）	占合计数的百分比（%）	职工人数累计（人）		百分比累计（%）	
			较小制累计	较大制累计	较小制累计	较大制累计
2500 以下	20	7	20	280	7	100
2500～2600	40	14	60	260	21	93
2600～2700	60	21	120	220	42	79
2700～2800	80	29	200	160	71	58
2800～2900	50	18	250	80	89	29
2900～3000	20	7	270	30	96	11
3000 以上	10	4	280	10	100	4
合　　计	280	100	—	—	—	—

第一步，确定中位数所在组，数列的中点位置为 280÷2=140 或 100%÷2=50%，按较小制或较大制累计次数可以看出中位数都在第四组内。

第二步，计算中位数的近似值，这里假定各组的次数在各组中的分配是均匀的。这样第四组 80 人是在实际组限 2700～2800 元均匀地分配。根据这个假定，就可以用比例法求出 140 人在第四组中的位置。因至第三组止，累计有 120 人，所以须有 20 人（140-120）在第四组中，也即中位数位置应在第四组下限至上限的 20/80 之处，由于组距为 100 元，因而中位数应与该组下限相距 2/8×100=25（元）。如按下限计算，则加上这个数字为 2700+25=2725（元），就是所要求的中位数。此过程概括为下限公式：

$$M_e = L + \frac{\frac{\sum f}{2} - S_{m-1}}{f_m} d$$

式中　M_e——中位数；

　　　L——中位数所在组下限；

　　　$\sum f$——单位总数；

　　　f_m——中位数所在组的次数；

　　　S_{m-1}——中位数所在组以前各组的累积次数；

　　　d——中位数所在组的组距。

这个公式适用于按较小制累计次数，从下限出发计算中位数。

根据上面的资料，按公式代入计算如下。

$$M_e = 2700 + \frac{\frac{280}{2} - 120}{80} \times 100 = 2725（元）$$

同样，也可按较大制累计次数，从上限出发计算中位数，上限公式为

$$M_e = U - \frac{\frac{\sum f}{2} - S_{m+1}}{f_m} d$$

式中　U——中位数所在组上限；

S_{m+1}——中位数所在组以上的累积次数；

其余符号同前。

将上例资料按公式代入计算如下。

$$M_e = 2800 - \frac{\frac{280}{2} - 80}{80} \times 100 = 2725（元）$$

（三）中位数的优缺点

（1）中位数在总体内是处于中间位置的一项数值或两项的平均数，不受极端变量值的影响，所以当变量数列中含有极大值与极小值时，宜采用中位数。如在研究人口年龄分布，进行工业产品质量检查中常常会用到中位数。

（2）中位数在组距数列中不受开口组的影响。

（3）实际工作中，应用较普遍的还是算术平均数。中位数只是一些特殊的场合下才能应用。

（4）中位数只取决于中间项目（一项或两项）的数值，除此以外，其他各项数值的变动，均不会引起中位数的变化，因而中位数缺乏敏感性。

六、众数

（一）众数的意义

众数是总体中出现次数最多的那个标志值，也就是总体中最常见的、带有普遍意义的标志值。实际工作中，有时利用众数代替算术平均数来说明社会经济现象的一般水平。

例如，集贸市场上某种商品的价格水平，可用成交数量最多的那个价格水平，即众数作为代表值，反映该种商品价格的一般水平。

对于不连续变量的资料，众数较易出现，也容易确定。有时同一资料，可能所有标志值的频数都是一样的，那就没有众数，这是众数与其他平均数及中位数的不同点。一个变量数列的各种算术平均数、调和平均数、几何平均数、中位数都只有一个，而众数可能有两个或两个以上。

对于连续变量的资料，如果其变量度十分精确，可能没有两个重复的数值，这就是说可能没有众数。但是，实际工作中，由于度量器具不十分精密，就有可能出现重复的数值，即一个数值出现的次数要比其他数值多，这就可以确定众数。

（二）众数的确定与计算方法

众数的确定方法，要依据掌握资料而定。

1. 在单项变量数列中确定众数

在单项变量数列中，出现次数最多的数值就是众数。

例如，某商业公司女式背心销售资料见表4-13。

表 4-13			某商业公司女式背心销售资料			
背心规格（cm）	70	75	80	85	90	95
销售量（百件）	6	18	48	50	3	1

由表 4-13 可以看出，85cm 的女式背心的销售量最多，为 50 百件，因此 85cm 的女式背心就是众数。

2．在组距变量数列中，确定众数常用的方法

先找出频数或频率最大的组作为众数所在组，若要比较精确地计算众数，则应用比例插入法，在众数组中进一步计算出众数来。现以表 4-12 资料说明。

表中众数组为第 4 组，其频数为 80 人，而相邻的第三组（前一组）的频数为 60 人，第五组（后一组）的频数为 50 人，可见工资分配并不完全对称。所以，众数并不恰好是众数组的组中值，而必被拉向偏于第三组（前一组）。它的下限公式可表示为

$$M_o = L + \frac{f_m - f_{m-1}}{(f_m - f_{m-1}) + (f_m - f_{m+1})} \cdot d$$

式中　M_o——众数；

　　　L——众数组下限；

　　　f_m——众数所在组的次数；

　　　f_{m-1}——众数所在组前一组的次数；

　　　f_{m+1}——众数所在组后一组的次数；

　　　d——组距。

以表 4-12 资料代入上式，可得

$$M_o = 2700 + \frac{80 - 60}{(80 - 60) + (80 - 50)} \times 100 = 2740（元）$$

同理，计算众数的上限公式为

$$M_o = U - \frac{f_m - f_{m+1}}{(f_m - f_{m-1}) + (f_m - f_{m+1})} \cdot d$$

式中　U——众数组上限；

其余符号与上限公式的相同。

用表 4-12 资料代入上式，可得

$$M_o = 2800 - \frac{80 - 50}{(80 - 60) + (80 - 50)} \times 100 = 2740（元）$$

从上面计算不难看出，众数在众数组中所占的位置，亦即众数与组内上下限的距离同众数组相邻的前后两组的次数成反比。若众数组次数与前后两组次数之差相等，则众数就是众数组的组中值。

应指出的是，只有在等距数列中，次数最多的一组才是众数组，可据以计算众数；若是异距数列，则应首先将次数换算为标准组距的次数后，才能确定众数。

（三）众数的优缺点

（1）众数只是反映总体内常见的数值，容易被人们所理解。

（2）众数在组距变量数列中不受开口组的影响。

（3）对于各项目有明显集中于一点的现象，或对有明显的集中趋势的资料，众数可以视作为合理的代表值，尤其是对偏态分布，众数具有更大的代表性，采用众数比算术平均数优越。

（4）众数不受少数极端值的影响，缺乏敏感性。当变量值较少时，往往没有众数。当变量值较多时才有众数，而且可能有多个众数。

七、算术平均数、中位数和众数的关系

（1）如果次数分配是对称的，那么算术平均数处于分布曲线的对称点上，这时，算术平均数、中位数和众数的值相等。如果次数分配是非对称的，那么算术平均数、中位数和众数三者取值的差别取决于非对称的程度，非对称的程度越大，三者数值的差别越大，非对称的程度越小或接近对称，三者数值几乎相等。反之，从这三个平均数的重合与分离中，可以反映出次数分配是否对称。如果存在非正常的极端值，那么，次数分配就会产生偏斜。极端值对算术平均数、中位数、众数数值的影响是不同的。中位数只受极端值的位置影响，不受其数值影响；众数不受极端值影响；而算术平均数则受所有标志值的影响，极端值的影响对它最大。若次数分配右偏时，意味着算术平均数受极大值影响，则有 $\bar{x} > M_e > M_o$；若次数分配左偏时，意味着算术平均数受极小值影响，则有 $\bar{x} < M_e < M_o$，如图 4-1 所示。因此，不论是右偏或是左偏，中位数都居于其他两者之间。需要指出的是，有时中位数实际的数字并不在其他两者之间。

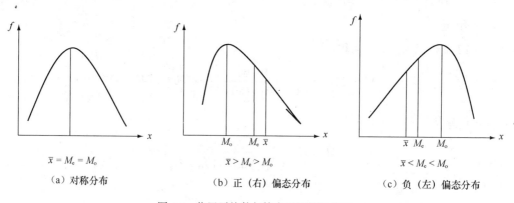

（a）对称分布　$\bar{x} = M_e = M_o$

（b）正（右）偏态分布　$\bar{x} > M_e > M_o$

（c）负（左）偏态分布　$\bar{x} < M_e < M_o$

图 4-1　位置平均数与算术平均数的关系

（2）英国统计学家卡尔·皮尔逊（Karl Pearson）发现在次数分布接近正态分布时，众数与算术平均数相距最远，中位数居于两者之间。如果把众数与算术平均数之间的距离作为 1，那么中位数与算术平均数之间的距离为 1/3，中位数与众数之间的距离为 2/3，这三者关系可用图形表示，如图 4-2 所示。

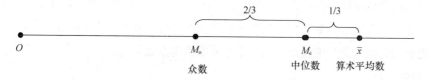

图 4-2　皮尔逊研究的算术平均数、中位数与众数三者的位置关系

根据三者关系，可得如下经验公式：

$$\overline{x} - M_\mathrm{o} = 3(\overline{x} - M_\mathrm{e})$$

$$M_\mathrm{o} = 3M_\mathrm{e} - 2\overline{x}, \qquad M_\mathrm{e} = \frac{M_\mathrm{o} - 2\overline{x}}{3}, \qquad \overline{x} = \frac{3M_\mathrm{e} - M_\mathrm{o}}{2}$$

根据这一经验关系，在已知三者中的两个数值时，就可以估计出另一个未知的数值。

例如，有一批灯泡，经检查其使用寿命小于 1050h 的占半数，出现最多的是 1075h。根据资料可以估计算术平均数为

$$\overline{x} = \frac{3M_\mathrm{e} - M_\mathrm{o}}{2} = \frac{3 \times 1050 - 1075}{2} = 1037.5(\mathrm{h})$$

并可判断为左向偏态（$\overline{x} < M_\mathrm{e} < M_\mathrm{o}$）。

（3）应用平均指标计算和分析社会经济现象应注意以下原则。

① 必须注意现象总体的同质性，消除不同质的"虚假平均数"。

② 要用分配数列来补充说明总平均数。

③ 要用组平均数来说明总平均数。

有些情况下，只计算总平均数不足以反映问题，还要对总体内部进行分组，通过组平均数来补充。例如，甲、乙两村粮食产量统计资料见表 4-14。

表 4-14   甲、乙两村粮食产量统计资料

	甲村			乙村		
	面积（亩）	总产量（kg）	平均亩产（kg/亩）	面积（亩）	总产量（kg）	平均亩产（kg/亩）
山地	50	12500	250	150	45000	300
平地	200	120000	600	100	65000	650
合计	250	132500	530	250	110000	440

通过表 4-14 可以看出：从总平均数看，甲村的总单产为 530kg/亩，乙村为 440kg/亩，结论是甲村的粮食亩产比乙村高。但从组平均数看，不论是山地还是平地的亩产量，都是乙村好于甲村。

第四节 标志变异指标

平均数将总体各单位的数量差异抽象化，从而反映总体的集中趋势。但是，在同质总体中各单位差异往往很大，为了全面认识总体的数量特征，需要从另一方面即各单位之间的差异程度方面加以描述。这就是离散趋势的测定，在统计学中也称为标志变异指标。

标志变异指标就是用来描述数列中标志值的离散趋势与离散程度的统计指标。常用的标志变异指标有全距、平均差、标准差和离散系数。

一、全距

全距又称极差，它是总体各单位变量值中最大值与最小值之差，它说明标志变动的范围。其计量单位与变量值的相同。其公式为

$$R = x_{max} - x_{min}$$

式中　R——全距；

　　　x_{max}——总体中最大的变量值；

　　　x_{min}——总体中最小的变量值。

全距说明了总体中变量值的变动范围。全距越大，说明变量值的变动范围越大，从而说明变量值的差异大；反之则小。

例如，三个小组学生的英语考试成绩见表4-15。

表4-15　　　　　　　　　三组学生英语考试成绩统计

第一组		第二组		第三组	
学　生	成绩（分）	学　生	成绩（分）	学　生	成绩（分）
A_1	68	A_2	60	A_3	80
B_1	72	B_2	76	B_3	80
C_1	78	C_2	80	C_3	80
D_1	84	D_2	83	D_3	80
E_1	88	E_2	85	E_3	80
F_1	90	F_2	96	F_3	80
合　　计	480	合　　计	480	合　　计	480

$$R_1 = 90 - 68 = 22（分）$$
$$R_2 = 96 - 60 = 36（分）$$
$$R_3 = 80 - 80 = 0（分）$$

三个小组学生的考试平均成绩均为80分，但第一组的全距为22分，第二组的全距为36分，第三组的全距为0分。第二组同学英语考试成绩的全距大于第一组，说明第二组同学成绩的差异比第一组大，第三组同学的成绩无差异。

在组距数列条件下，计算全距可用数列中最大一组的上限减去最小一组的下限，求其近似值。

当次数分布有开口组的时候，同样可以计算全距，但计算的也是其近似值。

全距的计算方法简单，可以粗略地说明现象标志变异程度的大小，通常将全距应用于检查产品质量的稳定性。但是，它是由总体的两个极端数值决定的，忽略了其他数值的差异。当两个极端数值差异较大，而其他数值却集中于较小区间内（如上例中第二组学生的考试成绩）或均匀分布在两个极端数值之间时，全距则不能确切地反映总体全部变量值之间的差异，因此，全距有一定的局限性。

例如，有两组工人日产量（kg）资料如下。

甲组：10、20、30、40、45、50、55、70、90、100

乙组：10、50、50、50、50、50、50、50、50、100

两组日产量的平均数都是 51kg，两个数列的全距都是 90kg，但两组数列变动的实际情况很不一样。这时，如果变量值很多，全距就反映不出变异的程度，不能说明哪个组的平均数的代表性大小。

二、平均差

（一）平均差的意义

平均差是总体各单位变量值与其算术平均数绝对离差的算术平均数，它表示各变量值与算术平均数的平均距离，其计量单位与变量值的相同。平均差的意义可以用数轴加以说明，如图 4-3 所示。

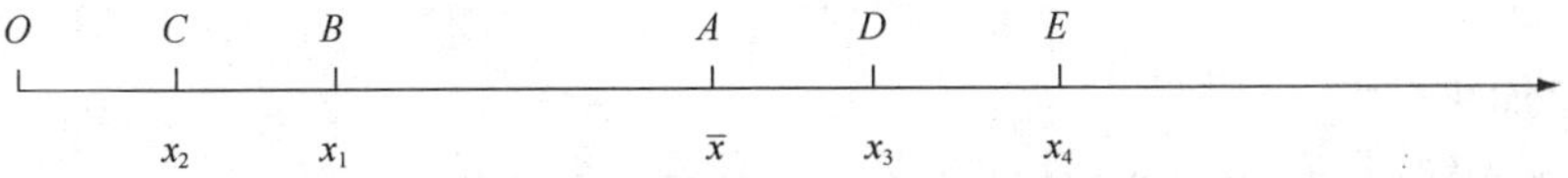

图 4-3　用数轴说明平均差的意义

在数轴上，$\bar{x}$ 表示原点 O 到 A 的距离，x_1 表示原点 O 到 B 点的距离，$|x_1 - \bar{x}|$ 表示 B 点到 A 点的距离。以此类推，$|x_2 - \bar{x}|$，$|x_3 - \bar{x}|$……分别表示各点到 A 点的距离。将以上各距离求算术平均数，即得变量值对算术平均数的平均距离。

从以上分析可以看出，平均差大，说明各变量值的差异大，变量值分布分散；平均差小，说明变量值差异小，变量值分布集中。

（二）平均差的计算方法

根据掌握的资料不同，平均差有两种计算方法：简单平均法和加权平均法。

1．简单平均法

根据未分组的原始数据计算平均差，采用简单算术平均方法。其计算公式为

$$A.D = \frac{\sum |x_i - \bar{x}|}{n}$$

式中　$A.D$——平均差。

例如，以表 4-15 中第一组、第二组两组学生英语考试成绩资料说明，用简单平均法求平均差，计算过程见表 4-16。

表 4-16　　　　　　　　第一、第二两组学生英语成绩平均差计算　　　　　　　　（单位：分）

第一组			第二组		
成　绩	$X - \bar{X}$	$\|X - \bar{X}\|$	成　绩	$X - \bar{X}$	$\|X - \bar{X}\|$
68	−12	12	60	−20	20
72	−8	8	76	−4	4
78	−2	2	80	0	0
84	4	4	83	3	3
88	8	8	85	5	5
90	10	10	96	16	16
合　　计	—	44	合　　计	—	48

$$\overline{x}_1 = 80（分），\quad \overline{x}_2 = 80（分）$$

第一组：

$$A.D = \frac{\sum |x_i - \overline{x}|}{n} = \frac{44}{6} = 7.33（分）$$

第二组：

$$A.D = \frac{\sum |x_i - \overline{x}|}{n} = \frac{48}{6} = 8（分）$$

计算结果表明，第一组学生英语考试成绩的差异程度小于第二组，与全距计算说明的结果一致。

2. 加权平均法

根据分配数列计算平均差，应采用加权算术平均法。其计算公式为

$$A.D = \frac{\sum |x_i - \overline{x}| \cdot f}{\sum f}$$

例如，某班 50 个学生英语考试成绩资料见表 4-17。

$$\overline{x} = \frac{\sum xf}{\sum f} = \frac{3850}{50} = 77（分）$$

$$A.D = \frac{\sum |x_i - \overline{x}| \cdot f}{\sum f} = \frac{368}{50} = 7.36（分）$$

计算结果说明，该班 50 个学生英语考试成绩的平均差异程度为 7.36 分。

表 4-17　　　　　　　　　　　　　某班学生英语考试成绩资料

成绩（分）	组中值 x	人数 f	xf	$x - \overline{x}$	$|x - \overline{x}|f$
60 以下	55	2	110	−22	44
60～70	65	8	520	−12	96
70～80	75	22	1650	−2	44
80～90	85	14	1190	8	112
90～100	95	4	380	18	72
合　计	—	50	3850	—	368

三、标准差

（一）标准差的含义

标准差又称均方差，是各变量值与其算术平均数离差平方的算术平均数的平方根，其计量单位与变量值的相同，用符号 σ（样本标准差用 S）表示。它的含义与平均差相同，也表示每一个变量值对算术平均数的平均距离，即每一个变量值与算术平均数的平均差异程度。它与平均差的区别只在于对离差负号的处理方法不同。平均差是用取绝对值的方法消除变量值与算术平均数离差的负号，而标准差则是用平方的方法消除变量值与算术平均数离差的负号。从计算结果来看，标准差稍大于

平均差。由于标准差一方面符合数学运算的要求；另一方面，也是有意识地加大离差，突出标志变动的程度，因此，统计上将均方差作为测定标志变动程度的准绳，称为"标准差"。标准差的应用比较广泛。

（二）标准差的计算

根据所具有的资料不同，标准差有两种计算方法：简单平均法和加权平均法。

1．简单平均法

根据未分组的原始数据计算标准差，是将每个变量值与算术平均数的离差平方，求和，除以变量值个数后再开平方。其计算公式为

$$\sigma = \sqrt{\frac{\sum (x_i - \overline{x})^2}{n}}$$

式中　σ——标准差。

简单平均法计算标准差，可分为以下几步。

（1）计算总体的算术平均数；

（2）求各变量值对算术平均数的离差；

（3）求各变量值对算术平均数离差的平方；

（4）计算离差平方的算术平均数；

（5）将离差平方的算术平均数开平方而得到标准差。

例如，仍以表 4-15 中第一、二两组学生英语考试成绩资料说明标准差的计算过程。计算表见表 4-18。

表 4-18　　　　　　　　　　第一、二两组学生英语成绩标准差计算

第一组			第二组		
成绩（分）	离　差	离差平方	成绩（分）	离　差	离差平方
x	$x - \overline{x}$	$(x - \overline{x})^2$	x	$x - \overline{x}$	$(x - \overline{x})^2$
68	−12	144	60	−20	400
72	−8	64	76	−4	16
78	−2	4	80	0	0
84	4	16	83	3	9
88	8	64	85	5	25
90	10	100	96	16	256
合　计	—	392	合　计	—	706

$$\overline{x}_1 = 80（分），\quad \overline{x}_2 = 80（分）$$

第一组：

$$\sigma_1 = \sqrt{\frac{\sum (x_i - \overline{x})^2}{n}} = \sqrt{\frac{392}{6}} = 8.08（分）$$

第二组:

$$\sigma_2 = \sqrt{\frac{\sum(x_i - \bar{x})^2}{n}} = \sqrt{\frac{706}{6}} = 10.85(\text{分})$$

计算结果表明,第一组学生英语考试成绩差异程度小于第二组,同样说明第一组同学英语成绩稳定,差异小。

2.加权平均法

根据分配数列计算标准差需采用加权平均法。其计算公式为

$$\sigma = \sqrt{\frac{\sum(x_i - \bar{x})^2 f_i}{\sum f_i}}$$

例如,仍以表 4-17 中的 50 个学生英语考试成绩资料说明加权平均法计算标准差。计算表见表 4-19。

表 4-19   某班学生英语考试成绩标准差计算

成绩（分）	组中值 x	人数 f	xf	$x - \bar{x}$	$(x - \bar{x})^2$	$(x - \bar{x})^2 f$
60 以下	55	2	110	−22	484	968
60～70	65	8	520	−12	144	1152
70～80	75	22	1650	−2	4	88
80～90	85	14	1190	8	64	896
90～100	95	4	380	18	324	1296
合　计	—	50	3850	—	—	4400

$$\bar{x} = 77（\text{分}）$$

$$\sigma = \sqrt{\frac{\sum(x_i - \bar{x})^2 f_i}{\sum f_i}} = \sqrt{\frac{4400}{50}} = 9.38(\text{分})$$

3.标准差的简捷计算公式

用简单平均法和加权平均法计算标准差比较繁杂。若将其公式进行变换,可得简捷公式。

简单平均法的公式变换:

$$\sigma = \sqrt{\frac{\sum(x_i - \bar{x})^2}{n}} = \sqrt{\frac{\sum(x_i^2 - 2\bar{x}\,x_i + \bar{x}^2)}{n}}$$

$$= \sqrt{\frac{\sum x_i^2 - 2\bar{x}\sum x_i + n\bar{x}^2}{n}} = \sqrt{\frac{\sum x_i^2}{n} - 2\bar{x}^2 + \bar{x}^2}$$

$$= \sqrt{\overline{x_i^2} - \bar{x}^2}$$

加权平均法的公式变换：

$$\sigma = \sqrt{\frac{\sum (x_i - \bar{x})^2 f_i}{\sum f_i}} = \sqrt{\frac{\sum (x_i^2 - 2\bar{x}x_i + \bar{x}^2) f_i}{\sum f_i}}$$

$$= \sqrt{\frac{\sum x_i^2 f_i - 2\bar{x}\sum x_i f_i + \bar{x}^2 \sum f_i}{\sum f_i}}$$

$$= \sqrt{\frac{\sum x_i^2 f_i}{\sum f_i} - 2\bar{x}\frac{\sum x_i f_i}{\sum f_i} + \bar{x}^2}$$

$$= \sqrt{\bar{x_i^2} - 2\bar{x}^2 + \bar{x}^2} = \sqrt{\bar{x_i^2} - \bar{x}^2}$$

两个公式的变换可以得到相同的结论：标准差等于每个变量值平方的算术平均数与变量值平均数的平方之差再开平方。

（三）是非（交替）标志的标准差

将总体单位划分为具有某种性质的单位和不具有某种性质的单位两部分，它们合并构成一个总体。能通过"是、非；有、无"的区分将总体单位划分为两部分的标志，称为是非（交替）标志。它在总体单位间交替出现，非此即彼，主要反映总体单位之间的性质属性上的差别。统计上是通过（1，0）变量值的处理将其数量化，即用"1"代表具有某种性质的标志值，用"0"代表不具有某种性质的标志值。将总体中或数列中具有某种标志表现或某种性质的单位数 N_1 占全部单位数 N 的比重（称为成数）用 p 表示，将不具有某种标志表现或某种性质的单位数 N_0 占全部单位数 N 的比重用 q 表示：

$$P = N_1/N \qquad q = N_0/N$$
$$N_1 + N_0 = N \qquad p + q = 1$$

1．是非标志平均数计算（见表4-20）

表4-20　　　　　　　　　　　是非标志平均数计算

是非标志值 X_i	成数（权数）$\dfrac{f_i}{\sum f_i}$	标志值 x 权数 $X_i \times \dfrac{f_i}{\sum f_i}$
是　1	P　（N_1）	P
非　0	q　（N_0）	0
合　计	1　（N）	P

$$\bar{x} = \frac{\sum x_i \times f_i}{\sum f_i} = \frac{1 \times N_1 + 0 \times N_0}{N_1 + N_0} = \frac{N_1}{N} = p$$

$$\bar{x} = \sum \left(x_i \times \frac{f_i}{\sum f_i} \right) = 1 \times p + 0 \times q = p$$

是非标志的平均数就等于总体中或数列中具有某种性质的成数。因此，成数是一种特殊的平均数。

2. 是非标志的标准差（见表 4-21）

表 4-21   是非标志标准差计算

是非标志值 x_i	成数（权数）$\dfrac{f_i}{\sum f_i}$	$(x_i - \bar{x})^2$
是　　1	p （N_1）	$(1-p)^2$
非　　0	q （N_0）	$(0-p)^2$
合　　计	1 （N）	-

$$\sigma^2 = \frac{\sum(x_i - \bar{x})^2 f_i}{\sum f_i} = \frac{(1-p)^2 N_1 + (0-p)^2 N_0}{N_1 + N_0}$$

$$= (1-p)^2 p + (0-p)^2 q = q^2 p + p^2 q = pq$$

所以是非标志标准差为 $\sigma = \sqrt{pq} = \sqrt{p(1-p)}$

是非标志的方差、标准差有极值：当 $p = q = 0.5$ 时取得最大值，方差最大值为 0.25（或 25%），标准差最大值为 0.5（或 50%），也就是说，此时是非标志的变异程度最大。

四、离散系数

前面介绍的全距、平均差和标准差是用绝对值来说明标志值变动程度的。它们都有与平均数相同的计量单位，其数值大小不仅受各单位变量值间变异程度的影响，而且受平均数大小的影响。在两个变量数列的平均水平一致的情况下，可直接用绝对数表示的各种标志变动度进行比较，分析其标志变异程度。但是这种情况往往很少，出现较多的是要求对性质相同而不同平均水平（即平均数不同）的数列的标志值变动程度进行分析研究，或是对数列性质不同（计量单位不同）的数列的标志值变动程度进行分析研究。这时，不能直接用全距、平均差或标准差来比较它们的标志值变动程度的大小，必须消除平均水平大小的影响，才能真正反映出不同水平的变量数列的离散程度。

比较下列资料：甲地的职工平均工资为 2000 元，标准差为 420 元；乙地的职工平均工资为 1200 元，标准差为 276 元。比较两地平均工资的代表性及其均衡性。不能由于乙地的标准差小于甲地，就得出乙地平均工资代表性大于甲地的结论。

这样就需要计算离散系数，即标志变动度与其相应的平均数之比，用 "v" 表示。有全距系数、平均差系数、标准差系数，其中最常用的是标准差系数。

全距系数

$$v_R = \frac{R}{\bar{x}}$$

平均差系数

$$v_{A.D} = \frac{A.D}{\bar{x}}$$

标准差系数

$$v_\sigma = \frac{\sigma}{\bar{x}}$$

例如，上例中甲地职工工资标准差系数为

$$v_{\sigma甲} = \frac{\sigma_甲}{\bar{x}_甲} = \frac{420}{2000} = 21\%$$

乙地职工工资标准差系数为

$$v_{\sigma乙} = \frac{\sigma_乙}{\bar{x}_乙} = \frac{276}{1200} = 23\%$$

通过计算说明甲地职工工资差异小，平均数代表性大。

再如，已知甲、乙两个班组工人生产两种产品的日产量资料如下（单位：件）。

甲班组　　20　　30　　40　　50　　60

乙班组　　2　　3　　4　　5　　6

这两个数列的平均数与标准差分别为

$$\bar{x}_甲 = \frac{\sum x}{n} = \frac{200}{5} = 40（件）$$

$$\bar{x}_乙 = \frac{\sum x}{n} = \frac{20}{5} = 4（件）$$

$$\sigma_甲 = \sqrt{\frac{\sum\left(x_i - \bar{x}\right)^2}{n}} = \sqrt{\frac{1000}{5}} = 14.14（件）$$

$$\sigma_乙 = \sqrt{\frac{\sum\left(x_i - \bar{x}\right)^2}{n}} = \sqrt{\frac{10}{5}} = 1.414（件）$$

上面的计算结果表明，甲数列的标准差是乙数列的 10 倍。由于甲数列的平均数是 40 件，不等于乙数列的平均数 4 件，所以我们不能直接用标准差判断平均数代表性的大小。

若直接用标准差结果判断，则说明乙数列的平均数更具有代表性。但是，计算标准差系数后，结论则不同。

$$v_{\sigma甲} = \frac{\sigma}{\bar{x}} = \frac{14.14}{40} = 35.35\%$$

$$v_{\sigma乙} = \frac{\sigma}{\bar{x}} = \frac{1.414}{4} = 35.35\%$$

从标准差系数的比较中表明，甲、乙两数列的离散程度完全一样，其平均数具有相同的代表性。这才是正确的分析。

第五节　偏度和峰度指标

要全面描述总体分布状况，除了描述其集中趋势和离散趋势以外，还需要研究其分布的态势。偏度和峰度是用来描述统计数据形态特征的指标，是对一组统计数据分布对称（或偏斜）程度和陡峭（或扁平）程度的度量。

一、偏度

偏度是指次数分布非对称的形态方向及程度。次数分布的非对称形态依算术平均数或众数的大小关系分为两种：一种为右偏分布，简称右偏或正偏，见图 4-1（b）；一种是左偏分布，简称左偏或负偏，见图 4-1（c）。左、右偏缘于次数分布曲线向左、右方拖长尾巴，正、负偏缘于算术平均数与众数之差为正、负值。严格地说，偏度是指偏态分布（包括正偏、负偏）的偏斜程度，而偏度的描述或测定，就是运用适当的指标或方法，度量分布偏斜程度的大小，揭示分布的性态特征。

偏度的测定方法主要有两种。

1. 比较法（皮尔逊方法）

前面已述，皮尔逊发现：轻微偏态分布下，算术平均数与众数分离两边，中位数位居两者之间。因此，次数分布是否存在偏态及偏斜程度可由下面公式描述：

偏度=算术平均数-众数

数值的正负表明分布的正负偏态，数值大于零为右偏；小于零为左偏。数值的大小表明偏斜程度的大小。由于此公式为反映偏态的绝对度量，其数值大小与原数列的计算单位及水平高低有直接关系，因此不宜用以评价或比较不同数列的偏斜程度。为了直接比较不同数列的偏度，皮尔逊还创立了反映偏斜程度的相对度量指标。

偏斜度（偏态系数）=偏态/标准差=（算术平均数-众数）/标准差

该系数取值一般在-3～3，为零时表示对称分布，为-3 或 3 表示极左偏态和极右偏态。

2. 动差法

动差（又称矩），原为物理学上用以表示力与力臂对重心关系的术语。统计学上标志值与权数对平均数的关系，与这种关系十分相似，因此，统计学借用了动差的概念来描述次数分布的某些性质或特征。

一般来说，标志值与任意值 A 之差的 K 次方的算术平均数，称为标志值关于 A 的 K 阶动差，动差的通式为

$$\frac{\sum (x_i - A)^k f_i}{\sum f_i}$$

若 A 等于 0 时，上式称为 K 阶原点动差，用 M_k 表示。

一阶原点动差 $M_1 = \dfrac{\sum x_i f_i}{\sum f_i}$

二阶原点动差 $M_2 = \dfrac{\sum x_i^2 f_i}{\sum f_i}$

三阶原点动差 $M_3 = \dfrac{\sum x_i^3 f_i}{\sum f_i}$

四阶原点动差 $M_4 = \dfrac{\sum x_i^4 f_i}{\sum f_i}$

如果 A 等于 $\bar{x}$，上式称为 k 阶中心动差，用 m_k 表示。

一阶中心动差 $\quad m_1 = \dfrac{\sum (x_i - \overline{x}) f_i}{\sum f_i}$

二阶中心动差 $\quad m_2 = \dfrac{\sum (x_i - \overline{x})^2 f_i}{\sum f_i}$

三阶中心动差 $\quad m_3 = \dfrac{\sum (x_i - \overline{x})^3 f_i}{\sum f_i}$

四阶中心动差 $\quad m_4 = \dfrac{\sum (x_i - \overline{x})^4 f_i}{\sum f_i}$

从上述公式中可以看出：一阶原点动差就是算术平均数，二阶中心动差就是方差。因此，次数分布的集中趋势和离散趋势等特征，都可以通过动差来描述。

偏斜度为

$$\alpha = \frac{\sum (x_i - \overline{x})^3 f_i / \sum f_i}{\sigma^3}$$

和比较法一样，上式计算的偏斜度取值范围也在-3～3，意义也基本相同，就是计算更为复杂，精确度更高。

例如，某企业职工某月奖金资料见表 4-22。

表 4-22　　　　　　　　　　　　某企业职工某月奖金资料

月奖金（元）	职工数 f_i（人）	组中值 x_i	$x_i f_i$	$x_i - \overline{x}$	$(x_i - \overline{x})^2 f_i$	$(x_i - \overline{x})^3 f_i$
100～200	35	150	5250	−215	1617875	−347843125
200～300	50	250	12500	−115	661250	−76043750
300～400	90	350	31500	−15	20250	−303750
400～500	85	450	38250	85	614125	52200625
500～600	40	550	22000	185	1369000	253265000
合　　计	300	—	109500	—	4282500	−118725000

$$\overline{x} = \frac{\sum x_i f_i}{\sum f_i} = \frac{109500}{300} = 365 (元) \qquad \sigma = \sqrt{\frac{\sum (x_i - \overline{x})^2 f_i}{\sum f_i}} = 119.48 (元)$$

$$m_3 = \frac{\sum (x_i - \overline{x})^3 f_i}{\sum f_i} = -395750$$

$$\alpha = \frac{\sum (x_i - \overline{x})^3 f_i / \sum f_i}{\sigma^3} = \frac{-395750}{119.48^3} = -0.23$$

计算结果说明该数列呈轻微左偏分布。

二、峰度

峰度是次数分布的一种性质或特征，这一特征是指，某一数列的分布曲线与正态分布曲线相比较，来观察分布的顶端是尖顶还是平顶，以及尖平程度的大小。

峰度有三种形态：以正态分布为标准峰度，比正态分布曲线更为隆起尖峭的称为尖顶分布，比正态分布曲线更为平缓的称为平顶分布。测定公式为

$$\beta = \frac{\sum (x_i - \overline{x})^4 f_i / \sum f_i}{\sigma^4}$$

当次数分布为正态分布曲线时，测定值为 3，以此为标准，就可以比较各种次数分布曲线的尖平程度。

测定值大于 3，表示为尖顶曲线，说明变量值的次数较为密集地分布在众数周围，值越大于 3，分布曲线的顶端越尖峭。

测定值小于 3，表示为平顶曲线，说明变量值的次数比较均匀地分散在众数两侧，值越小于 3，分布曲线的顶峰就越平缓。

> 注意　当测定值接近于 1.8 时，分布曲线呈水平矩形分布状态，说明各组变量值的次数相同；当测定值小于 1.8 时，次数分布曲线呈 "U" 形分布状态。

进行统计分析时，通常将偏度和峰度结合起来运用，以判断变量数列的分布是否接近于正态分布。当偏度接近于 0 而峰度接近于 3 时，则可判断该分布与正态分布无显著差异。

例如，上例中

$$\beta = \frac{\sum (x_i - \overline{x})^4 f_i / \sum f_i}{\sigma^4} = \frac{134826937500 / 300}{119.48^4} = 2.2053$$

计算结果表明，该数列的次数分布成平顶分布。

思考题

一、单项选择题

1. 总量指标是用（　　）表示的。

    A. 绝对数形式   B. 相对数形式

    C. 平均数形式   D. 百分比形式

2. 下列指标中属于总量指标的是（　　）。

    A. 职工平均工资   B. 国内生产总值

    C. 出勤率   D. 人口密度

3. 不同时点上的指标数值（　　）。

    A. 具有可加性   B. 不具有可加性

    C. 可加或可减   D. 都不对

4. 下列属于时期指标的是（　　　）。

  A．国内生产总值   B．产品库存量

  C．期末人口数   D．工商企业数

5. 产品库存量和产品入库量这两个指标（　　　）。

  A．都是时期指标

  B．前者为时期指标，后者为时点指标

  C．都是时点指标

  D．前者为时点指标，后者为时期指标

6. 将对比的分母抽象化为 10 计算的相对指标表现形式是（　　　）。

  A．系数   B．倍数

  C．成数   D．百分数

7. 在出生婴儿中，男性占 52%，女性占 48%，这是一个（　　　）。

  A．比例相对指标   B．比较相对指标

  C．结构相对指标   D．强度相对指标

8. 下列分子、分母能互换的相对指标有（　　　）。

  A．计划完成程度相对指标   B．结构相对指标

  C．比较相对指标   D．动态相对指标

9. 下列属于结构相对指标的是（　　　）。

  A．人均粮食产量   B．积累与消费的比例

  C．产品合格率   D．人口出生率

10. 下列相对指标中，属于不同总体数值对比的是（　　　）。

  A．结构相对指标   B．计划完成程度指标

  C．动态相对指标   D．比较相对指标

11. 某厂女工人数与男工人数对比的相对数是（　　　）。

  A．结构相对指标   B．比例相对指标

  C．强度相对指标   D．比较相对指标

12. 某企业今年计划产量增长 8%，实际增长了 10%，则产量超额完成计划的（　　　）。

  A．2%   B．1.85%   C．101.85%   D．25%

13. 某企业某年计划规定商品销售利润率为 12%，实际商品销售利润率为 15%，则商品销售利润率计划完成程度的计算式为（　　　）。

  A．$\dfrac{1+15\%}{1+12\%}$ B．$\dfrac{15\%}{12\%}$

  C．115%−112%   D．15%−12%

14. 直接反映总体规模大小的指标是（　　　）。

  A．平均指标 B．相对指标   C．总量指标   D．变异指标

15. 某企业计划单位成本降低 8%，实际降低了 10%，则计划完成程度是（　　）。

    A. 125%   B. 101.85%

    C. 97.83%   D. 98.18%

16. 某市人均生产总值 2012 年是 2007 年的 168.4%，168.4% 是（　　）。

    A. 结构相对指标   B. 强度相对指标

    C. 动态相对指标   D. 比较相对指标

17. 已知某企业各类职工的工资水平和相应的职工人数，要计算全体职工平均工资应采用（　　）。

    A. 简单算术平均数   B. 加权算术平均数

    C. 简单调和平均数   D. 加权调和平均数

18. 加权算术平均数的大小（　　）。

    A. 主要受各组标志值大小的影响

    B. 主要受次数多少的影响，而与各组标志值大小无关

    C. 既受各组标志值大小的影响，也受各组次数多少的影响

    D. 既与各组标志值大小无关，也与各组次数多少无关

19. 简单算术平均数作为加权算术平均数的特例，其条件是（　　）。

    A. 各组标志值相等   B. 各组权数相等

    C. 各组标志值不相等   D. 各组权数不相等

20. 权数对平均数的影响作用实质在于（　　）。

    A. 各组次数的多少

    B. 各组标志值的大小

    C. 各组次数所占比重大小

    D. 次数的多少与标志值的大小

21. 总体各单位标志值与算术平均数离差平方和（　　）。

    A. 等于零   B. 为最小值   C. 为最大值   D. 无法确定

22. 已知甲、乙两商场职工平均工资相等，其标准差分别为 25 元和 30 元，则两商场平均工资的代表性（　　）。

    A. 乙小于甲   B. 乙大于甲   C. 相同   D. 无法判定

23. 两个总体的平均数不等，但标准差相等（　　）。

    A. 平均数小的代表性大

    B. 平均数大的代表性大

    C. 两个平均数的代表性相同

    D. 无法判定

24. 以下属于平均指标的是（　　）。

    A. 人均国民收入   B. 居民家庭人均生活费收入

C. 职工平均工资　　　　　　　　　　D. 人均粮食产量

25. 在分配数列中，当标志值较小，而权数较大时，计算出来的算术平均数（　　　）。

A. 接近于标志值大的一方　　　　　　B. 接近于标志值小的一方

C. 接近于中间的标志值　　　　　　　D. 不受权数的影响

26. 假定把各组标志值所对应的次数都扩大 1 倍，则算术平均数（　　　）。

A. 也扩大 1 倍　　　　　　　　　　　B. 缩小 1 倍

C. 不变　　　　　　　　　　　　　　D. 无法判断

27. 各个变量值与算术平均数的离差之和（　　　）。

A. 为最小值

B. 为零

C. 等于各变量值平均数之和

D. 等于各变量值之和的平均数

28. 已知某市甲、乙、丙三个农贸市场的某种蔬菜的单价和购买额，计算这种蔬菜的平均价格应采用（　　　）。

A. 简单算术平均数　　　　　　　　　B. 加权算术平均数

C. 简单调和平均数　　　　　　　　　D. 加权调和平均数

29. 假定把标志值所对应的次数都缩小 1/2，则众数（　　　）。

A. 也缩小 1/2　　　　　　　　　　　B. 扩大 2 倍

C. 不变　　　　　　　　　　　　　　D. 无法判断

30. 由组距数列确定众数时，如果众数相邻两组的次数相等，则（　　　）。

A. 众数为零

B. 众数组的组中值就是众数

C. 众数在众数组内靠近下限

D. 众数在众数组内靠近上限

31. 在计算中位数时，符号 $\dfrac{\dfrac{\sum f}{2}-S_{m-1}}{f_m}+\dfrac{\dfrac{\sum f}{2}-S_{m+1}}{f_m}$ 等于（　　　）。

A. 1　　　　　　　　　　　　　　　　B. f_m

C. M_e　　　　　　　　　　　　　　D. $\bar{x}$

32. 总体中出现频率最高的标志值是（　　　）。

A. 算术平均数　　　　　　　　　　　B. 几何平均数

C. 众数　　　　　　　　　　　　　　D. 中位数

33. 若各变量值的算术平均数为 94，中位数为 96，众数为 100，则该总体为（　　　）。

A. 正态分布　　　　　　　　　　　　B. 左偏分布

C. 右偏分布　　　　　　　　　　　　D. U 形分布

34. 标志变异指标是综合反映现象总体各单位标志值及其分布（　　）的指标。

    A. 平均程度　　　　　　B. 差异程度　　　C. 集中程度　　　　　D. 相对程度

35. 标志变异指标越小，则（　　）。

    A. 反映变量值越分散，平均数代表性越小

    B. 反映变量值越集中，平均数代表性越大

    C. 反映变量值越集中，平均数代表性越小

    D. 反映变量值越分散，平均数代表性越大

36. 在标志变异指标中，由总体中两个极端数值大小决定的是（　　）。

    A. 全距　　　　　　　　　　　　　B. 平均差

    C. 标准差　　　　　　　　　　　　D. 标准差系数

37. 甲、乙两数列性质相同，并且 $\sigma_甲 > \sigma_乙$，则（　　）。

    A. 甲数列平均数的代表性高于乙数列

    B. 乙数列平均数的代表性高于甲数列

    C. 两数列的平均数代表性相同

    D. 无法比较两数列平均数的代表性高低

38. 要比较两个不同总体平均水平又不同的平均数的代表性高低时，需用（　　）。

    A. 全距　　　　B. 平均差　　　　　C. 标准差　　　　　D. 标准差系数

39. 总量指标按其反映的内容状况不同可以分为（　　）。

    A. 数量指标和质量指标

    B. 实物指标和价值指标

    C. 总体单位总量和总体标志总量

    D. 时期指标和时点指标

40. 某市下岗职工已安置了 13.7 万人，安置率达 80.6%，安置率是（　　）。

    A. 总量指标　　　B. 变异指标　　　　C. 平均指标　　　　D. 相对指标

二、多项选择题

1. 位置平均数是指（　　）。

    A. 算术平均数　　　　　　B. 调和平均数　　　　　C. 几何平均数

    D. 众数　　　　　　　　　E. 中位数

2. 总量指标（　　）。

    A. 表明某种现象的总规模或总水平

    B. 它的数值表现为绝对数

    C. 是计算相对指标和平均指标的基础

    D. 是两个有联系指标数值之比

3. 加权算术平均数等于简单算术平均数的条件是（　　）。

    A. 各组次数相等　　　　　　　　　　B. 各组变量值不等

C．各组次数占总次数的比重相等　　　D．各组次数都为 1

4．下列属于时点指标的有（　　）。

    A．某年全国高校所数　　　　　　　　B．粮食产量

    C．全年出生人口数　　　　　　　　　D．钢材库存量

5．一个国家一定时期的商品流转总额属于（　　）。

    A．综合指标　　　　　　　　　　　　B．质量指标

    C．数量指标　　　　　　　　　　　　D．时期指标

6．总量指标中（　　）。

    A．实物指标具有广泛的综合性能

    B．实物指标能反映具体内容和使用价值

    C．价值指标具有广泛的综合性能和概括能力

    D．实物指标无法反映非同类现象总规模总水平

7．全国按人口分摊的主要产品产量（　　）。

    A．是强度相对指标　　　　　　　　　B．反映国家经济实力强弱

    C．是强度相对指标的正指标　　　　　D．是数量指标

8．中位数是（　　）。

    A．由标志值在数列中所处位置决定的

    B．根据标志值出现的次数决定的

    C．总体单位水平的平均值

    D．总体一般水平的代表值

    E．不受总体中极端数值的影响

9．某公司下属 5 个企业，已知每个企业某月产值计划完成百分比及实际产量，要计算该公司该月 5 个企业平均产值计划完成程度，应（　　）。

    A．采用加权算术平均法　　　　　　　B．以企业个数为权数

    C．采用加权调和平均数法　　　　　　D．以实际产量为权数

10．变异指标能够（　　）。

    A．反映变量分布的离散趋势

    B．反映变量分布的集中趋势

    C．评价平均指标的代表性大小

    D．衡量现象或过程的均衡性

11．标准差（　　）。

    A．主要用于两个平均数水平相同时判定其代表性的高低

    B．是各变量值与其算术平均数离差平方的算术平均数的平方根

    C．是各变量值与其算术平均数离差平均数的平方根

    D．是应用最广的一种变异指标

12．相对指标的计量单位有（　　）。

　　A．百分数　　　　　　B．千分数　　　　　　C．系数或倍数

　　D．成数　　　　　　　E．复名数

13．平均数的种类有（　　）。

　　A．算术平均数　　　　B．众数　　　　　　　C．中位数

　　D．调和平均数　　　　E．几何平均数

14．加权算术平均数的大小（　　）。

　　A．受各组频率和频数的影响

　　B．受各组标志值大小的影响

　　C．受各组标志值和权数的共同影响

　　D．只受各组标志值大小的影响

15．计算离散系数是为了比较（　　）。

　　A．不同变量数列的相对集中趋势

　　B．不同变量数列的相对离中趋势

　　C．总体水平不同的变量数列的相对集中趋势

　　D．总体水平不同的变量数列的相对离中趋势

三、判断题

1．总体单位总量和总体标志总量是固定不变的，不能互相变换。（　　）

2．相对指标都是用无名数形式表现出来的。（　　）

3．众数是总体中出现最多的次数。（　　）

4．国民收入中积累额与消费额之比为1∶3，这是一个比较相对指标。（　　）

5．总量指标和平均指标反映了现象总体的规模和一般水平，但掩盖了总体各单位的差异情况，因此通过这两个指标不能全面认识总体的特征。（　　）

6．只有性质相同的现象才能计算其实物总量指标。（　　）

7．结构相对指标既可表明总体单位总数的结构，也可表明总体标志总量的结构。（　　）

8．在组距数列中计算算术平均指标具有一定的假定性。（　　）

9．简单算术平均数是各组标志值相等的加权算术平均数的一种特例。（　　）

10．权数对算术平均数的影响作用实质体现在各组次数的多少上。（　　）

11．强度相对指标是同一总体标志总量与总体单位数之比。（　　）

12．如果只有总体标志总量和各组变量值，缺少总体单位数的资料，需利用调和平均数的公式计算平均数。（　　）

13．反映总体各单位标志值的离散程度只能用绝对数指标。（　　）

14．当两个数列的平均水平不相等时，应利用标准差系数判断平均数的代表性。（　　）

15．用总体部分数值与总体全部数值对比求得的相对指标，说明总体内部的组成状况，这个相对指标是比例相对指标。（　　）

四、名词解释

1．总量指标　　2．总体标志总量　　3．相对指标　　4．平均指标　　5．众数

6．平均差　　7．标准差系数　　8．标志变异指标　　9．中位数　　10．动态相对数

五、简答题

1．什么是总量指标？其作用有哪些？有哪些种类？

2．简述时期指标与时点指标的区别。

3．什么是相对指标？其作用有哪些？有哪些种类？

4．应用相对指标时应注意哪些问题？

5．简述调和平均数的优缺点。

6．简述众数及中位数的特点。

7．什么是标志变异指标？有哪些种类？

8．算术平均数与位置平均数有什么关系？

六、计算分析题

1．某企业计划产值 420 万元，实际完成 440 万元。该企业单位成本要求比上期降低 4%，实际降低 2%。试分别计算该企业产值计划和单位成本降低的完成情况。

2．某企业五年计划规定五年内累计完成产量 1200 万件，实际执行结果见表 4-23。

表 4-23

时　间	第一年	第二年	第三年	第四年			第五年			
				上半年	三季度	四季度	一季度	二季度	三季度	四季度
产量（万件）	200	230	260	130	70	75	75	80	80	85

试计算：

（1）五年累计计划完成情况，并分析计划提前完成的时间。

（2）假如第五年计划完成 300 万件，则五年计划完成情况怎样？提前多长时间完成了五年计划？

3．某厂 2012 年利润实际完成额比上年增长 7%，2012 年利润计划完成程度为 105%，问 2012 年利润计划规定比上年实际增长百分之几？

4．某税务局某年所辖各企业税收资料见表 4-24，试计算该年各企业所交所得税的平均税额。

表 4-24

按纳税额分组（万元）	企业个数（个）
20 以下	3
20～30	6
30～40	4
40～50	4
50～60	3
合　计	20

5．某地 20 个零售商店，某年第四季度有关资料见表 4-25。

表 4-25

商品销售计划完成（%）	商店数（个）	实际商品销售额（万元）
80～90	3	459
90～100	4	684
100～110	8	344
110 以上	5	943

试根据表中资料计算该地区 20 个商店平均计划完成程度。

6．某企业有两个车间，2011 年，2012 年两年生产某种产品的有关资料见表 4-26。

表 4-26

| 车间 | 2011 年 | | 2012 年 | |
	一级品率（%）	全部产品产值（万元）	一级品率（%）	一级品产值（万元）
甲	90	30	95	38
乙	82	25	90	34

试分别计算 2011 年和 2012 年两个车间的平均一级品率。

7．三个企业产量计划完成情况及一级品率资料见表 4-27。

表 4-27

企业	计划产量（件）	实际完成（%）	实际一级品率（%）
甲	500	103	96
乙	340	101	98
丙	250	98	95
合计	1090	—	—

计算：（1）产量计划平均完成百分比；（2）平均一级品率。

8．某企业 10 月份生产情况（单位：台）见表 4-28。

表 4-28

车间	实际产量	计划产量
第一车间	440	400
第二车间	400	440
第三车间	650	700

计算该企业各车间和全厂产量计划完成百分比。

9．有两个企业在三月份制造某种产品，各批单位成本及产量资料见表 4-29，计算比较 3 月份哪个企业平均产品单位成本高，并结合权数作用说明原因。

表 4-29

批　　次	甲企业		乙企业	
	单位成本（万元）	产量比重（%）	单位成本（万元）	产量比重（%）
第一批	2.2	0.2	2.8	0.34
第二批	2.4	0.3	2.4	0.33
第三批	2.8	0.5	2.2	0.33

10．某厂三个车间一季度生产情况如下。

第一车间实际产量为 190 件，完成计划 95%；第二车间实际产量为 250 件，完成计划 100%；第三车间实际产量为 609 件，完成计划 105%。三个车间产品产量的平均计划完成程度为

$$\frac{95\%+100\%+105\%}{3}=100\%$$

另外，第一车间产品单位成本为 18 元/件，第二车间产品单位成本为 12 元/件，第三车间产品单位成本为 15 元/件，则三个车间平均单位成本为

$$\frac{18+12+15}{3}=15 \ （元/件）$$

以上平均指标的计算是否正确？如不正确请说明理由并改正。

11．2012 年某月份甲、乙两农贸市场某农产品价格和成交量、成交额资料见表 4-30。

表 4-30

品　　种	价格（元/斤）	甲市场成交额（万元）	乙市场成交量（万斤）
甲	1.1	1.2	2
乙	1.4	2.8	1
丙	1.5	1.5	1
合　计	—	5.5	4

试问哪一个市场农产品的平均价格较高？并说明原因。

12．某市西城区 50 个商业企业销售额资料见表 4-31，计算每个企业平均商品销售额。

表 4-31

销售额（万元）	企业数（个）
10～20	5
20～30	17
30～40	20
40～50	8
合　　计	50

已知该市东城区各商业企业平均销售额 30 万元，其标准差 9.33 万元，哪个地区商店平均销售额代表性大？

13. 已知甲地区各企业年平均上缴利税额 102 万元，其标准差为 20.42 万元。乙地区各企业平均上缴利税额 132 万元，其标准差为 23.76 万元，哪个地区平均上缴的利税额的代表性强？

14. 某班组工人按日产量分组资料见表 4-32。

表 4-32

日产量（件）	工人人数
20 以下	2
20～30	4
30～40	5
40～50	6
50 以上	3
合　　计	20

计算：（1）工人平均日产量；（2）平均日产量的标准差；（3）平均日产量的标准差系数；

（4）众数；（5）中位数。并分析其分布状态。

15. 甲、乙两班同时参加"统计学原理"课程的测试，甲班平均成绩为 70 分，标准差为 9.0 分；乙班的成绩分组资料见表 4-33。

表 4-33

按成绩分组（分）	学生数
60 以下	2
60～70	6
70～80	25
80～90	12
90～100	5

（1）计算乙班学生的平均成绩，并比较甲、乙两班哪个班的平均成绩更有代表性。

（2）分别计算众数和中位数，并分析学生成绩的分布状况。

时间数列

第五章

【学习目标】

通过本章学习，学生要明确时间数列的概念、种类和编制原则；掌握时间数列水平指标、平均指标的含义及计算方法；掌握时间数列速度指标的计算方法及应用；熟悉长期趋势、季节变动、循环变动等几种分析方法。较为熟练地应用动态数列的基本方法分析社会经济现象的数量变化特征，培养学生对事物进行动态分析的能力。

【重点难点】

本章的重点有动态比较分析指标的增长量、发展速度、增长速度、增长1%绝对值、平均发展水平、平均发展速度和平均增长速度的计算和运用，长期趋势测定中的移动平均法、部分平均法和最小平方法，季节变动测定中的按月（季）平均法和趋势剔除法等方法。

本章的难点有时点数列与时期数列的区别，序时平均数的计算，定基发展速度与环比发展速度的关系，（平均）发展速度与（平均）增长速度的关系，最小平方法的应用。

时间数列概述

一、时间数列的意义

时间数列，又称为时间序列或动态数列，是指同类现象的统计指标数值按时间（年、月、日等）先后顺序排列而成的数列。如将我国 2007—2012 年的国内生产总值、人口等指标按照时间顺序排列，就形成了表 5-1 所示的时间数列。

表 5-1　　　　　　　我国 2007—2012 年国内生产总值及人口等时间数列

年　　份	2007	2008	2009	2010	2011	2012
国内生产总值（亿元）	265810	314045	340903	397983	472882	519322
年末总人口（万人）	132129	132802	133450	134091	134735	135404
我国动力煤消费量（亿吨）	203855	209857	228246	254296	275160	298169
总货运量（万吨）	315693	330354	332048	362929	391852	390438
煤炭运量（万吨）	159889	169146	175071	200043	227026	226200

年　份	2007	2008	2009	2010	2011	2012
煤炭占总货运量比重（％）	50.6	51.2	52.7	55.1	57.9	57.9
煤炭运量年均增长速度（％）	16	5.8	3.5	14.3	13.5	-0.4

上述数列表明，时间数列有两个构成要素：一个是现象所属的时间，另一是反映该现象在各时间相应的统计指标值。

一个时间数列是受到若干个因素影响的，例如农产量，受到天气、病虫害、政策、价格等各种因素的影响，理论上说，是所有这些变量的函数。但这种研究方法，并不是统计的研究方法。统计学中对时间数列的研究，是忽略各个具体的非时间因素对时间数列的影响，而是将各种因素的出现看成在时间轴上必然的现象。因此，统计学中对时间数列的研究，是从时间轴出发的。它由两个部分组成：一是时间，二是表现的具体数值。

根据历史资料，编制时间数列来研究社会经济现象数量方面的发展变化过程，认识其发展规律并预见它的发展趋势，就是动态分析的方法。

因此，编制时间数列就是计算动态分析指标，以考察现象发展变化的方向和速度，预测现象发展的趋势。同时时间数列分析有助于了解过去经济活动的规律，评价当前，安排未来，所以是社会经济统计的重要分析方法。

时间数列的作用主要有以下几方面。

（1）可以反映社会经济现象的发展变化过程，描述现象的发展状态和结果。

（2）可以研究社会经济现象的发展趋势和发展速度。

（3）可以探索现象发展变化的规律，对某些社会经济现象进行预测。

（4）利用时间序列可以在不同地区或国家之间进行对比分析，这也是统计分析的重要方法之一。

二、时间数列的种类

（一）绝对数时间数列

绝对数时间数列是将反映某种社会经济现象的一系列总量指标按时间的先后顺序排列而形成的数列。绝对数时间数列通常用于表现指标的总量水平，它反映某一社会经济现象在各个时期所达到的绝对水平及其发展的趋势。依据指标值的时间特点，绝对数时间数列又可分为时期数列和时点数列。

1. 时期数列

时期数列是指由时期总量指标编制而成的时间数列。在时期数列中，每一指标值反映了现象在一段时期内发展的累积结果。时期数列的时间段称为"时期"。

时期数列具有以下特点。

（1）各项指标值可以相加。时期数列中各不同时期的指标值可以相加，结果表示现象在更长时期内的累积结果。例如，对以日产值编制的时间数列，可以进行每月一累计，编制成以月为时间单位的时间数列。

（2）时期数列中每个指标数值的大小与其所属的时期长短有关，通常是时期越长，指标数值越大，时期越短，指标数值越小。

（3）指标数值通常是通过连续登记取得的。

2．时点数列

时点数列是指由时点总量指标编制而成的时间数列。　时点数列反映某种现象或指标在一定时点瞬间所达到的总量水平。时点数列的时间段称为"间隔"。

时点数列具有以下特点。

（1）各项指标不能相加。由于时点数列的各项数据都是事物在某一时点上所达到的水平，几个指标相加后会有大量的重复计算，无法表明现象的实际规模和水平。所以，相加后的数据没有任何实际意义。

例如，将各年末的城镇总人口数相加是没有意义的，是一种重复计算。

（2）时点数列中每个指标数值的大小与其所间隔的时期长短没有直接关系。

（3）时点数列中各指标数值的取得，是通过一次性调查登记而来的。指标数值通常都是定期（间断）登记取得的。

（二）相对数时间数列

相对数时间数列是由一系列相对数值按时间顺序排列所构成的动态数列。它反映社会经济现象之间数量对比关系的发展变化过程和规律，其各项指标数值不能直接相加。如人口自然增长率数列就是相对数时间数列。

相对指标一般表现为两个相关的绝对数之比，两时期指标、两个时点指标、一个时期指标与一个时点指标之比，都可以形成相对数时间数列。

由于相对指标数值的基数往往不同，因此，相对数时间数列中的各项数值不能直接相加。

（三）平均数时间数列

在一个时间数列中，如果各指标数值代表的是某一现象或指标的平均数量，则称为平均数时间数列。它用来研究分析事物一般水平的发展趋势。

绝对数时间数列是基本数列，其余两种是派生数列。常常将三者结合起来应用。

三、时间数列的编制原则

（一）时间的长短应一致

注意时间单位（年、季、月等）的选择，对于时期数列来说，由于数列中每个指标数值的大小与其时期长短有直接的关系，因此，应该编制时期长度一致的时期数列。但这个原则也不能绝对化，有时为了特殊的研究目的，可将各个时期不等的指标编制成时间数列，用来研究不同历史发展阶段的发展变化。例如，我国几个不等时期的钢产量见表5-2。

表5-2	我国各时期的钢产量			
时期（年）	1900—1948	1953—1957	1977—1982	2006—2010
钢产量（万吨）	760. 0	1666.7	19988. 0	260932.8

在第一个五年计划时期，钢产量超过旧中国半个世纪钢产量的一倍以上，而 1977—1982 年的钢产量发展更快，比"一五"时期增长超过 11 倍。

对于时点数列来说，由于数列中每个指标数值的大小与其间隔长短没有直接的关系，因此，时间间隔相等不是编制时点数列必须具备的条件。但是，为了更准确地反映现象的发展趋势和发展规律，应该尽可能编制时间间隔相等的时点数列。保证数列中各个指标数值的可比性是编制时间数列应遵守的基本原则。

（二）指标的经济内容应统一

指标的经济内容与指标所反映现象的性质密切相关。如果指标的性质已发生变化，而指标名称没有变动，会导致指标理解差异，使动态分析结论发生错误。

（三）注意空间范围的变化

时间数列中每一个指标值的大小与其包含的总体范围有直接的关系，如果总体范围发生变动，时间数列前后的指标值就不能直接对比。因此，必须对资料作相应调整以求得总体范围一致，然后再做分析。

（四）计量单位、计算价格要统一

统计指标的计量单位、计算价格多种多样，计量单位、计算价格前后不统一，现象前后的指标值就缺乏对比的基础，则不能对该现象进行动态分析。

（五）计算方法要相同

统计指标有不同的计算方法，例如，国内生产总值的计算，分别有三种计算方法，即生产法、收入法、支出法。从理论上讲，三种方法计算结果一致。但由于国民经济体系的复杂性，实际计算有差异。所以用不同的方法计算的结果形成的时间数列不能对比分析。

第二节　时间数列的水平指标

一、发展水平

发展水平是反映社会经济现象在各个时期所达到的规模和发展的程度，又称发展量。发展水平既可以表现为总量指标，也可表现为相对指标或平均指标。发展水平实际就是动态数列中的每一项具体数值。

发展水平的表示：若以 a_0，a_1，a_2，$\cdots$，a_{n-1}，a_n 分别代表动态数列中的每一个数值，则每一项数值即为数列中的发展水平，其中，a_0 为第一年的发展水平，a_1 为第二年的发展水平，a_n 为第 $n+1$ 年的发展水平。根据数列中 a 值所在的不同位置，其值分别被称为最初水平、中间水平和最末水平。处在第一位的 a_0 值为最初水平，a_1，a_2，a_3，$\cdots$，a_{n-1} 项为中间水平，a_n 为最末水平。发展水平是计算其他所有动态分析指标的基础。

发展水平可以是绝对数数列的总量水平，可以是相对数数列的相对水平，也可以是平均数数列的平均水平。

报告期水平和基期水平：研究的时期水平为报告期水平，用以对比的时期水平为基期水平。a_0 为基期水平；a_1 为报告期水平。

发展水平的表述：发展水平在文字上习惯用"增加到"、"增加为"、"降低到"、"降低为"表示。

二、平均发展水平

（一）概念

平均发展水平又称序时平均数、动态平均数，是时间数列不同时期发展水平（指标值）的平均数，反映现象在一段时期中发展的一般水平。

序时平均数与一般平均数既有共同之处又有区别，其共同点是它们都是将各个变量值差异抽象化。其区别有以下几点。

（1）两者所说明的问题不同。序时平均数是从动态上表明同类社会经济现象在不同时间的一般水平；一般平均数是从静态上表明同类社会经济现象在一定时间、地点条件下所达到的一般水平。

（2）所需资料不同。序时平均数是根据时间数列计算的，而一般平均数是根据变量数列计算的。

（3）计算方法不同。序时平均数是根据不同时期的指标数值和时期项数计算的；一般平均数是根据同一时期的标志总量和总体单位总量计算的。

序时平均数可以由总量指标时间数列计算，也可由相对指标或平均指标的时间数列计算。从方法上讲，总量指标时间数列的序时平均数是最基本的。

（二）总量指标时间数列序时平均数的计算

由于总量指标动态数列分为时期数列和时点数列，所以可以形成以下几种计算方法。

1．时期数列序时平均数的计算

计算公式为

$$\bar{a} = \frac{a_1 + a_2 + \ldots + a_n}{n} = \frac{\sum a}{n}$$

式中　　$\bar{a}$ ——序时平均数；

$a_1, a_2, \cdots, a_n$ ——各时期的发展水平；

n ——时期项数（发展水平的个数）。

【例 5-1】　根据表 5-1 的资料，计算我国 2007—2012 年平均每年国内生产总值。

解：$\bar{a} = \dfrac{\sum a}{n} = \dfrac{265810 + 314045 + 340903 + 397983 + 472882 + 519322}{6}$

$= \dfrac{2310945}{6} = 385157.5 （亿元）$

2．时点数列序时平均数的计算

时点数列有连续时点数列和间断时点数列之分，其计算方法也不相同。

（1）连续时点数列序时平均数的计算。

統计学理论与实务

连续时点数列是将按日（天）登记的资料按照时间先后顺序排列而形成的时间数列。总的来说，根据连续时点数列计算平均发展水平就是将各个时点的数据相加再除以时点数，采用算术平均法计算。如果数据未分组则采用简单算术平均法，如果数据已分组则采用加权算术平均法。

① 间隔相等的连续时点数列，其序时平均数计算公式同时期数列计算公式一样，都是简单算术平均数。

$$\bar{a} = \frac{\sum a}{n}$$

【例 5-2】某企业某年某月 1—10 日职工人数见表 5-3，试求日平均职工人数。

表 5-3 　　　　　　　　　　　　某企业某年某月 1—10 日职工人数

日 期	1	2	3	4	5	6	7	8	9	10
职工人数	250	250	250	262	262	258	258	266	272	272

解：$\bar{a} = \dfrac{\sum a}{n} = \dfrac{250 + 250 + 250 + \cdots + 266 + 272 + 272}{10} = 260$（人）

② 间隔不等的连续时点数列，采用加权算术平均法计算序时平均数，计算公式为

$$\bar{a} = \frac{\sum af}{\sum f}$$

【例 5-3】 某企业 7 月份的产品库存量见表 5-4，要求计算日平均库存量。

表 5-4 　　　　　　　　　　　　某企业 7 月份库存量统计表

日 期	7 月 1 日	7 月 8 日	7 月 14 日	7 月 22 日	7 月 26 日
库存量（t）	46	53	46	56	53

解：该企业 7 月份日平均库存量为

$$\bar{a} = \frac{\sum af}{\sum f} = \frac{46 \times 7 + 53 \times 6 + 46 \times 8 + 56 \times 4 + 53 \times 6}{7 + 6 + 8 + 4 + 6} = \frac{1550}{31} = 50（t）$$

（2）间断时点数列序时平均数的计算。

间断时点数列指的是间隔一段时间对现象在某一时点上所表现的状况进行一次登记，并将登记数据按照时间先后顺序排列所形成的时间数列。

在实际统计工作中，要统计每一个时点上的数字显然是一项相当繁杂的工作，为方便起见，通常只能每隔一定的时间统计一次，时点一般定在期初或期末（如月初、月末、年初、年末等），这样每次统计间隔相等；或者是仅当现象的数量发生变动时进行统计，这样每次统计间隔就不相等。下面分别介绍间隔相等与间隔不等的间断时点数列序时平均数的计算。

① 间隔相等的间断时点数列，其序时平均数的计算分两个步骤，首先计算各个间隔期内的平均水平，然后再将各间隔期平均水平进行平均，求得全数列序时平均数。其计算公式为

$$\bar{a} = \frac{\dfrac{a_1 + a_2}{2} + \dfrac{a_2 + a_3}{2} + \cdots + \dfrac{a_{n-1} + a_n}{2}}{n-1} = \frac{\dfrac{a_1}{2} + a_2 + a_3 + \cdots + a_{n-1} + \dfrac{a_n}{2}}{n-1}$$

上述公式表明，等间隔时点数列的序时平均数是"数列指标之和，首尾两项各半，项数减1去除"，故又称为"首末折半法"。

【例5-4】 我国2006—2012年期间的年末人口数见表5-5，试求我国2006—2012年间的平均人口数。

表5-5　　　　　　　　　我国2006—2012年期间的人口资料数据

年　　份	2006	2007	2008	2009	2010	2011	2012
年末人口数（万人）	131448	132129	132802	133450	134091	134735	135404

解：$\bar{a} = \dfrac{\dfrac{a_1}{2} + a_2 + a_3 + \cdots + a_{n-1} + \dfrac{a_n}{2}}{n-1}$

$$= \frac{\dfrac{131448}{2} + 132129 + 132802 + \cdots + 134735 + \dfrac{135404}{2}}{7-1} = 133438.83 \text{（万人）}$$

即我国2006—2012年平均每年人口数为133438.83万人。

② 不等间隔间断时点数列的序时平均数。计算不等间隔间断时点数列的序时平均数时，要先求出各间隔期内的平均水平，然后用各间隔期的时间长度作权数，对各间隔期的平均水平进行加权平均求得全数列的序时平均数。其计算公式为

$$\bar{a} = \frac{\dfrac{a_0 + a_1}{2} f_1 + \dfrac{a_1 + a_2}{2} f_2 + \cdots + \dfrac{a_{n-1} + a_n}{2} f_n}{f_1 + f_2 + \cdots + f_n} = \frac{\sum_{i=1}^{n} \dfrac{a_{i-1} + a_i}{2} f_i}{\sum_{i=1}^{n} f_i}$$

上述公式通常称为"加权序时平均法"。

【例5-5】 某商场2012年某商品库存资料见表5-6，要求计算该商场的年均库存量。

表5-6　　　　　　　　　某商场2012年某商品库存资料

时　　间	1月初	3月初	7月初	10月初	12月末
库存量（件）	1500	600	900	1600	1000

解：$\bar{a} = \dfrac{\sum_{i=1}^{n} \dfrac{a_{i-1} + a_i}{2} f_i}{\sum_{i=1}^{n} f_i}$

$$= \frac{\dfrac{1500 + 600}{2} \times 2 + \dfrac{600 + 900}{2} \times 4 + \dfrac{900 + 1600}{2} \times 3 + \dfrac{1600 + 1000}{2} \times 3}{2 + 4 + 3 + 3}$$

$= 1062.5 \text{（件）}$

即该商场2012年该商品年均库存量为1062.5件。

（三）相对指标时间数列序时平均数的计算

相对数时间数列或平均数时间数列一般是由两个联系密切的绝对数时间数列相应项对比而形成的，其计算序时平均数的方法也是由总量指标计算序时平均数的方法派生出来的。由于各个相对数的分母不同，不能用相对数时间数列的各个指标数值直接相加除以项数来求得，应先分别计算出构成相对数时间数列分子和分母的两个绝对数列的序时平均数，然后将这两个序时平均数相除从而得到相对指标或平均指标动态数列的序时平均数。

若设相对数时间数列的各项指标为 $a_i = b_i / c_i$，则相对数时间数列序时平均数的计算公式为

$$\bar{a} = \frac{\bar{b}}{\bar{c}}$$

式中　$\bar{a}$——相对指标或平均指标时间数列的序时平均数；

　　　$\bar{b}$——分子 b 数列的序时平均数；

　　　$\bar{c}$——分母 c 数列的序时平均数。

b 数列和 c 数列既可以是时期数列也可以是时点数列，不同的情况使用的具体方法也有所不同。

计算时，应先分析对比的分子和分母是时期数列还是时点数列，以及是哪一种时点数列，然后再按照前面所述的相应公式计算。具体有三种情形。

（1）分子和分母均为时期数列时，序时平均数的计算公式为

$$\bar{a} = \frac{\bar{b}}{\bar{c}} = \frac{\sum b}{n} \div \frac{\sum c}{n} = \frac{\sum b}{\sum c}$$

【例 5-6】　某企业某产品产量计划及完成情况见表 5-7，要求计算第一季度该产品产量计划平均完成程度。

表 5-7　　　　　　　　　　　某企业某产品产量计划完成情况

时　　间	一月	二月	三月
实际产量（t）	420	560	714
计划产量（t）	400	500	700
计划完成（%）	105	112	102

解：$\bar{a} = \dfrac{\sum b}{\sum c} = \dfrac{420 + 560 + 714}{400 + 500 + 700} = 1.059$或105.9%

即该企业第一季度产量计划平均完成程度为 105.9%。

（2）分子和分母均为时点数列，序时平均数的计算公式为

$$\bar{a} = \frac{\bar{b}}{\bar{c}} = \frac{\dfrac{\frac{b_1}{2} + b_2 + \cdots + b_{n-1} + \frac{b_n}{2}}{n-1}}{\dfrac{\frac{c_1}{2} + c_2 + \cdots + c_{n-1} + \frac{c_n}{2}}{n-1}} = \frac{\frac{b_1}{2} + b_2 + \cdots + b_{n-1} + \frac{b_n}{2}}{\frac{c_1}{2} + c_2 + \cdots + c_{n-1} + \frac{c_n}{2}}$$

【例5-7】 某地区2008—2012年年末从业人数见表5-8，求该地区2008—2012年间第三产业从业人员数占全部从业人员数的平均比重。

表5-8 　　　　　　　　　　某地区2008—2012年年末从业人数

年　　份	2008	2009	2010	2011	2012
第三产业从业人员数（万人）	154.56	168.51	179.01	183.75	186.79
全部从业人员数（万人）	671.99	679.47	688.50	696.00	699.57
第三产业人员数所占比重（%）	23.0	24.8	26.0	26.4	26.7

解：

$$\overline{a} = \frac{\dfrac{b_1}{2} + b_2 + \cdots + \dfrac{b_n}{2}}{\dfrac{c_1}{2} + c_2 + \cdots + \dfrac{c_n}{2}} = \frac{\dfrac{154.56}{2} + 168.51 + 179.01 + 183.75 + \dfrac{186.79}{2}}{\dfrac{671.99}{2} + 679.47 + 688.50 + 696.00 + \dfrac{699.57}{2}} = 25.53\%$$

即该地区2008—2012年间第三产业从业人员平均比重为25.53%。

（3）分子和分母为不同性质的数列，即一个为时期数列，另一个为时点数列时，应根据数列性质选用适当的方法，先分别计算出分子数列和分母数列的序时平均数，然后再将两个序时平均数对比以求得相对数时间数列的序时平均数。

【例5-8】 某企业总产值和职工人数的资料见表5-9，试计算该企业第二季度平均每月全员劳动生产率。

表5-9 　　　　　　　　　　某企业总产值和职工人数资料

月　　份	3	4	5	6
月总产值（万元）	1150	1170	1200	1370
月末职工人数（人）	650	670	690	710

解：

$$\overline{b} = \frac{\sum b}{n} = \frac{1170 + 1200 + 1370}{3} = 1246.67（万元）$$

$$\overline{c} = \frac{\dfrac{1}{2}c_1 + c_2 + \cdots + c_{n-1} + \dfrac{1}{2}c_n}{n-1} = \frac{\dfrac{650}{2} + 670 + 690 + \dfrac{710}{2}}{4-1} = 680（人）$$

$$\overline{a} = \frac{1246.67}{6.8} = 1.83（万元／人）$$

【例5-9】 某企业某年上半年商品流转资料见表5-10，试求该企业上半年各月平均流转次数。

表5-10 　　　　　　　　　　某企业上半年商品流转统计表

月　　份	1	2	3	4	5	6
商品销售额（万元）	230	300	240	250	264	294
平均库存额（万元）	100	100	120	125	110	140
商品流转次数（次）	2.3	3.0	2.0	2.0	2.4	2.1

商品流转次数（次）=商品销售额（万元）÷平均商品库存额（万元）

由于商品销售额是时期指标，月末商品库存额是时点指标，故两者不能直接比较，需求出各月平均商品库存额（为序时平均数），才能对比求出各月的商品流转次数。计算结果在表中第三行。计算上半年各月平均商品流转次数，不能直接将各月的商品流转次数相加平均，而仍应按照基本公式分别求出分子数列和分母数列的序时平均数，再对比求得。

解： 该企业上半年各月平均流转次数为

$$\overline{a} = \frac{\overline{b}}{\overline{c}} = \frac{(230+300+240+250+264+294)/6}{(100+100+120+125+110+140)/6} = 2.27(次)$$

（四）平均指标时间数列序时平均数的计算

1．由静态平均数时间数列计算序时平均数

静态平均数时间数列是由两个绝对数时间数列相应项对比形成的，分子数列是标志总量数列，分母数列是总体单位总量数列，因此此种时间数列序时平均数的计算方法与相对数时间数列的序时平均数计算方法是一样的。

2．由序时平均数时间数列计算序时平均数

计算方法：一般是直接将各项序时平均数相加而除以项数即可。

计算公式为

$$\overline{a} = \frac{\sum_{i=1}^{n} a_i}{n}$$

式中　$\overline{a}$ ——序时平均数；

　　　a_i ——各序时平均数；

　　　n ——项数。

【例 5-10】 某商场第三季度平均库存额资料见表 5-11，求该商场第三季度月平均商品库存额。

表 5-11　　　　　　　　　　某商场第三季度平均库存额资料

月　　份	7 月	8 月	9 月
平均商品库存额（万元）	57.6	49.4	53.6

解： $\overline{a} = \dfrac{\sum_{i=1}^{n} a_i}{n} = \dfrac{57.6+49.4+53.6}{3} = \dfrac{160.6}{3} = 53.53(万元)$

【例 5-11】 某企业 2012 年产量资料见表 5-12，求该企业 2012 年平均月产量。

表 5-12　　　　　　　　　　某企业 2012 年产量资料

月　　份	1—4 月	5—7 月	8—12 月
平均每月产量（t）	1050	1080	1030

解： $\overline{a} = \dfrac{\sum_{i=1}^{n} a_i f_i}{\sum f} = \dfrac{1050 \times 4 + 1080 \times 3 + 1030 \times 5}{4+3+5} = \dfrac{12590}{12} = 1049.17(t)$

三、增长量

时间数列中不同时间的发展水平之差称为增长量。若报告期水平与基期水平之差为正数，则表明现象发展呈增长（正增长）状态，若报告期水平与基期水平之差为负数，则表明现象发展呈下降（负增长）状态。

$$增长量=报告期水平-基期水平$$

由于基期的选择不同，增长量有逐期增长量和累计增长量两种。逐期增长量是报告期水平与前一期水平之差，表明现象逐期增长的数量大小。累计增长量是报告期水平与历史上某一固定基期的水平之差，表明现象经过较长一段时间发展的总增长数量。

逐期增长量：$a_1-a_0, a_2-a_1, a_3-a_2, \cdots, a_n-a_{n-1}$

累计增长量：$a_1-a_0, a_2-a_0, a_3-a_0, \cdots, a_n-a_0$

两者的换算关系如下。

（1）各个逐期增长量之和等于相应的累计增长量，即

$$(a_1-a_0)+(a_2-a_1)+(a_3-a_2)+\cdots+(a_n-a_{n-1})=a_n-a_0$$

（2）两个相邻累计增长量之差等于相应的逐期增长量，即

$$(a_n-a_0)-(a_{n-1}-a_0)=a_n-a_{n-1}$$

【例 5-12】某企业 2007—2012 年的产值资料及计算的各年逐期增长量与累计增长量见表 5-13。

表 5-13 　　　　　　　　　　某企业 2007—2012 年产值资料　　　　　　　　　（单位：万元）

年　份	2007	2008	2009	2010	2011	2012
产值	4348.95	5218.10	6242.20	7407.99	8651.14	9875.95
a_i	a_0	a_1	a_2	a_3	a_4	a_5
逐期增长量	—	869.15	1024.10	1165.79	1243.15	1224.81
累计增长量	—	869.15	1893.25	3059.04	4302.19	5527.00

在实际工作中，为消除季节变动的影响，还经常计算年距增长量指标，它是本期水平与上年同期水平之差。用公式可表示为

$$年距增长量=本期水平-去年同期水平$$

例如，某地今年第一季度对外贸易进出口总额为 360 万美元，去年第一季度为 300 万美元，则年距增长量＝360－300＝60 万美元。

四、平均增长量

平均增长量是现象各逐期增长量的序时平均数，它表明现象在一定时期内，单位时间平均增长的绝对量。从广义上说，它也是一种序时平均数，即是逐期增长量时间数列的序时平均数。它是将各个逐期增长量相加后，除以逐期增长量的个数；或者将累计增长量除以时间数列项数减 1。

$$平均增长量=\frac{逐期增长量之和}{逐期增长量项数}=\frac{累计增长量}{发展水平项数-1}$$

如表 5-13 中，某企业 2007—2012 年的产值年平均增长量为

$$平均增长量 = \frac{累计增长量}{发展水平项数-1} = \frac{5527}{6-1} = 1105.4（万元）$$

第三节 时间数列的速度指标

一、发展速度

发展速度是现象在两个不同时期发展水平的比值，用以表明现象发展变化的相对程度。其基本计算公式为

$$发展速度 = \frac{报告期水平}{基期水平} \times 100\%$$

显然，发展速度就是动态相对数，通常用百分数或倍数表示，它说明现象报告期水平为基期水平的百分之几或若干倍。当它大于 100%（或 1）时，表明现象上升；小于 100% 时，表明现象下降。但不能为负数，分子、分母中有一个为负数是不能计算发展速度的，这时可以用语言文字表达，例如，由基期盈利 18 万元到报告期亏损 5 万元。

由于基期的确定方法不同，发展速度有两种，即环比发展速度和定基发展速度。

环比发展速度是报告期水平与前一期水平之比，用以反映现象逐期发展的程度。用公式表示为

$$环比发展速度 = \frac{a_i}{a_{i-1}}, \quad i=1,2,3,\cdots,n$$

式中　a_i——报告期水平；

　　　a_{i-1}——报告期前一期水平。

定基发展速度是报告期水平与某一固定时期水平（通常是最初水平）之比，用以反映现象在较长一段时期内总的发展程度，又称"总速度"，用符号 R 表示。其计算公式为

$$定基发展速度 R = \frac{a_i}{a_0}, \quad i=1,2,3,\cdots,n$$

式中　a_i——报告期水平；

　　　a_0——最初水平，这里以最初水平为固定基期水平。

【例 5-13】 根据表 5-14 资料，计算我国 2001—2006 年国内生产总值的环比发展速度和定基发展速度。

解：2002 年的环比发展速度＝120333/109655＝1.0974 或 109.74%

2005 年的环比发展速度＝182321/159878＝1.1404 或 114.04%

2006 年的定基发展速度＝209407/109655＝1.9097 或 190.97%

其余各年的环比发展速度和定基发展速度计算方法相同，不再赘述，各项指标计算结果见

表 5-14。

定基发展速度与环比发展速度之间存在如下关系。

（1）环比发展速度的连乘积等于相应的定基发展速度（总速度），即

$$\frac{a_1}{a_0} \times \frac{a_2}{a_1} \times \frac{a_3}{a_2} \times \cdots \times \frac{a_n}{a_{n-1}} = \frac{a_n}{a_0}$$

（2）相邻两期定基发展速度之商（后一定基速度除以前一定基速度），等于后一期的环比发展速度，即

$$\frac{a_n}{a_0} \div \frac{a_{n-1}}{a_0} = \frac{a_n}{a_{n-1}}$$

另外，在实际工作中，为了消除季节变动的影响，还常计算年距发展速度，也可以叫作同比发展速度，同比发展速度的"同比"指的是同时期相比，也就是本年（报告期年份）的某季度某月或指定的某个时间的发展水平与去年相同的这个时间的发展水平之比，用以说明本期发展水平与上年同期发展水平相比所达到的相对程度。其计算公式为

$$同比发展速度 = \frac{本期发展水平}{去年同期发展水平}$$

例如，某地今年第一季度对外贸易进出口总额为 360 万美元，去年第一季度为 300 万美元，则同比（年距）发展速度=360/300=120％。

二、增长速度

增长速度是增长量与基期水平的比值，用以反映现象报告期水平比基期水平的增长程度。其基本计算公式为

$$增长速度 = \frac{增长量}{基期水平} \times 100\%$$

将"增长量=报告期水平-基期水平"代入上式，可得增长速度与发展速度的关系式：

$$增长速度=发展速度-1（或 100\%）$$

增长速度一般用百分数表示，当增长速度大于 0，表明现象的发展是增长的；当增长速度小于 0，表明现象的发展是下降（负增长）的。

由于基期的确定方法不同，增长速度的具体计算方法也有两种，即环比增长速度和定基增长速度。

环比增长速度是报告期逐期增长量与前一期发展水平之比，用以反映现象逐期增长的程度，用公式表示为

$$环比增长速度 = \frac{逐期增长量}{前一期水平} \times 100\% = 环比发展速度-1$$

定基增长速度是报告期累计增长量与固定基期水平之比，用以反映现象在较长一段时期内总的

增长程度，其计算公式为

$$定基增长速度 = \frac{累计增长量}{固定基期水平} \times 100\% = 定基发展速度 - 1$$

【例 5-14】 根据表 5-14 资料计算各年的逐期增长量、累计增长量、环比增长速度和定基增长速度，计算结果见表 5-14。

表 5-14 　　　　　　　　　　我国国内生产总值增长情况统计

年　份		2001	2002	2003	2004	2005	2006
国内生产总值（亿元）		109655	120333	135823	159878	182321	209407
增长量（亿元）	逐期	—	10678	15490	24055	22443	27086
	累计	—	10678	26168	50223	72666	99752
发展速度（%）	环比	—	109.74	112.87	117.71	114.04	114.86
	定基	—	109.74	123.86	145.80	166.27	190.97
增长速度（%）	环比	—	9.74	12.87	17.71	14.04	14.86
	定基	—	9.74	23.86	45.80	66.27	90.97
增长 1% 的绝对值（亿元）		—	1096.55	1203.33	1358.23	1598.78	1823.21

同样根据表 5-13 资料也可以计算各指标，见表 5-15。

表 5-15 　　　　　　　　　　某企业 2007—2012 年产值增长情况计算

年　份	2007	2008	2009	2010	2011	2012
产值（万元）	4348.95	5218.10	6242.20	7407.99	8651.14	9875.95
a_i	a_0	a_1	a_2	a_3	a_4	a_5
环比发展速度（%）	—	119.99	119.63	118.68	116.78	114.16
定基发展速度（%）	—	119.99	143.53	170.34	198.92	227.09
环比增长速度（%）	—	19.99	19.63	18.68	16.78	14.16
定基增长速度（%）	—	19.99	43.53	70.34	98.92	127.09
增长 1% 的绝对值(万元)	—	43.49	52.18	62.42	74.08	86.51

计算和应用增长速度时要注意两个问题。

第一，环比增长速度和定基增长速度之间没有直接的换算关系，如果两者之间要换算，需要通过发展速度来进行换算。如把各期环比增长速度全部加 1，变成环比发展速度，将所有环比发展速度连乘，得到定基发展速度，再将定基发展速度减去 1，就得到了定基增长速度。

第二，当报告期水平和基期水平表明的是不同方向的数据时，不宜计算增长速度。如某公司基期利润为-2 万元（亏损），报告期利润为+6 万元（盈利），若套用上述公式计算增长速度，则计算结果为

$$增长速度 = [6 - (-2)] / (-2) = -4（倍）$$

这显然与实际情况不相符。对这种情况一般只用文字表达，而不计算增长速度。

三、平均发展速度

平均发展速度是各个时间单位的环比发展速度的序时平均数，用以反映现象在较长一段时期内逐期平均发展变化的程度。平均速度指标是进行经济分析的重要指标，利用它可以比较分析不同时期、不同地区或不同国家之间经济发展的基本情况，也可以预计经济发展的长期目标，它在实际经济工作中得到广泛的运用。

由于我们考察事物发展变化的侧重点不同，计算平均发展速度的方法也不同。实际工作中，常用的方法有水平法（几何平均法）和累计法（方程法）。

（一）水平法

由于现象发展的总速度等于各期环比发展速度的连乘积，所以计算各环比发展速度的平均数，不能用算术平均法而应用几何平均法。

几何平均法又称水平法，其特点是：从最初水平 a_0 出发，每期按平均发展速度发展，经过 n 期后，达到最末水平 a_n。几何平均法计算平均发展速度的公式有以下三个。

$$\bar{x} = \sqrt[n]{x_1 x_2 x_3 \cdots x_n}$$

$$\bar{x} = \sqrt[n]{\frac{a_n}{a_0}}$$

$$\bar{x} = \sqrt[n]{R}$$

式中　$\bar{x}$——平均发展速度；

　　　$x_1 x_2 \cdots x_n$——各期环比发展速度；

　　　n——时期数；

　　　a_n——最末水平；

　　　a_0——最初水平；

　　　R——观察期的总速度。

【例5-15】 某企业增加值2007年为200万元，2012年为320.64万元，试计算平均发展速度。

解：$\bar{x} = \sqrt[n]{\frac{a_n}{a_0}} = \sqrt[5]{\frac{320.64}{200}} \approx 109.9\%$

即该企业增加值平均发展速度为109.9％。

【例5-16】 某企业2007年实现利润864万元，计划到2012年利润达到987万元，问该企业以平均每年多大的发展速度才能实现目标？

解：$\bar{x} = \sqrt[n]{\frac{a_n}{a_0}} = \sqrt[5]{\frac{987}{864}} \approx 102.7\%$

即该企业以每年102.7％的平均速度发展，到2012年就可以达到预期目标。

这里有必要指出，用几何平均法计算的平均发展速度只取决于 a_0 和 a_n 的大小，各个中间水平的变化、波动对其没有影响。所以，为提高平均发展速度的代表性，在计算时应注意 a_0 和 a_n 是否受特殊因素的影响，以及中间各期发展水平是否存在增减变化或阶段性波动。必要时，应以分阶段平均发展速度来补充说明总平均发展速度。

（二）累计法

累计法的理论依据是：以最初水平为基础，如果按照平均发展速度逐期发展，n 期以后，各期理论水平之和应等于各期实际水平之和，即

$$a_0\bar{x} + a_0\bar{x}^2 + a_0\bar{x}^3 + \cdots + a_0\bar{x}^n = \sum_{i=1}^{n} a_i$$

$$\bar{x} + \bar{x}^2 + \bar{x}^3 + \cdots + \bar{x}^n - \frac{\sum_{i=1}^{n} a_i}{a_0} = 0$$

这个方程的正根就是我们要求的平均发展速度。由于其计算十分复杂，在实际工作中，通常运用《累计法平均增长速度查对表》计算。

使用查对表的步骤是：首先计算出 $\dfrac{\sum_{i=1}^{n} a_i}{a_0}$ 的值；其次判断现象发展类型并在表中查得平均增长速度：即当其值 $> n$ 时，现象的发展为递增型，在表中递增部分"n"所在栏找出其值，与这个值相对应的左边栏内的百分比，即为年平均增长速度，将其加 1 即得年平均发展速度；当其值 $< n$ 时，现象的发展为递减型，则在表中递减部分查找，方法同上。

在查表时，如果没有正好与计算结果相同的值，则可找与之最接近的值，然后按比率推算所对应的平均增长速度。

【例 5-17】 依据表 5-14 中我国国内生产总值资料，用累计法计算平均每年发展速度。

解： 第一步，计算各年发展水平总和与基期水平之比：

$$\frac{\sum_{i=1}^{n} a_i}{a_0} = \frac{120333 + 135823 + 159878 + 182321 + 209407}{109655} = \frac{807762}{109655} = 7.3664$$

第二步，判断发展类型并查表：

$\dfrac{807762}{109655} = 7.3664 > n = 5$，故生产总值发展为递增型的。在累计法查对表（见附录 A）递增部分 5 年总发展水平为基期水平的百分比栏内查得 736.46％与本例的 7.3664 最接近，相对的平均增长速度为 13.2％。因此，平均每年发展速度为 113.2％。

用方程式法计算平均发展速度，侧重于考察中长期计划各期水平的总和，也即计划期间的累计总量。这种方法适用于像固定资产投资总额、居民住宅建设总面积等可以表示国民财产的经济指标计算平均发展速度。

四、平均增长速度

平均增长速度是现象环比增长速度的平均水平，用以反映现象在较长一段时期内逐期递增的相对程度，又称递增率或递减率。

平均发展速度和平均增长速度之间存在以下关系：

$$平均增长速度=平均发展速度-1（或100\%）$$

平均增长速度是现象各期环比增长速度的序时平均数。但是，平均增长速度不能由各期环比增长速度直接平均计算，而是由平均发展速度减 1 或 100% 求得。平均增长速度有正负之分，正值表示平均增长的程度，负值表示平均下降的程度。

五、增长1%的绝对值

增长速度指标虽然能够说明现象增长的程度，但却不能反映现象增长的实际效果。为更全面地对现象的发展实力进行分析，在比较现象的速度指标之外，还要分析现象增长 1% 的绝对值。

增长 1% 绝对值是逐期增长量与环比增长速度之比，用以说明现象报告期比基期每增长 1% 的绝对数量是多少，即

$$增长1\%绝对值=\frac{逐期增长量}{环比增长百分点}=\frac{前期水平}{100}$$

【例 5-18】 某市的旅游收入 2001 年和 2002 年依次为 10.22 万元、16.21 万元，2011 年和 2012 年依次为 258.64 万元、309.3 万元，则

2002 年环比发展速度=16.21/10.22=158.61%

2002 年增长 1% 绝对值=$\frac{10.22}{100}$=0.1022 （万元）或 $\frac{16.21-10.22}{158.61-100}$=0.1022（万元）

2012 年环比发展速度=309.3/258.64=119.59%

2012 年增长 1% 绝对值=$\frac{258.64}{100}$=2.5864 （万元）或 $\frac{309.3-258.64}{119.59-100}$=2.5864 （万元）

从上述计算可以看出，虽然 2012 年旅游收入的发展速度为 119.59%，没有 2002 年的发展速度 158.61% 快，但其增长 1% 绝对值 2.5864 万元却比 2002 年的 1022 元大得多，这说明该市旅游事业发展水平是提高了，而不是降低了。

第四节　长期趋势分析

一、时间数列的分解

客观现象的发展变化是多种因素影响的综合结果，由于各种因素的影响方向和强弱程度不同，使具体的时间数列呈现出不同的变动形态，动态分析的任务之一就是要对构成时间数列的各种因素加以分解和测定，以便对未来的状况作出判断和预测。构成时间数列的各种因素，按它们的性质和作用不同，可大致分解为以下四种。

（一）长期趋势变动（ T ）

长期趋势变动是时间数列中最基本的规律性变动。长期趋势是指现象在一个相当长的时期内持续发展变化的总趋势，如持续上升、下降和基本持平。长期趋势变动是由于现象受到各个时期普遍的、持续的、决定性的基本因素影响的结果。例如，一般情况下，由于人口增长、资源开发、科技进步等因素影响，社会生产的总量呈增长变动的趋势。

（二）季节变动（ S ）

季节变动是指现象在一年内，由于受到自然条件或社会条件的影响而形成的以一定时期为周期（通常指一个月或季）的有规则的重复变动。如时令商品的产量与销售量，旅行社的旅游收入等都会随季节变动而呈淡旺季之分。应注意的是在这里提到的"季节"并非通常意义上的"四季"，季节变动中所提及的主要指广义的概念，可以理解为一年中的某个时间段，如一个月、一个季度或任何一个周期。

（三）循环变动（ C ）

循环变动又称周期变动，是指社会经济发展中的一种近乎规律性的盛衰交替变动。其成因比较复杂，周期一般在一年以上，长短不一。循环变动按引起的原因和周期长短不同又可分为四种类型，并以最早发现它的经济学家的名字命名。

（1）康德拉季耶夫循环，为长期循环变动，主要是受重大技术革命影响的结果，周期可长达 50～60 年。

（2）库兹涅茨循环，为中长期的循环变动，周期在 20 年左右，造成这种循环变动的物质基础是由于建筑业的周期性波动。

（3）朱格拉循环，为中期循环变动，周期约为 8～10 年，资本主义周期性的经济危机主要就是指这种循环变动，其变动的物质基础是周期性的固定资产的大规模更新。

（4）基钦循环，短期循环变动，周期约为 2～4 年，其形成原因可能是固定资产更新和周期性的技术变革。

当然，季节变动也是周期变动，但因为它与地球的公转有关，周期固定为一年，因此在经济分析中有特殊的地位，所以把它特别列出。

（四）不规则变动（ I ）

不规则变动是指除了上述各种变动以外，现象因临时的、偶然的因素而引起的随机变动，这种变动无规则可循，例如地震、水灾、战争等所引起的变动。从长期来看，有些偶然因素的个别影响是可以互相抵销一部分的。

时间序列各影响因素之间的关系用一定的数学关系式表示出来，就构成时间序列的分解模型，我们可以从时间序列的分解模型中将各因素分离出来并进行测定，了解各因素的具体作用如何。

时间数列的上述四种变动按一定的方式组合，成为一种模式。按对四种变动因素相互关系的不同假设，可分为加法模式和乘法模式。

若假设四种变动因素是相互独立的，时间数列便是各因素相加的和，用加法模式，即

$$Y=T+S+C+I$$

式中， Y 、 T 是总量指标， S 、 C 、 I 均是对 T 产生的偏差，都用原始单位表示。

若假设四种变动因素是相互影响的关系，时间数列便是各因素的乘积，用乘法模式，即

$$Y=T \times S \times C \times I$$

式中，Y、T 是总量指标，用原始单位表示，S、C、I 则是比率，是在 1 上下波动、对原数列指标增加或减少的百分比，用百分数表示。

并非所有现象时间数列都包含上述四种因素的变动，有的只有 T、S 和 I，有的只有 T、C 和 I，如时间数列采用年度资料时，季节因素就被掩盖了。在实际应用中，采用乘法模式分析较为普遍。

对时间数列的分解方法也因组合模式不同而分为两种。加法模式用减法分解，例如：

$$T=Y-(S+C+I) \qquad C+I=Y-(T+S)$$

乘法模式用除法分解，例如：

$$T=Y/(S \times C \times I) \qquad S \times I=Y/(T \times C)$$

在时间数列中，以上四个因素的变动交织在一起。统计分析的一个重要任务就是从这些混杂在一起的各种变动中，把它们一一分解出来，研究各种变动规律，作为预测未来的根据。而在这四个变动中，长期趋势是首先需要研究的最重要的变动。下面就研究长期趋势的测定问题。

二、长期趋势的测定

长期趋势分析的任务，就是要反映现象发展变化的长期趋势，掌握现象变化的规律，将长期趋势从时间数列中分离出来，以便更好地测定和分析其余因素的变动。

测定长期趋势的方法很多，主要有修匀方法和数学模型法两类方法。

（一）修匀方法

修匀方法是指从数列本身出发，通过平均的方法，消除数列的短期波动，使数列表现出稳定的趋势性。

修匀方法包括时距扩大法、移动平均法和指数平滑法。

1．时距扩大法

时距扩大法是测定长期趋势最简便的一种方法。它是将原来时距较短的时间数列，加工整理成时距较长的时间数列，以便消除现象因时距较短而受偶然因素影响所引起的不均匀波动。通过扩大时距，可以整理出能呈现事物变动总趋势的新的时间数列。

【例 5-19】某钢铁企业 1989—2012 年的钢铁产量见表 5-16，试用时距扩大法反映钢铁产量的长期变化趋势。

表 5-16　　　　　　　　某钢铁企业 1989—2012 年的钢铁产量　　　　　　（单位：万吨）

年份	产量	年份	产量	年份	产量	年份	产量
1989	124	1995	126	2001	135	2007	142
1990	125	1996	128	2002	132	2008	140
1991	126	1997	130	2003	133	2009	143
1992	123	1998	127	2004	134	2010	144
1993	122	1999	132	2005	138	2011	146
1994	124	2000	133	2006	136	2012	148

从表 5-16 中可以看出，在 24 年间，该钢铁企业的产量发展并不均匀，中间有几次小的波动。如果我们把时距扩大为 4 年，则可整理成表 5-17 所示新的时间数列。

从表 5-17 可以看出，时距扩大为 4 年，把个别年份的偶然因素影响给消除掉了，形成了 24 年来钢铁产量持续上升的总趋势。表中的"总产量"是时距扩大后 4 年的总产量，这种表达只适用于时期数列，若对各个总产量再计算序时平均数，如表中的"平均年产量"，同样可以观察到事物发展的总趋势，而这种表达既适用于时期数列，也适用于时点数列。

表 5-17 　　　　　　　　某钢铁企业 1989—2012 年的钢铁产量 　　　　　　　　　（单位：万吨）

时　期	总产量	平均年产量
1989—1992	498	124.50
1993—1996	500	125.00
1997—2000	522	130.50
2001—2004	534	133.50
2005—2008	556	139.00
2009—2012	581	145.25

2. 移动平均法

移动平均法是对原有的时间数列，按照事先规定的移动时期长度来扩大时距，采用逐项推移的方法，计算一系列的序时平均数，形成由序时平均数组成的新的时间数列。这种移动平均数形成的时间数列，消除了短期的偶然因素的影响，使长期趋势更加明显。

【例 5-20】 以表 5-16 中 2001—2012 年钢铁产量为例，将时距扩大为 5 年，采用移动平均法来反映原数列的长期趋势（见表 5-18 中第 3 栏）。

表 5-18 　　　　　某钢铁企业 2001—2012 年钢铁产量及其移动平均计算 　　　　　（单位：万吨）

年份（1）	钢铁产量（2）	五年移动平均（3）	四年移动平均（4）	四年移动平均后再移动二项平均（5）
2001	135	—		—
2002	132	—		—
			133.50	
2003	133	134.4		133.88
			134.25	
2004	134	134.6		134.75
			135.25	
2005	138	136.6		136.38
			137.50	
2006	136	138.0		138.25
			139.00	
2007	142	139.8		139.63
			140.25	
2008	140	141.0		141.25
			142.25	
2009	143	143.0		142.75
			143.25	
2010	144	144.2		144.25
			145.25	
2011	146	—		—
2012	148	—		—

从表 5-18 可以看出，该企业钢铁产量呈逐年增加的趋势。

应用移动平均法测定长期趋势时，应注意以下问题。

（1）如果采用奇数项（3，5，7…）移动平均，则计算的移动平均数都置于与正中间时期所对应的位置上，如上例中的第 3 栏五年移动平均产量。如果采用偶数项（2，4，6，8…）移动平均，则计算的移动平均数应放在中间两个时期之间的位置上（如上例中的第 4 栏），然后再采用二项移动平均数，以便将移动平均数对正中间位置（如上例中的第 5 栏），这样才能得出对正原时间数列各时期的趋势值。所以，偶数项的移动平均法都需要经过两次平均的过程。

（2）经过移动平均后的新派生数列的项数，比原时间数列的项数要少，可利用的信息也就少了。而且，移动时期的长度越长，新数列的项数就越少，损失的信息就越多。移动奇数项平均，首尾各少$(n-1)/2$项，移动偶数项平均，首尾各少$n/2$项。同时，如果移动时期的长度太大，则不利于分析现象具体的发展趋势；而移动时期的长度过小，又可能使新数列出现起伏波动的情况，难以呈现出现象发展的长期趋势。因此，要根据资料的特点来确定时距扩大的项数。

（3）对于存在季节变动或循环变动的时间数列，为消除季节变动或循环变动的影响，应采用与一个循环相应的时间长度来进行移动平均。如存在季节变动的时间数列一般采用12月移动平均或4季移动平均。

（4）时距扩大法和移动平均法的主要作用是把长期趋势以外的变动消除掉，以呈现出现象变动的长期趋势，但一般不能直接根据移动平均后的派生数列进行动态预测。

3．指数平滑法

指数平滑法是在移动平均法基础上发展起来的一种方法，实质上是一种特殊的加权移动平均法。它一般适用于时间序列长期趋势变动和水平变动事物的预测。指数平滑法依据时间序列的有关数据和计算出来的指数平滑值，来确定预测结果。

指数平滑法包括一次指数平滑法、二次指数平滑法和多次（三次以上）指数平滑法，一次指数平滑法适用于水平型变动的时间序列预测，二次指数平滑法适用于线性趋势型变动的时间序列的预测，多次指数平滑法适用于非线性趋势变动的时间序列预测。本书主要阐述一次指数平滑法。

一次指数平滑法是以计算出来的最后一个一次指数平滑值为基础，确定预测值的方法。若x_1，x_2，x_3，…，x_{n-1}，x_n分别为时间序列中观察值的数据，当观察期的时间$t=1$，2，3，…，n，则S_1，S_2，S_3，…，S_{n-1}，S_n为时间t观察值的一次指数平滑值；α为时间序列的平滑系数，且$0<\alpha<1$。那么时间序列各观察值的一次指数平滑公式为

$$S_{t+1} = \alpha x_t + (1-\alpha)S_t$$

式中　　S_{t+1}——下一期的预测值；

　　　　x_t——本期实际观察值（本期实际发生值）；

　　　　S_t——本期预测值。

上面的公式还可以整理为

$$S_{t+1} = S_t + \alpha(x_t - S_t)$$

用语言表述为

下期预测值=本期预测值+平滑系数（本期实际值-本期预测值）

可以看出，下期预测值等于本期预测值加上平滑系数（即加权因子）乘以本期预测误差。

当$\alpha = 0$时，$S_{t+1}=S_t$，即下期预测值等于本期预测值，也就是在进行预测时，不考虑当前实际值所反映新的影响因素的变化，认为现象变化是稳定的。

当$\alpha = 1$时，$S_{t+1}=x_t$，即下期预测值等于本期实际发生值，也就是在进行预测时，不考虑以往影

响现象变化各种因素对预测对象的作用，认为现象多变，只需考虑当前的新情况。

在一般情况下进行预测，既要考虑当前的新情况，又要考虑以往影响现象变化的各种因素（如以往的销售资料），所以，α 取值在 0 和 1 之间。

对上述各式进行迭代，整理后得出下式：

$$S_{t+1} = \alpha x_t + \alpha(1-\alpha)x_{t-1} + \alpha(1-\alpha)^2 x_{t-2} + \cdots + \alpha(1-\alpha)^{k-1} x_{t-k+1} + \alpha(1-\alpha)^{t-1} x_1 + (1-\alpha)^t S_1$$

当 t 很大时，式中的最后一项接近于 0，可略去。

应用一次指数平滑法进行预测，平滑系数 α 选择很关键，α 取值不同，预测结果就不同。α 取值的一般原则如下。

（1）对于有较明显趋势变动的时间数列，α 应取较大值，即 $\alpha>0.6$，主要是为了突出近期数据对预测值的影响。

（2）对水平型的时间数列，α 应取较小值，即 $\alpha<0.3$，因为水平型的数据变动趋势不明显，随机因素多。

（3）对于介于上述两者之间的时间数列，α 应取中间值，即 $0.3\leqslant\alpha\leqslant0.6$。

应用一次指数平滑法，必须确定初始平滑值 S_1，它不能从公式中求得。当时间数列的数据资料较多时，如 $n\geqslant10$，初始值对以后预测值的影响甚小，可直接选用第一期实际观察值作为初始值，即 $S_1=x_1$。反之，如果时间数列的数据资料较少，如 $n<10$，则因初始值对以后预测值的影响较大，这时一般采用最初几期的实际值的算术平均数作为初始值。

【例 5-21】 某企业近 10 个季度销售洗发露资料见表 5-19，试用一次指数平滑法预测下季度洗发露销售量。

表 5-19　　　　　　某企业近 10 个季度销售洗发水资料及下季度预测值计算　　　（单位：万瓶）

季度	销量 x_i	预测值 S_t（α=0.1）	预测值 S_t（α=0.6）	误差（α=0.1）	误差（α=0.6）
1	50	50.0	50.0	0	0
2	52	50.0	50.0	2	2
3	51	50.0	51.2	0.8	0.2
4	50	50.3	51.1	0.3	1.1
5	57	50.3	50.4	6.7	6.6
6	64	51.0	54.4	13	9.6
7	68	52.3	60.2	15.7	7.8
8	67	53.9	64.9	13.1	2.1
9	69	55.2	66.2	13.8	2.8
10	75	56.6	67.9	18.4	7.1
		58.4	72.2		

（二）数学模型法

所谓数学模型，就是从数据的内在规律性出发，根据现象内在、外在因素变量及相互关系，进行抽象和假设，构造一个或一组反映现象数量关系的数学方程式。数学模型又可分为直线模型和曲线模型。

运用数学模型法测定现象的长期趋势，就是通过建立一定的数学模型，对时间数列拟合适当的趋势线，来描述现象发展的基本趋势。

要寻找时间数列的拟合模型，一般有两种方法。

一是通过将时间数列在图上表现出来，直观地判断数列的数学规律性。例如，如果数列表现为直线型，则可用一次函数表示；如果数列表现为抛物型，则可以用二次函数表示。

二是通过分析经济规律，使用已有的经济模型进行概括。例如罗杰斯蒂曲线，最早被用于研究人口增长规律，近代以来，又被广泛运用于研究成长现象。如果我们所研究的时间数列是具有成长特征的社会经济现象，则可以试着使用罗杰斯蒂曲线进行拟合。

具体步骤包括：根据现象发展变化的趋势和特点选择恰当的趋势方程；估计趋势方程的参数；根据趋势方程求出各个趋势值，可得一个新的数列，它能更加明显地呈现出现象发展的长期趋势。

1．直线趋势

当时间数列每期按大致相同的数量增减，即逐期增长量（一次差）大致相同，在散点图上表现为近似直线，可拟合直线方程来描述其发展变化的长期趋势。直线趋势方程为

$$y_c = a + bt$$

式中　y_c——趋势值；

　　　t——时间变量；

　　　a、b——方程的参数。

（1）分段平均法，也称半数（部分）平均法。

利用两点式方程法，配合直线方程。

$\dfrac{y_c - y_2}{y_1 - y_2} = \dfrac{t - t_2}{t_1 - t_2}$　整理后，$b = \dfrac{y_1 - y_2}{t_1 - t_2}$ 或 $b = \dfrac{y_2 - y_1}{t_2 - t_1}$；$a = y_2 - bt_2$ 或 $a = y_1 - bt_1$

就得到直线方程：$y_c = a + bt$

设 y 为时间数列的实际值，n 为数据项数。分段平均法的数学依据为：$\sum(y - y_c) = 0$。将原时间数列均分为两半（如原时间数列为奇数项可删去第一项），分别求时间序号和其对应指标值的平均数，可得两点坐标（t_1，y_1）和（t_2，y_2），将其分别代入上述直线方程，整理成标准方程，可求得参数 a、b。

【例 5-22】　针对某企业表 5-20 资料，试用分段平均法拟合直线趋势方程，预测 2013 年和 2017 年的销售量。

表 5-20　　　　　　　　　　某企业 2006—2012 年某产品销售量

年　份	2006	2007	2008	2009	2010	2011	2012
销售量（万件）	12.4	13.8	15.7	17.6	19.0	20.8	22.7

解：由于各年销售量的增量比较接近，可考虑选择直线方程，其步骤如下。

先将数列等分为前后两段，因本例是奇数项，故将首项去掉，然后令 $t=1$，2，…，6，对各个

时期按顺序编号，再分别求出前后半段时间和指标值的平均数，则有

$$t_1=（1+2+3）\div3=2，t_2=（4+5+6）\div3=5，$$

$$y_1=（13.8+15.7+17.6）\div3=15.7$$

$$y_2=（19.0+20.8+22.7）\div3=20.83$$

代入相关公式计算可得：

$$b=\frac{y_2-y_1}{t_2-t_1}=\frac{20.83-15.7}{5-2}=1.71$$

$$a=y_2-bt_2=y_1-bt_1=15.7-1.71\times2=12.28$$

则直线趋势方程为

$$y_c=12.28+1.71t$$

将时间序号 t 值代入上述方程即得各年的趋势值。如果假定影响趋势变化的因素在将来继续起作用，则可利用该方程进一步预测。

2013 年的销售量为

$$y_c=12.28+1.71\times7=24.25（万件）$$

2017 年的销售量为

$$y_c=12.28+1.71\times11=31.09（万件）$$

（2）最小平方法，也称最小二乘法。

最常用的拟合直线趋势模型的方法是最小平方法，又称最小二乘法。这种方法的数学依据是 $\sum(y-y_c)^2=$ 最小值，即各个实际值与其对应趋势值的离差平方和为最小；$\sum(y-y_c)=0$，即每个实际值与其对应趋势值离差之和为零。

根据最小二乘原理，对时间序列拟合一条趋势线，使之满足 $\sum(y-y_c)^2=$ 最小值。由此条件，我们可以推导出 a、b 的计算公式。

$$\sum(y-y_c)^2=最小值$$

$$\sum(y-y_c)^2=\sum(y-a-bt)^2$$

$$\begin{cases}\dfrac{\partial\sum(y-a-bt)^2}{\partial a}=-2\sum(y-a-bt)=0\\[3mm]\dfrac{\partial\sum(y-a-bt)^2}{\partial b}=-2\sum(y-a-bt)t=0\end{cases}$$

$$\begin{cases}\sum y=na+b\sum t\\\sum ty=a\sum t+b\sum t^2\end{cases}$$

解此方程组可得：

$$b=\frac{n\sum ty-\sum t\sum y}{n\sum t^2-\left(\sum t\right)^2}，\quad a=\frac{\sum y}{n}-b\frac{\sum t}{n}=\overline{y}-b\overline{t}$$

【例 5-23】 某企业 2006—2012 年某产品的销售量见表 5-21，试用最小平方法拟合直线趋势方程，并预测 2013 年的销售量。

表 5-21   某企业某种产品销售量统计

年　份	2006	2007	2008	2009	2010	2011	2012
销售量（万件）	12.4	13.8	15.7	17.6	19.0	20.8	22.7

解： 先建立最小平方法计算表（见表 5-22）。

表 5-22   最小平方法计算

年　份	序号 t	销售量 y	t^2	ty	y_c
2006	1	12.4	1	12.4	12.27
2007	2	13.8	4	27.6	13.99
2008	3	15.7	9	47.1	15.71
2009	4	17.6	16	70.4	17.43
2010	5	19.0	25	95.0	19.15
2011	6	20.8	36	124.8	20.87
2012	7	22.7	49	158.9	22.59
合计	28	122.0	140	536.2	122.01

从上可知：$n = 7$，$\sum t = 28$，$\sum t^2 = 140$，$\sum y = 122.0$，$\sum ty = 536.2$

将上述数据资料代入公式得

$$b = \frac{n\sum ty - \sum t \sum y}{n\sum t^2 - (\sum t)^2} = \frac{7 \times 536.2 - 28 \times 122}{7 \times 140 - 28^2} = 1.72$$

$$a = \frac{\sum y}{n} - b\frac{\sum t}{n} = \frac{122}{7} - 1.72 \times \frac{28}{7} = 10.55$$

于是得直线方程：

$$y_c = 10.55 + 1.72t$$

将时间序号 t 的值代入该方程得各年的趋势值 y_c，并列入表 5-22 的最右边一栏。

如要预测 2013 年的销售量，只需将 $t = 8$ 代入趋势方程，得

$$y_c = 10.55 + 1.72 \times 8 = 24.31（万件）$$

上例运用最小平方法时，对 t 的排序采用 1、2、3……进行，时间原点设在 2006 年，但这样计算比较烦琐。为了简化，可将时间原点设在数列的中间项。当数列为奇数项时，可取 $t = \cdots, -3, -2, -1, 0, 1, 2, 3, \cdots$ 当数列为偶数项时，可取 $t = \cdots, -5, -3, -1, 1, 3, 5, \cdots$ 这样通过正值和负值相抵消，可使 $\sum t = 0$，从而使标准方程组简化为

$$\begin{cases} \sum y = na \\ \sum ty = b\sum t^2 \end{cases}$$

解得

$$a = \frac{\sum y}{n}, \quad b = \frac{\sum ty}{\sum t^2}$$

下面按简捷法对上例求解。先建立最小平方法计算表，见表 5-23。

表 5-23　　　　　　　　　　最小平方法计算表（简捷法）

年　　份	序号 t	销售量 y	t^2	ty	y_c
2006	−3	12.4	9	−37.2	12.27
2007	−2	13.8	4	−27.6	13.99
2008	−1	15.7	1	−15.7	15.71
2009	0	17.6	0	0	17.43
2010	1	19.0	1	19.0	19.15
2011	2	20.8	4	41.6	20.87
2012	3	22.7	9	68.1	22.59
合计	0	122.0	28	48.2	122.01

从上可知：$n=7$，$\sum y = 122.0$，$\sum t^2 = 28$，$\sum ty = 48.2$，于是

$$a = \frac{\sum y}{n} = \frac{122.0}{7} = 17.43$$

$$b = \frac{\sum ty}{\sum t^2} = \frac{48.2}{28} = 1.72$$

线性方程为

$$y_c = 17.43 + 1.72t$$

将简捷法中的时间序号 t 代入该方程得各年的趋势值 y_c，并列入表 5-23 的最右边一栏。如要预测 2013 年的销售量，只需将 $t=4$ 代入趋势方程，得

$$y_c = 17.43 + 1.72 \times 4 = 24.31（万件）$$

计算结果完全相同，不难看出，这样可以大大简化计算的工作量。

2．曲线趋势

如果现象的发展变化呈曲线方式，在散点图上表现为各种不同的曲线形态，则应拟合曲线方程来描述其发展的长期趋势。

（1）指数曲线。

当时间数列各期的环比发展速度（即对数一次差）大致相同，并在散点图上近似表现为一条指数曲线时，可配合指数曲线方程：

$$y_c = ab^t$$

要求解指数曲线方程的参数 a、b，须先将其化为对数形式：$\lg y_c = \lg a + t \lg b$，然后用最小平方法按求直线方程参数的公式可得：

$$\lg b = \frac{n\sum t \lg y - \sum t \sum \lg y}{n\sum t^2 - (\sum t)^2}，\quad \lg a = \frac{\sum \lg y}{n} - \lg b \frac{\sum t}{n}$$

再求各值的反对数，即可得 a、b 的值。

【例 5-24】某地区 2007—2012 年人口数资料见表 5-24，试用指数曲线预测该地区 2013 年的人口数。

表 5-24　　　　　　　　　　　　指数曲线计算表

年　　份	序号 t	人口数（万人）y	lg$y$	t^2	$t$lg$y$
2007	1	85.50	1.93197	1	1.93197
2008	2	86.48	1.93692	4	3.87384
2009	3	87.46	1.94181	9	5.82543
2010	4	88.47	1.94680	16	7.78720
2011	5	89.46	1.95163	25	9.75815
2012	6	90.44	1.95636	36	11.73816
合计	21	527.81	11.66549	91	40.91475

将表中数据代入求参数公式得

$$\lg b = \frac{n\sum t\lg y - \sum t\sum \lg y}{n\sum t^2 - (\sum t)^2} = \frac{6\times 40.91475 - 21\times 11.66549}{6\times 91 - (21)^2} = 0.004888$$

$$\lg a = \frac{\sum \lg y}{n} - \lg b\frac{\sum t}{n} = \frac{11.66549}{6} - 0.004888\times\frac{21}{6} = 1.92714$$

求反对数得 a=84.555，b=1.011，则指数曲线方程为

$$y_c = 84.555\times 1.011^t$$

可以利用上述公式进行预测，2013 年该地人口数为

$$y_c = 84.555\times 1.011^t = 84.555\times 1.011^7 = 91.28（万人）$$

（2）抛物线（二次曲线）。

当时间数列各期水平的二级增长量（二次差）大致相等，在散点图上近似表现为一条抛物线，则可配合抛物线趋势方程：

$$y_c = a + bt + ct^2$$

上述方程中三个参数 a、b、c 也可运用最小平方法求得。由于有三个参数，根据最小平方法可导出三个标准方程，即

$$\begin{cases} \sum y = na + b\sum t + c\sum t^2 \\ \sum ty = a\sum t + b\sum t^2 + c\sum t^3 \\ \sum t^2 y = a\sum t^2 + b\sum t^3 + c\sum t^4 \end{cases}$$

按前述简化计算的原理，将原点设在时间数列的中间一项，可使$\sum t$=0，且$\sum t^3$=0，则上述标准方程可简化为

$$\begin{cases} \sum y = na + c\sum t^2 \\ \sum ty = b\sum t^2 \\ \sum t^2 y = a\sum t^2 + c\sum t^4 \end{cases}$$

解之得 $a = \dfrac{\sum y - c\sum t^2}{n}$，$b = \dfrac{\sum ty}{\sum t^2}$，$c = \dfrac{n\sum t^2 y - \sum t^2\sum y}{n\sum t^4 - (\sum t^2)^2}$

【例 5-25】 某厂 2007—2012 年增加值资料见表 5-25，试用抛物线方程预测 2013 年的增加值。

表 5-25   抛物线方程计算表

年　份	序号 t	增加值（万元）y	ty	t^2	t^2y	t^4	y_c
2007	-5	420	-2100	25	10500	625	419.98
2008	-3	460	-1380	9	4140	81	459.96
2009	-1	520	-520	1	520	1	520.26
2010	1	601	601	1	601	1	600.88
2011	3	702	2106	9	6318	81	701.82
2012	5	823	4115	25	20575	625	823.08
合计	0	3526	2822	70	42654	1414	3525.98

解：根据表中计算资料，运用最小平方法可求出：

$$a = \frac{\sum y - c\sum t^2}{n} = \frac{3526 - 2.54 \times 70}{6} = 558.03$$

$$b = \frac{\sum ty}{\sum t^2} = \frac{2822}{70} = 40.31$$

$$c = \frac{n\sum t^2 y - \sum t^2 \sum y}{n\sum t^4 - (\sum t^2)^2} = \frac{6 \times 42654 - 70 \times 3526}{6 \times 1414 - (70)^2} = 2.54$$

将 a、b、c 的值代入抛物线方程，即得

$$y_c = 558.03 + 40.31t + 2.54t^2$$

把相应的 t 值依次代入上述方程，就可求出各年的趋势值 y_c，见表 5-25 最右边一栏。

当取 $t=7$ 时，可得 2013 年增加值的预测值为

$$y_c = 558.03 + 40.31 \times 7 + 2.54 \times 7^2 = 964.66（万元）$$

（3）其他曲线。

当时间数列各期水平的逐期增长量（一次差）按近似相同的百分比变动时，可拟合修正指数曲线：

$$y_c = k + ab^t$$

当时间数列各期水平的环比增长速度（即对数一次差）按一定的常数百分比变动时，可拟合龚伯兹曲线：

$$y_c = kab^t$$

当时间数列的倒数一次差按一定的百分比变动时，可拟合逻辑斯蒂曲线：

$$\frac{1}{y_c} = k + ab^t$$

还有其他的曲线，这些曲线方程的参数都可采用最小平方法求得，具体内容不再赘述。

第五节　季节变动和循环变动分析

一、季节变动分析

进行季节变动分析的目的主要有两个方面：一是通过数据分析了解和掌握季节因素的影响作用

大小，掌握季节变动的规律；二是通过季节变动分析，利用有益的季节变动影响，减少直至消除不利的季节波动，还可以使时间数列更明显地反映趋势及其他因素的影响。

季节变动的测定主要是计算一系列季节指数，又称季节比率，其设计思想是：以总平均水平为对比标准，用各季节的平均数与之比较，来反映季节变动高低程度。季节指数是各季（月）平均数与全时期总平均数的比率，它由一系列数值组成，个数由资料的时间间隔决定，且季节指数之和也与所掌握资料有关。如掌握资料为月份资料，则有 12 个季节指数，季节指数之和为 1200%，如为季度资料，则有 4 个季节指数，季节指数之和为 400%。

分析季节变动的方法很多，常用的有按月（季）平均法和趋势剔除法。前者不考虑长期趋势的影响，后者则考虑长期趋势的影响。不论采用哪种方法，都必须具备连续 3 年以上的分月或分季资料，如资料太少，不能确切反映季节变动的规律。

（一）按月（季）平均法

测定季节变动最常用的方法是按月（季）平均法。它是通过计算季节指数来反映现象季节变动的周期性规律。季节指数可以按月计算，也可以按季计算。

利用按月（季）平均法测定季节变动，需要根据若干年（至少为 3 年）的分月（季）资料，计算出同月（季）平均数和所有月（季）的总平均数，然后，用各月（季）的平均数与所有月（季）的总平均数相对比，求得季节指数。其计算公式为

$$季节指数（\%）= \frac{同月（季）平均数}{月（季）总平均水平}$$

按月（季）平均法的步骤是：首先根据历年同月（季）的数据，求出该月（季）的平均数；然后求出总的月（季）平均数；最后将各月（季）的平均数除以总平均数，就可得到各月（季）的季节指数。

【例 5-26】 某商业企业 2005—2012 年按月销售资料见表 5-26，计算季节指数。

表 5-26　　　　　　　　　　某商业企业 2005—2012 年按月销售资料

月份 / 年份	1	2	3	4	5	6	7	8	9	10	11	12	合计
2005	16.1	14.4	14.2	15.1	15.5	14.3	13.8	14.7	17.2	18.4	20.2	19.9	193.8
2006	16.2	15.0	15.1	14.2	13.4	13.7	14.5	15.6	17.5	17.9	18.7	19.0	190.8
2007	16.7	16.3	15.3	14.5	14.5	13.9	14.6	15.8	18.0	19.3	21.4	20.3	200.6
2008	17.0	17.8	16.7	16.3	15.6	15.2	15.9	17.1	18.4	20.0	21.6	19.6	211.2
2009	17.1	17.3	16.5	16.4	15.6	15.7	16.2	17.4	18.8	20.3	21.9	19.8	213.0
2010	17.4	16.1	15.2	15.4	15.0	14.3	13.2	12.8	14.2	16.3	17.8	17.5	185.2
2011	14.8	15.0	15.1	14.8	14.6	15.3	14.9	15.5	16.2	17.0	17.8	17.8	188.8
2012	13.6	13.2	12.7	13.1	13.6	13.0	14.2	14.7	15.6	17.2	18.2	18.1	177.2
合计	128.9	125.1	120.8	119.8	117.8	115.4	117.3	123.6	135.9	146.4	157.6	152.0	1560.6
季节平均数	16.11	15.64	15.1	14.98	14.73	14.43	14.66	15.45	16.99	18.3	19.7	19	16.26
季节指数	99.1	96.2	92.9	92.1	90.6	88.8	90.1	95	104.5	112.6	121.2	116.9	1200

解：（1）计算同月的平均数，计算结果见表 5-26 "季节平均数" 一栏。

（2）计算全部数据的总月平均数，即 $\frac{1560.6}{8 \times 12} = 16.26$。

（3）计算季节指数，即 季节指数 $= \dfrac{各月平均数}{总平均数}$，计算结果见表 5-26。

从季节指数上可以判断该商品在 9 月、10 月、11 月、12 月是销售旺季，尤其在后 3 个月，而 6 月是销售淡季。

需要注意的是，如果季节指数之和不等于 400% 或 1200%，就需要调整，调整的方法是首先计算调整系数，然后用调整系数分别乘以各月（季）季节指数，即得调整后的季节指数。调整系数的公式为

$$或 \quad 调整系数 = \frac{1200}{各月季节指数之和}$$

$$调整系数 = \frac{400}{各季季节指数之和}$$

按月（季）平均法计算简单，但没有考虑长期趋势的影响，在时间数列存在明显的长期趋势情况下，其计算结果不够准确。

（二）趋势剔除法

当时间序列包含长期趋势和循环变动时，用按月（季）平均法计算季节指数就不够准确，应采用趋势剔除法。趋势剔除法与按月（季）平均法的主要区别在于，在计算季节指数之前先要剔除长期趋势的影响。

假定时间序列各影响因素以乘法模型形式存在，趋势剔除法的基本步骤如下。

（1）用移动平均法、趋势线法等方法消除季节变动（S）和不规则变动（I），计算出长期趋势和循环变动值（$T \times C$）。

（2）从乘法模型中剔除（$T \times C$），从而得到不存在长期趋势的（$S \times I$），即

$$S \times I = \frac{Y}{T \times C}$$

（3）用按季（月）平均法消除 I，得到季节指数。

【例 5-27】 某地区 2009—2012 年各季某农产品销售量资料见表 5-27，经分析该数列有较明显的长期趋势，为此采用趋势剔除法计算季节指数，计算过程和结果见表 5-27、表 5-28 和表 5-29。

表 5-27 　　　　　　　　　　　某地某农产品销量的趋势剔除计算表

年\季	销售量 Y (t)	趋势值 T (t)			Y/T（%）	
		四季移动平均	两项移动平均	趋势线拟合 $y_c=14.1313+0.3561t$	移动平均消除	趋势线拟合消除
2009\1	10.8		—	8.79	—	122.87
2	11.5	9.700	—	9.50	—	121.05
		10.275				
3	7.9		9.9875	10.21	79.10	77.38

年\季	销售量 Y (t)	趋势值 T（t）			Y/T（%）	
		四季移动平均	两项移动平均	趋势线拟合 $y_c=14.1313+0.3561t$	移动平均消除	趋势线拟合消除
4	8.6		10.5750	10.93	81.32	78.68
2010\1	13.1	10.875	11.1000	11.64	118.02	112.54
2	13.9	11.325	11.6250	12.35	119.57	112.55
3	9.7	11.925	12.1125	13.06	80.08	74.27
4	11.0	12.300	12.7500	13.77	86.27	79.88
2011\1	14.6	13.200	13.9875	14.49	104.38	100.76
2	17.5	14.775	15.6500	15.20	111.82	115.13
3	16.0	16.525	17.0000	15.91	94.12	100.57
4	18.0	17.475	17.7875	16.62	101.19	108.30
2012\1	18.4	18.100	18.2125	17.33	101.03	106.17
2	20.0	18.325	18.3500	18.05	108.99	110.80
3	16.9	18.375	—	18.76	—	90.09
4	18.2		—	19.47	—	93.48

注意：2011 年 1 季度至 2012 年 4 季度配合趋势线时间序号的选择分别为 1，3，5，…，11，13，15；2010 年 4 季度至 2009 年 1 季度分别为-1，-3，-5，…，-11，-13，-15。

根据表 5-27 中最后两栏的数据进一步计算季节指数，见表 5-28 和表 5-29。

表 5-28　　　　　　　　趋势剔除后的季节指数（移动平均法）（%）

年份 ＼ 季度	1	2	3	4
2009	—	—	79.10	81.32
2010	118.02	119.57	80.08	86.27
2011	104.38	111.82	94.12	101.19
2012	101.03	108.99	—	—
合计	323.43	340.38	253.30	268.78
季平均数	107.81	113.46	84.43	89.59
调整系数	1.0119	1.0119	1.0119	1.0119
季节指数	109.09	114.81	85.44	90.66

调整系数=400÷（107.81+113.46+84.43+89.59）=1.0119

表 5-29　　　　　　　　趋势剔除后的季节指数（趋势线拟合法）（%）

年份 ＼ 季度	1	2	3	4
2009	122.87	121.05	77.38	78.68
2010	112.54	112.55	74.27	79.88
2011	100.76	115.13	100.57	108.30
2012	106.17	110.80	90.09	93.48
合计	442.34	459.53	342.31	360.34
季平均数	110.59	114.88	85.58	90.09
调整系数	0.99716	0.99716	0.99716	0.99716
季节指数	110.28	114.55	85.34	89.83

调整系数=400÷（110.59+114.88+85.58+90.09）=0.99716

根据季节变动资料可以进行预测。仍以例【5-27】中某地区某农产品销售为例，如需预测 2013 年各季的销售量，可先求出 2013 年各季的趋势值，然后再分别乘上各季的季节指数，即可得各季的预测值。

第一季度趋势值=14.1313+0.3561×17=20.18（t）

预测值20.18×110.28%=22.25（t）

第二季度趋势值=14.1313+0.3561×19=20.90（t）

预测值20.90×114.55%=23.94（t）

第三季度趋势值=14.1313+0.3516×21=21.61（t）

预测值21.61×85.34%=18.44（t）

第四季度趋势值=14.1313+0.3561×23=22.32（t）

预测值22.32×89.83%=20.05（t）

按月（季）平均法和剔除法的差别不在于结果获得的精确度，而在于它们的应用条件。如果资料没有长期趋势，就用第一种方法；如果有长期趋势，就需要用第二种方法。一组数据只能有一种适用方法。在计算分析前需要先判断清楚，再决定选取哪种方法。

运用以上方法进行预测，可以直接得出各季（月）的预测值。但是，在实际工作中，长期趋势的测定往往是以年度资料为依据的，这就需要把年趋势方程转换为季（月）的趋势方程，以求得各季（月）的趋势值。

将年直线趋势方程转换为季或月的直线趋势方程的公式如下。

季转换：$y_c = \dfrac{a年}{4} - 1.5 \times \dfrac{b年}{16} + \dfrac{b年}{16} \times t$　　（t 为季度序号）

月转换：$y_c = \dfrac{a年}{12} - 5.5 \times \dfrac{b年}{144} + \dfrac{b年}{144} \times t$　　（t 为月度序号）

上述转换的基本原理是：将年方程截距 a 除以 4，可改为季方程的截距 a，同样将年方程的斜率 b 和年度序号 t 分别同除以 4，即共除以 16，可转化为季方程的斜率 b 和季度序号 t。此外，还需将方程原点从年方程的年中间 6 月底移至第一季度的中间 2 月中，作为季方程的原点。由于方程原点前移 1.5 个季度，使方程截距减少了（1.5 个 b 年）/16，故要将此数从截距 a 中减去。将上述过程综合起来，就可得到上面的公式。同理，月方程的转换，只需将 a、b、t 各除以 12，并将年方程原点从 6 月底移至同年的 1 月中，因前移了 5.5 个月，故要从截距 a 中减去（5.5 个 b 年）/144，即可得到上述公式。

二、循环变动分析

循环变动是指现象在一个较长时期内涨落起伏的波动。循环变动与季节变动的主要区别在于，循环变动的波动周期在一年以上且周期长短不一，而季节变动是一年以内的有规律的周期波动。测定循环变动的目的在于发现循环变动的规律，或从时间数列中剔除循环变动的影响，为预测提供依据。

测定循环变动的方法有多种，如剩余法（残余法）、直接法和循环平均法等，但最常用的是剩余法。其基本原理是：先从影响时间数列变动的基本因素中，通过分解法逐步消除长期趋势及季节变动，然后再用移动平均法消除不规则变动，剩余部分大体上能呈现出循环变动。仍然假定时间序列各影响因素满足乘法模型 $Y=T \times S \times C \times I$，由于对长期趋势和季节变动因素所采取的消除步骤不同，剩余法又可分为三种。

1．先消除季节变动，后消除长期趋势变动

具体步骤如下。

（1）计算季节指数 S，用 Y 除以季节指数 S，得到无季节变动的数据 $T \times C \times I$；

（2）求长期趋势 T；

（3）用 $T \times C \times I$ 除以 T，得无季节变动及无长期趋势影响的数据 $C \times I$；

（4）利用移动平均法来消除 I，得到循环变动 C。

2．先消除长期趋势变动，后消除季节变动

具体步骤如下。

（1）计算长期趋势 T，用 Y 除以长期趋势 T，得到无长期趋势的数据 $S \times C \times I$；

（2）计算季节指数 S；

（3）用 $S \times C \times I$ 除以 S，得无季节变动及无长期趋势影响的数据 $C \times I$；

（4）利用移动平均法来消除 I，得到循环变动 C。

3．同时消除季节变动和长期趋势变动

具体步骤如下。

（1）计算季节指数 S 和长期趋势 T，并计算 $T \times S$；

（2）用 Y 除以季节指数 $T \times S$，得到无季节变动和长期趋势的数据 $C \times I$；

（3）利用移动平均法来消除 I，得到循环变动 C。

三种方法均为乘法模型，计算结果应该相同，但究竟采用哪一种为好，应根据具体情况而定。一般多采用第一种方法，因为资料经整理为无季节变动的情况较为常见，而经整理不存在长期趋势的情况较少。

【例 5-28】 现有某食品店 24 年来的某商品零售额资料，见表 5-30，用剩余法对表中资料的循环变动进行分析测定。

表 5-30　　　　　　　　　　　　　　　　循环变动计算表

时　间	标号 t	零售额 Y	季节指数 S（%）	Y/S（%）	趋势值 T	$C \times I$（%）	C（%）
1989	1	82.40	90.37	91.18	91.05	100.14	
1990	2	108.00	117.56	91.87	92.58	99.23	
1991	3	99.90	108.31	92.24	94.11	98.01	100.61
1992	4	83.00	83.76	99.09	95.64	103.61	99.87
1993	5	90.50	90.37	100.14	97.17	103.06	99.11
1994	6	104.80	117.56	89.15	98.70	90.32	99.51
1995	7	109.50	108.31	101.10	100.22	100.87	99.50
1996	8	88.60	83.76	105.78	101.75	103.96	101.35
1997	9	95.80	90.37	106.01	103.28	102.64	103.38
1998	10	130.00	117.56	110.58	104.81	105.51	102.72
1999	11	117.40	108.31	108.39	106.34	101.93	101.22

续表

时 间	标号 t	零售额 Y	季节指数 S（%）	Y/S（%）	趋势值 T	$C×I$（%）	C（%）
2000	12	88.20	83.76	105.30	107.87	97.62	99.40
2001	13	95.90	90.37	106.12	109.40	97.00	97.50
2002	14	126.00	117.56	107.18	110.93	96.62	96.37
2003	15	116.40	108.31	107.47	112.46	95.57	96.52
2004	16	90.70	83.76	108.29	113.99	95.00	97.64
2005	17	105.20	90.37	116.41	115.51	100.78	98.93
2006	18	140.10	117.56	119.17	117.04	101.82	99.93
2007	19	129.30	108.31	119.38	118.57	100.68	99.79
2008	20	98.50	83.76	117.60	120.10	97.92	99.87
2009	21	106.30	90.37	117.63	121.63	96.71	100.47
2010	22	154.20	117.56	131.17	123.16	106.50	101.30
2011	23	136.20	108.31	125.75	124.69	100.85	
2012	24	110.30	83.76	131.69	126.22	104.33	

根据表 5-30 的数据进行循环波动分析。

（1）消去季节变动，得无季节变动资料，见表 5-30 中"Y/S"栏。

（2）利用原始资料建立的趋势方程 $y_c = 89.521 + 1.529t$，将 $t=1$，2，3，…，22，23，24 代入方程得"趋势值 T"。

（3）将前两项结果相除，即得无季节变动及无长期趋势影响的资料，见表 5-30 中"$C×I$"栏。

（4）通过移动平均消除不规则变动，得循环波动值，即表中的最后一栏。

将循环波动值绘图，如图 5-1 所示。

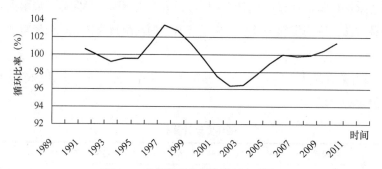

图 5-1 某商品销售额的循环变动图

从图 5-1 中可以清楚地看出，该商品销售额有循环变动。

思考题

一、单项选择题

1. 时间数列中各个指标数值不具有可加性的是（　　）。

　　A．时期数列　　　　　　　　　　　　B．时点数列

C．时期指标　　　　　　　　　　　　D．时期绝对数指标

2．编制时间数列的基本原则是保证数列中各个指标数值的（　　　）。

A．连续性　　　　　B．一致性　　　　　C．可加性　　　　　D．可比性

3．计算其他时间数列分析指标的基础是（　　　）。

A．发展速度　　　　B．发展水平　　　　C．平均发展速度　　　D．平均发展水平

4．用来作为比较基础时期的发展水平叫作（　　　）。

A．报告期水平　　　B．基期水平　　　　C．中间水平　　　　D．最末水平

5．以下具有可加性的时间数列是（　　　）。

A．人口出生数时间数列　　　　　　　　B．居民储蓄存款时间数列

C．资金利润率时间数列　　　　　　　　D．耕地面积时间数列

6．把各个时期的人均收入按时间先后顺序排列起来，这样形成的数列是（　　　）。

A．时期数列　　　　　　　　　　　　　B．时点数列

C．相对数时间数列　　　　　　　　　　D．平均数时间数列

7．下列相对数时间数列中，属于两个时期数列对比构成的相对数时间数列是（　　　）。

A．百元产值利润率时间数列　　　　　　B．工业企业全员劳动生产率时间数列

C．流动资金周转次数时间数列　　　　　D．人均财政收入时间数列

8．某企业某年利润额为1000万元，下一年增加到1260万元，则1260万元是（　　　）。

A．发展水平　　　　B．逐期增长量　　　C．累积增长量　　　D．平均增长量

9．下列表述正确的是（　　　）。

A．定基发展速度之和等于相应的环比发展速度

B．定基发展速度之差等于相应的环比发展速度

C．定基发展速度之积等于相应的环比发展速度

D．定基发展速度之商等于相应的环比发展速度

10．定基发展速度等于相应各个环比发展速度的（　　　）。

A．连乘积　　　　　B．总和　　　　　　C．对比值　　　　　D．差值

11．"十五"期间，某市生产总值年均递增10%，2005年实现2460.5亿元，而2000年全市生产总值为（　　　）。

A．1527.8亿元　　　B．1640.3亿元　　　C．1680.6亿元　　　D．1757.5亿元

12．若各年环比增长速度保持不变，则各年增长量（　　　）。

A．逐年增加　　　　B．逐年减少　　　　C．保持不变　　　　D．无法做结论

13．已知环比增长速度为2%、3%、4%、5%，则定基增长速度为（　　　）。

A．2%×3%×4%×5%　　　　　　　　　B．（2%×3%×4%×5%）-100%

C．102%×103%×104%×105%　　　　　D．（102%×103%×104%×105%）-100%

14．平均增长速度是（　　　）。

A．环比增长速度的算术平均数　　　　　B．总增长速度的算术平均数

C. 平均发展速度减去百分之百　　　　　D. 环比发展速度的算术平均数

15. 某产品产量 2012 年比 2002 年增加了 235%，则各年的平均发展速度为（　　）。

    A. $\sqrt[10]{235\%}$　　　　　　　　　　　　B. $\sqrt[11]{235\%}$

    C. $\sqrt[10]{335\%}$　　　　　　　　　　　　D. $\sqrt[9]{335\%}$

16. 某企业产量年平均发展速度 2008—2010 年为 105%，2011—2012 年为 103%，则 2008—2012 年的平均发展速度为（　　）。

    A. $\sqrt{1.05\times1.03}$　　　　　　　　　　B. $\sqrt{1.05^3\times1.03^2}$

    C. $\sqrt[5]{1.05\times1.03}$　　　　　　　　　D. $\sqrt[5]{1.05^3\times1.03^2}$

17. 以 1982 年为最初水平，2007 年为最末水平，计算某指标的年平均发展速度时，需要开（　　）。

    A. 23 次方　　　　B. 24 次方　　　　C. 25 次方　　　　D. 26 次方

18. 对 2002—2007 年某企业某产品产量（t）的时间数列拟合的方程为 $y=200+15t$，这意味着该产品每年平均增加（　　）。

    A. 15%　　　　　B. 15t　　　　　C. 215t　　　　D. 200t

19. 根据某现象各年的发展水平拟合的直线方程为 $y=a+bx$，参数 b 说明（　　）。

    A. 年平均增长量　　　　　　　　　　　B. 年平均发展水平

    C. 年平均发展速度　　　　　　　　　　D. 年平均增长速度

20. 由间断时点数列计算序时平均数，假定条件是相邻两个时点之间的变动是（　　）。

    A. 连续的　　　　B. 间隔的　　　　C. 均匀的　　　　D. 不变的

21. 平均增长速度是（　　）。

    A. 平均发展速度减 1（100%）　　　　B. 环比增长速度的 n 次方根

    C. 定基增长速度的 n 次方根　　　　D. 累计增长量的 n 次方根

22. 根据时期数列计算序时平均数应采用（　　）。

    A. 几何平均法　　　　　　　　　　　　B. 加权算术平均法

    C. 简单算术平均法　　　　　　　　　　D. 首末折半法

23. 间隔相等的时点数列计算序时平均数应采用（　　）。

    A. 几何平均法　　　　　　　　　　　　B. 加权算术平均法

    C. 简单算术平均法　　　　　　　　　　D. 首末折半法

24. 定基发展速度和环比发展速度的关系是（　　）。

    A. 两个相邻时期的定基发展速度之商等于相应的环比发展速度

    B. 两个相邻时期的定基发展速度之差等于相应的环比发展速度

    C. 两个相邻时期的定基发展速度之和等于相应的环比发展速度

    D. 两个相邻时期的定基发展速度之积等于相应的环比发展速度

25. 下列数列中属于动态数列的是（　　）。

    A. 学生按学习成绩分组形成的数列

    B. 工业企业按地区分组形成的数列

C．职工按工资水平高低排列形成的数列

D．出口额按时间先后顺序排列形成的数列

26．说明现象在较长时期内发展的总速度的指标是（　　）。

A．环比发展速度　　　　B．平均发展速度　　　C．定基发展速度　　　D．定基增长速度

27．如采用三项移动平均修匀时间数列，则所得修匀数列比原数列首尾各少（　　）。

A．一项数值　　　　　　B．二项数值　　　　　C．三项数值　　　　　D．四项数值

28．某企业生产某种产品，平均增长量不变，则该产品产量的环比增长速度（　　）。

A．年年下降　　　　　　B．年年增长　　　　　C．年年保持不变　　　D．无法做结论

29．在用移动平均趋势剔除法测定季节变动时，剔除长期趋势的方法是（　　）。

A．按月资料移动平均　　　　　　　　　B．按季资料移动平均

C．将实际值除以趋势值　　　　　　　　D．将实际值乘以趋势值

30．对某公司历年利润额（万元）资料拟合的方程为 $y_c = 100 + 10t$，这意味着该公司利润额每年平均增加（　　）。

A．110 万元　　　　　　B．10 万元　　　　　C．100 万元　　　　　D．10%

二、多项选择题

1．时间序列的基本要素是（　　）。

A．被研究现象或指标所属的时间

B．按各种标志划分的各组

C．被研究现象或指标所属的空间

D．该现象或指标在此时间的指标值

2．长期趋势有以下几种情形（　　）。

A．呈稳定的水平趋势　　　　　　　　　B．向上发展变化趋势

C．等差上升趋势　　　　　　　　　　　D．等比上升趋势

3．反映季节变动的指标有（　　）。

A．平均发展速度　　　B．季节比率　　　C．平均增长速度　　　D．季节指数

4．用趋势剔除法测定季节变动（　　）。

A．考虑了现象发展中长期趋势的影响

B．所得季节比率之和正好等于零

C．要求具备连续 3 年以上的分月（季）资料

D．各季季节比率之和调整后等于 400%

5．将不同时期发展水平加以平均所得平均数为（　　）。

A．动态平均数　　　B．静态平均数　　　C．序时平均数　　　D．平均发展水平

6．$\bar{a} = \dfrac{\bar{b}}{\bar{c}}$ 用来计算（　　）。

A．时期数列的序时平均数　　　　　　　B．静态相对动态数列平均发展水平

C．动态平均数动态数列平均发展水平　　　D．动态相对数动态数列平均发展水平

7．下面属于时期数列的是（　　）。

    A．我国近几年来的耕地总面积　　　　　　B．我国历年新增人口数

    C．我国历年图书出版量　　　　　　　　　D．某地区国有企业历年资金利税率

8．下面侧重于用几何平均法计算平均发展速度的是（　　）。

    A．基本建设投资额　　　　　　　　　　　B．商品销售量

    C．垦荒造林数量　　　　　　　　　　　　D．居民消费支出状况

9．定基发展速度和环比发展速度的关系是（　　）。

    A．两者都属于速度指标

    B．环比发展速度的连乘积等于定基发展速度

    C．定基发展速度的连乘积等于环比发展速度

    D．相邻两个定基发展速度之商等于相应的环比发展速度

10．关于累计增长量与逐期增长量正确的结论是（　　）。

    A．这两个增长量都属于速度分析指标

    B．各项逐期增长量之和等于累计增长量

    C．相邻的两个逐期增长量之差等于相应的累计增长量

    D．根据这两个增长量都可以计算较长时期内的平均每期增长量

11．下列属于序时平均数的是（　　）。

    A．一季度平均每月的职工人数

    B．某产品产量某年各月的平均增长量

    C．某企业职工第四季度人均产值

    D．某地区近几年出口商品贸易额平均增长速度

12．计算平均发展速度的方法有（　　）。

    A．算术平均法　　　B．几何平均法　　　C．方程式法　　　D．调和平均法

13．下列属于由两个时期数列对比构成的相对数或平均数动态数列的是（　　）。

    A．工业企业全员劳动生产率数列　　　　　B．百元产值利润率动态数列

    C．产品产量计划完成程度动态数列　　　　D．某单位人员构成动态数列

14．下面属于时点数列的是（　　）。

    A．历年旅客周转量　　　　　　　　　　　B．某银行储户存款余额

    C．历年商品销售量　　　　　　　　　　　D．历年牲畜存栏数

15．在进行时间数列分解时，一般把时间数列的构成因素按性质和作用分为（　　）。

    A．长期趋势　　　B．季节变动　　　C．循环波动　　　D．不规则变动

三、判断题

1．在各种动态数列中，指标值的大小都受到指标所反映的时期长短的制约。（　　）

2．发展水平就是动态数列中的每一项具体指标数值，它只能表现为绝对数。（　　）

3．若将 2005—2012 年年末国有企业固定资产净值按时间先后顺序排列，此种动态数列称为时点数列。（　　　）

4．定基发展速度等于相应各个环比发展速度的连乘积，所以定基增长速度也等于相应各个环比增长速度积。（　　　）

5．发展速度是以相对数形式表示的速度分析指标，增长量是以绝对数形式表示的速度分析指标。（　　　）

6．定基发展速度和环比发展速度之间的关系是两个相邻时期的定基发展速度之积等于相应的环比发展速度。（　　　）

7．若逐期增长量每年相等，则其各年的环比发展速度是年年下降的。（　　　）

8．若环比增长速度每年相等，则其逐期增长量也是年年相等。（　　　）

9．某产品产量在一段时期内发展变化的速度，平均来说是增长的，因此该产品产量的环比增长速度也是年年上升的。（　　　）

10．平均增长速度不是根据各个增长速度直接来求得，而是根据平均发展速度计算的。（　　　）

11．累计增长量等于相应的各逐期增长量之和。（　　　）

12．环比增长速度的连乘积等于定基增长速度。（　　　）

13．按水平法计算的平均发展速度是对各期发展水平求几何平均数。（　　　）

14．某校历年毕业生人数数列是时期数列。（　　　）

15．由静态相对数动态数列或静态平均数动态数列求其序时平均数的基本公式是 $\bar{c} = \dfrac{\sum a}{n}$。（　　　）

四、名词解释

1．绝对数数列　　2．相对数数列　　3．长期趋势　　4．移动平均法　　5．时期数列

6．时点数列　　7．季节变动　　8．循环变动　　9．剔除法　　10．季节指数

五、简答题

1．什么叫时间数列？时间数列有何作用？

2．编制时间数列时应遵循的原则有哪些？

3．简述动态平均数与静态平均数的异同。

4．计算平均发展速度有哪两种方法？其主要区别是什么？

5．动态分析有哪些水平指标和速度指标？

6．什么是长期趋势？主要有哪些测定方法？

7．什么是季节变动？主要有哪些测定方法？

六、计算分析题

1．某地区 2006—2012 年年末人数见表 5-31。

表 5-31

时间	2006	2007	2008	2009	2010	2011	2012
人口数（人）	131448	132129	132802	133450	134091	134735	135404

根据上述资料，计算：（1）逐期增长量；（2）累计增长量；（3）环比发展速度；（4）定基发展速度；（5）环比增长速度；（7）定基增长速度；（8）平均增长量；（9）增长1%的绝对值；（10）平均发展速度。

2．某地区2007—2012年年末人数见表5-32，计算各年平均人数（万人）。

表5-32

年　份	2007	2008	2009	2010	2011	2012
年末人数	2500	2700	2900	3000	3100	3180

3．某仓库2012年库存数量见表5-33，计算全年平均库存额。

表5-33

月、日	1.1	4.1	9.1	12.1	12.31
库存量（千件）	2.75	3.23	1.97	2.45	3.05

4．某企业2012年生产设备数量资料见表5-34。

表5-34

季　度	1季度初	2季度初	3季度初	4季度初	4季度末
完好设备（台）	208	217	215	196	218
全部设备（台）	250	255	272	262	272

根据上述资料计算：

（1）完好设备和全部设备上半年的平均数量；2012年的平均数量。

（2）上半年完好设备占全部设备的平均比重；2012年的平均比重。

5．某地区2009年财政收入3亿元。

（1）若从2010年起，每年要比上年平均递增10%，问2012年财政收入应达到多少？

（2）如果2012年要求达到4.8亿元，那么每年应取得多大的平均发展速度？

6．某商店第一季度销售资料见表5-35。

表5-35

月　份	1	2	3	4
商品销售额（万元）	1800	1640	2002	2300
人均销售额（元/人）	12000	10000	13000	12500

计算：

（1）第一季度月平均人均销售额；

（2）第一季度人均销售额。

7．某商店商品销售额、库存额资料（单位：万元）见表5-36。

表5-36

月　份	1月	2月	3月	4月
商品销售额	110.7	116.0	115.0	117.4
月初库存额	60.8	67.50	67.0	65.2

计算：

（1）一季度月平均商品流转次数（提示：商品流转次数=商品销售额÷平均库存额）；

（2）一季度的商品流转次数。

8．某企业 1—7 月工人数和总产值资料见表 5-37。

表 5-37

月　　份	1	2	3	4	5	6	7
月初工人数（人）	2000	2020	2025	2040	2035	2045	2050
总产值（万元）	362	358	341	347	333	333	330

试计算：

（1）第二季度的平均劳动生产率；

（2）第二季度的平均月劳动生产率；

（3）上半年每个月的平均月劳动生产率；

（4）该企业上半年的劳动生产率。

9．某厂所属两个车间 12 月份的产值和每日在册人数资料见表 5-38。

表 5-38

车间	总产值（万元）	每日在册人数（人）			
		1～5	6～11	12～20	21～31
甲	182	233	240	248	252
乙	190	256	247	249	260

试计算：

（1）各车间 12 月份的劳动生产率；

（2）整个企业 12 月份的劳动生产率。

10．甲、乙两省某种产品产量资料（单位：吨）见表 5-39。

表 5-39

年　　份	甲　　省	乙　　省
2007	4567	40044
2008	5361	42904
2009	6483	45995
2010	7060	49100
2011	8716	51900

（1）分别计算甲、乙两省产量的平均发展速度；

（2）按这几年的平均发展速度再有多少年甲省可以赶上乙省 2011 年的水平？

11．某地区 2007 年 GDP 为 50 亿元，计划 2008—2012 年 5 年中增长 60%，求 2007—2012 年平均增长速度。如果该地区 GDP 2008 年比 2007 年增长 7.1%，2009 年比 2008 年增长 7.8%，问该地区 2009—2012 年的 GDP 年平均增长速度达到多少才能完成预订的计划？

12．某厂某年各月产量资料（单位：万件）见表 5-40。

表 5-40

月 份	1	2	3	4	5	6	7	8	9	10	11	12
产量	640	620	650	630	610	630	640	610	630	700	650	690

要求：

（1）采用三项移动平均法测定长期趋势；

（2）用最小平方法拟合直线趋势方程，并预测下年 1 月份的产量。

13．某公司 2007—2012 年销售额资料见表 5-41。

表 5-41

年 份	2007	2008	2009	2010	2011	2012
销售额（万元）	100	112	125	140	154	168

试判断该公司销售额的发展趋势是否属于直线型？若是，用最小平方法拟合直线方程并预测 2013 年该公司的销售额。

14．某企业 2006—2012 年的产值资料（单位：万元）见表 5-42。

表 5-42

年 份	2006	2007	2008	2009	2010	2011	2012
产值	21631	26581	31404	34090	40151	47310	51932

要求：

（1）分析确定该数列的曲线特征，拟合适当的趋势模型；

（2）预测 2013 年的产值。

15．某公司生产产品数量（单位：万件）见表 5-43。

表 5-43

年 份	2001	2002	2003	2004	2005	2006	2007	2008	2009	2010	2011	2012
产量	120	156	202	263	343	446	579	753	979	1273	1650	1980

要求：

（1）分析确定该数列的曲线特征，拟合适当的趋势模型；

（2）预测 2013 年的产量。

16．某地 2008—2012 年某农产品季节销售量资料（单位：万吨）见表 5-44。

表 5-44

年 度	一季度	二季度	三季度	四季度
2008	15	11	12	16
2009	18	13	15	18

年　度	一季度	二季度	三季度	四季度
2010	20	15	17	21
2011	23	16	20	24
2012	27	18	22	28

要求：

（1）用移动平均法修匀数列，测定长期趋势；

（2）拟合线型模型，测定数列的长期趋势；

（3）用按月平均法和趋势剔除法测定数列的季节变动；

（4）用趋势剔除法测定数列的季节变动，并与前面的计算加以比较，分析说明差异情况；

（5）预测 2013 年各季销售量。

第六章 | 统计指数

【学习目标】

通过本章学习，了解统计指数的概念和作用，熟练地运用综合指数法和平均指数法计算总指数，理解同度量因素的概念、作用和时期的选择，掌握指数体系的概念并能灵活运用，熟练地进行总量指标的两因素、多因素分析和平均指标的因素分析，了解常见几个指数编制的理论依据和实践中尚待解决的问题，引导学生进行理论探讨和应用研究。

【重点难点】

本章的重点有指数的概念、综合指数的编制方法、平均指数的编制方法、总量指标与平均指标的因素分析。

难点是同度量因素的确定，平均指标的因素分析和总量指标的多因素分析。

第一节 | 统计指数的意义和种类

一、统计指数的意义

（一）统计指数的概念

广义而言，凡是说明社会经济现象动态变化的相对指标都叫指数，它既包括说明单项事物动态变化的个体指数，又包括说明多种事物综合动态变化的总指数。但是，狭义的指数仅指用来反映不能同度量的多种事物综合动态变化的特殊相对指标。本章所要阐述的指数，主要是指狭义的指数。例如，在综合研究商品销售量动态变化时，由于各种商品的使用价值不同，计量单位不同，就不能采取直接加总的办法求出不同时期的总销售量，也就无法将两个不同时期的销售量进行对比说明全部商品销售量的动态变化。因此，必须利用特殊的相对指标——指数。

目前，无论在国内还是在国外，也无论是在实际工作中或理论著作中，指数概念都有广义和狭义两个方面的含义。指数的应用也已超出了动态对比的范畴，而推广应用于静态比较，如不同地区和不同单位现象数量的综合比较，实际指标和计划指标的比较，不同性质的价格水平比较等。

（二）统计指数的作用

1. 统计指数可以综合反映社会经济现象总变动的方向和程度

由于社会经济现象错综复杂，一个总体中各单位变动方向并不一致，变动程度也不相同，这就需要一个指标能够综合地描述复杂现象变动的一般情况。

例如，在工业企业中，某些产品产量报告期增加了，某些产量减少了；有的产量增加快，有的产量增加慢，而这些产品的使用价值不同，不能直接相加，但我们必须了解多种工业品总的发展变化情况，以认识工业生产的进展状态，这就需要编制工业产品产量指数。

又如在市场消费中，消费品的价格表现为有的上涨，有的下降，且消费品价格上涨和下跌的幅度各不相同，而我们又必须了解整个消费品市场上价格变化的一般水平，这就是价格指数所需要解决的问题。

指数的计算结果一般是用百分比表示的相对数。这个百分比大于或小于100%，表示升降变动的方向，比100%大多少或小多少，就是升降变动的程度。例如，农副产品收购价格指数为110%，说明报告期与基期相比，各种农副产品收购价格可能有升有降，但总的说来是上升的，上升幅度是10%。此外，还可以利用综合指数或综合指数变形形式从它的分子与分母指标的比较中，分析由于指数变动后产生的实际效果。

2．统计指数可以分解分析社会经济现象总体变动中各个因素的变动影响

社会经济现象的数量变化，是许多因素共同影响的结果。

例如，工业品产量的变动，取决于工人人数和工人劳动生产率的变动；农作物收获量的变动，取决于播种面积和单位面积产量的变动；企业生产多种产品的某种主要材料支出总额的变动，取决于产品产量、单位产品材料消耗量和单位材料购进价格的变动等。统计指数是利用各因素之间的联系编制的，各个因素指数又互相构成指数体系。因此可以利用指数体系来分析现象总变动中各个因素变动的影响。例如，可通过指数体系分解分析工业品产量变动中工人人数和工人劳动生产率分别变动的方向和程度。

3．统计指数可以测定平均指标变动中各组标志水平和总体构成变动的影响

在分组条件下，社会经济现象的平均指标的变动，除取决于各组平均水平的变动外，还受现象总体结构的变动影响。例如，某商品集团平均价格的提高，可能是各具体品种商品价格的提高，也可能是因为价格较高的品种在该集团中所占比重的增大。因此，在分析平均价格的变动时，要分析有多少程度取决于各品种价格水平的变动，又有多少程度受着商品集团总体构成的变动影响，通过指数，可分别测定出来。

4．统计指数可以研究现象在较长时期内的变动趋势

连续编制指数数列，可以研究现象在长时期内的发展变化趋势。这种方法特别适用于对比分析有联系而性质又不同的动态数列之间的变动关系，因为用指数的变动进行比较，可解决不同性质数列之间不可比的问题，如物价指数数列等。

二、统计指数的种类

指数的产生距今已有200多年的历史，最初计算的是反映价格变动的价格指数，随着社会的进步，统计指数的理论和实践都有了发展，产生了多种类型的指数。

（一）个体指数与总指数

指数按其所反映的对象范围不同分为个体指数和总指数。说明个别事物动态变化的相对指标叫个体指数，又叫单项指数。如说明一种工业产品产量变动的个体产量指数，说明一种商品价格变动的个体价格指数等。报告期水平与基期水平之比，即可得到个体指数，例如：

个体价格指数 $\qquad K_p = \dfrac{p_1}{p_0}$

个体物量指数 $\qquad K_q = \dfrac{q_1}{q_0}$

个体成本指数 $\qquad K_z = \dfrac{z_1}{z_0}$

总指数是说明不能同度量的多种事物综合动态变化的特殊相对数。如说明多种产品生产量总变动的产品物量指数，说明多种商品零售价格总变动的零售价格指数等。

介于个体指数和总指数之间的还有一种组（类）指数，实质上，组（类）指数也是总指数，因为它也包含了不能直接加总的多种事物。组（类）指数往往是指数法与科学分组结合的结果。例如，工业总产量指数分为重工业和轻工业产量指数；零售价格指数分为食品类、衣着类、日用品类等价格指数。编制组（类）指数的原理和方法与总指数相同。

（二）数量指标指数和质量指标指数

指数按其所表明的指标性质的不同，分为数量指标指数和质量指标指数。数量指标指数是说明总体规模变动情况的指数，它可以反映工作量的多少、规模的大小等，如工业产品产量指数、商品销售量指数、职工人数指数等。质量指标指数是根据质量指标计算的说明总体内涵数量变动情况的指数，它可以反映事物的质量、效果和程度，如价格指数、成本指数、劳动生产率指数等。

（三）综合指数和平均指数

按照常用的计算总指数的方法或形式可以分为综合指数和平均指数。综合指数是总指数的一种形式，是由两个总量指标对比形式的指数。平均指数是指以个体指数为基础，采取平均形式编制的总指数。平均指数是总指数的另一种形式，也可反映复杂现象总体的动态。

（四）定基指数和环比指数

指数按其采用的基期不同，可分为定基指数和环比指数。这种分类，一般在若干指数组成指数数列时采用。定基指数是固定以某一时期为基期而计算的指数。例如，某商业企业销售量，分别计算 2001 年、2002 年、2003 年、2004 年等年份以 2000 年为基数的指数，就是定基指数。环比指数是以报告的前一期为基期而计算的指数。例如，2002 年以 2001 年为基期的指数是 106.1%，2003 年以 2002 年为基期的指数是 100.8%，2004 年以 2003 年为基期的指数是 97.4%，这些都是环比指数。

此外，有一种和环比指数相类似的指数，叫作年距指数。当按月、按季（半年）编制指数时，常常用上年同期作基期，那些以上年同期作基期的指数，就是年距指数。

（五）动态指数和静态指数

指数按其对比的两个数值是否为同一时间，可分为动态指数和静态指数。动态指数是某种社会经济现象两个不同时间的数值对比而形成的指数，如工业产品指数、商品价格指数等。指数本来的含义都是指动态指数，由于指数在实际应用中的扩展，指数又包括静态指数。静态指数是某种社会经济现象在同一时间的两个不同数值相比较而形成的指数。这两个数值可以是两个不同空间同类现象的数值，如地区差价指数；也可以是同一时间、同一空间的实际指标与计划指标，如计划完成情况指数；还可以是同一时间、同一空间的两个有区别的同类现象的数值。

第二节 综合指数

一、综合指数的概念和特点

（一）综合指数的概念

综合指数是依据所研究现象的特点，确定同度量因素，把不能同度量现象过渡为可以同度量现象，采用科学方法计算出两个时期的总量并进行比较，以说明现象总的变动方向和程度，以及变动后所产生的实际效果的计算总指数的方法。

如前所述，指数是反映不能直接相加的社会经济现象的综合变动的。例如，要反映10种不同商品的销售量在一定时期内总的变动程度，就不能简单地把这10种商品的销售量相加在一起来计算。这是因为不同的商品具有不同的使用价值。作为使用价值，商品首先有质的差别。但是，这并不等于说这10种商品根本没有相加的可能性。如果把商品体的使用价值撇开，商品体就剩下一个属性，即劳动产品这个属性。由此可见，在商品生产的条件下，不同的产品都是社会劳动的产物，都具有一定的价值量，各种不同商品的价值是可以相加的，因此，我们可以将这10种商品的销售量各乘其单位价格，转化为销售额相加在一起，进而对比计算这10种商品的总变动。综合指数就是把各种不能直接相加的现象还原为价值形态再进行对比的方法。理论界普遍认为，它是计算总指数的基本形式。

（二）综合指数的特点

综合指数较其他总指数的计算方法，有如下一些特点。

（1）综合指数从现象的联系分析入手，确定与研究现象相联系的同度量因素，把不能同度量现象过渡为可以同度量现象。

综合指数的编制方法是先综合后对比，即首先要解决不能同度量问题。解决这一问题的方法，只能从现象的联系入手，来确定与研究现象相联系的因素，从而加入这一因素，使得不能同度量现象过渡为可以同度量现象。如在分析各种产品的产量总动态中，要把各产品产量分别乘以相应的出厂价格，来计算生产总值；在分析各种产品成本的平均变动中，要把各产品的单位成本分别乘以相应的产量，来求得总成本。这样就可以从两个时期生产总值或总成本的对比中进行分析。这里的出厂价格和产量就是同度量因素。

（2）综合指数在进行现象因素分析，测定一个因素变动时，必须固定其他因素。

不能同度量现象过渡为可以同度量现象，必须借助于同度量因素。但同度量因素有两个不同时期的数值，如果选择不当，就不能起到因素分析的作用。例如，商品销售额的变动是商品销售量和价格两个因素共同影响的结果。当研究价格变动时，需要将不同商品的价格乘上各自的销售量，但如果报告期的价格乘上报告期的销售量得到报告期销售额，基期的价格乘上基期的销售量得到基期的销售额，两个不同时期销售额对比的结果就不是价格指数而是销售额指数了。所以要计算价格指数，必须将销售量这个因素固定不变，报告期和基期都乘以同一销售量，这样，两个销售额之比因为销售量已经固定，对比的结果说明的只是价格的变动。因此，综合指数在进行分析、测定一个因素变动时，必须固定其他因素。

（3）综合指数不仅可以研究不能同度量现象动态变化的方向和程度，而且可以观察现象动态变化后所产生的实际效果。

综合指数的分子和分母是两个不同时期的总量指标，本身具有一定的经济意义。分子分母相比的结果得出一个相对指标，即指数，说明现象总变动的方向和程度。分子分母相减的结果仍是一个总量指标，说明现象变动后的实际效果。例如，价格指数的编制往往用报告期的销售量作同度量因素，分子（报告期价格与报告期销售量的乘积）与分母（基期价格与报告期销售量的乘积）的差额说明由于价格的变动而使销售额增加或减少的绝对数。综合指数的这一特点，正是它作为计算总指数基本形式的原因所在。

二、综合指数的计算

（一）数量指标综合指数的计算

数量指标指数是用来反映社会经济现象数量和总体规模变动情况的指数，如工业产品产量指数、商品销售量指数、货物运输量指数等。现以商品销售量指数为例，说明数量指标综合指数的计算方法。例如，某商业企业商品销售量和价格见表6-1。

表6-1　　　　　　　　　　　某商业企业商品销售量和价格

品　名	计量单位	销售量		价格（元）	
		基　期	报告期	基　期	报告期
甲	匹	1000	1150	100	120
乙	吨	2000	2200	50	50
丙	件	3000	2800	20	15

表6-1中三种商品的销售量，报告期与基期相比，有的上升，有的下降。如计算个体指数，则将每种商品报告期销售量除以基期销售量即可。现在要计算销售量总指数，说明三种商品销售量的总变动情况。

由于三种商品的实物量不能直接相加，所以必须通过同度量因素——价格，使之转化为能够相加的销售额指标。为了分析销售量（在这里是指数化指标）这一因素的变动，必须假定价格因素没有变动，亦即假定报告期和基期的价格相同。计算数量指标指数时，有三种可能采用的价格，即报告期价格、基期价格和固定价格（不变价格）。采用不同价格作同度量因素，所得的结果不同，经济意义也不相同。

（1）以基期价格作同度量因素，即用 p_0 作权数，则商品销售量综合指数公式为

$$\overline{K}_q = \frac{\sum q_1 p_0}{\sum q_0 p_0}$$

上式是两个商品销售额之比，可以说明在价格水平不变的条件下，销售量的综合变动的方向和程度。现以表 6-1 中资料计算商品销售量指数，计算时一般要列表进行，以使计算过程清晰明了，见表 6-2。

表 6-2 商品销售量指数计算

品名	计量单位	销售量		价格（元）		销售额（元）			
		基期 q_0	报告期 q_1	基期 p_0	报告期 p_1	基期实际 $q_0 p_0$	报告期实际 $q_1 p_1$	按基期价格计算的报告期假定 $q_1 p_0$	按报告期价格计算的基期假定 $q_0 p_1$
甲	匹	1000	1150	100	120	100000	138000	115000	120000
乙	吨	2000	2200	50	50	100000	110000	110000	100000
丙	件	3000	2800	20	15	60000	42000	56000	45000
合计	—	—	—	—	—	260000	290000	281000	265000

根据表 6-2 资料计算，得

$$\overline{K}_q = \frac{\sum q_1 p_0}{\sum q_0 p_0} = \frac{281000}{260000} = 108.08\%$$

结果表明，报告期商品销售量比基期增长了 8.08%。分子与分母的差额为

$$\sum q_1 p_0 - \sum q_0 p_0 = 281000 - 260000 = 21000（元）$$

上述数字说明，尽管三种商品的销售量有增有减，但综合来看，销售量的增加使得销售额增加了 21000 元。

（2）以报告期价格作为同度量因素，即用 p_1 作权数，则商品销售量综合指数公式为

$$\overline{K}_q = \frac{\sum q_1 p_1}{\sum q_0 p_1}$$

所得结果说明在报告期价格水平的条件下，销售量的综合变动方向和程度。用表 6-2 资料计算，可得

$$\overline{K}_q = \frac{\sum q_1 p_1}{\sum q_0 p_1} = \frac{290000}{265000} = 109.43\%$$

$$\sum q_1 p_1 - \sum q_0 p_1 = 290000 - 265000 = 25000（元）$$

计算结果表明，三种商品销售量平均上升了 9.43%，销售额增加了 25000 元。

以基期价格为同度量因素的数量指标综合计算公式是 1864 年由德国经济学家拉斯贝尔提出来的，称为拉斯贝尔数量指数公式；以报告期价格为同度量因素的数量指标综合计算公式是 1874 年由德国经济学家派许提出的，称为派许数量指数公式。

上述两个数量指标综合指数公式各有一定的经济意义，但两者的区别是明显的：拉斯贝尔公式以基期价格作为同度量因素，亦即价格仍维持原来的水平，所反映的仅仅是销售量的变动情况，不包括价格变动的影响。派许公式是以报告期价格作为同度量因素，从基期来看，价格已经发生变化，所以，这一公式包含了两个因素的变动影响，即在反映商品销售量变动情况的同时，也含有价格变动的因素。

究竟采用哪一个公式，应根据实际情况和研究目的而定。就编制销售量指数的目的来看，是应该单纯反映销售量的变动，不包含价格因素的变动，从这一角度来看，以基期价格作为同度量因素的销售量指数公式比以报告期价格为同度量因素的销售量指数公式为好。

上述解决销售量综合指数中同度量因素的选择方法也适用于其他数量指标指数。由此可以得出计算数量指标指数的一般原则是：计算数量指标指数时，应当采用基期的质量指标作同度量因素。

（3）为了研究比较长时期的产量变动情况，还要采用不变价格作同度量因素。不变价格是指某一段时期内的固定价格，通常用 p_n 表示。在统计实践中，计算工业生产量指数和农业产量指数都采用这种方法。其公式为

$$\overline{K}_q = \frac{\sum q_1 p_n}{\sum q_0 p_n}$$

下面以表 6-3 资料为例，说明怎样用不变价格计算工业产量综合指数。

表 6-3　　　　　　　　　　　　　某工厂产品产量和价格资料

产品	计量单位	产品产量		2000 年不变价格（元）p_n	工业总产值（万元）	
		2004 年 q_0	2005 年 q_1		2004 年 $q_0 p_n$	2005 年 $q_1 p_n$
甲	台	600	800	2000	120	160
乙	吨	500	600	4000	200	240
丙	件	10000	15000	200	200	300
合计	—	—	—	—	520	700

$$\overline{K}_q = \frac{\sum q_1 p_n}{\sum q_0 p_n} = \frac{700}{520} = 134.62\%$$

$$\sum q_1 p_n - \sum q_0 p_n = 700 - 520 = 180 (万元)$$

计算结果表明，某工厂产量综合指数为 134.62%，由于产品产量增加，使报告期比基期增加了180 万元的产值。

从以上计算可看出，工业产量综合指数是按不变价格计算的不同时期工业总产值之比，它反映工业产品产量的发展趋势和程度。

为什么工业产量指数的同度量因素用不变价格呢？这是因为采用不变价格，可以消除价格变动

因素的影响，单纯测定工业产品产量的综合变动趋势和程度。同时，产量计划是以不变价格制定的，所以实际产量也必须用不变价格计算，这样利用工业产量综合指数就便于检查产量计划的执行情况，便于工业产量的动态对比和分析。

一般而言，不变价格不要经常变动，以免增加编制不变价格的工作量。然而，由于种种原因，往往会形成不变价格与现行价格的差距过大，这样，以不变价格计算的产值，便不能如实地反映工业发展水平。各种工业产品的价格之间有一定的比例关系，如果产品的不变价格间比例关系与现行价格间的比例关系差距过大，也使不变价格计算的产值不能如实反映现实情况。因此，不变价格到一定时候需要作适当调整。

我国工业统计中曾经使用过 1952 年、1957 年、1970 年、1980 年和 1990 年的不变价格。按不同的不变价格计算的不同时期的工业总产值，不能直接进行动态对比。而要根据换算系数（价格指数）进行换算，来消除价格变动的影响，以反映长时期的产量动态。例如，某企业 1985 年总产值按 1980 年不变价格计算为 2500 万元，1975 年总产值按 1970 年不变价格计算为 1700 万元，如果将这两年产值直接对比，不仅反映了产量增长情况，而且包含着不变价格的变动影响。因此，要计算价格换算系数，以消除价格变动影响。假定 1981 年按 1980 年不变价格计算为 2200 万元，按 1970 年不变价格计算为 1800 万元，价格换算系数为 2200∶1800=122.22%，这样，我们就可以利用以下算式计算产量指数：

$$\frac{\sum q_{85}p_{80}}{\sum q_{75}p_{70} \times \dfrac{\sum q_{81}p_{80}}{\sum q_{81}p_{70}}} = \frac{\sum q_{85}p_{80}}{\sum q_{75}p_{70}} \div \frac{\sum q_{81}p_{80}}{\sum q_{81}p_{70}}$$

则

$$\frac{2500}{1700 \times \dfrac{2200}{1800}} = \frac{2500}{1700} \div \frac{2200}{1800} = 120.32\%$$

（二）质量指标综合指数的计算

质量指标指数是说明总体内涵数量变动的指数，例如商品价格指数、产品成本指数、劳动生产率指数等。现以商品价格指数为例，说明质量指标指数的计算方法。

尽管价格水平均以货币为计量单位，但由于各种商品的价格反映不同使用价值的实物量的价格水平，彼此直接相加和对比是没有实际意义的，因而各种商品的单价是不能同度量的。因此，编制质量指标指数时，同样要解决同度量因素及其所属的时期这两个问题。

编制物价指数时，同度量因素是商品销售量，为了说明多种商品价格综合变动的方向和程度，同度量因素必须是同一时期的，于是就有三种可能的情况，得出三种计算方法。

（1）以报告期销售量 q_1 作为同度量因素，用来表明在报告期销售量条件下，各种商品的价格综合变动的方向和程度，其公式为

$$\overline{K}_p = \frac{\sum p_1 q_1}{\sum p_0 q_1} \tag{1}$$

根据表 6-2 中的资料计算，商品价格综合指数为

$$\overline{K}_p = \frac{\sum p_1 q_1}{\sum p_0 q_1} = \frac{290000}{281000} = 103.2\%$$

$$\sum q_1 p_1 - \sum q_1 p_0 = 290000 - 281000 = 9000（元）$$

结果表明，三种商品价格平均上涨了 3.2%，由于物价的上涨，使该商业企业的商品销售额增加了 9000 元。

（2）以基期销售量 q_0 作为同度量因素，用来说明在基期销售量不变的情况下，各种商品价格综合变动的方向和程度，其公式为

$$\overline{K}_p = \frac{\sum p_1 q_0}{\sum p_0 q_0} \tag{2}$$

将表 6-2 中资料代入，可得

$$\overline{K}_p = \frac{\sum p_1 q_0}{\sum p_0 q_0} = \frac{265000}{260000} = 101.92\%$$

$$\sum q_0 p_1 - \sum q_0 p_0 = 265000 - 260000 = 5000（元）$$

结果表明三种商品的价格平均上涨了 1.92%，使得该商业企业增加了 5000 元的销售额。

两个公式的计算结果不同，产生的原因就在于采用了不同时期的销售量。式（1）是假定销售量已变化为报告期的情况下，商品价格综合变动的方向和程度，其中包含同度量因素（q）变动的影响；式（2）是假定基期销售量未发生变化的情况下，单独反映商品价格综合变动的方向和程度，其中不含有销售量的变动。从物价指数的任务出发，式（2）要比式（1）好。但是，反映价格变动的方向和程度仅仅是编制物价指数的一个方面的内容，物价指数的另一内容还要考察价格变动的实际经济效果。以报告期销售量作为同度量因素计算的物价指数，可以反映居民购买当前的商品数量时价格的变动情况和多支出或少支出的货币，便于分析物价变动对人民生活和国家财政收支等的影响，具有较强的现实意义。因此，许多人主张，在计算物价指数时，采用报告期的销售量作同度量因素。这个一般原则同样适用于编制其他质量指标指数，由此可得出编制质量指标指数的一般原则：计算质量指标指数时，应当采用报告期的数量指标作同度量因素。

（3）以固定时期的销售量作同度量因素。这在编制物价指数时，一般不直接使用，但由于特殊的研究目的，有时需要采用固定的数量指标作同度量因素。例如，当我们在考察成本计划执行情况时，为了防止某些单位采用破坏产品品种计划来完成产品成本计划的不正确做法，就不宜用报告期产品产量作同度量因素，因为它包含了产量变化的因素在内，而应该用计划生产量作为同度量因素。其产品成本综合指数公式为

$$\overline{K}_z = \frac{\sum z_1 q_n}{\sum z_0 q_n}$$

由于多数情况下需要观察质量指标变化的实际经济效果，所以较多采用报告期数量指标作为同度量因素。例如，产品成本综合指数常用的并不是以计划生产量为同度量因素，而是以报告期生产

量为同度量因素。其公式为

$$\overline{K}_z = \frac{\sum z_1 q_1}{\sum z_0 q_1}$$

三、运用综合指数应注意的问题

（一）正确选择同度量因素及其所属时期

同度量因素是计算总指数时为了解决现象的量不能直接相加而使用的一个媒介因素。它在计算总指数时起着两方面的作用。

（1）同度量的作用，就是使不能同度量现象过渡为可以同度量现象。

（2）权数的作用，就是权衡各个不同的变量值的轻重的作用。在物价指数中这个作用表现得最为明显，各种商品价格的销售量不同，表明各种价格在总指数中所起的作用不同，销售量起着权数的作用，因此，在指数中同度量因素也称为权数。

在应用综合指数法计算总指数时，确定同度量因素主要应考虑以下两个问题。

第一，指标之间的客观联系。指标之间只有具备客观上的联系，才有可能将不能同度量的现象过渡为可以同度量现象。比如，商品销售量与商品价格之间，生产量与单位成本之间就存在客观上的联系，它们的乘积都由原有各自不同的形态还原为价值形态，因此，类似的若干个因素的乘积能构成某一可以同度量的总量指标，则这些构成因素可以互为同度量因素。

第二，计算指数的目的。同一现象可以划分为不同的类型。如商品销售量可以分为批发销售量、零售量等；工业品价格可分为出厂价格、批发价格、零售价格等。因此，计算某种类型的指数时，必须结合研究目的，选择与指数化指标相适应的同度量因素。例如，计算批发销售量指数就应用相应的批发价格作为同度量因素；计算农产品产量指数必须用相应的农产品收购价格作为同度量因素。

确定同度量因素之后，还应确定同度量因素的时期，因为综合指数编制原理要求使用同一时期的同度量因素。确定同度量因素的时期，可以从以下几方面进行考虑。

第一，计算总指数的目的。计算数量指标指数时将质量指标固定在基期，计算质量指标指数时将数量指标固定在报告期，这仅仅是一般原则。事实上，采用不同时期的同度量因素，从经济意义上都能得到完满的解释。一个指数的经济意义，并不完全取决于把同度量因素固定在什么时期，而要看它能不能解决现实的经济问题。同度量因素固定在什么时期，要根据研究目的而定。为了研究数量指标指数的综合变动情况，可采用基期的质量指标为同度量因素；为了研究质量指标指数的变动所产生的现实经济意义，则可采用报告期的数量指标为同度量因素。除此以外，出于特定的研究目的，还可采用固定时期的同度量因素（前面已有叙述）。

第二，指数体系的要求。一般说来，指标之间存在某种客观联系，指数之间也存在相应的联系。指数之间的这种联系表现为指数体系，它是因素分析法的基本依据。如商品销售额指数与销售量指数、价格指数间的关系为

$$\frac{\sum q_1 p_1}{\sum q_0 p_0} = \frac{\sum q_1 p_1}{\sum q_1 p_0} \times \frac{\sum q_1 p_0}{\sum q_0 p_0}$$

上式中，价格指数采用报告期的销售量为同度量因素，销售量指数采用基期的价格为同度量因素才有现实经济意义，否则指数间的严格联系会遭到破坏。

第三，实际条件和应用上的方便。按照综合指数的基本要求，计算物量指数要采用基期的价格为同度量因素。如果要计算历年的一系列物量指数，则价格要随着基期的变换而变换，这在大规模计算中十分不便，实际工作中常用不变价格为同度量因素。我国在计算工业生产量指数时就采用这种方法，它既符合综合指数的基本原理，又考虑了应用上的方便，不失为一种科学方法。

（二）正确选择对比基期

编制动态指数时，在确定了适当的公式以后，就要确定基期和报告期，特别是基期的选择，它不单是个技术问题，选择时应考虑以下几点。

1. 要选择能说明国民经济生活中有重要意义的时期作为基期

社会发展不太稳定的时期，容易出现特殊波动和受偶然因素的影响，不应选作基期。我国编制的物价指数曾经选用 1950 年 3 月为基期，因为这个时期，物价已由旧社会造成疯狂上涨稳定下来。统计实践中，在编制指数时常有选用 1952 年、1957 年、1965 年、1976 年、1978 年等年度为基期，其原因是这些年份都是我国经济发展不同阶段的开头年份。许多情况下，不少指数的编制是以报告期前一期或去年同期为对比基期，其经济意义比较明显。

2. 基期的长短应依研究对象的特点和研究目的而定

现象变化剧烈的，基期和报告期的时间长度应短一些，否则可以长一些。习惯以一个月、一季度或一年为期。

3. 基期不宜离报告期太远

报告期距基期愈远，指数的作用就愈小。因为综合指数在计算过程中，都要进行科学的假定，往往需要用到报告期的数量指标与基期的质量指标的乘积。以物价指数为例，如果报告期距基期太远，则报告期的销售量与基期的价格之间就很少有什么联系，且物价变动的趋势、消费形态和商品质量都随时间而变化，因此，这种假定的科学性无疑会降低，在这种假定下计算出的指数，其真实性也会受到影响。

（三）考虑理论公式在实践中的可行性

社会实践要求我们，指数应该体现为理论和实践结合，力求理论科学性和实践可行性的一致。理论上论证为最好的公式，如果在实践中行不通，公式也就失去其存在价值。相反，按照综合指数的基本要求，结合具体的社会实践而产生的一些方法，在特定条件下却有其独特的生命力。如物量指数采用不变价格为同度量因素，产品成本指数有时采用计划生产量为同度量因素等就是最好的例证。从理论上讲，综合指数公式都有明确的经济意义，但它对原始资料的要求很高，有时在实践中很难取得极详尽的资料，这种情况下，就应考虑用其他形式来计算总指数。

（四）正确认识"权偏误"

在价格变动情况相同的条件下，由于选择权数的时期不同，测算结果出现的数量偏差，称为"权偏误"。西方指数理论为了解决"偏误"，随之有"调整"公式的出现。调整的出发点，是以指数测定结果的平均趋势为基准，并据以选择和创建折中测算公式。比较有代表性的是著名的美国统计学家、美国物价指数理论的"巨擘"费暄提出的拉氏公式和派氏公式的几何平均数公式。它一度被资本主义国家的统计学界称为"理想公式"。

$$\overline{K}_p = \sqrt{\frac{\sum q_1 p_1}{\sum q_1 p_0} \times \frac{\sum q_0 p_1}{\sum q_0 p_0}}$$

这个公式从数学形式上看，确有其优越性，它不仅使用交叉权数，解决了"权偏误"，而且采用几何平均方式，解决了"型偏误"（在价格变动相同的条件下，由于选择的指数公式不同，测算结果出现的数值偏差称为型偏误：简单算术平均偏高，简单调和平均偏低，简单几何平均持中）。但"理想公式"难以从经济意义上解释，计算的结果也不能实现相对数和绝对数的统一，公式所需要的过多资料，也使统计实践受到局限，因此，统计实践中很少应用。

其他权数的选择还有以下几种。

固定加权综合法（又称杨格指数）：该公式为英国经济学家杨格（A.Young）所提出，在这种指数中，同度量因素固定在一个特定的时间上。这是一种折中的办法，目的在于避免拉氏公式和派氏公式所产生的偏误。

其物价指数公式：

$$\overline{K}_p = \frac{\sum q_n p_1}{\sum q_n p_0}$$

数量指数公式：

$$\overline{K}_q = \frac{\sum q_1 p_n}{\sum q_0 p_n}$$

式中 q_n 和 p_n 分别表示正常年份的物量构成和价格水平，一般来说，固定权数 q_n 和 p_n 一经选取，可以连续使用若干时期，便于保持指数数列的衔接关系。在指数数列中，由于采用固定权数，环比指数的连乘积等于定基指数，不同年份的指数相互换算也非常方便。

【例 6-1】 某厂生产三种产品的有关资料见表 6-4。试以 2010 年不变价格为权数，计算各年的产品产量指数。

表 6-4 某厂生产产品资料

商品名称	单位	产量			2010 年不变价格（元）
		2011 年	2012 年	2013 年	
甲	件	1000	900	1100	50
乙	台	120	125	140	3500
丙	箱	200	220	240	300

解：设 2010 年不变价格为 p_{10}，各年产量分别为 q_{11}，q_{12}，q_{13}，则各年产量指数为

$$\overline{K}_{12/11} = \frac{\sum p_{10} q_{12}}{\sum p_{10} q_{11}} = \frac{50 \times 900 + 3500 \times 125 + 300 \times 220}{50 \times 1000 + 3500 \times 120 + 300 \times 200} = \frac{548500}{530000} = 103.49\%$$

$$\overline{K}_{13/12} = \frac{\sum p_{10} q_{13}}{\sum p_{10} q_{12}} = \frac{50 \times 1100 + 3500 \times 140 + 300 \times 240}{50 \times 900 + 3500 \times 125 + 300 \times 220} = \frac{617000}{548500} = 112.49\%$$

$$\overline{K}_{13/11} = \frac{\sum p_{10}q_{13}}{\sum p_{10}q_{11}} = \frac{50 \times 1100 + 3500 \times 140 + 300 \times 240}{50 \times 1000 + 3500 \times 120 + 300 \times 200} = \frac{617000}{530000} = 116.42\%$$

上述产量指数消除了价格变动对产量的影响,单纯反映出各年产量的综合变动状况。

交叉加权综合法(马埃指数):该公式是 1887—1890 年英国学者马歇尔(A. Marshall)和埃奇沃思(F. Y. Edgeworth)两人共同设计出来的。

其物价指数公式:

$$\overline{K}_p = \frac{\sum p_1 \cdot \dfrac{q_0 + q_1}{2}}{\sum p_0 \cdot \dfrac{q_0 + q_1}{2}}$$

数量指数公式:

$$\overline{K}_q = \frac{\sum q_1 \cdot \dfrac{p_0 + p_1}{2}}{\sum q_0 \cdot \dfrac{p_0 + p_1}{2}}$$

我们认为,调整公式只是从形式着眼,无视"偏误"的实质。指数的"偏误"并非对某一标准值的误差,而是对相同变动情况下采取不同权数的结果。

综合指数必须采用科学的假定方法,假定和实践之间必然有差距,故综合指数的误差是不可避免的。使用不同的同度量因素会有不同的计算结果,但一般情况下出入不会太大,不影响对于现象发展趋势的认识。

引起计算结果差别的原因,权数的不同只是其中之一,实际工作中,原始资料的准确性和采用非全面资料时代表规格品的代表性,对指数计算结果的影响更大。因此,必须采取科学方法将这方面原因造成的误差降低到最小限度。

第三节 | 平均指数

一、平均指数的概念

以个体指数为基础,采取加权平均数形式编制的总指数,称为平均指数。平均指数与综合指数比较,有两个特点:第一,综合指数要有全面的原始资料,而平均指数可以根据代表性资料计算;第二,综合指数必须用报告期(基期、固定时期)的数量指标或质量指标实际资料作为权数,而平均指数除了可用实际资料作权数外,也可以在实际资料的基础上推算确定比重而后进行加权平均计算。由此可见,综合指数与平均指数都是编制总指数的形式和方法,适用于不同的条件,各有其应用价值。这两种指数虽然有区别,但实际应用时,采取一定的权数条件下,两种指数间有变形关系。但我们不能据此认为平均指数就是综合指数的变形,是综合指数的派生形式、附属方法,平均指数有其相对独立的意义,况且,从指数产生的历史看,平均指数要先于综合指数。

二、平均指数的基本形式

平均指数的基本形式有两种，一种是加权算术平均指数，另一种是加权调和平均指数。在每种平均指数中，又由于所用权数之不同，可再分为综合指数变形权数和固定权数两种。

（一）加权算术平均指数

1. 用综合指数变形权数计算的加权算术平均指数

在前一节中介绍的商品销售量综合指数公式为

$$\overline{K}_q = \frac{\sum q_1 p_0}{\sum q_0 p_0}$$

由于个体销售量指数 $K_q = q_1 / q_0$，因而 $q_1 = K_q q_0$，如果用 $K_q q_0$ 代表综合指数公式分子中的 q_1，则可得

$$\overline{K}_q = \frac{\sum K_q q_0 p_0}{\sum q_0 p_0}$$

此式形似加权算术平均数 $\overline{X} = \dfrac{\sum x_i f_i}{\sum f_i}$，故称为加权算术平均指数。推广开来，式中 K_q 为个体物量指数，是变量；$q_0 p_0$ 为基期的价值资料，是权数。

只要根据综合指数的基本要求选择权数，任何一个综合指数都可以变形为加权算术平均指数。因此，质量指标的加权算术平均指数形式为

$$\overline{K}_p = \frac{\sum K_p q_1 p_0}{\sum q_1 p_0}$$

2. 固定权数加权算术平均指数

加权算术平均数的权数可以是各组频数，也可以是各组的频率。因此，加权算术平均指数的权数可以用绝对数表示，也可以用相对数来表示。统计实践中，一般是按照综合指数的基本要求，把权数改成相对数形式，对原资料适当调整后确定权数，并相对固定，应用起来很方便。

例如，加权算术平均价格指数的计算公式是

$$\overline{K}_p = \frac{\sum K_p q_1 p_0}{\sum q_1 p_0}$$

此式可写成：

$$\overline{K}_p = \sum K_p \frac{q_1 p_0}{\sum q_1 p_0}$$

式中，$\dfrac{q_1 p_0}{\sum q_1 p_0}$ 实际上是一个比重，是各商品按基期价格计算的报告期销售额在全部按基期

价格计算的报告期销售额中的比重。以 W 代表 p_0q_1，则加权算术平均价格指数的计算公式可以写成：

$$\overline{K}_p = \frac{\sum K_p W}{\sum W}$$

实际工作中，由于 p_0q_1 的资料难取得，又常常根据 p_0q_0 的资料参照报告期销售量的变动情况确定各商品销售额在销售总额中的比重，因此，W 既不等于 p_0q_0，又不等于 p_0q_1，这种加权算术平均指数已经不再是综合指数的变形了，它是作为一种独立的指数形式而存在的。

（二）加权调和平均数指数

综合指数也可以改变为加权调和平均指数，以价格指数为例，综合指数法的价格指数公式是 $\overline{K}_p = \frac{\sum p_1q_1}{\sum p_0q_1}$，由于个体价格指数 $K_p = p_1/p_0$，从而 $p_0 = p_1/K_p$，用 $p_0 = p_1/K_p$ 代替综合指数公式分母中的 p_0 可得

$$\overline{K}_p = \frac{\sum q_1 p_1}{\sum \frac{1}{K_p} q_1 p_1}$$

此式形似加权调和平均数 $\overline{x} = \frac{\sum m}{\sum \frac{1}{x} m}$，故称为加权调和平均指数公式，它实际上是以个体价格指数为变量、报告期价值资料为权数的加权调和平均指数。

商品销售量综合指数也可以变形为加权调和平均指数：

$$\overline{K}_q = \frac{\sum q_1 p_0}{\sum q_0 p_0} = \frac{\sum q_1 p_0}{\sum \frac{1}{K_q} q_1 p_0}$$

从理论上讲，数量指标综合指数和质量指标综合指数公式都可以改变为平均公式。现以物价指数和物量指数为例，将综合指数与平均指数的变形关系列为表 6-5（为了简化起见，只列出按确定同度量因素时期一般原则编制综合指数的公式）。

表 6-5 综合指数与平均指数公式对比

指数名称	个体指数	综合指数	算术平均指数	调和平均指数
数量指标总指数	$K_q = \dfrac{q_1}{q_0}$	$\dfrac{\sum q_1 p_0}{\sum q_0 p_0}$	$\dfrac{\sum K_q q_0 p_0}{\sum q_0 p_0}$	$\dfrac{\sum q_1 p_0}{\sum \frac{1}{K_q} q_1 p_0}$
质量指标总指数	$K_p = \dfrac{p_1}{p_0}$	$\dfrac{\sum p_1 q_1}{\sum p_0 q_1}$	$\dfrac{\sum K_p p_0 q_1}{\sum p_0 q_1}$	$\dfrac{\sum p_1 q_1}{\sum \frac{1}{K_p} p_1 q_1}$

表 6-5 中所列指数公式，都有其经济意义，但物价指数应体现理论和实践的结合，考虑到实践的可行性，有些公式应用广泛，有的公式则基本不用。

三、平均指数的应用

(一)作为综合指数变形的加权平均指数

1.加权算术平均物量指数

物量指数的综合公式是 $\overline{K}_q = \dfrac{\sum q_1 p_0}{\sum q_0 p_0}$,要运用这个公式,必须掌握全面的统计资料。实践中分子按基期价格和报告期物量计算的假定期金额资料难以取得,而分母基期的实际金额往往是现成的,如果把综合指数公式改变成加权算术平均指数公式,就为计算物量总指数提供了方便。把表 6-2 的资料略加改变,设只有销量和基期价值资料而没有价格资料(见表 6-6),这时,直接用综合指数公式来计算产量指数就较困难,而只能采用综合指数的变形公式加以计算。

表 6-6 　　　　　　　　　　　　　商品销售量指数计算表

品名	计量单位	销售量		个体指数(%)	销售额(元)	
		基期 q_0	报告期 q_1	$K_q = q_1 / q_0$	基期 $q_0 p_0$	按基期价格计算的报告期假定 $k_q q_0 p_0$
甲	匹	1000	1150	115.00	100000	115000
乙	吨	2000	2200	110.00	100000	110000
丙	件	3000	2800	93.33	60000	56000
合计	—	—	—	—	260000	281000

$$\overline{K}_q = \frac{\sum K_q q_0 p_0}{\sum q_0 p_0} = \frac{281000}{260000} = 108.08\%$$

$$\sum K_q q_0 p_0 - \sum q_0 p_0 = 281000 - 260000 = 21000 (元)$$

三种商品销售量总指数为 108.08%,由于销售量的增加使得销售额增加 21000 元,计算结果与综合指数公式完全相同。

2.加权调和平均价格指数

商品价格综合指数公式是 $\overline{K}_p = \dfrac{\sum p_1 q_1}{\sum p_0 q_1}$ 。但是,在实际工作中,商品销售量资料不易取得。因此,如果只掌握商品销售额资料,没有各种商品销售量资料,这时就不能直接用综合指数公式来计算物价指数,必须改变计算形式。虽然商品销售量资料不易取得,但是各种商品的价格资料是可以掌握的,这样就可以通过计算个体物价指数,运用调和平均指数的形式,达到计算物价总指数的目的。

我们仍以表 6-2 资料为基础,假设只有价格和报告期价值资料(见表 6-7)。

表 6-7 　　　　　　　　　　　　　商品价格指数计算表

品名	计量单位	价格(元)		个体指数(%)	销售额(元)	
		基期 p_0	报告期 p_1	$K_p = p_1 / p_0$	报告期 $q_1 p_1$	按基期价格计算的报告期假定 $q_1 p_1 / K_p$
甲	匹	100	120	120	138000	115000
乙	吨	50	50	100	110000	110000
丙	件	20	15	75	42000	56000
合计	—	—	—	—	290000	281000

$$\overline{K}_p = \frac{\sum q_1 p_1}{\sum \frac{1}{K_p} q_1 p_1} = \frac{290000}{281000} = 103.2\%$$

$$\sum q_1 p_1 - \sum \frac{1}{K_p} q_1 p_1 = 290000 - 281000 = 9000(元)$$

计算结果表明，三种商品报告期价格比基期上涨了 3.2%，由于价格上涨而增加的商品销售额为 9000 元，与综合指数公式计算的结果是一致的。

目前在我国统计实践中，编制农副产品收购价格指数就采用加权调和平均指数方法。

（二）固定权数加权算术平均指数

有些情况下，由于缺乏全面的统计资料，直接用综合指数公式或综合指数变形公式都有困难，这时就需要利用固定权数加权平均指数。固定权数加权算术平均指数的应用相当广泛。我国统计工作实践中，零售价格指数用的就是这种方法。其大致过程为：首先，把全部商品分成若干大类，每大类再分成若干个中类，在中类内又分成若干个小类，每个小类中选出若干代表规格品。在计算总的物价指数时，是从下而上分层计算的。关于各层的固定权数，一般是根据该层基期销售额占上一层基期销售额的比重，再结合报告期零售量的变动情况调整后确定的。现以肉禽蛋小类指数为例说明计算过程（见表 6-8）。

表 6-8　　　　　　　　　　　　　零售价格指数计算表

类别品名	代表规格品规格、等级、牌号	单位	平均零售价格（元）		指数（%）K_p	权数（%）W	指数×权数 $K_p W$
			基期	报告期			
肉禽蛋					113.58	100	11358.13
猪肉	去骨带皮	公斤	5.40	6.12	113.33	80	9066.40
牛肉	去骨净肉	公斤	6.12	7.40	120.92	3	362.76
羊肉	带骨	公斤	4.86	5.32	109.47	2	218.94
鸡	母鸡一级	公斤	6.24	7.22	115.71	8	925.68
鸡蛋	新鲜完整	公斤	4.40	4.93	112.05	7	784.35

$$\overline{K}_p = \frac{\sum K_p W}{\sum W} = \frac{1.133 \times 80 + 1.209 \times 3 + 1.095 \times 2 + 1.157 \times 8 + 1.12 \times 7}{100} = 113.58\%$$

第四节　指数体系和因素分析

一、指数体系

社会经济现象是复杂的，有些现象总体是由两个或两个以上的因素构成，而这些构成因素在经济意义和数量上都有必然联系。例如：

工业总产值=产品产量×出厂价格

产品总成本=产品产量×单位成本

商品销售额=商品销售量×商品销售单价

原材料费用总额=产量×单位产品原材料消耗量×原材料单价

这些联系是静态指标之间的联系。如果现象之间存在静态指标之间的联系，则动态指标也具有同样的联系。它既表现为指数之间的关系，又表现为动态变化后所影响的绝对数之间的关系。例如：

1. 工业总产值指数=产品产量指数×出厂价格指数

$$\frac{\sum q_1 p_1}{\sum q_0 p_0} = \frac{\sum q_1 p_1}{\sum q_1 p_0} \times \frac{\sum q_1 p_0}{\sum q_0 p_0}$$

工业总产值增减额=产品产量变动引起的增减额+出厂价格变动引起的增减额

$$\sum q_1 p_1 - \sum q_0 p_0 = \left(\sum q_1 p_0 - \sum q_0 p_0 \right) + \left(\sum p_1 q_1 - \sum p_0 q_1 \right)$$

2. 生产支出总额指数=产品产量指数×单位产品成本指数

$$\frac{\sum q_1 z_1}{\sum q_0 z_0} = \frac{\sum q_1 z_1}{\sum q_1 z_0} \times \frac{\sum q_1 z_0}{\sum q_0 z_0}$$

生产支出增减额=产品产量变动引起的增减额+单位产品成本变动引起的增减额

$$\sum z_1 q_1 - \sum z_0 q_0 = \left(\sum q_1 z_0 - \sum q_0 z_0 \right) + \left(\sum z_1 q_1 - \sum z_0 q_1 \right)$$

以上仅以综合指数为例，说明有关指数之间的关系。若干个指数由于经济联系和数量上的关系而形成的整体，就叫指数体系。指数体系反映了事物之间的客观联系，其基本含义是：若干个因素指数的乘积等于总变动指数；各个因素的变动所引起的绝对差额之和等于实际产生的总变动差额。

编制指数体系的基本原则和方法，就是在测定现象总体变动中某一因素的变动影响时，必须将另外的因素固定下来，以消除其影响。因此，为了保持指数体系，必须采用假定的方法。一般的情况下，分析质量指标影响时，将数量指标固定在报告期；分析数量指标影响时，将质量指标固定在基期。上面的两例指数体系就是按这一假定方法编制的。但必须指出的是，这是习惯采用的指数体系，并不是唯一的。因为根据不同的研究目的，采用不同的假定方法来确定综合指数中同度量因素的时期，就可以产生不同的指数体系。

目前，我国理论界对现行指数体系理论有一些不同观点，指出了指数体系理论的不足之处，这对于进一步完善指数理论和构造是有益的。但是，指数体系能正确反映现实的经济内容，且与会计核算保持一致（与连环替代法的原则相同）。因此它仍不失为一种科学的分析方法，仍然是因素分析法的基本依据。

在分析平均指标动态时，各个有关的平均指标指数之间也存在着一定的数量对等关系，形成一个指数体系，这在本章第五节中再加以详述。

就指数体系的基本含义而论，编制指数体系主要是为了从相对数和绝对数两方面来反映现象总变动中各个因素变动的影响，因而指数体系是因素分析法的依据。此外，利用指数体系，还可以进行指数之间的相互推算。

二、因素分析

（一）因素分析的概念

利用指数从数量上分析复杂经济现象总动态中各个因素的影响程度和影响绝对数时，称为因素分析法。其基本原理如下。

（1）它是以指数体系中数量对等关系作为基本依据的，即若干因素指数的乘积等于总变动指数，若干因素指数影响的绝对差额之和等于总变动指数的总差额。

（2）它的研究对象是受两个或两个以上因素影响的复杂经济现象总体，目的在于测定各个因素对复杂经济现象总体的影响方向和程度。

（3）因素分析法的基本特点是假定其他因素不变，先测定其中一个因素的变动影响，然后用同样方法，按指数体系排列顺序（数量指标在前，质量指标在后），依次进行其他因素的变动测定。

（4）因素分析法的结果同时用相对数和绝对数两种形式表现，全面反映分析的结果。

因素分析法按分析的指标种类不同可分为总量指标的因素分析和平均指标的因素分析。平均指标的因素分析参见本章第五节，本节只对总量指标的因素分析加以叙述。

（二）总量指标的两因素分析

总量指标的两因素分析的对象即总变动的现象是一个总量指标，它是两个因素的乘积。

现以表 6-9 的资料说明因素分析方法。

表 6-9　　　　　　　　　某企业产量、单位产品成本资料

产品名称	计量单位	产量		单位产品成本（元）		基期生产支出总额（元）$z_0 q_0$	报告期生产支出总额（元）	
		基期 q_0	报告期 q_1	基期 z_0	报告期 z_1		实际 $z_1 q_1$	按基期成本计算 $z_0 q_1$
甲	件	2400	3000	1400	1000	3360000	3000000	4200000
乙	台	90	90	4800	4200	432000	378000	432000
丙	箱	70	75	55000	50000	3850000	3750000	4125000
合计	—	—	—	—	—	7642000	7128000	8757000

1．生产支出总额指数

$$\overline{K}_{qz} = \frac{\sum q_1 z_1}{\sum q_0 z_0} = \frac{7128000}{7642000} = 93.27\%$$

$$\sum q_1 z_1 - \sum q_0 z_0 = 7128000 - 7642000 = -514000（元）$$

即生产支出总额报告期比基期下降了 6.73%，支出总额减少了 51.4 万元。

2．产品产量指数

$$\overline{K}_q = \frac{\sum q_1 z_0}{\sum q_0 z_0} = \frac{8757000}{7642000} = 114.59\%$$

$$\sum q_1 z_0 - \sum q_0 z_0 = 8757000 - 7642000 = 1115000（元）$$

由于产品产量增长了 14.59%，使支出总额增加 111.5 万元。

3. 产品成本指数

$$\overline{K_z} = \frac{\sum q_1 z_1}{\sum q_1 z_0} = \frac{7128000}{8757000} = 81.40\%$$

$$\sum z_1 q_1 - \sum z_0 q_1 = 7128000 - 8757000 = -1629000(元)$$

由于单位产品成本水平下降了 18.6%，从而节约生产费用 162.9 万元。

以上三个指数组成指数体系，相对数之间的关系是

$$\frac{\sum q_1 z_1}{\sum q_0 z_0} = \frac{\sum q_1 z_1}{\sum q_1 z_0} \times \frac{\sum q_1 z_0}{\sum q_0 z_0}$$

$$93.27\% = 81.4\% \times 114.59\%$$

绝对数之间的关系是

$$\sum q_1 z_1 - \sum q_0 z_0 = \left(\sum q_1 z_0 - \sum q_0 z_0\right) + \left(\sum z_1 q_1 - \sum z_0 q_1\right)$$

$$-51.4 万元 = 111.5 万元 - 162.9 万元$$

利用平均指数同样可以对总量指标的变动进行因素分析。

【例 6-2】 （算术平均数指数）已知资料见表 6-10，试对总成本变动状况进行因素分析。

表 6-10   某企业销售商品资料

商品名称	计量单位	销售总额（万元）		个体销量指数
		基期（$q_0 p_0$）	报告期（$q_1 p_1$）	q_1 / q_0
甲	件	200	220	1.03
乙	台	50	50	0.98
丙	箱	120	150	1.10
合计	—	370	420	—

解：

$$\overline{K_{qp}} = \frac{\sum q_1 p_1}{\sum q_0 p_0} = \frac{420}{370} = 113.51\%$$

$$\sum q_1 p_1 - \sum q_0 p_0 = 420 - 370 = 50(万元)$$

$$\overline{K_q} = \frac{\sum \frac{q_1}{q_0} p_0 q_0}{\sum p_0 q_0} = \frac{1.03 \times 200 + 0.98 \times 50 + 1.10 \times 120}{370} = \frac{387}{370} = 104.59\%$$

$$\sum \frac{q_1}{q_0} p_0 q_0 - \sum q_0 p_0 = 387 - 370 = 17（万元）$$

$$\overline{K_p} = \frac{\sum p_1 q_1}{\sum \frac{q_1}{q_0} p_0 q_0} = \frac{420}{387} = 108.53\%$$

$$\sum q_1 p_1 - \sum \frac{q_1}{q_0} p_0 q_0 = 420 - 387 = 33（万元）$$

相对数：113.51%=104.59%×108.53%

绝对数：50 万元=17 万元+33 万元

【例 6-3】 （调和平均数指数）已知资料见表 6-11，试对总成本变动状况进行因素分析。

表 6-11　　　　　　　　　　　　某企业销售商品资料

商品名称	计量单位	销售总额（万元）		个体价格指数
		基期（ $q_0 p_0$ ）	报告期（ $q_1 p_1$ ）	p_1 / p_0
甲	件	200	220	1.20
乙	台	50	50	1.02
丙	箱	120	150	0.97
合计	—	370	420	—

解：

$$\overline{K}_{qp} = \frac{\sum q_1 p_1}{\sum q_0 p_0} = \frac{420}{370} = 113.51\%$$

$$\sum q_1 p_1 - \sum q_0 p_0 = 420 - 370 = 50（万元）$$

$$\overline{K}_p = \frac{\sum p_1 q_1}{\sum \frac{1}{p_1/p_0} p_1 q_1} = \frac{420}{\frac{220}{1.20} + \frac{50}{1.02} + \frac{150}{0.97}} = \frac{420}{387} = 108.53\%$$

$$\sum q_1 p_1 - \sum \frac{1}{p_1/p_0} p_1 q_1 = 420 - 387 = 33（万元）$$

$$\overline{K}_q = \frac{\sum \frac{1}{p_1/p_0} p_1 q_1}{\sum p_0 q_0} = \frac{387}{370} = 104.59\%$$

$$\sum \frac{1}{p_1/p_0} p_1 q_1 - \sum p_0 q_0 = 387 - 370 = 17（万元）$$

相对数：113.51%=104.59%×108.53%

绝对数：50 万元=17 万元 +33 万元

（三）总量指标的多因素分析

总量指标多因素分析的研究对象是一个总量指标，它是 3 个或 3 个以上因素的乘积，其总变动受多个因素的影响。分析的目的是测定多个因素对现象总变动的影响程度。

受多因素影响的现象是很多的。即使是受两因素影响的现象，也可以进一步分解为三个或更多个因素。例如：

原材料支出总额=产品产量×单位产品原材料消耗量×原材料单价

总产值=工人人数×人均产量×产品单价

多因素现象的指数体系，由于所包括的现象因素较多，指数的编制过程比较复杂，所以在进行总量指标的多因素分析时，需要注意两点。

（1）测定某一因素的变动影响时，要把其他两个或两个以上因素固定不变。这仍采用综合指数的一般要求，来确定固定因素所属时期。

（2）要注意分清各因素指标的性质和各因素的排列顺序。判断各因素之间的排列顺序是否正确，可以用如下的两条原则来检验。第一，将数量指标放在前、质量指标放在后的原则。如果相邻的两个指标同时都是数量指标或质量指标，则把相对来看属于数量指标的因素排在前面。第二，两个相邻指标相乘必须有实际经济意义的原则，只有这样排列，才能保持各因素之间彼此适应和相互结合。例如：

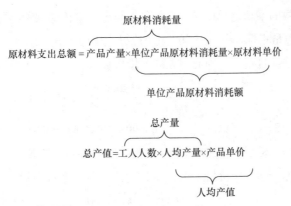

如果把这种顺序打乱，因素的两两相乘即无经济意义。

掌握了这两条原则，就能够合理排列各因素的先后顺序，然后再逐项测定变动，凡是已经测定过的指标都固定在报告期，未测定过的都固定在基期，这与综合指数关于同度量因素的时期确定原则是一致的。

现以表6-12资料为例，说明总量指标的多因素分析方法。

表6-12 　　　　　　　　　　　　　　某年某工厂总产值资料

产品名称	计量单位	工人人数（人）		人均产量		产品出厂单价（元）		总产值（元）			
		基期 m_0	报告期 m_1	基期 t_0	报告期 t_1	基期 p_0	报告期 p_1	基期实际 $m_0 t_0 p_0$	按基期人均产值计算的报告期假定 $m_1 t_0 p_0$	按基期价格计算的报告期假定 $m_1 t_1 p_0$	报告期实际 $m_1 t_1 p_1$
甲	台	150	180	50	55	600	570	4500000	5400000	5940000	5643000
乙	件	100	70	500	480	35	42	1750000	1225000	1176000	1411200
丙	套	200	250	140	150	220	190	6160000	7700000	8250000	7125000
合计	—	—	—	—	—	—	—	12410000	14325000	15366000	14179200

根据表6-12资料，首先测定现象的总变动：

$$总产值指数\ \overline{K}_{mtp} = \frac{\sum m_1 t_1 p_1}{\sum m_0 t_0 p_0} = \frac{14179200}{12410000} = 114.26\%$$

$$\sum m_1 t_1 p_1 - \sum m_0 t_0 p_0 = 14179200 - 12410000 = 1769200（元）$$

结果表明报告期总产值比基期增长了 14.26%，因而使总产值增加了 176.92 万元。

由于总产值是工人人数、人均产量和产品出厂单价三因素的乘积，所以必须注意根据指标的性质及因素乘积的经济意义来确定因素的排列顺序和时期固定问题。

工人人数是数量指标，相对于工人人数来说，tp 即人均产值，是质量指标；计算工人人数指数时，必须将人均产量和出厂单价同时固定在基期，即

$$\overline{K}_m = \frac{\sum m_1 t_0 p_0}{\sum m_0 t_0 p_0} = \frac{14325000}{12410000} = 115.43\%$$

$$\sum m_1 t_0 p_0 - \sum m_0 t_0 p_0 = 14325000 - 12410000 = 1915000（元）$$

结果说明由于工人人数增长 15.43%，使得总产值增加 191.5 万元。

人均产量与工人人数的乘积是总产量，人均产量与出厂单价的乘积是人均产值，具有明显的经济意义，且出厂单价是质量指标，所以人均产量值应排在中间位置。它相对于产量来说是质量指标，但相对于出厂单价来说是数量指标。因此，人均产量指数为

$$\overline{K}_t = \frac{\sum m_1 t_1 p_0}{\sum m_1 t_0 p_0} = \frac{15366000}{14325000} = 107.27\%$$

$$\sum m_1 t_1 p_0 - \sum m_1 t_0 p_0 = 15366000 - 14325000 = 1041000（元）$$

结果表明，由于人均产量报告期比基期增长了 7.27%，使得总产值增加了 104.1 万元。

出厂单价是质量指标，相对于价格来说，mt 即总产量，是数量指标。因此，出厂价格指数为

$$\overline{K}_p = \frac{\sum m_1 t_1 p_1}{\sum m_1 t_1 p_0} = \frac{14179200}{15366000} = 92.28\%$$

$$\sum m_1 t_1 p_1 - \sum m_1 t_1 p_0 = 14179200 - 15366000 = -1186800（元）$$

结果表明由于出厂单价平均下降 7.72%，使得总产值减少了 118.68 万元。

以上四个指数组成一个指数体系，相对数表现为

$$\frac{\sum m_1 t_1 p_1}{\sum m_0 t_0 p_0} = \frac{\sum m_1 t_0 p_0}{\sum m_0 t_0 p_0} \times \frac{\sum m_1 t_1 p_0}{\sum m_1 t_0 p_0} \times \frac{\sum m_1 t_1 p_1}{\sum m_1 t_1 p_0}$$

$$114.26\% = 115.43\% \times 107.27\% \times 92.28\%$$

绝对数表现为

$$\sum m_1 t_1 p_1 - \sum m_0 t_0 p_0 = （m_1 t_0 p_0 - \sum m_0 t_0 p_0）+（\sum m_1 t_1 p_0 - \sum m_1 t_0 p_0）+（\sum m_1 t_1 p_1 - \sum m_1 t_1 p_0）$$

$$176.92 万元 = 191.5 万元 + 104.1 万元 - 118.68 万元$$

第五节 平均指标指数

一、平均指标指数的概念

平均指标指数，说明同类现象两个不同时期平均水平动态变化的相对指标。例如两个平均价格之比，两个平均工资之比等。它的一般公式是

$$\overline{K} = \frac{\overline{x}_1}{\overline{x}_0}$$

式中　　$\overline{x_1}$——报告期平均指标值；

　　　　$\overline{x_0}$——基期平均指标值。

在平均数章节里，已经涉及总平均数与组平均数及各组单位数比重的问题。在分组条件下，平均指标的变动，往往取决于两个因素的变动影响作用，一个因素是各组平均水平的变动影响，另一个因素是各组单位数在总体中的比重变动影响。

以平均工资为例，平均工资指数公式为

$$\overline{K} = \frac{\overline{x_1}}{\overline{x_0}} = \frac{\dfrac{\sum x_1 f_1}{\sum f_1}}{\dfrac{\sum x_0 f_0}{\sum f_0}} = \frac{\sum x_1 \dfrac{f_1}{\sum f_1}}{\sum x_0 \dfrac{f_0}{\sum f_0}}$$

从上式看出，平均工资指数反映两个因素的变动影响，即各组工人工资水平变动的影响和各组工人人数在全部工人总数中所占比重变动的影响。又如，平均价格的提高，可能是由于各类商品价格上涨，也可能是由于价格较高的商品在销售量中所占比重的增大。因此，我们不仅要计算总的平均指标指数，还要计算分组的平均指标指数；不仅要反映总平均水平发展变化的方向和程度，还要分析平均指标动态变化中各组水平变动和结构变动的影响。

二、平均指标指数的因素分析

为了考察和分析总平均指标的动态及其构成因素的变动影响，需要编制相互联系的平均指标指数，形成一个平均指标指数体系。在平均指标指数体系中，有可变构成指数、固定构成指数和结构影响指数三种指数，它们之间的关系为

可变构成指数=固定构成指数×结构影响指数

（一）可变构成指数

反映总平均指标变动方向和程度的指数，称为可变构成指数，简称可变指数。可变指数不仅反映总平均指标的动态对比中各组平均水平的变动，而且反映总体内部结构变动的影响。其计算公式为

$$\overline{K}_{可变} = \frac{\overline{x_1}}{\overline{x_0}} = \frac{\dfrac{\sum x_1 f_1}{\sum f_1}}{\dfrac{\sum x_0 f_0}{\sum f_0}}$$

现以表 6-13 的资料为例，说明总平均指标的动态分析及其构成因素的分析方法。

表 6-13　　　　　　　　某局所属两个企业生产同一种产品有关资料

企业	产量（吨）		工人人数		劳动生产率（吨/人）		劳动生产率指数（%）
	基期 $x_0 f_0$ (1)	报告期 $x_1 f_1$ (2)	基期 f_0 (3)	报告期 f_1 (4)	基期 x_0 (5)=$\dfrac{(1)}{(3)}$	报告期 x_1 (6)=$\dfrac{(2)}{(4)}$	x_1/x_0 (7)=$\dfrac{(6)}{(5)}$
甲	300000	728000	600	1300	500	560	112.00
乙	288000	336000	900	1000	320	336	105.00
合计	588000	1064000	1500	2300	392	462.61	118.01

$$\overline{K}_{可变} = \frac{\overline{x_1}}{\overline{x_0}} = \frac{\frac{\sum x_1 f_1}{\sum f_1}}{\frac{\sum x_0 f_0}{\sum f_0}} = \frac{\frac{1064000}{2300}}{\frac{588000}{1500}} = \frac{462.61}{392} = 118.01\%$$

$$\overline{x_1} - \overline{x_0} = \frac{\sum x_1 f_1}{\sum f_1} - \frac{\sum x_0 f_0}{\sum f_0} = 462.61 - 392 = 70.61(吨)$$

计算结果表明，该局平均劳动生产率提高了 18.01%，即平均每人多生产了 70.61 吨。但是我们分别考察甲、乙企业劳动生产率的提高状况，甲企业为 12%，乙企业为 5%，都达不到这个平均的提高程度。这正说明了可变指数的性质，它不仅综合反映各企业劳动生产率的提高程度，还会受工人人数结构变动的影响。所以可变指数在某些场合下会超出所综合的各企业劳动生产率的变动范围，当然有些情况下也会低于各企业劳动生产率的变化范围。

为了分析企业由于劳动生产率提高所引起产量增加的绝对数，必须在两个时期劳动生产率差额的基础上，乘以计算期工人总数，即

$$\left(\frac{\sum x_1 f_1}{\sum f_1} - \frac{\sum x_0 f_0}{\sum f_0} \right) \times \sum f_1 = \sum x_1 f_1 - \overline{x_0} \sum f_1$$

$$(462.61 - 392) \times 2300 = 16.24(万吨)$$

或 $$1064000 - 392 \times 2300 = 16.24（万吨）$$

（二）固定构成指数

固定构成指数是在平均指标的动态分析中，把作为权数的总体结构固定下来，只反映各组平均水平变动影响程度的指数。其计算公式为

$$\overline{K}_{固定} = \frac{\overline{x_1}}{\overline{x_n}} = \frac{\frac{\sum x_1 f_1}{\sum f_1}}{\frac{\sum x_0 f_1}{\sum f_1}}$$

式中，$\sum x_0 f_1 / \sum f_1$ 是按基期平均水平计算的报告期经济总量除以报告期总体单位总量得出的假定平均指标，为便于叙述用符号 $\overline{x_n}$ 表示。

根据综合指数的一般原则，用表 6-13 资料计算劳动生产率固定构成指数，应将各组工人人数的结构（数量指标）固定在报告期，才能反映组劳动生产率（质量指标）变动的影响。

$$\sum x_0 f_1 = 500 \times 1300 + 320 \times 1000 = 97（万吨）$$

$$\overline{K}_{固定} = \frac{\overline{x_1}}{\overline{x_n}} = \frac{\frac{\sum x_1 f_1}{\sum f_1}}{\frac{\sum x_0 f_1}{\sum f_1}} = \frac{\frac{1064000}{2300}}{\frac{970000}{2300}} = \frac{462.61}{421.74} = 109.69\%$$

$$\overline{x_1} - \overline{x_n} = \frac{\sum x_1 f_1}{\sum f_1} - \frac{\sum x_0 f_1}{\sum f_1} = 462.61 - 421.74 = 40.87(吨)$$

结果表明：消除工人结构因素变动的影响，报告期劳动生产率比基期提高了 9.69%，平均每人多生产了 40.87 吨。由于各企业劳动生产率的提高而增加的产量为

$$\left(\frac{\sum x_1 f_1}{\sum f_1} - \frac{\sum x_0 f_1}{\sum f_1}\right) \times \sum f_1 = \sum x_1 f_1 - \sum x_0 f_1$$

$$(462.61 - 421.74) \times 2300 = 9.4(万吨)$$

或

$$1064000 - 970000 = 9.4(万吨)$$

（三）结构影响指数

结构影响指数是在平均指标的动态分析中，将各组平均水平固定起来，只反映总体各组结构变动影响程度的指数。其计算公式为

$$\overline{K}_{结构} = \frac{\overline{x_n}}{\overline{x_0}} = \frac{\dfrac{\sum x_0 f_1}{\sum f_1}}{\dfrac{\sum x_0 f_0}{\sum f_0}}$$

根据表6-13资料计算，可得

$$\overline{K}_{结构} = \frac{\overline{x_n}}{\overline{x_0}} = \frac{\dfrac{\sum x_0 f_1}{\sum f_1}}{\dfrac{\sum x_0 f_0}{\sum f_0}} = \frac{\dfrac{970000}{2300}}{\dfrac{588000}{1500}} = \frac{421.74}{392} = 107.59\%$$

$$\overline{x_n} - \overline{x_0} = \frac{\sum x_0 f_1}{\sum f_1} - \frac{\sum x_0 f_0}{\sum f_0} = 421.74 - 392 = 29.74(吨)$$

结果表明，消除了各企业劳动生产率变动的影响后，单纯由于各企业工人结构的变动而使报告期劳动生产率提高了7.59%，即平均每人多生产了29.74吨。由于各企业人数结构变动影响增加的产量为

$$\left(\frac{\sum x_0 f_1}{\sum f_1} - \frac{\sum x_0 f_0}{\sum f_0}\right) \times \sum f_1 = \sum x_0 f_1 - \overline{x_0} \sum f_1$$

$$(421.74 - 392) \times 2300 = 6.84(万吨)$$

$$或 970000 - 392 \times 2300 = 6.84(万吨)$$

以上三种平均指标指数之间存在着密切的联系，形成如下的指数体系。

$$\frac{\overline{x_1}}{\overline{x_0}} = \frac{\overline{x_1}}{\overline{x_n}} \times \frac{\overline{x_n}}{\overline{x_0}}$$

$$\frac{\dfrac{\sum x_1 f_1}{\sum f_1}}{\dfrac{\sum x_0 f_0}{\sum f_0}} = \frac{\dfrac{\sum x_1 f_1}{\sum f_1}}{\dfrac{\sum x_0 f_1}{\sum f_1}} \times \frac{\dfrac{\sum x_0 f_1}{\sum f_1}}{\dfrac{\sum x_0 f_0}{\sum f_0}}$$

将上例中的数字代入为

$$118.01\% = 109.69\% \times 107.59\%$$

上述三种指数之间的绝对额联系为

$$\overline{x_1} - \overline{x_0} = (\overline{x_1} - \overline{x_n}) + (\overline{x_n} - \overline{x_0})$$

$$\frac{\sum x_1 f_1}{\sum f_1} - \frac{\sum x_0 f_0}{\sum f_0} = \left(\frac{\sum x_1 f_1}{\sum f_1} - \frac{\sum x_0 f_1}{\sum f_1}\right) + \left(\frac{\sum x_0 f_1}{\sum f_1} - \frac{\sum x_0 f_0}{\sum f_0}\right)$$

将上例中的有关数值代入，则

$$462.61-392＝（462.61-421.74）＋（421.74-392）$$

$$70.61 \text{ 吨}=40.87 \text{ 吨}+29.74 \text{ 吨}$$

综上所述，该局劳动生产率提高了 70.61 吨，是由于各企业劳动生产率平均提高 40.87 吨和各企业工人结构的变化提高 29.74 吨共同影响的结果。对由于劳动生产率提高所引起产量增加的绝对数分析说明，该局的平均劳动生产率提高使产量增加 16.24 万吨，是由于两个企业劳动生产率提高而增加 9.4 万吨和两个企业工人结构的变化而增加 6.84 万吨的结果。

第六节 指数数列

一、指数数列的意义

为了从数量上反映社会经济现象的发展变化过程，有时需要根据连续若干个时期的统计资料编制指数。将同一现象总体在不同时期变动程度的指数数值，按时间的先后顺序加以排列，就形成指数数列。

利用指数数列，可以观察社会经济现象动态变化的过程，研究其发展变化的趋势及规律性；利用指数数列可以将相互关联的指数数列进行平行对比分析，以揭示现象之间的客观联系；利用指数数列中各指数之间的关系，还可以进行必要的估算和预测。

指数可以分为个体指数和总指数，因而指数数列也可以分为个体指数数列和总指数数列。个体指数数列属于一般的相对数数列，非本节研究的内容。本节主要叙述总指数数列的有关问题。

二、定基指数数列和环比指数数列

指数按照计算的基期不同，分为定基指数和环比指数，因而指数数列也可以分为定基指数数列和环比指数数列。

在指数数列中，如果各个指数都以某一固定时期为基期来计算，叫定基指数数列。以价格为例，其定基指数数列为

$$\frac{\sum q_1 p_1}{\sum q_1 p_0}, \frac{\sum q_2 p_2}{\sum q_2 p_0}, \frac{\sum q_3 p_3}{\sum q_3 p_0}, ..., \frac{\sum q_n p_n}{\sum q_n p_0}$$

在指数数列中，如果各个指数都以前一期作为计算的基期，叫环比指数数列。如价格环比指数数列为

$$\frac{\sum q_1 p_1}{\sum q_1 p_0}, \frac{\sum q_2 p_2}{\sum q_2 p_1}, \frac{\sum q_3 p_3}{\sum q_3 p_2}, ..., \frac{\sum q_n p_n}{\sum q_n p_{n-1}}$$

定基指数数列适用于表明社会经济现象在较长时间内的变动趋势和程度，而环比指数数列一般用来表明逐期变动的趋势和程度。表 6-14 是 1999—2004 年我国居民消费价格指数。

表 6-14   我国居民消费价格指数

年份	1999	2000	2001	2002	2003	2004
定基指数 （以 1985 年价格为 100）	208.4	258.7	302.8	327.9	337.1	334.4
环比指数 （以上年价格为 100）	114.7	124.1	117.1	108.3	102.8	99.2

资料表明，我国 1999—2004 年的物价水平与 1985 年相比，有了较大幅度的上升，但以环比指数来看，我国居民消费价格上涨幅度并不算太高，个别年份还有下跌。

定基指数和环比指数之间存在着数量上的联系。我们知道，环比发展速度的连乘积等于定基发展速度。个体指数就是发展速度指标。因此，在个体指数的条件下定基指数等于相应时期的环比指数的连乘积，其表现形式为（以数量指标为例）

$$\frac{q_n}{q_0} = \frac{q_1}{q_0} \times \frac{q_2}{q_1} \times \frac{q_3}{q_2} \times \cdots \times \frac{q_n}{q_{n-1}}$$

但对总指数来说，定基指数和环比指数的这种关系，只有在各个时期都固定使用同一个同度量因素（p_n）的条件下才能成立。如果没有这个前提条件，那么这种联系便不能成立，以数量指标指数为例。

$$\frac{\sum q_n p_n}{\sum q_0 p_n} = \frac{\sum q_1 p_n}{\sum q_0 p_n} \times \frac{\sum q_2 p_n}{\sum q_1 p_n} \times \frac{\sum q_3 p_n}{\sum q_2 p_n} \times \cdots \times \frac{\sum q_n p_n}{\sum q_{n-1} p_n}$$

$$\frac{\sum q_n p_0}{\sum q_0 p_0} \neq \frac{\sum q_1 p_0}{\sum q_0 p_0} \times \frac{\sum q_2 p_1}{\sum q_1 p_1} \times \frac{\sum q_3 p_2}{\sum q_2 p_2} \times \cdots \times \frac{\sum q_n p_{n-1}}{\sum q_{n-1} p_{n-1}}$$

三、可变权数和不变权数

指数的同度量因素，也叫作权数。权数可分为可变权数和不变权数两种。

可变权数，是指在指数数列中，各个指数的同度量因素（权数）随着基期的改变而改变；不变权数，是指在指数数列中，各个指数的同度量因素（权数）是固定不变的。

采用可变权数或者不变权数，对于数量指标指数数列和质量指标指数数列是不同的，现举例说明。

（一）数量指标指数数列

由于数量指标指数是以基期的质量指标为权数，所以在数量指标指数数列中：其定基指数的权数都固定在基期，是不变权数；而环比指数的权数随着基期的改变而改变，是可变权数。

定基指数：
$$\frac{\sum q_1 p_0}{\sum q_0 p_0}, \frac{\sum q_2 p_0}{\sum q_0 p_0}, \frac{\sum q_3 p_0}{\sum q_0 p_0}, \dots, \frac{\sum q_n p_0}{\sum q_0 p_0}$$

环比指数：
$$\frac{\sum q_1 p_0}{\sum q_0 p_0}, \frac{\sum q_2 p_1}{\sum q_1 p_1}, \frac{\sum q_3 p_2}{\sum q_2 p_2}, \dots, \frac{\sum q_n p_{n-1}}{\sum q_{n-1} p_{n-1}}$$

统计工作中，编制产品数量指数时，如果采用固定价格 p_n 为权数，那么，在其指数数列中，定

基指数和环比指数都用不变权数，即

定基指数：

$$\frac{\sum q_1 p_n}{\sum q_0 p_n}, \frac{\sum q_2 p_n}{\sum q_0 p_n}, \frac{\sum q_3 p_n}{\sum q_0 p_n}, ..., \frac{\sum q_n p_n}{\sum q_0 p_n}$$

环比指数：

$$\frac{\sum q_1 p_n}{\sum q_0 p_n}, \frac{\sum q_2 p_n}{\sum q_1 p_n}, \frac{\sum q_3 p_n}{\sum q_2 p_n}, ..., \frac{\sum q_n p_n}{\sum q_{n-1} p_n}$$

在采用不变权数的条件下，环比指数的连乘积等于定基指数。正是根据这一数量关系，有时可以根据已掌握的某些指数去推算和预测另一些指数。

（二）质量指标指数数列

由于质量指标指数是以报告期的数量指标作权数，所以在一个质量指标指数数列中：不论定基指数，还是环比指数，其权数随着时期的改变而改变，因此，都是可变权数。

定基指数：

$$\frac{\sum q_1 p_1}{\sum q_1 p_0}, \frac{\sum q_2 p_2}{\sum q_2 p_0}, \frac{\sum q_3 p_3}{\sum q_3 p_0}, ..., \frac{\sum q_n p_n}{\sum q_n p_0}$$

环比指数：

$$\frac{\sum q_1 p_1}{\sum q_1 p_0}, \frac{\sum q_2 p_2}{\sum q_2 p_1}, \frac{\sum q_3 p_3}{\sum q_3 p_2}, ..., \frac{\sum q_n p_n}{\sum q_n p_{n-1}}$$

四、指数的应用

（一）居民消费价格指数

居民消费价格指数（Consumer Price Index，CPI）反映一定时期内居民所消费商品及服务项目的价格水平变动趋势和变动程度。居民消费价格水平的变动率在一定程度上反映了通货膨胀（或紧缩）的程度。CPI 是关系国计民生最重要的一种指数，可用于分析居民实际收入水平的变化，也是国民经济核算和宏观经济分析与决策的重要指标。通俗地讲，CPI 就是市场上的货物价格增长百分比。一般市场经济国家认为 CPI 增长率在 2%～3%属于可接受范围内，当然还要看其他数据。CPI 过高始终不是好事，高速经济增长率会拉高 CPI，但物价指数增长速度快过人民平均收入的增长速度就一定不是好事，而一般平均工资的增长速度很难超越 3%～4%。

编制方法：采用固定权数加权算术平均方法，由代表商品个体指数逐级加权平均为总指数。即由基本分类指数，再中类、大类，最终由各大类指数加权平均为城市（或农村）居民消费价格总指数。2011 年 CPI 结构为:食品 31.79%，烟酒及用品 3.49%，居住 17.22%，交通通信 9.95%，医疗保健个人用品 9.64%，衣着 8.52%，家庭设备及维修服务 5.64%，娱乐教育文化用品及服务 13.75%。

从 2011 年 1 月起，我国 CPI 开始计算以 2010 年为对比基期的价格指数序列。这是自 2001 年计算 CPI 定基价格指数以来，第二次进行基期例行更换，首轮基期为 2000 年，第二轮基期为 2005 年。调整基期，是为了更容易比较.因为对比基期越久，价格规格品质变化就越大，可比性就会下降。选择逢 0 逢 5 年度作为计算 CPI 的对比基期，目的是为了与我国国民经济和社会发展五年规划保持相同周期，便于数据分析与使用。根据各选中调查市县 2010 年最新商业业态、农贸市场以及服务消费单位状况，按照国家统一规定的原则和方法，增加了 1.3 万个调查网点。采集全国 CPI 价格的调查网点（包括食杂店、百货店、超市、便利店、专业市场、专卖店、购物中心以及农贸市场与服务消费单位等）达到 6.3 万个。

（二）零售物价指数

零售物价指数（Retail Price Index，RPI）是指反映一定时期内商品零售价格变动趋势和变动程度的相对数。

零售物价指数主要用来观察研究零售物价变动对城乡居民生活的影响，为平衡市场供求、加强市场管理、控制货币发行量提供参考。

零售物价指数是编制财政计划、价格计划，制定物价政策、工资政策的重要依据。目前，统计工作中按月、季、年编制零售物价指数，计算工作量和采价工作量非常大。

编制零售物价指数时，采集的商品分为食品、饮料烟酒、服装鞋帽、纺织品、中西药品、化妆品、书报杂志、文化体育用品、日用品、家用电器、首饰、燃料、建筑装潢材料、机电产品等 14 个大类，国家规定 304 种必报商品，需要予以特别说明的是，从 1994 年起，国家、各省（区）和县编制的商品零售物价指数不再包括农业生产资料。零售物价的调整变动直接影响到城乡居民的生活支出和国家的财政收入，影响居民购买力和市场供需平衡，影响消费与积累的比例。因此，计算零售物价指数，可以从一个侧面对上述经济活动进行观察和分析。

零售物价指数采用加权算术平均公式计算。权数直接影响指数的可靠性，因此每年要根据居民家庭收支调查的资料调整一次权数。物价不可能全面调查，只能在部分市、县调查，在我国根据人力、财力，大约选 200 个市、100 个县城作为物价变动资料的基层填报单位。在城市选商品 350 种左右，在县城选 400 种左右。每种商品的指数采用代表规格品的平均价格计算。

（三）工业生产指数

近年来，为了改革工业生产发展速度的计算方法，国家统计局先后对多种方法进行试算，最后经过反复比较权衡，决定以工业生产指数取代沿用数十年之久的不变价工业总产值来反映工业生产的发展速度。

工业生产指数是直接利用工业产品产量计算代表产品的个体产量指数，然后以工业增加值作为权数，经过加权平均来编制的工业产品实物量指数，用来衡量制造业、矿业与公共事业的实质产出，衡量的基础是数量，基本原理是依据报告期各种代表产品产量与基期相比计算出个体指数。

世界上大多数国家都十分重视编制工业生产指数，并且多采用各工业部门增加值在全部工业增加值中所占比重作为固定权数。

（四）股票价格指数

股票价格指数是证券交易所或金融服务机构编制的表明股票行市变动并供投资者参考的指示数字。投资者有了这些指标，就可以检验自己投资的效果，还可以用以预测股票市场的动向。股票价格指数也经常被新闻界、公司老板乃至政界领导等用作观察、预测社会政治、经济发展形势的参考指标。

各个股票市场都有自己的股票价格指数，不同的股票价格指数，计算的对象和基期不同，计算的方法也有所不同，但多数还是采用拉氏价格指数或派氏价格指数的公式。以下简单介绍几种具体的股票价格指数。

1. 纽约证券交易所股票价格指数

这是由纽约证券交易所编制的股票价格指数。它起自 1966 年 6 月，先是普通股股票价格指数，后来改为混合指数，包括在纽约证券交易所上市的 1500 家公司的 1570 种股票。具体计算方法是将这些股票按价格高低分开排列，分别计算工业股票、金融业股票、公用事业股票、运输业股票的价格指数。最大和最广泛的是工业股票价格指数，由 1093 种股票组成；金融业股票价格指数包括投资公司、储蓄贷款协会、分期付款融资公司、商业银行、保险公司和不动产公司的 223 种股票；运输业股票价格指数包括铁路、航空、轮船、汽车等公司的 65 种股票；公用事业股票价格指数则有电话电报公司、煤气公司、电力公司和邮电公司的 189 种股票。

纽约证券交易所股票价格指数是以 1965 年 12 月 31 日确定的 50 点为基数，采用的是综合指数形式。纽约证券交易所每半个小时公布一次指数的变动情况，它可以全面及时地反映其股票市场活动的综合状况，较为受投资者欢迎。

2. 标准普尔股票价格指数

标准普尔股票价格指数在美国也很有影响，它是美国最大的证券研究机构标准普尔公司编制的股票价格指数。该公司于 1923 年开始编制股票价格指数，最初采选了 230 种股票，编制两种股票价格指数。到 1957 年，这一股票价格指数的采选范围扩大到 500 种股票，分成 95 种组合。其中最重要的四种组合是工业股票组、铁路股票组、公用事业股票组和 500 种股票混合组。从 1976 年 7 月 1 日开始，改为 400 种工业股票、20 种运输业股票、40 种公用事业股票和 40 种金融业股票。几十年来，虽然有股票更迭，但始终保持为 500 种。标准普尔股票价格指数以 1941—1943 年抽样股票的平均市价为基期，以上市股票数为权数，按基期进行加权计算，其基点数为 10。以目前的股票市场价格乘以股票市场上发行的股票数量为分子，用基期的股票市场价格乘以基期股票数为分母，相除之数再乘以 10 就是股票价格指数。

3. 日经道·琼斯股票价格指数

这是由日本经济新闻社编制并公布的反映日本股票市场价格变动的股票价格平均数。该指数从 1950 年 9 月开始编制。

最初根据东京证券交易所第一市场上市的 225 家公司的股票算出修正平均股价，当时称为"东证修正平均股价"。1975 年 5 月 1 日，日本经济新闻社向道·琼斯公司买进商标，采用美国道·琼斯公司的修正法计算，这种股票指数也就改称"日经道·琼斯平均股价"。1985 年 5 月 1 日在合同期满 10 年时，经两家商议，将名称改为"日经平均股价"。

按计算对象的采样数目不同，该指数分为两种，一种是日经 225 种平均股价。其所选样本均为在东京证券交易所第一市场上市的股票，样本选定后原则上不再更改。1981 年定位行业食品（12 家）、纤维（7 家）、制纸（4 家）、化学（15 家）、医药品（8 家）、石油（3 家）、橡胶制品（2 家）、窑业（8 家）、钢铁制品（4 家）、非铁金属制品（12 家）、机械（15 家）、电气机器（29 家）、造船（2 家）、汽车（9 家）、精密工业（6 家）、其他制造（3 家）、水产（1 家）、矿业（1 家）、建设（8 家）、贸易（8 家）、零售（8 家）、银行（12 家）、证券（4 家）、保险（4 家）、其他金融服务（1 家）、不动产（5 家）、铁路、巴士（7 家）、陆运（2 家）、海运（3 家）、空运（2 家）、仓储（1 家）、通讯

（5 家）、电力（3 家）、瓦斯（2 家）服务业（8 家）。由于日经 225 种平均股价从 1950 年一直延续下来，因而其连续性及可比性较好，成为考察和分析日本股票市场长期演变及动态的最常用和最可靠指标。该指数的另一种是日经 500 种平均股价。这是从 1982 年 1 月 4 日起开始编制的。由于其采样包括有 500 种股票，其代表性就相对更为广泛，但它的样本是不固定的，每年 4 月份要根据上市公司的经营状况、成交量和成交金额、市价总值等因素对样本进行更换。

4.《金融时报》股票价格指数

《金融时报》股票价格指数的全称是"伦敦《金融时报》工商业普通股股票价格指数"，是由英国《金融时报》公布发表的。该股票价格指数的样本来自英国工商业中具有代表性的 30 家公开挂牌的普通股股票。它以 1935 年 7 月 1 日作为基期，其基点为 100 点。该股票价格指数以能够及时显示伦敦股票市场情况而闻名于世。

（五）我国的股票价格指数

1. 香港恒生股票价格指数

香港恒生股票价格指数是香港股票市场上历史最久、影响最大的股票价格指数，由香港恒生银行于 1969 年 11 月 24 日开始发表。

恒生股票价格指数的样本包括从香港 500 多家上市公司中挑选出来的 33 家有代表性且经济实力雄厚的大公司股票，分为四大类——4 种金融业股票、6 种公用事业股票、9 种地产业股票和 14 种其他工商业（包括航空和酒店）股票。

恒生股票价格指数的编制是以 1964 年 7 月 31 日为基期，因为这一天香港股市运行正常，成交值均匀，可反映整个香港股市的基本情况，基点确定为 100 点。其计算方法是将 33 种股票按每天的收盘价乘以各自的发行股数为计算日的市值，再与基期的市值相比较，乘以 100 就得出当天的股票价格指数。

由于恒生股票价格指数所选择的基期适当，因此，不论股票市场狂升或猛跌，还是处于正常交易水平，恒生股票价格指数基本上能反映整个股市的活动情况。

自 1969 年恒生股票价格指数发表以来，已经过多次调整。由于 1980 年 8 月香港当局通过立法，将香港证券交易所、远东交易所、金银证券交易所和九龙证券所合并为香港联合证券交易所，在目前的香港股票市场上，只有恒生股票价格指数与新产生的香港指数并存，香港的其他股票价格指数均不复存在。

2. 上证股票指数

上证股票指数是由上海证券交易所编制的股票指数，1990 年 12 月 19 日正式开始发布。该股票指数的样本为所有在上海证券交易所挂牌上市的股票，其中新上市的股票在挂牌的第二天纳入股票指数的计算范围。

该股票指数的权数为上市公司的总股本。由于我国上市公司的股票有流通股和非流通股之分，其流通量与总股本并不一致，所以总股本较大的股票对股票指数的影响就较大，上证指数常常就成为机构大户造市的工具，使股票指数的走势与大部分股票的涨跌相背离。

上证股票指数的发布几乎是和股票行情的变化相同步的，它是我国股民和证券从业人员研判股票价格变化趋势必不可少的参考依据。

3. 深圳综合股票指数

深圳综合股票指数是由深圳证券交易所编制的股票指数，1991 年 4 月 3 日为基期。该股票指数的计算方法基本与上证指数相同，其样本为所有在深圳证券交易所挂牌上市的股票，权数为股票的总股本。由于以所有挂牌的上市公司为样本，其代表性非常广泛，且它与深圳股市的行情同步发布，它是股民和证券从业人员研判深圳股市股票价格变化趋势必不可少的参考依据。在前些年，由于深圳证券交易所的股票交投不如上海证券交易所那么活跃，深圳证券交易所现已改变了股票指数的编制方法，采用成分股指数，其中只有 40 只股票入选并于 1995 年 5 月开始发布。

现深圳证券交易所并存着两个股票指数，一个是原来的深圳综合股票指数，另一个是现在的成分股指数，但从最近几年的运行势态来看，两个指数间的区别并不是特别明显。

4. 上证 180 指数

上海证券交易所于 2002 年 7 月 1 日正式对外发布上证 180 指数，用以取代原来的上证 30 指数。新编制的上证 180 指数的样本数量扩大到 180 家，入选的个股均是一些规模大、流动性好、行业代表性强的股票。该指数不仅在编制方法的科学性、成分选择的代表性和成分的公开性上有所突破，同时也恢复和提升了成分指数的市场代表性，从而能更全面地反映股价的走势。

5. 沪深 300 指数

沪深 300 指数是上海证券交易所和深圳证券交易所 2005 年 4 月 8 日联合发布的反映 A 股市场整体走势的指数。沪深 300 指数由上海和深圳证券市场中选取 300 只 A 股作为样本编制而成，其样本覆盖了沪深市场六成左右的市值，具有良好的市场代表性。它的推出，丰富了市场原有的指数体系，增加了一项用于观察市场走势的指标，有利于投资者全面把握市场运行状况，也进一步为指数投资产品的创新和发展提供了基础条件。

6. 央视财经 50 指数

央视财经 50 指数由中央电视台财经频道联合北京大学经济学院金融系等五所高校的专业院系，以及中国上市公司协会等机构，共同编制而成。样本股评价体系由创新、成长、回报、治理、社会责任五个维度构成。从 A 股 2000 多家上市公司中，筛选出 50 家优质公司构成样本股，入选公司在财务透明、盈利优良、治理完善，以及回报股东、履行社会责任等方面表现突出，其中沪市主板 26 只、深市主板 11 只、中小板 10 只、创业板 3 只，共覆盖 9 个大类行业、17 个分类行业。

2012 年 6 月 6 日，央视财经 50 指数在深圳证券交易所正式发布，代码 399550，指数挂牌当日开盘点位是 3402.72 点。

思考题

一、单项选择题

1. 狭义指数是反映（　　）数量综合变动的特殊相对数。

A. 有限总体　　　　　　　　　　B. 无限总体

C. 简单总体　　　　　　　　　　D. 复杂总体

2. 编制综合指数的一个重要问题是（　　　）。

　　A. 选择基期问题　　　　　　　　B. 选择报告期问题

　　C. 选择同度量因素问题　　　　　D. 选择计算单位问题

3. 编制数量指标综合指数的一般原则是采用（　　　）作为同度量因素。

　　A. 基期数量指标　　　　　　　　B. 报告期数量指标

　　C. 基期质量指标　　　　　　　　D. 报告期质量指标

4. 编制质量指标综合指数的一般原则是采用（　　　）作为同度量因素。

　　A. 基期数量指标　　　　　　　　B. 报告期数量指标

　　C. 基期质量指标　　　　　　　　D. 报告期质量指标

5. 拉氏综合指数的同度量因素固定在（　　　）。

　　A. 报告期　　　　B. 基期　　　　C. 计划期　　　　D. 特定期

6. 拉氏价格综合指数的公式是（　　　）。

　　A. $\dfrac{\sum p_1 q_1}{\sum p_0 q_1}$　　　　B. $\dfrac{\sum p_1 q_0}{\sum p_0 q_0}$　　　　C. $\dfrac{\sum q_1 p_0}{\sum q_0 p_0}$　　　　D. $\dfrac{\sum q_1 p_1}{\sum q_0 p_1}$

7. 派氏价格综合指数的公式是（　　　）。

　　A. $\dfrac{\sum p_1 q_1}{\sum p_0 q_1}$　　　　B. $\dfrac{\sum p_1 q_0}{\sum p_0 q_0}$　　　　C. $\dfrac{\sum q_1 p_0}{\sum q_0 p_0}$　　　　D. $\dfrac{\sum q_1 p_1}{\sum q_0 p_1}$

8. 公式 $\sum p_1 q_1 - \sum p_0 q_1$ 的经济意义是（　　　）。

　　A. 反映销售量变动的绝对额

　　B. 反映销售额变动的绝对额

　　C. 反映价格变化而使消费者多（或少）付的货币额

　　D. 反映销售量变化而引起的销售额变动的绝对额

9. 平均数指数是（　　　）。

　　A. 对总指数进行加权平均　　　　B. 对个体指数进行加权平均

　　C. 对平均指标指数进行加权平均　D. 对总量指标进行加权平均

10. 平均数指数是计算总指数的另一形式，其计算的基础是（　　　）。

　　A. 总指数　　　　　　　　　　　B. 个体指数

　　C. 综合指数　　　　　　　　　　D. 平均指标指数

11. 加权算术平均数指数一般是以（　　　）为权数。

　　A. $q_0 p_0$　　　　B. $q_1 p_0$　　　　C. $q_1 p_1$　　　　D. $q_0 p_1$

12. 因素分析法的方法论基础是（　　　）。

　　A. 总指数　　　　B. 个体指数　　　　C. 平均指数　　　　D. 指数体系

13. 若今年比去年商品物价指数上涨 8%，则同样多的货币比去年要少购（　　　）商品。

A. 8%　　　　　　B. 2%　　　　　　C. 7.4%　　　　　　D. 6.8%

14. 某厂今年比去年产量增长 10%，产值增长 20%，则产品的出厂价格提高（　　）。

　　A. 10%　　　　　　B. 100%　　　　　　C. 9.09%　　　　　　D. 30%

15. 若物价上涨，销售额持平，则销售量指数（　　）。

　　A. 为零　　　　　　B. 降低　　　　　　C. 增长　　　　　　D. 不变

16. 在平均指标的因素分析中，$\dfrac{\sum x_1 f_1}{\sum x_0 f_1}$ 表示(　　)。

　　A. 平均数指数　　　　　　　　　　B. 可变构成指数

　　C. 固定构成指数　　　　　　　　　　D. 结构影响指数

17. 某厂职工平均工资增长 5%，职工人数减少 10%，则工资总额（　　）。

　　A. 提高了 5.0%　　　　　　　　　　B. 提高了 5.5%

　　C. 下降了 5.0%　　　　　　　　　　D. 下降了 5.5%

18. 商品销售量综合指数是（　　）。

　　A. $\dfrac{\sum p_1 q_1}{\sum p_0 q_1}$　　　　B. $\dfrac{\sum p_1 q_0}{\sum p_0 q_0}$　　　　C. $\dfrac{\sum q_1 p_0}{\sum q_0 p_0}$　　　　D. $\dfrac{\sum q_1 p_1}{\sum q_0 p_1}$

19. 若总成本增长 50%，产量增长 25%，则单位成本（　　）。

　　A. 增长 25%　　　B. 下降 25%　　　C. 提高 2%　　　D. 提高 20%

20. 统计指数划分为个体指数和总指数的依据是（　　）。

　　A. 反映的对象范围不同　　　　　　B. 指标性质不同

　　C. 采用的基期不同　　　　　　　　D. 编制指数的方法不同

21. 数量指标指数和质量指标指数的划分依据是（　　）。

　　A. 指数化指标的性质不同　　　　　B. 所反映的对象范围不同

　　C. 所比较的现象特征不同　　　　　D. 编制指数的方法不同

22. 编制总指数的两种形式是（　　）。

　　A. 数量指标指数和质量指标指数

　　B. 综合指数和平均数指数

　　C. 算术平均数指数和调和平均数指数

　　D. 定基指数和环比指数

23. 销售价格综合指数 $\dfrac{\sum q_1 p_1}{\sum q_1 p_0}$ 表示（　　）。

　　A. 综合反映多种商品销售量变动程度

　　B. 综合反映多种商品销售额变动程度

　　C. 报告期销售的商品，其价格综合变动的程度

　　D. 基期销售的商品，其价格综合变动程度

24. 在销售量综合指数 $\dfrac{\sum q_1 p_0}{\sum q_0 p_0}$ 中，$\sum q_1 p_1 - \sum q_1 p_0$ 表示（　　）。

 A．商品价格变动引起销售额变动的绝对额

 B．价格不变的情况下，销售量变动引起销售额变动的绝对额

 C．价格不变的情况下，销售量变动的绝对额

 D．销售量和价格变动引起销售额变动的绝对额

25. 在平均指标指数中，只包含结构变动因素的指数是（　　）。

 A．可变构成指数　　　　　　　　B．固定构成指数

 C．结构变动影响指数　　　　　　D．平均数指数

26. 加权调和平均数指数变形为综合指数时，其特定的权数是（　　）。

 A．$q_0 p_0$ 　　　　B．$q_1 p_0$ 　　　　C．$q_1 p_1$ 　　　　D．$q_0 p_1$

27. 某企业的职工工资水平比上年提高 5%，人数增加 2%，则企业工资总额增长（　　）。

 A．10% 　　　B．7.1% 　　　C．7% 　　　D．11%

28. 某企业生产三种产品，今年与去年相比，三种产品出厂价格平均提高了 5%，产品销售额增长了 20%，则产品销售量增长了（　　）。

 A．114.29% 　　　B．14.29% 　　　C．126% 　　　D．26%

29. 平均指标指数是（　　）。

 A．平均数指数　　　　　　　　　B．个性指数的平均数

 C．由两个平均指标对比形成的指数　　D．两个总量指标对比形成的指数

30. 为了反映职工工资水平的变动程度，应计算平均工资（　　）。

 A．可变构成指数　　B．结构影响指数　　C．固定构成指数　　D．都不是

二、多项选择题

1. 指数的作用是（　　）。

 A．综合反映复杂现象总体数量上的变动情况

 B．分析现象总体变动中受各个因素变动的影响

 C．反映现象总体各单位变量分布的集中趋势

 D．利用指数数列分析现象的发展趋势

2. 下列属于质量指标指数的是（　　）。

 A．商品零售量指数　　　　　　　B．商品零售额指数

 C．商品零售价格指数　　　　　　D．职工劳动生产率指数

3. 下列属于数量指标指数的有（　　）。

 A．产品单位成本指数　　　　　　B．劳动生产率指数

 C．职工人数指数　　　　　　　　D．工业总产值指数

4. 编制总指数的方法有（　　）。

 A．综合指数　　B．平均指标指数　　C．质量指标指数　　　D．平均指数

5. 加权算术平均数指数是一种（　　　）。

　　A. 综合指数　　　　　B. 总指数　　　　C. 平均指数　　　D. 质量指标指数

6. 某商品基期售出 50kg，报告期售出 60kg，指数为 120%，该指数为（　　　）。

　　A. 数量指标指数　　　B. 综合指数　　　C. 个体指数　　　D. 销售量指数

7. 统计中通常所讲的指数（　　　）。

　　A. 是一种特殊的动态相对数　　　　　　B. 具有平均数的性质

　　C. 是一种综合性的代表值　　　　　　　D. 可用来分析现象变动的原因

8. 同度量因素在综合指数中的作用有（　　　）。

　　A. 比较作用　　　　　B. 平衡作用　　　C. 权数作用　　　D. 媒介作用

9. 综合指数（　　　）。

　　A. 固定一个或一个以上的因素观察另一个因素的变动

　　B. 分子、分母分别是两个或两个以上因素的乘积之和

　　C. 分子、分母有一个是假定的总量指标

　　D. 综合反映多种现象的变动程度

10. 平均数指数（　　　）。

　　A. 是综合指数的变形

　　B. 有算术平均数指数和调和平均数指数之分

　　C. 其权数可以是总量指标也可以是相对指标

　　D. 是我国目前编制物价指数的常用方法

11. 某种产品的生产总费用 2012 年为 50 万元，比 2011 年多 2 万元，而单位产品成本 2012 年比 2011 年降低 5%，则（　　　）。

　　A. 生产费用总指数为 104.17%

　　B. 产量指数为 109.65%

　　C. 单位成本指数为 95%

　　D. 由于成本降低而节约的生产费用为 2.63 万元

12. 三个地区同一种商品的价格报告期为基期的 108%，这个指数是（　　　）。

　　A. 个体指数　　　　　B. 总指数　　　　C. 综合指数　　　D. 质量指标指数

13. 平均指标指数包括（　　　）。

　　A. 固定权数算术平均数指数　　　　　　B. 固定构成指数

　　C. 可变构成指数　　　　　　　　　　　D. 结构影响指数

14. 综合指数和平均指数的关系是（　　　）。

　　A. 综合指数必须使用全面的资料　　　　B. 两者都是编制总指数的方法

　　C. 平均指数可以用部分的资料　　　　　D. 在一定条件下，两者之间存在变形关系

15. 编制物价指数是要考虑的问题有（　　　）。

　　A. 商品分类　　　B. 代表商品的选择　　　C. 基期的选择　　　D. 价格的确定

三、判断题

1. 数量指标指数反映总体的总规模水平，质量指标指数反映总体的相对水平或平均水平。（　　）

2. 数量指标作为同度量因素，时期一般固定在基期。（　　）

3. 广义指数就是各种相对数。（　　）

4. 总指数能说明不可相加现象总变动的情况。（　　）

5. 如果物价上涨 10%，则现在 100 元钱只值原来的 90 元。（　　）

6. 总指数可分为质量指标指数和数量指标指数，而个体指数不能这样分。（　　）

7. 在我国统计实践中，零售物价指数的编制是采用固定加权平均法。（　　）

8. 在单位成本指数 $\dfrac{\sum q_1 p_1}{\sum q_1 p_0}$ 中，$\sum q_1 p_1 - \sum q_1 p_0$ 表示单位成本增减的绝对额。（　　）

9. 综合指数中同度量因素的时期是可以选择的。（　　）

10. 质量指标指数是反映总体内涵变动情况的相对数。（　　）

11. 平均指数也是编制总指数的一种重要形式，有它的独立应用意义。（　　）

12. 因素分析内容包括相对数和平均数分析。（　　）

13. 因素分析的目的就是要测定现象总变动中各因素的影响方向和影响程度。（　　）

14. 对于多因素分析要使用连锁替代法。（　　）

15. 工资总额增长 10%，平均工资下降 5%，则职工人数应增长 15%。（　　）

16. 平均指标指数实际上就是综合指数的变形。（　　）

17. 综合指数可以同时研究几个因素的变动方向和变动程度。（　　）

18. 综合指数是根据全面资料计算的，平均数指数是根据非全面资料计算的。（　　）

19. 编制综合指数的关键问题是同度量因素及其时期的选择。（　　）

20. 编制平均数指数，实质上就是计算个体指数的平均数。（　　）

四、名词解释

1. 总指数　2. 综合指数　3. 平均指数　4. 同度量因素　5. 平均指标指数

6. 因素分析法　7. 结构影响指数　8. 固定构成指数　9. 可变构成指数

五、简答题

1. 什么是统计指数？有何作用？有哪些分类？

2. 简述平均数指数与综合指数的区别与联系。

3. 综合指数有哪些特点？

4. 什么是数量指标指数和质量指标指数？试举例说明。

5. 同度量因素与指数化因素有什么关系？该如何选择同度量因素？

6. 什么是指数体系？其主要作用是什么？

六、计算分析题

1. 某企业生产三种产品的单位成本及产量资料见表 6-15。

表 6-15

产品名称	计量单位	单位成本（元）		产量	
		基期	报告期	基期	报告期
甲	件	350	320	50	60
乙	台	180	176	50	50
丙	吨	20	20	150	200

计算三种产品的总成本指数、单位成本指数和产量指数，并应用指数体系说明三者间的关系。

2．三种商品的销售量及价格资料见表 6-16。

表 6-16

商品名称	计量单位	销售量		基期价格
		基期	报告期	（元）
A	台	300	350	150
B	吨	1000	1050	25
C	箱	80	90	10

根据以上资料计算：

（1）各种商品的个体销售量指数及全部商品的销售量总指数；

（2）由于三种商品销售量的总变动而增加的销售额。

3．某地区 2011 年和 2012 年三种水果产品收购资料见表 6-17。

表 6-17

商品名称	2011 年		2012 年	
	价格（元）	收购额（万元）	价格（元）	收购额（万元）
甲	19	250	19	300
乙	12	300	13	330
丙	3.5	80	4.2	120

计算收购价格总指数以及因价格变动使农民收入的增减额。

4．（1）某工厂报告期职工的平均工资比基期提高 3.2％，职工人数增加 2％，该厂职工工资总额变动情况如何？

（2）某市居民以相同的金额购买的副食品数量较上年减少 12％，问副食品价格变动如何？

5．某商店三种商品销售量及价格资料见表 6-18。

表 6-18

商品名称	计量单位	销 售 量		价格（万元）	
		基期	报告期	基期	报告期
甲	万件	40	50	20	18
乙	万盒	60	50	10	12
丙	万双	50	60	16	10

计算：

（1）销售额总指数；

（2）从相对数和绝对数两个方面对销售额的变动进行因素分析。

6. 某厂三种产品的总成本 2007 年为 129 万元，比 2006 年多 9 万元，三种产品单位成本平均比 2006 年降低 3%。试计算：

（1）总成本指数；

（2）产品产量指数；

（3）由于单位成本降低而节约的总成本额。

7. 某商店销售资料见表 6-19。

表 6-19

商品名称	计量单位	报告期销售额（万元）	报告期比基期销售额增减(%)	报告期比基期销售量增减(%)
甲	吨	8000	12	10
乙	件	4800	-10	-10
丙	台	5000	-8	5

计算：

（1）销售量总指数以及销售量变动对销售额产生的影响；

（2）价格总指数以及价格变动对销售额产生的影响。

8. 某企业资料见表 6-20。

表 6-20

产品名称	生 产 费 用		产量增长（%）
	基期（万元）	报告期（万元）	
甲	400	480	12
乙	900	960	8
丙	700	840	6
合计	2000	2280	—

计算：

（1）产品产量总指数及由于产量增长而增加的生产费用；

（2）单位产品成本总指数及由于单位产品成本变动对生产费用的影响。

9. 某商场销售资料见表 6-21。

表 6-21

品名	销售额（万元）		报告期比基期价格增减（%）
	基期	报告期	
甲	117	80	-10
乙	38	45	-5
丙	180	250	-15
合计	335	375	—

试求：

（1）商品价格总指数，以及由于价格变动对销售额的影响；

（2）商品销售量总指数，以及由于销售量的变动对销售额的影响。

10. 某商店资料见表 6-22。

表 6-22

商品	单位	销售额（万元）		销售量 8 月份比 7 月份增长（%）
		7 月份	8 月份	
甲	吨	150	—	12
乙	只	90	—	0
丙	双	180	—	8
合计	—	420	475	—

计算：

（1）该店三种商品销售额指数及其差额；

（2）从相对数和绝对数两方面分析销售量和价格变动对销售额变动的影响程度和影响差额。

抽样推断 | 第七章

【学习目标】

通过教学，要求学生理解抽样调查的概念、特点及抽样调查的组织形式，理解抽样平均误差、抽样极限误差的概念，掌握抽样平均误差计算、简单随机抽样下总体平均数和成数的区间估计方法及简单随机抽样下样本单位数的确定方法。

【重点难点】

本章重点是抽样调查的概念及特点，抽样误差计算公式的推导及计算；抽样估计，抽样调查的组织形式及相应的误差计算，总体指标的推断，必要样本容量的确定。

难点是抽样平均误差和抽样极限误差的含义、公式的推导及计算，估计的精度、可靠程度和样本单位数之间的关系。

第一节 | 抽样推断概述

一、抽样推断的意义

（一）抽样推断的概念

抽样推断就是按照随机原则，从总体中抽取部分单位作为样本进行调查，根据样本信息对总体的某些数量特征作出具有一定可靠程度的估计或判断。

在生产实践和经济分析中，许多总体的数量特征往往是未知或无法预知的，而抽样推断则提供了一个利用样本的有限信息，了解和掌握总体未知数量、特征的科学方法。

例如由全国部分职工家庭的抽样调查，可推断全国职工家庭总体的平均家庭年收入、年支出等重要数量特征。再如某地区对部分田块的某种粮食作物进行抽样调查，就可以推断出该地区的该种粮食产量。某厂对其生产的部分灯泡的质量进行调查，就可以推算出该厂的灯泡是否符合要求。对某大学 200 名学生进行调查，就可推算该校 25000 名学生的平均体重、身高指标等。这些都属于抽样推断。

因为抽样推断既是搜集、统计、整理的方法，又是对现象总体进行科学的估计和判断的方法，使得统计方法由原来的数量上的描述，提高到作为预测和决策的手段，所以，无论在统计调查，还是在统计分析中它都有广泛的运用。

总体中各个样本的数量标志，由于受偶然因素的影响具有一定的差异性，故将总体中样本的数量标志看作一个随机变量，该数量标志在总体中的概率分布就是随机变量的概率分布。由此抽样推断的实质是利用概率理论用观察到的部分随机变量资料推断总体的数字特征，如期望值和方差等。由于实际观察到的统计资料是部分的，因此对总体的判断不可能绝对精确，只能具有一定的准确性和可靠性。

根据研究问题的侧重点或出发点不同，抽样推断主要分为参数估计和假设检验两大部分。例如某外贸公司进口一批产品零件的合格率为 P，进口商想知道合格品率是否符合合同要求，又不便对整批零件进行检验，只能从中抽验部分零件，根据这部分零件的合格品率对整批零件的合格率作出估计，这就是参数估计问题。另外根据合同要求合格品率小于某个标准就不能接受，此时仍需从整批零件中抽验部分零件，对该批零件是否符合合同要求的质量标准作出判断，这就是假设检验问题。

（二）抽样调查的特点

（1）经济性好。这是抽样调查的一个最显著的优点。由于调查的样本单位通常是总体单位中很小的一部分，调查的工作量小，因而可以节省大量的人力、物力、财力和时间。

（2）时效性强。由于工作量小，调查的准备时间、调查时间、数据处理时间等都可以大大缩减，从而提高数据的时效性。

（3）适应面广。抽样调查可以获得更广泛的信息，它适用于各个领域、各种问题的调查。从适用范围和问题来看，它的适用面要广于全面调查的适用面。抽样调查还适用于一些特殊现象的调查，例如产品质量检验、农产品实验、医药的临床实验等。从调查的项目和指标来看，抽样调查的内容和指标可以更详细、更深入。

（4）准确性高。由于抽样调查的工作量较全面调查的工作量小，因此，它可以减少由于工作量大、环节多而造成的误差。当然，用样本数据去推断总体时会不可避免地出现推断误差，但这种误差的大小是可以计算并加以控制的，因此推断的结果通常是可靠的。

基于以上特点，抽样调查被认为是非全面调查方法中用来推算和代表总体的最完善、最有科学根据的调查方法。

（三）抽样推断的作用

（1）对一些无法或很难进行全面调查而又要了解它的全面情况的社会经济现象，必须应用抽样法。

① 对无限总体不能进行全面调查。例如，某种型号炮弹的射程理论上讲有无限多种数值，不能进行全面调查。另外，气象调查，新工艺、新设备、新材料功能检查等也不能进行全面调查。

② 测量或试验时带有破坏性或消耗性，也不可能进行全面调查。例如，轮胎的里程、灯泡的寿命、电视机抗震力、罐头食品的卫生、人体白细胞数量的化验、炮弹的杀伤力、花生的出油率、种子的发芽率试验等都属于消耗性或破坏性试验。

③ 有些总体从理论上讲可以进行全面调查，但由于总体范围过大、单位数很多，实际上很难或

做不到全面调查，只好进行抽样调查。例如，某水库中鱼的数量、某森林中树木的数量、木材的蓄积量、职工家庭生活状况、战备物资调查等。

（2）抽样调查和全面调查同时进行，可以相互补充，相互检查质量。多种调查方法相结合使用，才能满足统计调查的需要。例如，人口普查、工业普查、农业普查、商品调查中常常是抽样调查与全面调查同时进行。

有时是在全面调查的基础上，再对某些重要的问题展开专题抽样调查，使问题的研究更加深入。例如，1982 年，我国在人口普查的基础上又进行 1‰人口的生育率的抽样调查，这是对人口普查中有关生育资料的重要补充，可以为国家制定人口政策、人口规划提供科学依据。

（3）应用抽样调查可以对生产过程中的质量实行控制和检验。

抽样调查不但广泛运用于生产结果的核算和估计，而且有效地运用于成批或大量生产的工业产品在生产过程中进行质量控制，检查生产工艺过程是否正常，及时提供有关信息，以采取措施，预防废品的发生，提高经济效益。

二、抽样推断的几个基本概念

（一）全及总体和抽样总体

全及总体又称母体，简称总体，是指由研究对象全部个体组成的集合。对全及总体的认识和推断是抽样调查的目的。

抽样总体又称子样，简称样本，是指按随机原则从全及总体中抽取部分个体组成的集合（小总体）（抽样总体是我们要观察的对象）。由于来自总体，故样本带有足够关于总体的信息。

随着样本容量的增大，样本对总体的代表性越来越高，并且当样本单位数足够多时，样本平均数愈接近总体平均数。

对于一次抽样调查，全及总体是唯一确定的，而样本总体是不确定的，一个全及总体可能抽出很多个样本总体，样本总体的个数和样本的容量有关，也和抽样的方法有关。

例如，某电脑制造公司从一个月生产的 1 万台产品中随机抽取 100 台进行质检，这 1 万台产品组成一个全及总体，抽取的 100 台产品构成一个样本。

（二）样本容量及样本个数

样本容量是指一个样本所含的单位数目，通常用"n"表示。当 $n<30$（或 $n<50$）时，为小样本；反之，为大样本。大小样本不仅表现在样本容量大小不同，而且在用样本指标对总体指标进行推断时的处理方法也不同。社会经济现象的抽样调查多数采用大样本。

对于所要研究的问题，总体是唯一确定的，而样本不是唯一确定的，有多个。样本个数是指从全及总体 N 个单位中任意抽取 n 个单位组成样本的所有可能的配合数。样本个数与抽取单位数有关，与抽样方法也是相联系的。

（三）重复抽样和不重复抽样

重复抽样（也称回置抽样、重置抽样），即每次随机抽取一个单位，经观察取值后重新放回原总体中再继续随机抽取，直到抽满预定单位数为止。这种方法可使同一单位不止一次被抽中。采用这种方法时，每个单位的中选或不中选的机会永远不变。这种方法适用于调查汽车流量、火车的乘客流量、商店顾客流量、电影院的观众、公园的游客等。

不重复抽样（也称不回置抽样、不重置抽样），即每次随机抽取的一个单位不再重新放回原总体，而继续从剩下的总体单位中随机抽取，直到抽满预定单位数为止。此法可避免某一单位被重复抽中。每个单位的中选或不中选的机会在每次是变化的，随着总体单位数的逐渐减少，剩下的每一个总体单位被抽中的机会越来越大。这种方法适用于对经济现象的测量、检验中带有破坏性、消耗性的抽样调查。

由于抽取样本的方法不同，会产生三个方面的影响。

（1）从同一总体中可能抽取相同样本容量的样本个数不同。

（2）抽样误差的计算公式不同。

（3）抽样误差的大小不同（计算公式不同，计算结果不同）。

一般重复抽样不考虑各单位的顺序时，则样本的可能数目为 N^n，例如从 4 个单位中抽取 2 个，样本可能数目为 $4^2=16$。不重复抽样也不考虑顺序时，则样本的可能数目为 $C_N^n =N!/[(N-n)!n!]$；不重复抽样考虑顺序时，则样本的可能数目为 $C_N^n =N!/(N-n)!$。

（四）参数和统计量（即全及指标和抽样指标、总体指标和样本指标）

参数是反映总体数量特征的综合指标，亦称全及指标。对于某个总体而言，其参数是定值，且是未知量，往往通过搜集的样本资料进行估计或推断。

统计量是反映样本数量特征的综合指标。它的值随样本的不同而变化，因此是随机变量。一方面，统计量反映样本本身的数量特征；另一方面，统计量是总体参数的估计量，一定程度上反映了总体分布的特征。

统计推断中，常用的参数和统计量主要有两类：一是平均数；二是成数。

1. 平均数指标及其标准差和方差

对于变量总体，因各单位可以用一定的数量表示，所以可以计算其平均数及标准差和方差，分别反映总体和样本分布的集中趋势和离中趋势。通常用大写字母表示全及指标，用小写字母表示样本指标。常用的有总体平均数、标准差或方差；样本平均数、标准差或方差。

总体变量 X 有 N 个取值，样本变量 x 有 n 个取值，F、f 分别表示总体和样本分组的各组次数。

$$\overline{X} = \frac{\sum XF}{N} \qquad \overline{x} = \frac{\sum xf}{n}$$

$$\sigma = \sqrt{\frac{\sum (X - \overline{X})^2 F}{N}} \qquad S = \sqrt{\frac{\sum (x - \overline{x})^2 f}{n}}$$

2. 成数指标及其标准差和方差

对于属性总体，由于各单位的标志表现不能用数量来表示，而是用品质标志表示的，即用"是"与"非"两种表现，称此标志为是非标志或交替标志。例如，性别可分为男女两种，成绩可分为及格和不及格两种，生猪存栏可分为肉猪和非肉猪，企业人员可分为生产性人员和非生产性人员等。我们计算其两个比重（结构相对指标），并用"成数"概念表示。

总体成数是指具有某种属性（标志）的单位数在全部单位数中所占的比重。

变量总体既可以计算全及平均数，又可以计算全及成数，即总体单位数在所规定的某种变量值以上或以下的比重，视同具有或不具有某种属性的单位数所占的比重。例如，60 分以下为不及格的学生所占比重。

总体单位数为 N，N_1 和 N_0 分别表示具有或不具有某种属性的单位数，则

$$P = \frac{N_1}{N}, \quad Q = \frac{N_0}{N}$$

因为 $N_1 + N_0 = N$，所以 $P + Q = 1$。

为了统一研究问题，对是非标志进行（0，1）数量化，将具有某种属性的标志取值为 1，将不具有某种属性的标志取值为 0，即可计算是非标志的平均数和标准差。

样本总体的成数用 p 表示，则

$$p = \frac{n_1}{n}, \qquad q = \frac{n_0}{n}$$

$$\overline{x}_p = p, \qquad S_p = \sqrt{pq} = \sqrt{p(1-p)}$$

【例 7-1】 在某大学 25 000 名学生中，抽选出 30 名学生进行性别调查。在 30 名学生中有 18 名学生为男生，则

$$p = 18/30 = 0.6$$
$$q = 1 - 0.6 = 0.4$$
$$S_p^2 = p(1-p) = 0.6 \times (1-0.6) = 0.24$$
$$S_p = \sqrt{pq} = \sqrt{p(1-p)} = 0.4899$$

三、抽样推断的理论基础

利用统计抽样法进行抽样推断是建立在概率论中的大数定律和中心极限定理的基础上的，大数定律和中心极限定理的一系列定理为抽样推断提供了数学依据。本章只作简要介绍。

（一）大数定律

大数定律即关于大量的随机现象具有稳定性质的法则。它说明如果被研究的总体是由大量的相互独立的随机因素所构成，而且因素对总体的影响都相对地小，那么对这些大量因素加以综合平均的结果，因素的个别影响将相互抵消，而呈现出它们共同作用的倾向，使总体具有稳定的性质。

大数定律证明，如果随机变量总体存在着有限的平均数和方差，则对于充分大的抽样单位 n，可以几乎趋近于 1 的概率，来期望平均数与总体平均数的绝对离差为任意小，即对于任意的正数 a，有 $\lim\limits_{n\to\infty} P(|\overline{x_i} - \overline{X}|) < a = 1$，式中 $\overline{x_i}$ 为抽样平均数；$\overline{X}$ 为总体平均数；n 为抽样单位数。

人们从实际经济中总结出，在大量随机现象中，不仅随机事件的频率具有稳定性，而且随机现象一般的平均结果也具有稳定性。

大数定律提供了关于用算术平均值估计数学期望的理论依据，它在抽样调查和抽样检验中有着广泛的应用。

（二）中心极限定理

由于许多随机变量都服从正态分布，因此正态分布在概率论中占有重要地位。尽管也有一些不服从正态分布的独立的随机变量，但当随机变量的个数无限增加时，它们的和也是一个随机变量且服从正态分布，这就是中心极限定理。

此定理说明，不管原来的随机变量是否服从正态分布，只要相互独立的随机变量的个数足够多，它们的和就近似于服从正态分布。在现实生活中，一个随机变量服从于正态分布未必很多，但是多个随机变量和的分布趋于正态分布则是普遍存在的。样本平均数即是一种随机变量和的分布，因此在样本单位数 n 充分大的条件下，样本平均数也趋近于正态分布。这为抽样推断提供了理论基础。

第二节 抽样误差

一、抽样误差的概念和种类

抽样误差是指抽样估计值与被估计总体的特征值之间的离差。

抽样调查属于非全面调查，用抽样指标推断总体指标时，存在登记性误差和代表性误差。登记性误差是在统计调查或整理汇总过程中因主客观原因引起的。主观上的原因有粗枝大叶造成缺查、漏查；理解不透；瞒报、虚报；思想作风、工作态度等。客观原因有原始资料不健全、测量仪器失检等。登记性误差存在于全面调查和抽样调查中。

代表性误差是指在非全面调查中，由于选取的部分调查单位对全及总体的代表性不足而产生的误差。代表性误差也有两种不同情况：一种是因违背随机原则而产生的误差，称为"偏差"或"系统误差"，此误差是可以减小或避免的。另一种是遵循随机原则，由于随机抽样的偶然因素使样本各单位的结构不足以代表总体各单位的结构，而引起抽样指标和全及指标之间的绝对离差，此误差是抽样调查所固有的不可避免的误差，但可通过概率论和数理统计原理进行认识、计算并加以控制，也称为可控制误差。

抽样调查所得到的样本指标数值与总体指标数值之差称为抽样实际误差。

理论上讲，抽样平均误差是一系列抽样实际误差的平均数。

如前所述，抽样指标和全及指标之间的抽样误差也是随机变量。抽样误差愈小，说明样本的代表性愈大，反之亦然。

二、抽样平均误差

（一）抽样平均误差的概念

抽样调查的目的是推断总体指标，由于总体参数未知，因而实际抽样误差也很难确知。同时，某个样本的抽样误差仅是一系列抽样结果可能出现的误差数值之一，带有偶然性，可能是负差，也可能是正差；绝对值可能小也可能大。此外，在进行抽样时，不一定抽到哪一个样本，抽样实际误差不能用来概括一系列抽样结果可能产生的所有误差。由此引出抽样平均误差的概念。

抽样平均误差是指所有可能出现的样本指标（样本平均数或样本成数）的标准差，也可以理解为所有样本指标和总体指标的平均误差。为了叙述方便，有时我们把抽样平均误差简称为抽样误差，并用希腊字母 μ 来表示它。虽然某一次抽样结果的抽样实际误差不能确知，但抽样平均误差 μ 这个数值是客观存在的，并可计算的（已经过数理统计证明）。

实际计算抽样平均误差时采用标准差的方法处理。

抽样平均误差是抽样平均数或抽样成数的标准差，反映了抽样平均数与总体平均数、抽样成数与总体成数的平均误差程度。

抽样平均数的平均误差：

$$\mu_{\bar{x}} = \sqrt{\frac{\sum \left(\bar{x}_i - \bar{X} \right)^2}{M}}$$

抽样成数平均误差：

$$\mu_p = \sqrt{\frac{\sum \left(p_i - P \right)^2}{M}}$$

抽样平均误差反映样本指标和总体指标的平均误差程度，既能说明样本指标代表性的大小，也是以样本指标估计和推断总体指标时计算极限误差的基础。数理统计已证明，抽样平均误差等于全及总体标准差除以样本容量的平方根。我们可以据此来计算抽样平均误差。

（二）抽样平均误差的计算公式

样本指标主要有抽样平均数和抽样成数，因此，样本指标的平均误差也有两种。下面分别给出在简单随机抽样方式下的计算公式。上述的理论公式无法计算抽样平均误差，因为全及指标未知，选取全部样本单位并计算其平均数或成数也不可能实现。根据数理统计的证明可以得出下列公式。

1. 抽样平均数的平均误差 $\mu_{\bar{x}}$

（1）重复抽样计算公式为

$$\mu_{\bar{x}} = \frac{\sigma}{\sqrt{n}}$$

此公式说明，抽样平均误差与总体标准差成正比，与样本容量开方成反比。

通过计算可说明以下几点。

① 样本平均数的平均数等于总体平均数。

② 抽样平均数的标准差仅为总体标准差的 $\frac{1}{\sqrt{n}}$。

③ 可通过调整样本单位数来控制抽样平均误差。

（2）不重复抽样的计算公式。根据概率论推导证明，若采用不重复抽样方式计算抽样平均误差

时，需要在重复抽样计算公式中乘一个修正系数 $\left(\dfrac{N-n}{N-1}\right)$，即

$$\mu_{\bar{x}} = \sqrt{\frac{\sigma^2}{n}\left(\frac{N-n}{N-1}\right)}$$

当总体单位数 N 很大时，$(N-1)$ 与 N 差异极小，上述公式可简化为

$$\mu_{\bar{x}} = \sqrt{\frac{\sigma^2}{n}\left(1-\frac{n}{N}\right)}$$

公式中的修正系数总小于 1，因此，同样条件下，不重复抽样的平均误差总是小于重复抽样的平均误差。一般抽样比例（n/N）是很小的，故修正系数接近于 1，对平均误差影响不大。因而在实际工作中，特别是当总体单位数 N 未知，按不重复抽样方式抽取样本时，也可使用重复抽样误差公式计算。

2. 抽样成数的平均误差 μ_p

样本成数平均误差计算公式与样本平均数平均误差计算公式大致相同，只要将是非标志数量化后的方差 $P(1-P)$ 代入公式即可。

（1）重复抽样计算公式为

$$\mu_p = \sqrt{\frac{P(1-P)}{n}}$$

式中　P——全及总体成数；

　　　n——样本容量。

（2）不重复抽样计算公式为

$$\mu_p = \sqrt{\frac{P(1-P)}{n}\left(\frac{N-n}{N-1}\right)}$$

当 N 很大时可简化为

$$\mu_p = \sqrt{\frac{P(1-P)}{n}\left(1-\frac{n}{N}\right)}$$

当总体标准差和方差未知时，可用以下方法解决。

第一，用样本方差来代替总体方差，即用 S^2 代替 σ^2，用 $p(1-p)$ 代替 $P(1-P)$。

第二，可用过去全面调查的资料，也可用过去抽样调查的资料代替。如果有多个不同的材料，则应选择较大方差数值。在成数估计的条件下，方差的最大值为 0.25，因此可以使用最大的方差作为推断最大样本量的基础。

第三，通过试调查进行估计。通过试调查的方法，先获得少数一部分样本的误差数据，然后根据这些数据去计算最终所需要的样本量，然后再将所需要的样本量完成。

第四，序贯抽样方法。所谓序贯抽样，是指依次抽取样本，每抽取一次，进行一次误差计算，直至达到所需要的精度。

【例 7-2】 某电池厂从生产的 10000 只 5 号电池中采用不重复抽样方式，随机抽取 2%进行电流

强度检验，测试结果平均电流强度为 5.453A，样本标准差为 0.341A，电池的合格率为 95.76%。求平均数和成数的抽样平均误差。

解：

$$\mu_x = \sqrt{\frac{\sigma^2}{n}\left(1 - \frac{n}{N}\right)} = \sqrt{\frac{0.341^2}{200}\left(1 - \frac{200}{10000}\right)} = 0.0239(A)$$

$$\mu_p = \sqrt{\frac{P(1-P)}{n}\left(1 - \frac{n}{N}\right)} = \sqrt{\frac{0.9576 \times (1-0.9576)}{200}\left(1 - \frac{200}{10000}\right)} = 0.0141$$

（三）影响抽样平均误差的因素

抽样调查中，为了控制抽样误差，就应分析影响抽样误差的因素，主要有以下 4 种。

1．总体标志值的变异程度

在其他条件不变情况下，抽样误差的大小与总体标准差的大小成正比。总体标志值的变异程度越大，抽样误差也越大，反之则小。当总体标志值的变异程度为零时，抽样平均误差也为零，仍为抽样调查。

2．样本单位数的多少

抽样调查中，随着样本单位数的增加，样本分布就愈能反映总体分布。实际公式中抽样平均误差和样本单位数的平方根成反比。欲使抽样误差缩小一半，必须使样本量增加到原来的 4 倍。当 $n=N$ 时，抽样平均误差就为零，抽样调查也就变为全面调查了。

3．抽取样本的方法

在样本容量相同情况下，因为 $1-n/N$ 小于 1，所以不重复抽样误差小于重复抽样误差。

需要注意，在抽样比 $f = \frac{n}{N}$ 非常小的情况下，无放回抽样与有放回抽样的误差基本是相同的，可以利用有放回抽样的误差计算公式来代替无放回的情况。在这一公式中，没有总体单位数 N 的存在，也就是说，当抽样比非常小的情况下，总体单位数的大小对于抽样误差没有影响。

这就说明了为什么在大城市进行调查和在小城市进行调查，要获得同样的精度时，所需的样本量相差无几。

4．抽样调查的组织形式

在实际抽样调查中有不同的组织形式。抽样组织形式不同，所抽出的样本对于总体的代表性也不同，因而就产生不同的抽样误差。机械抽样与类型抽样的抽样平均误差肯定小于纯随机抽样的抽样平均误差（经过排队或划分类型增强了样本的代表性）；整群抽样的抽样平均误差可能大于或可能小于纯随机抽样的抽样平均误差。

结论：抽样误差不可避免。根据以上四点，只要针对调查现象的性质、特点及具体条件，采用合适的抽样方式、方法，抽取必要的样本单位，就可以把抽样误差控制在一定范围，使调查结果的准确程度与把握程度符合所提出的要求。

三、抽样极限误差

（一）抽样极限误差的概念

抽样平均误差只是衡量抽样误差的一种尺度，并不代表某个样本的抽样指标与全及指标的抽样实际误差。实际上这种真实误差因全及指标未知而无法计算，只能把抽样误差控制在一定的范围内，这就产生了抽样极限误差。

抽样极限误差是指样本指标和全及指标之间抽样误差的可能范围。通常用绝对值形式来表示抽样误差的可能范围，记为" Δ "，称为极限误差或允许误差。并用 $\Delta_{\bar{x}}$ 、 Δ_p 分别表示抽样平均数与抽样成数的极限误差。

实际抽样调查中，若抽样误差的可能范围 Δ 已定，则实际抽取某个样本指标和总体指标的抽样误差 $|\bar{x}-\overline{X}|$ ， $|p-P|$ 与已定 Δ 比较有大于、等于、小于三种关系。通常抽样推断中，我们只需要实际误差小于或等于允许误差的情况，即

$$|\bar{x}-\overline{X}| \leqslant \Delta_{\bar{x}} \qquad |p-P| \leqslant \Delta_p$$

由此推得

$$\bar{x}-\Delta_{\bar{x}} \leqslant \overline{X} \leqslant \bar{x}+\Delta_{\bar{x}}$$

$$p-\Delta_p \leqslant P \leqslant p+\Delta_p$$

（二）抽样误差的概率度

在抽样调查中，当抽样方式和样本容量固定时，全及总体的抽样平均误差是一个定值，而抽样极限误差可以根据研究的目的加以确定，因此抽样极限误差通常以抽样平均误差为标准来衡量。即把极限误差 $\Delta_{\bar{x}}$ 或（ Δ_p ）分别除以平均误差 $\mu_{\bar{x}}$ （或 μ_p ），得出的相对数（即相对误差范围）记作 t ，表示抽样极限误差为抽样平均误差的倍数。实际工作中计算抽样误差范围时，只能运用这个公式计算，不能运用定义公式计算。

对全及总体中可能出现的所有样本组合可求出一系列的样本平均数（或成数），由此形成随机变量抽样平均数（或成数）的概率分布。根据中心极限定理可知，抽样平均数（或成数）趋近于以全及平均数 $\overline{X}$ （或成数 P ）为对称中心，抽样平均误差 $\mu_{\bar{x}}$ （或 μ_p ）为标准差的正态分布，并可将此正态分布进行标准化变换： $\dfrac{|\bar{x}-\overline{X}|}{\mu_{\bar{x}}}\left(\text{或}\dfrac{|p-P|}{\mu_p}\right)$ ，即变换为以 0 为对称中心，1 为标准差的标准正态分布。

可以看出，上述概率分布的标准化过程即是求极限误差为平均误差的倍数过程，故数理统计中称 t 为概率度，在抽样推断中也将 t 称为抽样误差的概率度。

$$t = \frac{|\bar{x}-\overline{X}|}{\mu_{\bar{x}}} = \frac{\Delta_{\bar{x}}}{\mu_{\bar{x}}} \quad \text{或} \quad t = \frac{|p-P|}{\mu_p} = \frac{\Delta_p}{\mu_p}$$

由此，可以得出关于抽样极限误差的计算公式 $\Delta = t\mu$ ，并把抽样允许误差看作是 t 倍的抽样平均误差。这是根据相对极限误差公式变化而来的，其中的抽样平均误差可以计算出来， t 可以通过正态分布表（见附录 C）查出。

抽样极限误差的计算公式如下。

1．抽样平均数的抽样极限误差

（1）重复抽样：

$$\Delta_{\bar{x}}=t\mu_{\bar{x}}=t\cdot\sqrt{\frac{\sigma^2}{n}}=t\cdot\frac{\sigma}{\sqrt{n}}$$

（2）不重复抽样：

$$\Delta_{\bar{x}}=t\mu_{\bar{x}}=t\cdot\sqrt{\frac{\sigma^2}{n}\left(1-\frac{n}{N}\right)}$$

2．抽样成数的抽样极限误差

（1）重复抽样：

$$\Delta_p=t\mu_p=t\cdot\sqrt{\frac{P(1-P)}{n}}$$

（2）不重复抽样：

$$\Delta_p=t\mu_p=t\cdot\sqrt{\frac{P(1-P)}{n}\left(1-\frac{n}{N}\right)}$$

上式表明，当抽样平均误差一定时，抽样极限误差和概率度成正比关系。概率度 t 值越小，误差范围 Δ 越小，反之越大。

【例 7-3】 某电子元件厂采用不重复抽样方式从生产的高频管中抽取 100 只进行检验，合格率为 95%，求当 $t=1$，$t=2$ 时该批高频管合格率误差范围。

解：
$$\mu_p=\sqrt{\frac{P(1-P)}{n}}=\sqrt{\frac{0.95\times(1-0.95)}{100}}=0.0218=2.18\%$$

$$t=1 \quad \Delta_p=t\mu_p=1\times2.18\%=2.18\%$$

$$t=2 \quad \Delta_p=t\mu_p=2\times2.18\%=4.36\%$$

说明当概率度值为 1 时，该批高频管合格率误差范围为 ±2.18%；当概率度值为 2 时，该批高频管合格率误差范围为 ±4.36%。

数理统计证明，概率度 t 和概率 P 之间存在一定的函数关系。即概率分布是概率度的函数，函数关系表示为 $P=F(t)$。利用概率分布函数 $F(t)$ 可求得一定误差范围的概率保证程度 P，也就是被估计的总体指标落在以某个指标为中心的两个极限误差长度区间内的可靠程度。

为了实际工作的计算方便，现列出几个常用的概率度和概率之间的函数数量关系，见表 7-1。

表 7-1　　　　　　　　　常用的概率度和概率

概率度 t	概率 $F(t)$
1.00	0.6827
1.96	0.9500
2.00	0.9545
2.58	0.9900
3.00	0.9973

利用概率表可根据误差范围查出相应的概率保证程度，也可以按照预定的概率保证程度估计误差的可能范围。并可看出，概率度增大，抽样极限误差的范围就扩大，估计的可靠程度也随之增大，但是精确性减少。

第三节　全及指标的推断

抽样极限误差 Δ、概率度 t 和可靠程度 $F(t)$ 之间的数量关系为在实际中应用抽样推断提供了科学依据。这就不但可用样本指标来估计和推断总体指标，而且还给了一定的允许误差范围和相应的概率保证程度。

在社会经济统计中，常用样本平均数 $\bar{x}$ 和成数 p 这两个统计量来估计总体平均数 $\bar{X}$ 和成数 p 两个参数，有点估计和区间估计两种方法。

一、点估计

点估计（又称定值估计）是用实际抽样调查获得的某一样本的指标数值（即样本统计量）作为全及总体相应指标（即总体参数）估计值的方法。通常以实际计算的抽样平均数 $\bar{x}$ 为相应总体平均数 $\bar{X}$ 的估计值，以实际计算的抽样成数 p 作为相应总体成数 p 的估计值等。

例如，从某市的 15000 户中随机抽取 50 户调查测定，50 户中每户平均人口数为 3.5 人，3 口之家所占比率为 40%。即以点估计全市每户平均人口数的估计值为 3.5 人，全市 3 口之家比率估计值为 40%。

点估计没有考虑抽样误差范围以及估计的可靠程度，是一种简易推断方法，只宜于对估计的要求不高、不考虑抽样误差也能大致满足调查任务时应用。

数理统计证明：样本平均数 $\bar{x}$ 和样本成数 P 都符合无偏性、一致性及有效性。

无偏性：假设 $\hat{\theta}=T(X_1,\ X_2,\ \cdots,\ X_n)$ 是未知参数 θ 的一个点估计量，若 $\hat{\theta}$ 满足 $E\hat{\theta}=\theta$，则称 $\hat{\theta}$ 为 θ 的无偏估计量，否则称为有偏估计量。

一致性：随着样本容量的增大，估计量的值越来越接近被估计的总体参数。

有效性：有效性是指估计值的离散程度，如果对同一总体参数的两个无偏点估计量，有更小标准差（对给定的样本容量而言）的估计量更有效。

$$\sqrt{\frac{\sum\left(x_i-\bar{x}\right)^2}{n}}$$ 是总体标准差的有偏估计量，$$\sqrt{\frac{\sum\left(x_i-\bar{x}\right)^2}{n-1}}$$ 为无偏估计量。

二、区间估计

区间估计是根据抽样调查获得的抽样指标，同时考虑抽样极限误差，并以一定概率来保证总体指标的估计范围的方法。它与点估计的不同在于不是指出被估计参数的确定数值，而是指出被估计参数的可能范围，同时对参数落在这一范围内给出相应的概率保证程度。

上一节中，我们已说明极限误差的实际意义为给出总体指标落在以抽样指标为中心的一定范围内，并且此范围有一定的可靠保证。此估计区间（样本指标-$t\mu$，样本指标＋$t\mu$）亦称为置信区间。

在进行区间估计时要作以下两方面的判断。

第一，误差范围的判断，即总体参数在哪个数值范围之内，它说明判断的准确性。

第二，把握程度的判断，表现为概率数值 $F(t)$，它说明判断的可靠性。

从估计区间可以看出，要提高估计的精确性，就要缩小极限误差 $\Delta=t\mu$。在抽样平均误差 μ 一定时，极限误差取决于概率度 t。t 值越大，Δ 越大；t 值越小，Δ 越小。我们要缩小 Δ，可用较小的 t。而另一方面，概率保证程度为概率的函数，t 值越小，概率保证程度也就越小，估计的可靠性也就降低了。这表明精确性与可靠性是一对矛盾。实际估计时必须在两者之间进行慎重的选择。我们应全面考虑，采取适当的方法进行计算。一般在调查经费和人力许可条件下，可以适当扩大样本容量，则 μ 就会缩小，并导致抽样极限误差 $\Delta=t\mu$ 缩小，这样就有助于在满足估计可靠性的同时，又保证了一定的精确性。

从上面可以看出，进行区间估计要掌握三个因素：估计值（样本指标）；估计值的可能误差范围（$\Delta=t\mu$），即估计值的精确性（误差范围到底有多大）；误差范围对应的概率保证程度 $P=F(t)$，即误差范围的可靠性或置信度。

【例 7-4】 麦当劳餐馆在某月内抽查 50 位顾客的消费额，求得每位顾客平均消费为 32 元，标准差为 9.38 元，试求在 90%概率保证下，顾客平均消费额的估计区间。

解：
$$\mu_{\bar{x}}=\sqrt{\frac{S^2}{n}}=\sqrt{\frac{9.38^2}{50}}=1.33 \text{（元）}$$
$$F(t)=90\%，查表得 t=1.64$$
$$\Delta_{\bar{x}}=t\mu_{\bar{x}}=1.64\times1.33=2.18 \text{（元）}$$
$$\overline{X}\in(\bar{x}-\Delta_{\bar{x}},\bar{x}+\Delta_{\bar{x}})=(32-2.18,32+2.18)=(29.82,34.18)$$

即以 90%概率保证，麦当劳餐馆总体顾客消费额在 29.82～34.18 元。

【例 7-5】 用抽样调查测定某市居民住户拥有 2 台以上电视机的普及率。随机抽取 900 户居民，其中 675 户居民拥有 2 台以上电视机。要求允许误差不超过 2.8%，试对该市居民住户拥有 2 台以上电视机普及率进行估计。

解：
$$p=\frac{675}{900}=75\%$$
$$\mu_p=\sqrt{\frac{p(1-p)}{n}}=\sqrt{\frac{0.75\times0.25}{900}}=1.4\%$$
$$t=\frac{\Delta_p}{\mu_p}=\frac{2.8\%}{1.4\%}=2，查表得 F(t)=95.45\%$$
$$P\in(p-\Delta_p,p+\Delta_p)=(75\%-2.8\%,75\%+2.8\%)=(72.2\%，77.8\%)$$

即以 95.45%概率保证，估计该市居民住户拥有 2 台以上电视机普及率为 72.2%～77.8%。

实际应用中，还经常对总体的某些总量指标进行推断。

【例 7-6】 某灯泡厂从 10000 只灯泡中随机抽取 500 只检查其耐用时数，并规定灯泡耐用时数在 850h 以下者为不合格品。各项实际资料整理见表 7-2。

表 7-2 抽检灯泡耐用时数资料

耐用时数(h)	f	x	xf	$(x-\bar{x})^2 f$
800～850	37	825	30525	370000
850～900	129	875	112875	322500
900～950	185	925	171125	0
950～1000	102	975	99450	255000
1000～1050	40	1025	41000	400000
1050～1100	7	1075	7525	157500
合计	500	—	462500	1505000

试求：概率保证程度为 0.9545 时，该批灯泡的耐用时数、不合格品率的区间范围和不合格品总数。

解：

$$\bar{x} = \frac{\sum xf}{n} = 462500/500 = 925 \text{（h）}$$

$$p = \frac{n_1}{n} = 37/500 = 0.074$$

$$S = \sqrt{\frac{\sum (x-\bar{x})^2 f}{\sum f}} = \sqrt{\frac{1505000}{500}} = 54.86$$

$$p(1-p) = 0.074 \times (1-0.074) = 0.0685$$

$$\mu_{\bar{x}} = \sqrt{\frac{\sigma^2}{n}\left(1-\frac{n}{N}\right)} = \sqrt{\frac{S^2}{n}\left(1-\frac{n}{N}\right)} = \sqrt{\frac{3010}{500}\left(1-\frac{500}{10000}\right)} = 2.39(\text{h})$$

$$\mu_p = \sqrt{\frac{p(1-p)}{n}\left(1-\frac{n}{N}\right)} = \sqrt{\frac{0.0685}{500}\left(1-\frac{500}{10000}\right)} = 0.0114$$

$$F(t) = 0.9545 \text{ 时，} t=2$$

$$\Delta_{\bar{x}} = t\mu_{\bar{x}} = 2 \times 2.39 = 4.78(\text{h})$$

$$\Delta_p = t\mu_p = 2 \times 0.0114 = 0.0228 \text{ 或 } 2.28\%$$

$$\bar{x} - \Delta_{\bar{x}} \leqslant \overline{X} \leqslant \bar{x} + \Delta_{\bar{x}}$$

$$925 - 4.78 \leqslant \overline{X} \leqslant 925 + 4.78$$

$$920.22\text{h} \leqslant \overline{X} \leqslant 929.78\text{h}$$

$$p - \Delta_p \leqslant P \leqslant p + \Delta_p$$

$$0.074 - 0.0228 \leqslant P \leqslant 0.074 + 0.0228$$

$$5.12\% \leqslant P \leqslant 9.68\%$$

不合格品总数为：$5.12\%N \leqslant PN \leqslant 9.68\%N$

$$512 \text{ 只} \leqslant PN \leqslant 968 \text{ 只}$$

三、必要样本容量的确定

（一）样本容量和抽样误差

抽样推断实际操作时，首先需确定样本容量的大小。因为样本容量和抽样误差有关，若要减少抽样误差，就只有增大样本容量，但增大样本容量要受到人力、物力、时间及总体条件等因素限制，所以需要根据实际条件和可能恰当地确定样本容量。

影响样本容量大小的因素有估计的精度、可靠程度、总体单位的标志变异程度、抽样方法和组织形式等。

（二）抽样单位容量大小的确定

从抽样极限误差公式出发，对其加以推演就可得出确定必要抽样单位数的计算公式。

1．估计总体平均数所需样本容量

重复抽样：
$$n_{\bar{x}} = \frac{t^2 \sigma^2}{\Delta_{\bar{x}}^2}$$

不重复抽样：
$$n_{\bar{x}} = \frac{N t^2 \sigma^2}{N \Delta_{\bar{x}}^2 + t^2 \sigma^2}$$

2．估计总体成数所需样本容量

重复抽样：
$$n_p = \frac{t^2 P(1-P)}{\Delta_p^2}$$

不重复抽样：
$$n_p = \frac{N t^2 P(1-P)}{N \Delta_p^2 + t^2 P(1-P)}$$

按照上面公式计算时，须事先取得全及总体标准差 σ 与总体成数 P，而这些数据是未知的。实际操作时，往往是采用过去记录资料来确定。若没有，可在正式调查之前先进行一次小规模试验性抽样，取得样本标准差 S 或样本成数 p 来代替。如果缺少总体成数 P 的资料，也可用保守成数 $P=0.5$ 来估计，这样算出的必要抽样单位数虽然比实际需要大，但能充分保证有足够的抽样置信度（不论计算结果如何，样本单位数应进成整数）。

【例 7-7】 对某种新型节能灯泡进行使用寿命检验，根据以往正常生产经验，灯泡使用寿命标准差 $\sigma=0.4$h，而合格品率为 90%。现用重复抽样方式，在 95.45%的概率保证下，抽样平均使用寿命的极限误差 $\Delta_{\bar{x}}$ 不超过 0.08h，抽样合格率的极限误差 Δ_p 不超过 5%，应确定的样本合适容量为多少？

解： 根据题意，为使灯泡使用寿命的极限误差不超过 0.08h，则要抽取：

$$n_{\bar{x}} = \frac{t^2 \sigma^2}{\Delta_{\bar{x}}^2} = \frac{2^2 \times 0.4^2}{0.08^2} = 100(只)$$

若要使抽样合格率的极限误差不超过 5%，则要抽取：

$$n_p = \frac{t^2 P(1-P)}{\Delta_p^2} = \frac{2^2 \times 0.9 \times 0.1}{0.05^2} = 144(只)$$

为了使 $\Delta_{\bar{x}}$ 与 Δ_p 不超过规定的范围，应选 144 只灯泡加以检验，以满足共同的要求。

第四节 | 总体参数假设检验

一、假设检验的概念

假设检验是用来判断所考察的总体是否具有某种指定特征的一种统计推断方法。它和参数估计一样都是利用样本对总体进行某种推断，但二者推断的角度不同。参数估计是由样本指标去估计总体参数，总体参数在估计前是未知的。而在参数假设检验中，则是先对总体参数的值提出一个假设，然后利用样本信息去检验这个假设是否成立。如果成立，就接受这个假设；如果不成立，就拒绝此假设。也可以说，假设检验是对我们关心的却又是未知的总体参数先作出假设，然后抽取样本，利用样本提供的信息对假设的正确性进行判断的过程。

假设检验的基本思想是概率论中的小概率原理，也为概率性质的反证法思想。所谓小概率原理，即指发生概率很小的随机事件在一次试验中是几乎不可能发生的。例如，有一个厂商声称，他们厂的产品的合格率很高，可以达到99%，那么从一批产品（比如100件）中随机抽取一件，这一件恰好是次品的概率就很小，只有1%。如果厂商的宣称是真的，随机抽取一件是次品的情况就几乎不可能发生。但如果这种情况确实发生了，我们应该有理由怀疑原来的假设（即产品中有1%次品的假设）是否成立。这时就可以拒绝原来的假设，并作出厂商的宣称是假的这样一个推断。这种进行推断的依据就是小概率原理。

需要说明的是，假设检验的这种反证法思想区别于纯数学中的反证法，因为小概率事件在一次试验中几乎不可能发生，但却不是绝对不可能发生，由此还可以产生弃真错误或取伪错误，所以在实际问题中要尽量减少产生这两类错误。

二、假设检验的步骤

（一）提出原假设 H_0 和备择假设 H_1

对每一个假设检验一般同时有两个相反的假设：一是需要检验的假设 H_0，称为原假设或虚无假设、零假设；二是当原假设被否定时就生效的假设 H_1，称为备择假设或替代假设。显然，对于任何一个假设检验的问题，所有可能都包括在这两个假设的范围内。

例如，从2012年的新生儿中随机抽取30个，测得其平均体重为3210g，而根据上一年统计资料，新生儿的平均体重为3190g，问2012年的新生儿与2011年相比，体重有无显著差异。则可设 H_0: $\mu=3190g$，H_1: $\mu\neq3190g$。

（二）确定适当检验统计量

样本来自总体，它反映了总体的分布规律，含有关于总体参数的信息，但直接用样本指标检验统计假设是困难的，必须借助于样本选择合适的检验统计量。所谓统计量，它是样本的函数，并且它只依赖于样本而不包含任何未知参数。一个样本，根据不同的需要可构造出不同的统计量。用于假设检验问题的统计量，称为检验统计量。实际应用中，应根据不同的条件选择不同的检验统计量。

（三）规定显著性水平

原假设正确，而我们却把它当成错误的加以拒绝。犯这种错误的概率用 α 表示，α 称为假设检验中的显著水平。显著水平是指：当原假设正确时，人们却把它拒绝的概率。这个概率是由具体问题确定的，通常取 $x=0.05$ 或 $x=0.01$。这表明，当作出接受原假设的决定时，其正确的可能性（概率）为95%或99%。

（四）计算检验统计量的值

在提出了 H_0 和 H_1 的假设，确定了检验统计量，并规定了 x 以后，就要根据样本数据具体计算检验统计量的值。本数据的代表性高低直接影响到检验的质量。因此，要尽量使样本分布与总体分布接近，提高样本的代表性。

（五）作出统计决策

根据显著性水平 x 和检验统计量的分布，可以找出接受域和拒绝域的临界点，用计算出的检验统计量的值与临界点值相比较，就可以作出接受原假设或拒绝原假设的统计决策。

根据假设形式和实际应用需要，可将假设检验分为双侧假设检验和单侧假设检验两种。若假设检验中有两个临界值和拒绝域，称为双侧检验，例如加工零件长度的均值检验。若假设检验中只有一个临界值和拒绝域，则称为单侧假设检验（可在左侧或右侧），如人造纤维平均拉力强度的均值检验。本书只介绍双侧检验。

三、总体平均数的假设检验

（一）总体方差已知情况下的平均数检验

假设检验的程序如下。

1. 提出原假设 H_0：$\mu = \mu_0$；替代假设 H_1：$\mu \neq \mu_0$

其中，μ_0 表示已知值，μ 表示正态总体的总体均值。

2. 确定适当的检验统计量

当被抽样总体为正态分布时，样本均值 $\bar{x}$ 服从于均值 μ，方差为 σ^2/n 的正态分布。此时的检验统计量为 z。

$$z = \frac{\bar{x} - \mu_0}{\frac{\sigma}{\sqrt{n}}}$$

式中　$\bar{x}$——样本均值；

σ——正态总体标准差；

n——样本容量。

统计量 z 服从标准正态分布。

3. 规定显著性水平 α，求临界值 $z_{\frac{\alpha}{2}}$

α 一般取 0.05。若 α=0.05，则可查正态分布表得 $z_{\frac{\alpha}{2}}$=1.96。

4．作出统计决策

（1）若 $|z| \leqslant z_{\frac{\alpha}{2}}$（即 $-z_{\frac{\alpha}{2}} \leqslant z \leqslant z_{\frac{\alpha}{2}}$），则接受 H_0（见图 7-1）。

（2）若 $|z| > z_{\frac{\alpha}{2}}$（即 $z > z_{\frac{\alpha}{2}}$ 或 $z < -z_{\frac{\alpha}{2}}$），则拒绝 H_0。

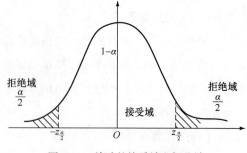

图 7-1 z 检验的接受域和拒绝域

【例 7-8】 某机床厂加工一种零件，根据经验知道，该厂加工零件的椭圆度服从正态分布，其总体均值为 0.081mm，总体标准差为 0.025mm。现另换一种新机床进行加工，取 200 个零件进行检验，得到椭圆度均值为 0.076mm。试检验新机床加工零件的椭圆度总体均值与以前有无显著差异？（α=0.05）

解：由题意可知 μ_0=0.081mm，σ=0.025mm，n=200，$\bar{x}$ = 0.076mm。

（1）提出原假设 H_0：μ=0.081mm，替代假设 H_1：$\mu \neq 0.0181$mm。

（2）计算检验统计量的值：

$$z = \frac{\bar{x} - \mu_0}{\frac{\sigma}{\sqrt{n}}} = \frac{0.076 - 0.081}{\frac{0.025}{\sqrt{200}}} = -2.83$$

（3）因为 α=0.05，所以

$$z_{\frac{\alpha}{2}} = z_{\frac{0.05}{2}} = z_{0.025} = 1.96$$

（4）作出统计决策。因为 $|z| = |-2.83| = 2.83 > 1.96$（$z$ 的值落入拒绝域），所以拒绝 H_0，接受 H_1。这说明新机床加工零件的椭圆度总体均值与以前有显著差异。

对于非正态总体，根据中心极限定理，不论总体服从什么分布，只要样本容量足够大，样本平均数就近似服从正态分布 $N\left(\mu, \frac{\sigma^2}{n}\right)$。从而检验统计量 $z = \frac{\bar{x} - \mu_0}{\frac{\sigma}{\sqrt{n}}}$ 在 H_0 为真条件下近似服从标准正态分布 N（0，1），因而仍可近似用上面方法检验。

（二）总体方差未知情况下的均值检验

Z 统计量中含有参数 σ^2，当总体方差 σ^2 未知时，此时需用样本方差 S^2 代替总体方差 σ^2，检验统计量不能选 z，而应选择服从自由度为 $n-1$ 的 t 统计量。

$$t = \frac{\bar{x} - \mu_0}{\frac{S}{\sqrt{n}}}$$

式中　$\bar{x}$——样本均值；

　　　S——样本标准差，$S = S_{n-1} = \sqrt{\dfrac{\sum (x - \bar{x})^2}{n-1}}$。

换句话说，当总体方差未知而用样本方差代替时，只需用 t 统计量取代 z 统计量，其他步骤除临界值查 t 分布表外与前面完全相同。

【例 7-9】某地区居民收入服从正态分布，现随机抽取 10 户家庭，测得他们的月收入分别为 3640 元、2800 元、500 元、382 元、366 元、350 元、360 元、320 元、290 元、250 元，能否认为该地区居民的月收入为 920 元（$\alpha=0.05$）？

解：根据题意，$\overline{X} \sim N(\mu, \sigma^2)$

$$H_0: \ \mu = 920 \ , \ H_1: \ \mu \neq 920$$

$$S = \sqrt{\frac{\sum(x_i - \overline{x})^2}{n-1}} = 1228.03 \text{（元）}$$

$$|t| = \frac{\overline{x} - \mu}{\frac{S}{\sqrt{n}}} = \frac{923.8 - 920}{\frac{1228.03}{\sqrt{10}}} = 0.00979$$

查 t 分布表，得 $t_{\left(1-\frac{\alpha}{2}\right)}(n-1) = 2.2622$

因为 $|t| < t_{\left(1-\frac{\alpha}{2}\right)}(n-1)$，故不能否定 H_0，可认为该地区居民的月平均收入为 920 元。

当 n 较大（一般 $n \geq 30$ 或 $n \geq 50$ 称为大样本）时，由于 t 分布非常逼近正态分布，故也可用 z 近似地作为检验统计量。

四、两个总体均值之差的假设检验

比较不同的药剂对某种疾病的疗效差异，比较不同条件下两种水稻品种的亩产量差异等，与区间估计遇到的问题类似，都可采用两总体均值之差的显著性检验观察两个总体均值之间有无差异。

若两个总体分别服从于 $N(\mu_1, \sigma_1^2)$，$N(\mu_2, \sigma_2^2)$，且 σ_1^2、σ_2^2 已知，此时我们要检验 μ_1 是否等于（大于或小于）μ_2，显然这时应选用的检验统计量是

$$z = \frac{(\overline{x_1} - \overline{x_2}) - (\mu_1 - \mu_2)}{\sqrt{\frac{\sigma_1^2}{n_1} + \frac{\sigma_2^2}{n_2}}}$$

若两个正态分布总体 σ_1^2、σ_2^2 未知，由前面讨论可知，这时可选用可检验统计量 t：

$$t = \frac{(\overline{x_1} - \overline{x_2}) - (\mu_1 - \mu_2)}{S_p + \sqrt{\frac{1}{n_1} + \frac{1}{n_2}}} \sim t(n_1 + n_2 - 2)$$

其中

$$S_p^2 = \frac{(n_1 - 1)S_1^2 + (n_2 - 1)S_2^2}{n_1 + n_2 - 2}$$

【例 7-10】 设某纺织厂用超大牵伸纺织机所纺得的纱为 A 纱，用普通纺织机所纺得的纱为 B 纱。根据正常和平时积累的资料知，A 纱和 B 纱的平均断裂强度均服从正态分布，且知其标准差分

别为 218g 和 176g，现分别从 A 纱中抽 200 个单位检测，其平均断裂强度 $\overline{x_1} = 5.32g$，B 纱中抽 100 个单位检测，得 $\overline{x_2} = 5.72g$。问：A 纱和 B 纱平均断裂强度是否有显著差异（$\alpha = 0.05$）？

解： 根据题意

$$H_0 : \mu_1 - \mu_2 = 0 \qquad H_1 : \mu_1 - \mu_2 \neq 0$$

$$|z| = \left| \frac{(\overline{x_1} - \overline{x_2}) - (\mu_1 - \mu_2)}{\sqrt{\frac{\sigma_1^2}{n_1} + \frac{\sigma_2^2}{n_2}}} \right| = \left| \frac{5.32 - 5.72}{\sqrt{\frac{218^2}{200} + \frac{176^2}{100}}} \right| = 0.017$$

$$z_{\frac{\alpha}{2}} = 1.96 > |z| = 0.017$$

故接受 H_0，可以认为 A 纱与 B 纱的平均断裂强度没有显著差异。

【例 7-11】 有甲、乙两台机床加工同样产品，从它们的产品中分别随机抽取 8 件和 6 件，测得产品直径（单位：mm）数据为 $\overline{x_1} = 20.1$，$\overline{x_2} = 19.8$，$S_1^2 = 0.17$，$S_2^2 = 0.14$。假定两个总体都服从正态分布，且方差未知。试问甲、乙两台机床加工的产品平均直径有无显著差异？（$\alpha = 0.05$）

解： 按题意建立假设

$$H_0 : \mu_1 = \mu_2, \qquad H_1 : \mu_1 \neq \mu_2$$

由于两个总体都服从正态分布且方差未知，所以选取检验统计量

$$t = \frac{(\overline{x_1} - \overline{x_2}) - (\mu_1 - \mu_2)}{S_p \sqrt{\frac{1}{n_1} + \frac{1}{n_2}}}$$

其观测值为

$$t = \frac{\overline{x_1} - \overline{x_2}}{S_p \sqrt{\frac{1}{n_1} + \frac{1}{n_2}}} = \frac{20.1 - 19.8}{\sqrt{\frac{7 \times 0.17 + 5 \times 0.14}{12}} \times \sqrt{\frac{1}{8} + \frac{1}{6}}} = 1.4$$

查 t 分布表，$t_{0.025}(12) = 2.1788$。由于 $|t| < t_{0.025}(12)$，所以接受 H_0，即甲、乙两台机床加工的产品平均直径无显著差异。

五、总体成数假设检验

大样本条件下，若 $np > 5$ 或 $n(1-p) > 5$ 时，则可将二项分布变为正态分布问题近似求解。此时，样本成数 p 近似服从期望值为 P、方差为 $\frac{P(1-P)}{n}$ 的正态分布（P 为总体成数）。因此，可用 z 统计量进行假设检验，其公式为

$$z = \frac{p - P}{\sqrt{\frac{P(1-P)}{n}}} \sim N(0,1)$$

【例 7-12】 一项调查结果声称某市老年人口比例为 14.7%，该市老年人口研究会为了检验该项调查是否可靠，随机抽选了 400 名居民，发现其中有 57 人年龄在 65 岁以上。调查结果是否支持该市老年人口比例为 14.7% 的看法？（取 $\alpha = 0.05$）

解:
$$H_0 : p = 14.7\%, \qquad\qquad H_1 : p \neq 14.7\%$$

$$p = \frac{57}{400} = 14.25\%$$

$$z = \frac{p - P}{\sqrt{\dfrac{P(1-P)}{n}}} = \frac{0.1425 - 0.147}{\sqrt{\dfrac{0.147 \times (1 - 0.147)}{400}}} = -0.254$$

因为 $|z| = |-0.254| = 0.254 < 1.96$（$z$ 值落在接受域内），所以，接受 H_0，即可以认为调查结果支持该市老年人口比例为 14.7%的看法。

第五节 | 抽样组织形式

面对错综复杂的社会经济现象，如何保证在随机原则下用最小的人力、物力和财力取得最好的效果，这就要求我们要科学地组织抽样调查。随着抽样技术的发展，抽样调查的组织形式越来越多样化。在统计工作实践中主要采用纯随机抽样、类型抽样、等距抽样、整群抽样、多阶段抽样等。

采用什么样的抽样组织形式，一方面要根据调查的目的来确定，另一方面要考虑有效、便利、经济。不同的抽样组织形式所抽取的样本对全及总体的代表性不同，因此产生的抽样误差也不同。

一、简单（纯）随机抽样

纯随机抽样是对全及总体不经过任何处理（分组或排队），按随机的原则直接从总体中抽取样本进行观察。纯随机抽样的具体方法有直接抽选法、抽签法和随机数字表法。

（一）直接抽选法

直接抽选法是对总体不加编号，直接从调查对象中随机抽选，例如，直接从粮堆中不同部位抽取样本进行含杂量、含水量的质量检查。这种方法一般适用于小型总体，对于大型总体很难实施此法。

（二）抽签法

抽签法是将总体各单位进行编号后，用手工方式或摇号机随机抽取号码，确定样本单位。在理论上此法简单，但在实践中，对于总体数目很多的情况下，编码工作量过大，另外也很难掺和均匀，因此这种方法也有其局限性。

（三）随机数字表法

随机数字表（见附录 B）是从 0，1，2，3，…中，按随机原则编排的数字表，并利用此表抽选样本单位。这种方法首先要对总体各单位进行编号，然后在随机数字表中任选一数字开始向任何方向数，遇到属于总体单位编号范围内的数字号码就确定为样本单位，一直到抽够预定的单位数为止。若是不重复抽样，则碰上重复的数字就舍去，并继续往下数。

纯随机抽样是抽样调查的最基本形式，前面所讲述的抽样平均误差、抽样极限误差等均对此种组织形式进行研究。

二、类型抽样

（一）类型抽样的概念

类型抽样（又称分层抽样）就是将总体各单位按某一主要标志分组（或分层），然后在各组采用简单随机抽样或等距抽样方式抽取样本单位。例如，进行农产量调查时，按自然条件分为山区、丘陵、平原、沿海、滨湖等类型，然后再在每个类型中抽取若干乡、村进行调查。

类型抽样实质上是科学分组与抽样法的结合运用。它虽是一种限制随机性的抽样方式，但通过分组，使组内标志值的差异程度缩小了，分布比较均匀；同时，各个组都有中选的机会，使得抽选的样本分布更接近于总体分布。这种方法既可以保证大数定律的正确运用，又可以提高样本的代表性，从而缩小了抽样误差。一般分组按行政区或现有资料进行划分，给抽样组织工作带来许多方便，因而是一种行之有效的抽样方式，尤其适用于总体情况复杂、标志变动程度较大、单位数量较多的情况。

类型抽样对各个类型中样本单位的数目确定一般有等比例和不等比例两种分配方式。

1. 类型等比例抽样

按各组单位数占总体单位数的比重，等比例分配各级样本单位数。在抽样实践中，由于此法对样本分配较合理，推算办法简单，故广为采用。但此法未能考虑各类型的差异程度，是不足之处。

2. 类型不等比例抽样

（1）按差异程度配置样本法：即差异程度大的类型多抽，差异程度小的类型少抽，若同一类型中各单位没有什么差异，只需抽一个样本单位即可。

（2）最佳配置法：即同时兼顾类型的大小和差异程度的大小，按两者比例配置样本。

（二）类型抽样中抽样平均误差的计算

在类型抽样中，由于各级（类）都进行了调查，按误差的概念和分类，影响抽样误差大小的仅是其组（类）内方差平均数。若总体各类型组内方差未知时，可用样本资料的组内方差代替。现以等比例抽样为例，抽样平均误差计算公式见表 7-3。

表 7-3　　　　　　　　　　　　类型抽样的误差计算公式

项　目	重复抽样	不重复抽样
平均数的抽样误差公式	$\mu_x = \sqrt{\dfrac{\overline{\sigma_i^2}}{n}}$	$\mu_x = \sqrt{\dfrac{\overline{\sigma_i^2}}{n}\left(1-\dfrac{n}{N}\right)}$
成数的抽样误差公式	$\mu_p = \sqrt{\dfrac{\overline{p(1-p)}}{n}}$	$\mu_p = \sqrt{\dfrac{\overline{p(1-p)}}{n}\left(1-\dfrac{n}{N}\right)}$

表 7-3 中，$\overline{\sigma_i^2}$ 和 $\overline{p(1-p)}$ 是指各组组内方差的平均数。

$$\overline{\sigma_i^2} = \frac{\sum \sigma_i^2 n_i}{n}$$

式中　σ_i^2——第 i 组总方差（i=1，2，…，n）；

　　　n_i——第 i 组样本容量。

实际应用中，要注意大小样本的计算公式不同。

【例 7-13】 某乡有农业户 4400 户，其中 2800 户以种植粮食作物为主，1500 户以种植经济作物为主，其余 100 户从事非农业生产。按类型抽样方式抽取 5%的户调查净收入后，得资料见表 7-4，试计算类型等比例抽样平均误差。

表 7-4   某乡不同生产户型收入调查资料

| 净收入（元） | 户　　数 | | | |
	粮食作物户	经济作物户	非农业生产户	合计
800 以下	25	0	0	25
800～1000	42	6	0	48
1000～1200	56	12	0	68
1200～1400	12	28	1	41
1400～1600	5	20	3	28
1600 以上	0	9	1	10
合　计	140	75	5	220

解：根据表 7-4 资料计算得表 7-5。

表 7-5   净收入平均数和方差计算表

| 组　别 | 户数 | 净　收　入 | |
		平均数（元）	方差
粮食作物户	140	1000	39714
经济作物户	75	1337. 3	47673
非农业生产户	5	1500	16000
全部	220	1126. 4	70396

$$\mu_{\bar{x}} = \sqrt{\frac{\overline{\sigma^2}}{n}\left(1-\frac{n}{N}\right)} \approx \sqrt{\frac{\sum_{i=1}^{3} S_i^2 n_i}{n^2}\left(1-\frac{n}{N}\right)}$$

$$= \sqrt{\frac{9215435}{220^2}\left(1-\frac{220}{4400}\right)} = 13.45（元）$$

本题若不采用类型等比例抽样，则抽样平均误差为

$$\mu_{\bar{x}} = \sqrt{\frac{\sigma^2}{n}\left(1-\frac{n}{N}\right)} \approx \sqrt{\frac{S^2}{n}\left(1-\frac{n}{N}\right)} = \sqrt{\frac{70396}{220}\left(1-\frac{220}{4400}\right)} = 17.44 （元）$$

可见类型抽样平均误差小于后者，因而估计的精确程度也相应提高。

三、等距抽样

（一）等距抽样概念

等距抽样是将总体全部单位按某一标志排队，而后按固定的顺序和相等间隔在总体中抽取样本单位的一种抽样方式，又称为机械抽样。

等距抽样的最大优点在于这种抽样组织形式简便，易于实施。目前，我国在农村经济抽样调查、城市住户抽样调查、人口抽样调查和产品质量抽样检验等方面广泛地采用等距抽样。另外，在已知总体某些有关信息的情况下，采用等距抽样能保证样本单位在总体中均匀地分布，从而提高了样本对总体的代表性，有利于降低抽样误差。例如，在我国农产量抽样调查中，总体单位按前三年或当年预计的粮食平均产量，由低到高顺序排队，这时，总体单位标志值呈线性变动趋势。按这种总体单位的信息，等距地从总体各部分抽取样本单位，这样的样本结构大致能反映出总体的结构，所以能取得良好的抽样估计效果。

（二）等距抽样排队标志的选择

等距抽样时总体单位的排列顺序是针对标志而言的，分无关标志和有关标志两种。

1．按无关标志排队

当总体单位排队时所依据的标志不是所要调查的标志，或与所要调查的标志无关或基本无关时，这种排队方法叫无关标志排队法。

例如，调查职工生活水平时，职工按姓氏笔画排队；对产品质量检查，按产品入库顺序排队等都是按无关标志排队。

2．按有关标志排队

当总体单位排队时所依据的标志就是所要调查的标志，或虽不是所要调查的标志，但与所要调查的标志有密切关系或有一定关系时，这种排队方法叫作有关标志排队法。

例如，对农产量进行调查，把地块按往年平均每公顷产量的高低进行排队；对职工家庭生活水平进行调查，把职工按工资水平的高低进行排队等都是按有关标志排队。

（三）等距抽样的抽选方法

1．随机起点等距抽样

此法是根据需要抽取的样本单位数（n）和全及总体单位数（N）先求出抽取各个样本单位之间的距离或间隔，即 $K=N/n$。这也就是将总体划分为 n 个相等部分，每部分都包含 K 个单位；然后在第一部分顺序为 1，2，$\cdots$，K 个单位中随机抽取一个单位 i，以下抽中单位为 $i+K, i+2K$，$\cdots$，$i+（n-1）K$。等距抽样也是一种限制随机性的抽样方式，它的随机性表现在抽取第一个样本单位，其余各个单位都随之而定。

当总体按无关标志排队时，随机起点等距抽样是可以应用的；当总体按有关标志排队时，随机起点等距抽样会产生系统性误差。

2．中点起点等距抽样

这种抽样法要求各样本单位都选在各组的中点。各样本单位的顺序号是：第一个样本单位是 $K/2$，第二个样本单位是 $K+K/2$，$\cdots$，第 n 个样本单位是（$n-1$）$K+K/2$。无论按有关标志排队还是按无关标志排队都可以采用这种方法。此法的优点是简单易懂，易于实践。此法的局限性首先是随机性不明显，其次是只能抽取一个样本，不能进行样本轮换。因此，抽样框的利用率太低。

3．对称等距抽样

这种抽样法要求在第一组随机抽取第一个样本单位，假设该单位的序号为 a，然后在第二组与第一个样本单位对称的位置抽取第二个样本单位,它的序号为$2K-a$。在第三组与第二组样本单位对称的位置抽取第三个样本单位,它的序号为$2K+a$。以后抽出的样本单位序号依次为$4K-a$,$4K+a$,$6K-a$,$6K+a$,…,此法保留了中点起点等距抽样的优点,而且又避免了它的局限性,使其优点更加明显。

（四）等距抽样中抽样平均误差的计算

通常在实际工作中,用纯随机抽样公式代替。

【例7-14】 在农产量抽样调查中,设有15个单位,已知平均亩产量,并按顺序进行排队,现按等距抽样法从中抽取5个单位进行调查,见表7-6,试计算抽样平均误差。

表7-6　　　　　　　　　　　亩产量及平均误差计算表

单位	平均亩产量 x(kg/亩)	$\bar{x}$	$x - \bar{x}$	$(x - \bar{x})^2$	$\sigma_i^2 = \dfrac{\sum (x - \bar{x})^2}{n_i}$
1	344		-5	25	
2	349	349	0	0	16.67
3	354		5	25	
合计	1047	—	—	50	—
4	356		-10	100	
5	369	366	3	9	57.56
6	374		8	64	
合计	1099	—	—	173	—
7	380		-6	36	
8	387	386	1	1	17.67
9	390		4	16	
合计	1157	—	—	53	—
10	398		-4	16	
11	402	402	0	0	13.67
12	407		5	25	
合计	1207	—	—	41	—
13	412		-5	25	
14	418	417	1	1	11.67
15	420		3	9	
合计	1250	—	—	35	—

解：

$$间隔距离 = \frac{15}{5} = 3$$

$$\overline{\sigma^2} = \frac{16.67 + 57.67 + 17.67 + 13.67 + 11.67}{5} = 23.47$$

$$\mu_{\bar{x}} = \sqrt{\frac{\sigma^2}{n}\left(1 - \frac{n}{N}\right)} = \sqrt{\frac{23.47}{5}\left(1 - \frac{5}{15}\right)} = 1.8(kg / 亩)$$

四、整群抽样

（一）整群抽样的概念

整群抽样是将总体各单位划分为若干群,然后以群为单位从中随机抽取一些群,对中选群内的所有单位进行全面调查的抽样组织方式。整群抽样对总体划分群的基本要求是：第一,群与群之间不重叠，即总体中的任一单位只能属于某个群。第二，全部总体单位毫无遗漏，即总体内的任一单位必属于某个群。对于总体中各群内所包含的单位数可以是相同的，也可以不相同。群的划分，可以按行政区域、地理位置等自然划分，如一个居民委员会的住户为一群、每片林区为一群等；也可人为划分，如一打毛巾、一箱洗衣粉等。

整群抽样划分群的目的与类型抽样划分层的目的有着很大的区别：类型抽样划分层的目的是缩小总体，将标志值相近的总体单位划归同一层，从而减少层总体的变异。类型抽样抽取的单位仍是总体的基本单位。而整群抽样划分群的目的是扩大总体"单位"，抽取的单位不是总体的基本单位，而是总体的群单元。此法做起来简单省事，适宜于特殊情况下采用。一是不易或无法编制全及总体单位的名单，如对某些工业产品的质量检查，无法在流水作业线上编制全部产品名单，只能每隔若干小时抽取一批产品进行检验；二是全及总体单位在地理分布上范围很广，用个体抽样法得到的样本分散，实地调查困难，采用整群抽样方便省力。如组织职工家庭生活调查时，按企业、居委会整群抽选，比在全市按一户一户抽选要方便、节约得多。

整群抽样的主要优点是设计和组织抽样比较方便，能节省人力、财力、物力和时间。整群抽样的缺点是，相对于纯随机抽样，在相同的调查单位下，整群抽样误差较大，抽样估计精度较低。

（二）整群抽样中抽样平均误差的计算

整群抽样在群的划分和数目确定后，每个群事实上可看作一个单位，故整群抽样实际上是以群代替总体单位的纯随机不重复抽样。又因在中选群中进行全面调查，所以群内方差不影响整群抽样误差，其抽样误差只受群间方差的影响，用群间方差来代替总体方差。

$$\mu_{\bar{x}} = \sqrt{\frac{\delta_{\bar{x}}^2}{r}\left(\frac{R-r}{R-1}\right)} \qquad \mu_p = \sqrt{\frac{\delta_p^2}{r}\left(\frac{R-r}{R-1}\right)}$$

实际工作中，因全及总体平均数或成数未知，可用样本群间方差 $\delta_{\bar{x}}^2$ 或 δ_p^2 代替：

$$\delta_{\bar{x}}^2 = \frac{1}{r}\sum_{i=1}^{r}(\overline{x_i} - \overline{x})^2 \qquad \delta_p^2 = \frac{1}{r}\sum_{i=1}^{r}(p_i - p)^2$$

由于总体群数比总体单位数少得多，因此，校正因子分母中的（$R-1$）一般不用 R 代替。如全及总体群数足够多，而抽样群数 r 较少时，则平均误差公式中的校正因子可按 $\left(1-\dfrac{r}{R}\right)$ 计算。

【例 7-15】 设某化肥厂昼夜连续生产，每分钟产量为 100 袋，现采用整群抽样来检验一昼夜生产的化肥每袋的重量和包装的一等品率，每 144min 抽取 1min 生产的全部袋装化肥进行检查，共抽检 10min 的袋装化肥，其结果见表 7-7。

表 7-7　　　　　　　　　　　　　　　　袋装化肥抽样资料

分钟编号	1	2	3	4	5	6	7	8	9	10
平均袋重 $\overline{x}_i$ (kg)	49.9	50.4	50.5	49.5	50.3	50.2	50.0	50.5	50.2	50.5
包装一等品率 p_i (%)	65	70	72	73	71	72	70	68	69	70

要求：根据表中资料，以95%的置信水平推断该厂一昼夜生产的化肥平均袋重的可能范围和包装一等品率的可能范围。

解：$R=1440$，$r=10$，因为$F(t)=0.95$，所以$t=1.96$

$$\overline{x} = \frac{\sum \overline{x}_i}{r} = \frac{(49.9+50.4+\cdots+50.5)}{10} = 50.2(\text{kg})$$

$$\delta_x^2 = \frac{\sum(\overline{x}_i - \overline{x})^2}{r} = \frac{(49.9-50.2)^2+(50.4-50.2)^2+\cdots+(50.5-50.2)^2}{10} = 0.094(\text{kg}^2)$$

$$\mu_{\overline{x}} = \sqrt{\frac{\delta_x^2}{r}\left(\frac{R-r}{R-1}\right)} = \sqrt{\frac{0.094}{10} \times \frac{1430}{1439}} = 0.097(\text{kg})$$

$$\Delta_{\overline{x}} = t \cdot \mu_{\overline{x}} = 1.96 \times 0.097 = 0.19$$

$$50.2 - 0.19 \leqslant \overline{X} \leqslant 50.2 + 0.19$$

$$50.01 \leqslant \overline{X} \leqslant 50.39$$

即在95%概率保证下，该厂一昼夜生产化肥平均袋重在50.01~50.39kg之间。

$$p = \frac{\sum p_i}{r} = \frac{0.65+0.70+\cdots+0.70}{10} = 70\%$$

$$\delta_p^2 = \frac{\sum(p_i - p)^2}{r} = \frac{(0.65-0.70)^2+(0.70-0.70)^2+\cdots+(0.70-0.70)^2}{10} = 0.048\%$$

$$\mu_p = \sqrt{\frac{\delta_p^2}{r}\left(\frac{R-r}{R-1}\right)} = \sqrt{\frac{0.00048}{10} \times \frac{1430}{1439}} = 0.69\%$$

$$\Delta_p = t \cdot \mu_p = 1.96 \times 0.69\% = 1.35\%$$

$$70\% - 1.35\% \leqslant P \leqslant 70\% + 1.35\%$$

$$68.65\% \leqslant P \leqslant 71.35\%$$

即在95%概率保证下，该厂一昼夜生产的化肥包装一等品率在68.65%~71.35%之间。

五、多阶段抽样

（一）多阶段抽样的概念

多阶段抽样是把抽样过程分为两个或两个以上的阶段来进行，先抽大单位，再抽小单位，然后再抽更小的单位，而不是一次直接抽取样本单位。

当总体很大、分布较广时，直接从总体中抽取样本单位，技术上有困难，费用也较大，可以采用多阶段的抽样方法组织抽样调查。例如我国农产量调查，第一阶段是省抽县；第二阶段从中选的县抽乡；第三阶段从中选的乡抽村；第四阶段从中选的村抽作物地块；第五阶段由中选地块抽实测小样本。如果在抽取作物地块后，对整个地块进行实割实测，不再抽实测小样本，就成了四阶段抽样。

在多阶段抽样过程中，只有第一阶段的样本单位是从全部总体单位中抽取，其余各阶段样本单位都是在上一阶段抽取的单位中进行抽取。所以，在多阶段抽样过程中，有越来越多的基本单位在各个阶段中被排除，使随机抽样的范围变得越来越有限。

多阶段抽样、类型抽样、整群抽样都需要对总体先进行分组，然后再抽取单位，但它们之间有明显的差别。

类型抽样是按某一标志将总体划分为若干性质相近的组，再从各组中抽取样本单位。多阶段抽样是由于实际条件难以直接抽取样本单位，从而借助于中间阶段为过渡，只在最后一个阶段才抽取样本单位，各阶段不是所有的组都被抽选。故类型抽样中分组的意义在于缩小各单位之间的差异程度，而多阶段抽样中分组是为了便于抽取最后的样本单位。

整群抽样是将总体分群后随机抽取若干群，而对中选群的各单位进行全面调查。多阶段抽样中，前几阶段是抽群，只在最后阶段的中选群中随机抽取部分单位来进行调查。

在多阶段抽样过程中，各个阶段采用的抽样方式，可同可不同，通常在上面抽大单位时用类型抽样或等距抽样，下面抽小单位时用整群抽样或简单随机抽样。

多阶段抽样的主要优点是有利于抽样的组织和实施，可以提高抽样估计精度和满足各阶段对调查资料的需求。多阶段抽样还特别适用于大批量生产的产品检验和大范围的经济调查，可节约人力、物力和财力，在实践中得到了广泛的应用。例如，对我国职工家庭收支情况调查，第一阶段先抽选调查城市；第二阶段从中选城市的各部门中抽取调查行政单位；第三阶段再从中选的行政单位中抽选职工，确定具体的调查户，调查每月的生活费收支情况。

（二）多阶段抽样中抽样平均误差的计算

多阶段抽样中抽样平均误差计算公式和单阶段一样，仍是建立在抽样误差的基本理论上，根据数理统计的有关知识可知，多阶段抽样的抽样误差是各阶段抽样误差之和。

以两阶段抽样为例，首先将总体划分为 R 组，而每组包含 M_i 个单位，第一步从 R 组中随机抽取 r 组；第二步又从中选的 r 组中分别随机抽取 m_i 个单位构成一个样本。其中，总体单位数 $N = M_1 + M_2 + \cdots + M_R$，各组的单位数 M_i 可以是相等的，也可以是不等的。为了简化起见，假定 R 组中各组的单位数相等，都为 M，则 $N=RM$。而且从各组抽取的单位数也相等，都为 m（$n=rm$），则两阶段抽样的抽样误差计算公式为

$$\mu_{\bar{x}} = \sqrt{\frac{\delta^2}{r}\left(\frac{R-r}{R-1}\right) + \frac{\overline{\sigma_i^2}}{n}\left(\frac{M-m}{M-1}\right)}$$

式中　δ^2——第一阶段各抽样的群间方差；

$\overline{\sigma_i^2}$——各抽样群的群内方差的平均数。

【例 7-16】对某校学生月生活费支出情况采用两阶段抽样方式抽查。将 1000 名学生分为 10 群，每群包括 100 名学生，先从 10 群中抽出 5 群，即以群为第一阶段的抽取单位；然后从抽中的各群中抽取 3% 的学生组成样本，样本各项资料见表 7-8，试求其抽样平均误差。

表 7-8　　　　　　　　　　　　某校学生月生活费支出抽样计算表

群　别	生活费支出 x_i（元）	样本平均数 $\bar{x}_i$	离差 $x_i - \bar{x}_i$	离差平方 $(x_i - \bar{x}_i)^2$
	192		-3	9
1	195	195	0	0
	198		3	9

续表

群　别	生活费支出 x_i（元）	样本平均数 $\overline{x_i}$	离差 $x_i - \overline{x_i}$	离差平方 $(x_i - \overline{x_i})^2$
2	219 225 231	225	-6 0 6	36 0 36
3	281 290 299	290	-9 0 9	81 0 81
4	358 370 382	370	-12 0 12	144 0 144
5	465 480 495	480	-15 0 15	225 0 225
平均数	-	312	-	-

解：

$$\overline{x} = \frac{\sum \overline{x_i}}{r} = \frac{195 + 225 + 290 + 370 + 480}{5} = 312(元)$$

各群内方差：

$$\sigma_1^2 = \frac{9+9}{3} = 6 \quad \sigma_2^2 = \frac{36+36}{3} = 24 \quad \sigma_3^2 = \frac{81+81}{3} = 54$$

$$\sigma_4^2 = \frac{144+144}{3} = 96 \qquad \sigma_5^2 = \frac{225+225}{3} = 150$$

各群的群内方差平均数：

$$\overline{\sigma_i^2} = \frac{6 + 24 + 54 + 96 + 150}{5} = 66$$

各群的群间方差：

$$\delta^2 = \frac{(195-312)^2 + (225-312)^2 + (290-312)^2 + (370-312)^2 + (480-312)^2}{5} = 10666$$

所以抽样平均误差为

$$\mu_{\overline{x}} = \sqrt{\frac{\delta^2}{r}\left(\frac{R-r}{R-1}\right) + \frac{\overline{\sigma_i^2}}{n}\left(\frac{M-m}{M-1}\right)} = \sqrt{\frac{10666}{5}\left(\frac{10-5}{10-1}\right) + \frac{66}{15}\left(\frac{100-3}{100-1}\right)}$$

$$= \sqrt{\frac{10666}{9} + \frac{66 \times 97}{15 \times 99}} = 34.49(元)$$

思考题

一、单项选择题

1．抽样调查所必须遵循的基本原则是（　　　）。

　　A．随意原则　　　　B．可比性原则　　　　C．随机原则　　　D．准确性原则

2．抽样调查的主要目的是(　　)。

　　A．广泛运用数学的方法　　　　　　　　B．计算和控制抽样误差

C. 用样本指标来推算总体指标　　　　　　D. 修正普查的资料

3. 是非(交替)标志的标准差为（　　）。

A. p

B. pq

C. $p(1-p)$

D. $\sqrt{p(1-p)}$

4. 抽样调查按抽取样本的方法不同，可分为（　　）。

A. 大样本和小样本

B. 重复抽样和不重复抽样

C. 点估计和区间估计

D. 纯随机抽样和分层抽样

5. 抽样平均误差反映了样本指标与总体指标之间的（　　）。

A. 实际误差

B. 实际误差的绝对值

C. 平均误差程度

D. 可能的误差范围

6. 抽样平均误差，确切地说是所有样本指标（样本平均数和样本成数）的（　　）。

A. 全距　　　　　B. 平均差　　　　　C. 标准差　　　　　D. 离散系数

7. 重复抽样条件下的抽样平均误差与不重复抽样条件下的抽样平均误差相比（　　）。

A. 前者总是大于后者

B. 前者总是小于后者

C. 两者总是相等

D. 不能确定大小

8. 在抽样平均误差一定的条件下，要提高推断的可靠程度，必须（　　）。

A. 扩大误差

B. 缩小误差

C. 扩大极限误差

D. 缩小极限误差

9. 当提高抽样推断的可靠性时，则推断的准确性将（　　）。

A. 保持不变

B. 随之缩小

C. 随之扩大

D. 无法确定

10. 计算抽样平均误差时，如有若干个样本方差的资料，应根据（　　）计算。

A. 最大一个

B. 最小一个

C. 中间一个

D. 平均值

11. 抽样平均误差和允许误差的关系是（　　）。

A. 抽样平均误差大于允许误差

B. 抽样平均误差等于允许误差

C. 抽样平均误差小于允许误差

D. 抽样平均误差可以大于、等于或小于允许误差

12. 成数与成数标准差的关系是（　　）。

A. 成数的数值越接近于1，成数标准差越大

B. 成数的数值越接近于0，成数标准差越大

C. 成数的数值越接近于0.5，成数标准差越大

D. 成数的数值越接近于0.25，成数标准差越大

13. 纯随机重复抽样条件下，当允许误差 Δ 扩大一倍，则抽样单位数 n（　　）。

A．只需原来的 1/2　　　　　　　　　　　　B．只需原来的 1/4

C．只需原来的 1 倍　　　　　　　　　　　D．只需原来的 $\sqrt{2}$ 倍

14．根据抽样的资料，一年级优秀生比重为 10%，二年级为 20%，在抽样人数相等的条件下，优秀生比重的抽样平均误差（　　　）。

A．一年级较大　　　　　　　　　　　　　B．二年级较大

C．相同　　　　　　　　　　　　　　　　D．无法比较

15．根据抽样测得 100 名 4 岁男孩的平均身高为 95cm，标准差为 4cm，由此估计全体 4 岁男孩平均身高在 93.8cm 到 96.2cm 之间的概率为（　　　）。

A．68.27%　　　　B．95.00%　　　　C．59.45%　　　　D．99.73%

16．在纯随机重复抽样条件下，当抽样极限误差 $\Delta_{\bar{x}}=10$ 时，样本单位数 n=100；若其他条件不变，当 $\Delta_{\bar{x}}=20$ 时，样本单位数将是（　　　）。

A．400　　　　　　B．100　　　　　　C．50　　　　　　D．25

17．事先将总体各单位按一定标志排序，然后按相等的距离或间隔抽取样本单位加以调查，这种调查的组织形式为（　　　）。

A．简单随机抽样　　　　　　　　　　　　B．等距抽样

C．类型抽样　　　　　　　　　　　　　　D．整群抽样

18．在一次抽样推断中要同时对总体平均数和成数进行推断，如果计算的样本容量 $n_x < n_p$，则应取（　　　）。

A．n_x　　　　　　B．n_p　　　　　　C．$(n_x+n_p)/2$　　　　D．$\sqrt{n_x n_p}$

19．抽样误差是指（　　　）。

A．在调查过程中由于观察、测量等差错所引起的误差

B．在调查中违反随机原则出现的系统误差

C．随机抽样而产生的代表性误差

D．人为原因所造成的误差

20．在其他条件不变的情况下，提高估计的概率保证程度，其估计的精确程度（　　　）。

A．随之扩大　　　　B．随之缩小　　　　C．保持不变　　　　D．无法确定

二、多项选择题

1．抽样调查是（　　　）。

A．搜集资料的方法　　　　　　　　　　　B．推断方法

C．全面调查方法　　　　　　　　　　　　D．非全面调查方法

2．从总体中可以抽选一系列样本，所以（　　　）。

A．总体指标是随机变量　　　　　　　　　B．样本指标是随机变量

C．总体指标是唯一确定的　　　　　　　　D．抽样指标是唯一确定的

3．抽样误差是（　　　）。

A．抽样估计值与未知的总体真值之差

B．抽样过程中的人为因素引起的

C．抽样过程中的偶然因素引起的

D．指调查中产生的系统性误差

4．用抽样指标估计总体指标时，所谓优良的估计量应具有（　　　）。

A．无偏性　　　　B．一致性　　　　C．有效性　　　　D．准确性

5．抽样推断中的抽样误差是（　　　）。

A．抽样估计值与总体参数值之差　　　B．不可避免的

C．可以事先计算出来　　　　　　　　D．可以加以控制的

6．影响抽样误差的因素有（　　　）。

A．抽样方法　　　　　　　　　　　　B．全及总体各单位标志的差异程度

C．抽样组织的形式　　　　　　　　　D．样本容量

7．抽样平均误差是（　　　）。

A．反映样本指标与总体指标的平均误差程度

B．样本指标的标准差

C．样本指标的平均差

D．样本指标的平均数

8．在其他情况不变的情况下，抽样极限误差的大小和可靠性的关系是（　　　）。

A．允许误差范围越小，可靠性越大　　B．允许误差范围越小，可靠性越小

C．允许误差范围越大，可靠性越大　　D．成正比关系

9．在一定的误差范围要求下（　　　）。

A．概率度大，要求可靠性低，抽样数目相应要多

B．概率度大，要求可靠性高，抽样数目相应要多

C．概率度小，要求可靠性低，抽样数目相应要少

D．概率度小，要求可靠性高，抽样数目相应要少

10．计算抽样平均误差时若缺乏总体标准差或总体成数资料，可用下述资料代替（　　　）。

A．过去抽样调查所得的有关资料　　　B．试验性调查所得的有关资料

C．样本资料　　　　　　　　　　　　D．过去全面调查所得的有关资料

三、判断题

1．随机抽样就是随意抽样。（　　　）

2．某企业在调查本厂的产品质量时，有意把管理较差的某车间的产品不算在内。这种做法必将导致系统性偏差。（　　　）

3．抽样调查也会产生登记性误差，这与全面调查一样。（　　　）

4．抽样平均误差就是总体指标的标准差。（　　　）

5．抽样平均误差反映抽样的可能误差范围，实际上每次的抽样误差可能大于抽样平均误差，也可能小于抽样平均误差。（　　　）

6. 极限误差就是最大的抽样误差，因此，总体指标必然落在样本指标和极限误差共同构成的区间之内。（ ）

7. 计算抽样平均误差，当缺少总体方差资料时，可以用样本方差来代替。（ ）

8. 抽样推断是利用样本资料对总体的数量特征进行估计的一种统计分析方法，因此不可避免地会产生误差，这种误差的大小是不能进行控制的。（ ）

9. 抽样调查的着眼点就在于对样本数量特征的认识。（ ）

10. 当总体单位数很大时，重置抽样和不重置抽样计算的抽样平均误差相差无几。（ ）

四、名词解释

1. 样本 2. 抽样平均误差 3. 区间估计 4. 等距抽样 5. 全及指标

6. 样本指标 7. 抽样极限误差 8. 分层抽样 9. 整群抽样 10. 多阶段抽样

五、简答

1. 什么是抽样调查？有什么特点？

2. 简述抽样调查的基本作用。

3. 抽样推断时为什么必须遵循随机原则抽取样本？

4. 影响样本容量大小的因素有哪些？

5. 抽样误差是怎样形成的？如何估计抽样误差的大小？

6. 什么是重复抽样和不重复抽样？二者有何不同？

7. 在实际工作中，抽样调查多采用不重复抽样方法抽取样本，但在计算抽样平均误差时也可以采用重复抽样条件下的公式，为什么？

8. 点估计与区间估计有什么区别？

9. 抽样推断的组织形式有哪些？

10. 抽样调查中的随机原则是指什么？

六、计算分析题

1. 某电视机厂对一批显像管的质量进行抽样检验，随机抽查 200 台，发现 6 台不合格。

要求：

（1）试按 68.27% 的概率保证程度推断这批显像管的合格品率。

（2）若概率保证程度提高到 95.45%，则抽样推断的合格品率范围是多少？并由此说明误差范围与概率度之间的关系。

2. 某校有一年级学生 1000 名，从中随机重复抽取 100 名进行英语测试，得平均成绩 74 分，标准差 12 分。试以 99.73% 的可靠性估计假若这 1000 名学生全部参加这一测试，其平均成绩会是多少？

3. 对某鱼塘的鱼进行抽样调查，从鱼塘的不同部位同时撒网，捕到鱼 150 条，其中草鱼 125 条；150 条鱼的平均条重为 2kg，标准差为 0.75kg。试按 99.73% 的保证程度，对该鱼塘全部鱼平均每条重量作出区间估计，并对该鱼塘草鱼所占比重作区间估计。

4. 某电子产品使用寿命在 3000h 以下为不合格品，现用简单随机重复抽样方法，从 5000 个产品中抽取 100 个对其使用寿命进行调查，结果见表 7-9。

表 7-9

使用寿命（h）	产品个数（个）
3000 以下	2
3000～4000	30
4000～5000	50
5000 以上	18
合计	100

根据以上资料，要求以 95%（$t=1.96$）的可靠性估计：

（1）该批产品平均使用寿命所在区间；

（2）该批产品合格率所在区间。

5．某学院有 4500 名学生，按纯随机不重复抽样方式抽选 20%，调查在校期间撰写论文或调查报告的篇数，所得分布数列见表 7-10。试以 $F(t)=95.45\%$ 的保证推断，全校学生在校期间平均每人撰写论文篇数的范围。

表 7-10

撰写论文篇数（篇）	2 以下	2～4	4～6	6～8	8 以上	合计
学生人数比重（%）	8	22	40	25	5	100

6．对一批产品按纯随机不重复抽样方式抽取 200 件，其中废品为 8 件，又知抽样数目是总量的 1/20，当概率为 0.9545 时（$t=2$），是否可以认定这一批产品的废品率不超过 5%？

7．某村某年养羊 3000 只，用纯随机重复抽样方式抽查其中 150 只，测得平均每只重 30kg，标准差为 3.5kg。计算：

（1）在 0.9545 的概率保证下，平均每只羊重量的可能范围；（2）在 0.9545 的概率保证下，3000 只羊总重量的可能范围。

8．某电视台要了解某项电视节目的收视率，随机抽选 500 户城乡居民户作为样本，调查结果有 160 户收看该电视节目，试以 95.45% 的概率推断：

（1）该电视节目收视率的可能范围；

（2）如果收视率的允许误差缩小为原来的 1/2，其他条件不变，则样本容量是多少？

9．某单位按简单随机重复抽样方式抽取 40 名职工，对其业务情况进行考核，考核成绩资料如下。

```
68  89  88  84  86  87  75  73  72  68
75  82  99  58  81  54  79  76  95  76
71  60  91  65  76  72  76  85  89  92
64  57  83  81  78  77  72  61  70  87
```

要求：

（1）根据上述资料按成绩分成 60 分以下、60～70 分、70～80 分、80～90 分、90～100 分几组，并根据分组整理成变量分配数列；

（2）根据整理后的变量数列，以 95.45% 的概率保证程度推断全体职工业务考试成绩的区间范围；

（3）若其他条件不变，将允许误差范围缩小一半，应抽取多少名职工？

10. 某进出口公司出口一种名茶，为检查其每包规格的质量，抽取样本 100 包，检验结果见表 7-11。

表 7-11

每包重量(g)	样本数(包)
148～149	10
149～150	20
150～151	50
151～152	20
合计	100

按规定这种茶叶每包规格重量应不低于 150g，试以 0.9973 的概率($t=3$)：

（1）确定每包平均重量的极限误差；

（2）估计这批茶叶每包平均重量的范围，确定是否达到规格要求。

11. 调查日光灯管的平均寿命，根据过去调查经验可知其寿命的标准差为 53.36h，要求估计误差不超过 5.336h，且必须保证估计的可靠性为 95%，问应抽取的样本容量为多少？

第八章 相关与回归分析

【学习目标】

通过本章学习，理解相关与回归的概念、相关系数的种类和确定方法；熟练地计算相关系数或相关指数，配合简单直线（曲线）回归方程，计算估计标准误差；对多元线性（非线性）相关与回归分析应有一定程度的理解；能正确运用相关与回归分析方法解决实践中的问题。

【重点难点】

本章的重点有相关分析的一般概念、相关关系的判断，相关系数的计算与应用、回归分析的含义及回归参数的计算、检验，估计标准误的含义与计算，回归预测。

本章的难点是相关分析与回归分析的区别与联系、总变差的分解、简单直线相关及回归方程的测定。

第一节 相关分析

一、相关分析的含义

"事物是普遍联系的"，这种联系在我们看起来或明或暗，或显或隐，运用统计方法的一个意图就是试图从数量上测度事物之间的"联系及其程度"。

用统计学的眼光看，事物无非变量，因此，我们可以把事物间的关系视为变量间的关系。为了讨论的简明，我们设定数量联系发生在两个事物或两个变量之间，此关系的紧密程度就是统计学要发现和度量的对象。

（一）函数关系

两个变量的关系有一个极端的情况，即一个变量的变化完全能够决定另一个变量的变化，这种关系称为函数关系（确定性关系），它是变量之间一种严格的完全确定的依存关系。例如，圆周长度 L 与圆半径 r 之间存在函数关系 $L=2\pi r$，π 是常数，所以 L 的大小完全由 r 来确定。函数关系可以通过数学表达式反映出来：$Y=f(X)$。例如，一瓶矿泉水 2 元钱，我们每多买一瓶，就要多花 2 元钱，把购买量（瓶）记为 x，花费金额记为 y，则 $y=2x$。其他的类似情况很多，其基本特点是：知道了一个变量的变化程度，就能够确定另一个变量的变化程度。

（二）相关关系

然而，现实世界中还有许多情况是两事物之间存在着联系，但其方式不是"决定"，比如，一般地看，一个人的身高越高，他的体重也"应该"越大，但我们会发现很多 1.69m 高的人比 1.70m 高的人重；又如，居民收入越高，储蓄额也会越大，但我们确实见过收入下降但储蓄额却上升的情况。类似的情况很多，我们认识到其中存在着一定的规律，但这种规律是有弹性的，至少是会出现"意外"的。所以，这是一种非确定性关系。由于众多现象所形成的复杂性和我们认识的局限性，或者由于试验误差、测量误差等偶然因素，随着一个变量的变化，使得另一个变量可以取若干个随机的数值，统计学中把这种现象之间在数量上非确定性的对应关系叫作"相关关系"或"统计关系"。

相关关系是变量之间客观存在的一种非严格的不完全确定的依存关系。对此的理解有两个要点。

（1）相关关系是现象之间客观存在着数量上的相互依存关系。

亩产量与每亩耕地的施肥量、耕作深度、种子、降雨量、田间管理水平等的依存关系；

商品流通费用与商品销售额、销售量、商品性质、运输里程、广告宣传、经营管理等的依存关系；

职工月消费支出与月工资收入等一系列依存关系。

上述关系都是客观存在的，不是臆造的或者是在形式上的偶然巧合。因此，统计在研究相关关系时，应当根据有关的科学理论，通过实际观察或试验，取得可靠的数据，才能测定其相关的数量表现，得出有科学意义的结论。这说明只有在定性分析的基础上，才能从数量上测定观察现象之间的相关关系。

（2）现象之间数量依存关系的具体关系值不是固定的。

现象之间虽然客观存在着数量上的相互依存关系，但是，在这种关系中，当某一个变量取一定数值时，另一个（或一组）相联系的变量会有若干个数值与之相对应。这些数值之间表现出一定的波动性，但又总是围绕它们的平均数并遵循一定的规律而变动。例如，家庭的消费支出与家庭收入，一般来说，收入高，支出也多些，但同样收入的家庭，其支出却可能有很大的差别，这是因为家庭消费支出除了受收入高低的影响外，还有其他许多因素在起作用。

（三）相关分析的任务

相关分析的目的，就是要在错综复杂的客观现象中，通过大量观察的统计资料，探讨现象之间相互依存关系的形式和相关的密切程度，并找出合适的表达形式，为推算未知和预测未来提供数据，具体任务有以下几方面。

1．揭示现象之间是否具有相关关系

这要从两个方面加以判断：一方面要对现象之间的联系开展理论研究，按照经济理论，专业知识和实践经验，进行定性分析和判断；另一方面要对大量的实际统计资料，通过编制相关表、绘制相关图等一系列统计分析方法，对被研究的现象变量之间是否真正存在相关关系作出统计判断。

2．测定现象相关关系的密切程度

相关关系是一种不严格的数量关系，统计分析的任务之一就是要确定这种数量关系的密切程度，通常是计算相关系数或相关指数以反映相关关系的密切程度。

3．构建现象相关关系数学模型

依据相关的密切程度，研究确定相关变量之间数量关系的表现形式，确立恰当的数学模型，以便对其进行回归分析。

4. 测定因变量估计值的误差程度

根据已确定的变量之间相关的直线方程或曲线方程，在给定若干个自变量值时，可求出因变量相应的估计值。一般来说，估计值与实际值是有一定出入的，相关分析要通过科学方法测定估计值与实际值的误差程度，从而确认相关与回归分析的可靠性大小。

狭义的相关分析仅指上述前两点，后两点为回归分析的内容。

二、相关关系的种类

感知某种事物的存在，人们很自然地就要去理解、解释这种事物。现象间存在着相关关系，这些"关系"成为认识的对象，我们不禁要问：这些关系是怎样的？从科学方法的角度看，对我们的研究对象进行适当的分类是必要的。

根据研究的需要，对现象间的相关关系可按照不同的标志加以分类。

（一）从相关关系涉及变量的多少来分，可分为单相关和复相关

两个变量之间的相关关系称为单相关，即研究时只涉及一个自变量和一个因变量。三个或三个以上变量间的相关关系称为复相关，即研究时涉及一个因变量和两个或两个以上的自变量。例如，商品销售额为一因变量，而居民收入水平、货币流通速度、广告费支出等为自变量。如果把其余的自变量看作不变（即作为常数），分别研究其中一个自变量与因变量之间的相关关系，则称为偏相关或净相关。

从方法上讲，单相关是复相关的基础（掌握了单相关与部分高等数学知识，就可以理解复相关，所以，我们主要学习单相关的内容）。

（二）从相关关系的表现形态来分，可分为直线（线性）相关和曲线（非线性）相关

对于两个具有相关关系的变量进行实际调查，获得一系列成对的数据，自变量取一个数值则因变量取一相应的数值，在平面直角坐标系中确定为一个点，如果这些相关点的分布情况大致散布在一条直线的周围，则这种相关关系称为直线相关或线性相关（即当自变量数值发生变动，因变量随着发生大致均等的增加或减少变动）。"线性"一词来源于函数图像，一元一次方程的图像是直线，线性相关就是两个变量在平面直角坐标系上所描绘出的系列点基本呈直线。如果这些点的分布并不表现为直线的关系，而是近似地表现为某种曲线（双曲线、抛物线、指数曲线等），则称为曲线相关或非线性相关。这些关系需要使用曲线方程来表达。例如，施肥量与亩产量之间的关系，在一定的数量界限内，施肥量增加，亩产量相应增加，但施肥量一旦超过一定数量，亩产量反而出现下降，这就是一种曲线相关。

我们主要学习直线相关，因为它在实际工作中应用较多。

（三）对线性相关来讲，从相关关系的性质来分，可分为正相关和负相关

两个相关变量间，当自变量的数值由小变大，相应的因变量的数值也由小变大，这种相关为正相关，例如家庭的消费支出随着收入的增加而增加。当自变量的数值由小变大，而因变量的数值相反由大变小，这种相关称为负相关，例如，商品流转的规模愈大，流通费用水平愈低。正相关和负相关的图像如图 8-1 所示。

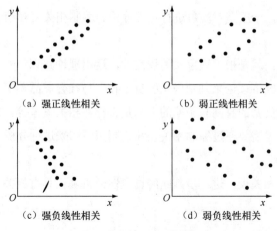

图 8-1　正相关和负相关

（四）从相关关系的密切程度分，可分为不相关（无相关）、不完全相关和完全相关

当变量间完全不存在任何依存关系，即自变量变化，因变量完全不随之而变化，其数值变化各自独立，则为无相关。例如，棉纱的纤维强度与工人的出勤率之间就没有关系。

当因变量完全随自变量的变化而变化，则为完全相关，也就是说函数关系是相关关系的一个特例。例如，长方形的面积（S）受长（a）与宽（b）的影响，$S=ab$。

当因变量在一定程度上随自变量的变化而变化，则是不完全相关。不完全相关进一步按密切程度的不同，又可进一步分为低度相关、显著相关和高度相关。这种相关关系是相关分析的主要内容。不相关、不完全相关和完全相关如图 8-2 所示。

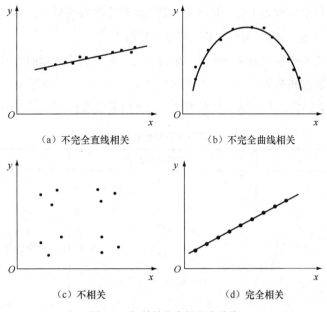

图 8-2　相关性按密切程度分类

（五）相关分析的方法

进行相关关系分析，首先要判断现象之间是否存在相关关系，这是相关分析的出发点。判断现象之间是否存在相关关系，一般是对现象进行定性分析、编制相关表和绘制相关图等。

1. 定性分析

对现象进行定性分析，就是根据现象质的规定性，运用理论知识、专业知识、实际经验来进行判断和分析。例如，根据经济理论来判别居民的货币收入与社会商品购买力是否存在相关关系；根据生物遗传理论，来判别父辈的身高与子辈的身高是否存在相关关系等。定性分析是进行相关分析的基础，在此基础上，根据需要通过编制相关表和绘制相关图来进行分析。

2. 定量分析

这就是利用相关图或相关表，进一步判断经过定性分析确认具有相关关系的现象之间相关的方向、形式和密切程度。

三、相关图表

相关与回归分析应该在定性分析的基础上进行，因此，相关与回归分析的基础性工作是判定变量间是否相关和相关的性质。定性分析首先依赖有关研究对象的专业知识，也就是应以有关科学的理论为指导，但统计方法本身对定性分析亦有重大作用，这主要是通过编制相关表和绘制相关图来完成的。

（一）相关表的编制

对两个变量判定是否相关时，首先必须取得一系列的成对资料。根据资料是否分组，相关表有简单相关表和分组相关表两种。

1. 简单相关表

当搜集的原始资料的项数较少时，可按由小到大的顺序将自变量和因变量的资料一一对应而平行排列起来，形成简单相关表。（两个变量，都是未分组）

编制程序：先将相关资料中的两个变量，分为 x、y；后将两个变量的变量值一一对应，按自变量的变量值由小到大顺序排列即可。

【例 8-1】 某企业销售收入与销售利润相关表的资料见表 8-1。

表 8-1　　　　　　　　　　某企业销售收入与销售利润相关表　　　　　　　（单位：万元）

编号	销售收入 x	销售利润 y
1	10	1.8
2	20	2.0
3	24	2.4
4	30	3.5
5	30	4.4
6	40	5.0
7	50	5.0
8	56	5.6
9	60	6.0
10	60	6.4

从表 8-1 中可以看出两个变量之间的关系。

简单相关表是各种计算的依据（相关系数），也是编制相关图的依据。

当原始资料很多时，编制出的简单相关表，不能很好地发挥其作用，这时，可以编制分组相关表。

2．分组相关表

分组相关表是将较多的原始数据进行分组而编制成的相关表，它又可分为单变量分组相关表和双变量分组相关表。

（1）单变量分组相关表。它是在具有相关关系的两个变量中，只对自变量进行分组计算其次数，对因变量不进行分组，只计算其平均数的相关表。

其中对自变量分组，根据变量的情况，可以编制单项式的分组表，见表8-2；也可以是组距式的分组表，见表8-3。

表 8-2　　　　　　　　　　　　　　亩产量与耕作深度相关表

耕作深度（cm）	田块数	平均收获量（kg/亩）
8	3	800
10	6	1000
12	14	1043
14	11	1218
16	5	1440
18	1	1600
合　计	40	1130

表 8-3　　　　　　　　　　　　　商品销售额与流通费用率相关表

商店按销售额分组（万元）	商店数	平均流通费用率（%）
40 以下	14	9.81
40～80	22	7.90
80～120	38	7.32
120～160	44	7.00
160～200	66	6.80
200～240	50	6.71
240～280	34	6.66
280～320	26	6.59
320～360	10	6.55

由以上两例可见，编制单变量分组相关表的程序如下。

第一，将自变量分成若干组（单项式、组距式均可）。

第二，计算各组次数。

第三，计算各组对应的因变量平均值。

（2）双变量分组相关表。它是对自变量和因变量都进行分组的棋盘式相关表。但是，由于根据双变量分组表的资料来计算相关分析指标比较复杂，所以，在相关分析中较少使用。

它的编制与次数分配表的编制基本相同，只不过是对两个变量数列分别编制成两个分配表，加以结合表现。

同样，根据变量的情况，双变量分组相关表可以按单项分组编制而成，见表8-4；还可以按组距分组编制而成，见表8-5。

表 8-4 亩产量与耕作深度相关表

按耕作深度分组（cm）	按收获量（kg/亩）的分组						次数合计
	6	8	10	12	14	16	
18						1	1
16				1	2	2	5
14			3	5	2	1	11
12	1	2	6	3	2		14
10	1		3	2			6
8	1	1	1				3
次数合计	3	3	13	11	6	4	40

表 8-5 月人均工资与月人均消费支出相关表

按月消费水平分组（元）	按月工资收入（元）分组								人数合计
	450~550	550~650	650~750	750~850	850~950	950~1050	1050~1150	1150~1250	
750~800							1	1	2
700~750							2	2	4
650~700				1	3		1		5
600~650			1	3			4		8
550~600			4	7	6				17
500~550		2	6	8	2				18
450~500		2	3	4	1				10
400~450			3						3
350~400	1	1							2
300~350	1								1
人数合计	2	3	8	15	20	11	8	3	70

由以上两例可见，编制双变量分组相关表的程序如下。

第一，分别确定自变量及因变量的组数。

第二，按两个变量的组数设计棋盘表格。

第三，计算各组次数置于相应的方格中。

 注意   为了制作方便，使相关表与相关图取得一致，能够直观地看出变量间的性质，要将自变量置于横行，其变量值由小到大自左向右排列，因变量置于纵栏，其变量值由大到小自上向下排列。

利用分组表研究两个或两个以上影响因素对被研究现象的依据关系时，要把各因素进行复合分组。

上述相关表都可以反映出变量间相关的性质，但其密切程度如何都不明显。如果我们把资料编制成相关图，那么就会更直观清晰。

（二）相关图的绘制

相关图也称散布图或散点图、相关点图，它是根据相关表中的观测数据，在坐标图中所绘制的点状图形。用 x（置于横轴）和 y（置于纵轴）分别代表两个变量，把相关表中的对应观测值一一描绘在坐标图中，则形成了反映相关点分布状况的图形，据此就可以观测变量间是否相关以及相关的性质、形态和密切程度。将表 8-1 中的资料绘制成相关图，能较直观地看出两个变量间的线性关系，如图 8-3 所示。

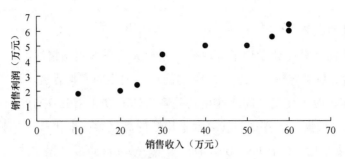

图 8-3　某企业销售收入与销售利润相关图

可以将各种相关类型绘制成相关图，如图 8-4 所示。

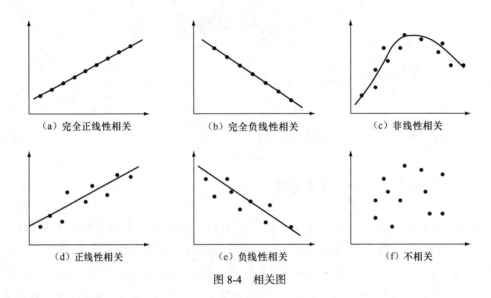

图 8-4　相关图

从图 8-4 可以看出各种相关关系的特点。

完全相关：此时相关点的关系转化为函数关系，相关点的分布完全集中在线上。

高度相关：此时相关点的分布密切，但不是完全都在线上。

低度相关：此时相关点的分布较为稀疏，在线的两侧。

无相关（零相关）：此时相关点的分布完全分散。

当某个现象与多个因素相关时，可以分别绘制相关图，从中判断出哪个是主要因素，哪个是次要因素。

在相关图中，若相关点呈现出一定的规律性，如大致为一条直线或一条曲线，就表明现象之间存在相关关系，且为直线相关或曲线相关。相关点越密集，表明相关关系越密切。若相关点分布没有规律，表明现象之间没有相关关系或存在低度相关关系。

从以上分析可以看出，用相关表和相关图均能粗略观察出现象之间的相关关系。相关图与相关表都有用来观察相关形态的作用，但相关图应以相关表提供的资料为依据。

四、相关系数

（一）相关系数的意义

相关表和相关图都只能让我们了解现象之间相关关系的粗略情况，还不能进行"量化"分析，为了更有效、更具普适性地表示现象之间相关关系的密切程度，还需要计算相关系数。相关系数是用于测定两个变量之间线性相关关系密切程度和相关方向的统计分析指标，相关系数从原理上说，可根据两个变量与其算术平均数的离差乘积来计算，这种计算方法称为"积差法"，是卡尔·皮尔逊（Karl Pearson，1857—1936）所创立。"积差法"是计算相关系数的基本方法。它是两个变量数列的协方差与 x、y 变量数列的标准差的乘积的比值。积差法计算公式为

$$r = \frac{\sigma_{xy}^2}{\sigma_x \cdot \sigma_y} = \frac{\sum(x_i - \overline{x})(y_i - \overline{y})}{\sqrt{\sum(x_i - \overline{x})^2}\sqrt{\sum(y_i - \overline{y})^2}}$$

其中：$\sigma_x = \sqrt{\dfrac{\sum(x_i - \overline{x})^2}{n}}$ 为自变量的标准差；

$\sigma_y = \sqrt{\dfrac{\sum(y_i - \overline{y})^2}{n}}$ 为因变量的标准差；

$\sigma_{xy}^2 = \dfrac{\sum(x_i - \overline{x})(y_i - \overline{y})}{n}$ 为两变量的协方差。

由以上公式可知，两变量间相关关系的方向和程度完全取决于两变量离差乘积之和，即 $\sum(x_i - \overline{x})(y_i - \overline{y})$，当其为 0 时，$r$ 为 0；当其为正时，r 为正；当其为负时，r 为负。

两变量离差乘积之和给我们提供了判定两变量间是否存在相关以及相关的性质的一个度量。然而，这个度量有两个基本缺点：第一，它受观测值数量多少的影响，观测值数量愈多，数值就越大，反之，就越小；第二，它的数值大小受自变量和因变量单位的影响。

为了弥补第一个缺点，我们用观测值的次数除 $\sum(x_i - \overline{x})(y_i - \overline{y})$ 求得 $\dfrac{\sum(x_i - \overline{x})(y_i - \overline{y})}{n}$，此式称为协方差，以消除次数多少的影响。为了克服第二个缺点，我们用变量的标准差去除协方差，标准差的计量单位和变量的计量单位是相同的，这样得出的比率就不受变量原来单位的影响，这个比率就是相关系数 r。

（二）相关系数的计算

1. 根据未分组资料计算相关系数

由于用定义公式计算相关系数运算量较大，过程烦琐，实践中多采用由定义公式推导出的简捷法公式来计算，其公式为

$$r = \frac{n\sum xy - \sum x\sum y}{\sqrt{n\sum x^2 - \left(\sum x\right)^2}\sqrt{n\sum y^2 - \left(\sum y\right)^2}}$$

从公式中可以看出直线相关分析的特点：两个变量是对等关系；只能计算出一个相关系数；相关系数有正负号；计算相关系数要求两个变量必须都是随机的。

其优点是直接表明了相关的性质，即是正相关还是负相关。

其缺点是只适用于单相关，也不能判断曲线相关。

【例 8-2】 某地近年来对外贸易进出口总额资料见表 8-6，根据资料计算相关系数。

表 8-6　　　　　　　　　　　　相关系数计算表

年份	进口总额 x（亿元）	出口总额 y（亿元）	xy	x^2	y^2
2001	56	58	3248	3136	3364
2002	63	66	4158	3969	4356
2003	68	70	4760	4624	4900
2004	75	77	5775	5625	5929
2005	83	85	7055	6889	7225
2006	90	90	8100	8100	8100
2007	98	98	9604	9604	9604
2008	104	106	11024	10816	11236
2009	112	114	12768	12544	12996
2010	120	119	14280	14400	14161
2011	127	129	16383	16129	16641
2012	135	136	18360	18225	18496
合计	1131	1148	115515	114061	117008

由表 8-6 可知 $\sum x = 1131$，$\sum y = 1148$，$\sum xy = 115515$，$\sum x^2 = 114061$，$\sum y^2 = 117008$，将它们代入公式计算可得：

$$r = \frac{n\sum xy - \sum x\sum y}{\sqrt{n\sum x^2 - \left(\sum x\right)^2}\sqrt{n\sum y^2 - \left(\sum y\right)^2}} = \frac{12\times115515 - 1131\times1148}{\sqrt{12\times114061 - (1131)^2}\sqrt{12\times117008 - (1148)^2}}$$
$$= 0.9992$$

2. 根据单变量分组表中的资料计算相关系数

与简单相关表不同的是要进行加权，即以各组单位数为权数进行加权。

$$\bar{x} = \frac{\sum x_i f_i}{\sum f_i}, \quad \bar{y} = \frac{\sum y_i f_i}{\sum f_i}$$

计算公式中 f 是相同的。

$$r = \frac{\sigma_{xy}^2}{\sigma_x\sigma_y} = \frac{\sum f\sum xyf - \sum xf\sum yf}{\sqrt{\sum f\sum x^2 f - \left(\sum xf\right)^2}\sqrt{\sum f\sum y^2 f - \left(\sum yf\right)^2}}$$

3. 根据双变量分组表资料计算相关系数

计算公式为

$$\bar{x} = \frac{\sum x_i m_i}{\sum m_i}, \qquad \bar{y} = \frac{\sum y_i n_i}{\sum n_i}$$

$$r = \frac{\overline{xy} - \overline{x}\,\overline{y}}{\sigma_x \sigma_y} = \frac{\overline{xy} - \overline{x}\,\overline{y}}{\sqrt{\overline{x^2} - (\overline{x})^2}\sqrt{\overline{y^2} - (\overline{y})^2}}$$

式中　　m_i——表内各纵栏的合计频数（主变量的）；

　　　　n_i——表内各横行的合计频数（从变量的）；

$\sum m_i$、$\sum n_i$——各纵栏或横行合计频数的总计数。

相关系数不仅有上述计算方法，根据掌握资料的不同，尚可使用其他的计算方法。

例如，在已有平均值资料的情况下，可以使用下式：

$$r = \frac{\sum xy - n\overline{x}\,\overline{y}}{\sqrt{\sum x^2 - n(\overline{x})^2}\sqrt{\sum y^2 - n(\overline{y})^2}}$$

在已有平均值及标准差的情况下，也可使用如下方法：

$$r = \frac{\overline{xy} - \overline{x}\,\overline{y}}{\sigma_x \sigma_y} \qquad \overline{xy} = \frac{\sum xy}{n}$$

（三）相关系数的性质

通过相关系数的计算，可以从数量上判断两变量间相关关系的密切程度。相关系数的取值范围在 -1 到 +1 之间，即 $-1 \leqslant r \leqslant +1$，计算结果带有负号的表示负相关，带有正号的表示正相关。相关系数的绝对值越接近于 1，表示线性相关程度越强；越接近 0，表示线性相关程度越弱。

当 $|r|=1$ 时，表示变量 x 与 y 之间为完全线性相关，即函数关系；当 $r=0$ 时，表示变量 x 与 y 之间完全没有线性相关。

相关系数常用如下的经验判定标准：$|r| < 0.3$ 称为微弱相关；$0.3 \leqslant |r| < 0.5$ 称为低度相关；$0.5 \leqslant |r| < 0.8$ 称为显著相关；$0.8 \leqslant |r| < 1$ 称为高度相关。

还需要注意以下两点。

（1）r 值很小，说明 x 与 y 之间没有线性相关关系，但并不意味着 x 与 y 之间没有其他关系，如很强的非线性关系。

（2）直线相关系数一般只适用于测定变量间的线性相关关系，若要衡量非线性相关时，一般应采用相关指数 R。

第二节　一元线性回归

一、回归分析的内容

（一）回归分析的步骤

1. 建立回归方程

依据研究对象变量之间的关系建立回归方程。

2．进行相关关系的检验

相关关系检验就是选择恰当的相关指标，判定所建立的回归方程中变量之间关系的密切程度。相关程度越高，就表明回归方程与实际值的偏差越小，拟合效果越好。如果回归方程变量间的相关关系不好，所建立的回归方程就失去了意义。

3．利用回归模型进行预测

如果回归方程拟合得好，就可以用它来作变量的预测，根据自变量取值来估计因变量的值。由于回归方程与实际值之间存在误差，预测值不可能就是由回归方程计算所得的确定值，其应该处于一个范围或区间。这个区间称为预测值的置信区间，它说明回归模型的适用范围或精确程度。实际值位于该区间的可靠度一般应在 95%以上。在相关分析中，变量之间的关系是对等的，不必区分自变量和因变量，而在回归分析中，变量之间的关系不是对等的，必须根据研究目的区分自变量和因变量。如果研究的是一个因变量和一个自变量之间的关系，则称为一元回归；如果研究的是一个因变量和两个或两个以上的自变量之间的关系，则称为多元回归或复回归。另外，根据回归方程式的特征，回归分析可分为线性回归和非线性回归。一元线性回归分析是整个回归分析的基础和主要内容。

（二）相关分析与回归分析的区别和联系

相关分析是研究变量间相关关系的一种统计分析方法，而回归分析又是同相关分析紧密结合在一起的。回归分析是导出代表自变量与因变量之间关系式的技术，这种关系式称为回归方程式。在回归方程式中，自变量不是随机变量，而是已被选定或实际观测的值，如果给定自变量的值，就可代入方程式估算和预测因变量数值。在相关分析中，自变量和因变量都是随机变量。相关分析是用来测度回归方程式描述的诸变量间关系的密切程度的，它不是表示诸变量间如何关联，而是表示这些变量值的变化关系如何密切。对于这密切程度的表述，既需要定性的，又需要定量的。我们知道，在给定一定资料后，不作相关分析也可作回归分析，求得回归方程式；同样，不作回归分析也可作相关分析，来显示它们之间关系的密切程度。但也应清楚，不作相关分析仅作回归分析，有可能是没有实际意义的，甚至可能是荒谬的；同样，仅作相关分析不作回归分析，则无法揭示变量间关系的形式和具体数量表现，相关分析也就失去了应有的价值，发挥不了应有的作用。因此，对于回归分析来说，相关分析是前提；对于相关分析来说，回归分析是研究相关关系的继续，是相关分析的发展。相关分析与回归分析既有区别又有联系，应结合使用。

二、一元线性回归方程

（一）一元线性回归方程的性质

在实际生活中，总体的真值在多数情况下是未知的，这时就只能从总体中抽取部分单位作为样本，依据样本回归方程来推断总体回归方程。其回归方程为

$$y = a + bx + e$$

$$\overset{\cdot}{y}_c = a + bx$$

式中：y 为样本的因变量；x 为样本的自变量；a、b 是样本回归方程的参数，是总体参数 A、B 的估计值，a 为 $x=0$ 时回归直线在 y 轴上的截距，b 为斜率，是 x 每增加一个单位所引起的 y 的增加

值，也称为回归系数；e 是样本回归方程的随机误差，$e=y-y_c$，也称为残差，y_c 是总体期望值。

以上讲的是两个变量为因果关系时的内容。如果自变量与因变量之间互为因果关系时，回归方程则有两种表现形式：y 依 x 回归方程 $y=a+bx+e$；x 依 y 回归方程 $x=c+dy+e$；而相关系数只有一个。

一元线性回归方程实际上是一条代表在自变量 x 取不同数值时相应的因变量平均值的直线，因此可以认为其性质是一条平均线。在此线的每一点上，具有该点 x 值的一群实际点则大体上按正态分布规律分布于其两侧。

（二）一元线性回归方程的确定

当我们取得具有相关关系的 n 对 x 与 y 两个变量的资料后，要建立一元线性回归方程，关键在于正确计算参数 a 和 b。由于对应于 x 某一数值的 y 有多个实际值，通过 x 与 y 的各对数值形成的相关点的直线也就可能有多条，其中最具代表性的无疑应该是实际值同这条直线平均离差最小的直线，也即 $\sum(y-y_c)^2=$ 最小。为此，我们常用最小平方法来求解待定参数 a 和 b。根据微分学中求极值的原理，分别对 a 和 b 求偏导数，并令其为 0，可得两个标准方程式：

$$\begin{cases} \sum y = na + b\sum x \\ \sum xy = a\sum x + b\sum x^2 \end{cases}$$

然后解标准方程，便可求得 a、b 两个参数：

$$b = \frac{n\sum xy - \sum x\sum y}{n\sum x^2 - (\sum x)^2} \qquad a = \frac{\sum y}{n} - b\frac{\sum x}{n} = \bar{y} - b\bar{x}$$

参数 b 的分子分母的数据与相关系数 r 中的一部分数据相同。

【例8-3】 仍以表 8-6 资料为例，说明运用最小平方法求解一元线性回归方程。

解： $b = \dfrac{n\sum xy - \sum x\sum y}{n\sum x^2 - (\sum x)^2} = \dfrac{12\times115515 - 1131\times1148}{12\times114061 - (1131)^2} = \dfrac{87792}{89571} = 0.9801$

$a = \dfrac{\sum y}{n} - b\dfrac{\sum x}{n} = \dfrac{1148}{12} - \dfrac{0.9801\times1131}{12} = 3.2922$

则得到 $\qquad y_c = 3.2922 + 0.9801x$

回归系数 b 表明，进口额每增长 1 亿元，则出口额约平均增长 0.9801 亿元。

三、判定系数（可决系数）

用最小平方法建立了回归直线方程 $y_c=a+bx$ 以后，确定了 x 与 y 之间的数值变动关系，通常要用方程估计值 y_c 来推断或预测实际值 y。实际值是否紧密分布在其周围，紧密程度又如何？用 y_c 去估计 y 是否准确可靠，这关系到回归方程的应用价值，常采用反映回归直线代表性好坏的统计分析指标，检验方程回归系数的拟合优劣程度。为此需要进行变差分析。

（一）离差平方和（总变差）的分解

在线性回归中，实际观察值的大小总是围绕其平均值上下波动的，y 的这种波动现象称为变差。对每个观察值来说，变差的大小可以通过离差 $(y-\bar{y})$ 来表示，而全部 n 个观察值的总离差可由这些离差的平方和表示，即 $S_T = \sum(y - \overline{y})^2$，也称为总变差。为了更好地分析，将离差平方和进行分解，如图 8-5 所示。

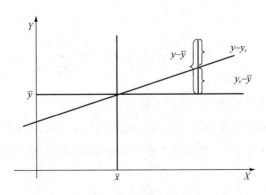

图 8-5　离差平方和的分解

从图 8-5 可以看出，每个观察点的离差都可分解成下式：

$$y - \overline{y} = (y - y_c) + (y_c - \overline{y})$$

将上式两边平方，然后对所有 n 点求和，则有

$$\sum(y - \overline{y})^2 = \sum[(y - y_c) + (y_c - \overline{y})]^2$$
$$= \sum(y - y_c)^2 + \sum(y_c - \overline{y})^2 + 2\sum(\overline{y} - y_c)(y_c - \overline{y})$$

其中：$2\sum(y - y_c)(y_c - \overline{y}) = 0$

因此总变差可以分解成为两部分：

$$\sum(y - \overline{y})^2 = \sum(y_c - \overline{y})^2 + \sum(y - y_c)^2$$

上式等号右边第一项 $\sum(y_c - \overline{y})^2$ 是根据回归方程推算出来的因变量的估计值和它的实际平均数之间的离差平方和。由于 y 与 x 有线性关系，y 是随 x 取值不同而变化的，当 x 的取值不等于它的平均数时，相应的 y 值也应与它的平均数不同，所以 $(y_c - \overline{y})$ 是由于 x 的变化而引起的，则 $S_R = \sum(y_c - \overline{y})^2$ 称为回归变差。

$\sum(y - y_c)^2$ 是因变量的每个实际值与回归直线的离差平方和，它反映的是除了 x 对 y 的线性关系影响外的一切因素（包括 x 对 y 的非线性关系及观察误差）对 y 的影响部分，也就是总变差中减去回归变差后的剩余部分，称为剩余变差，用 S_E 表示，即

$$S_E = \sum(y - y_c)^2$$

（二）判定系数（可决系数）

总变差可分解成回归变差和剩余变差两部分，在总变差一定时，回归变差越大，剩余变差就越小；相反，回归变差越小，剩余变差就越大。由此推论，如果 y 的实际值都紧密围绕在回归直线周围，剩余变差就很小，说明 x 与 y 的依存关系很强，总变差主要由回归变差来解释；极端而言，如

果 y 的实际值都落在回归直线上，剩余变差为 0，说明 x 与 y 为确定的函数关系，总变差就完全由回归变差来解释。判定系数 R^2 就是以回归变差占总变差的比率来表示回归方程拟合优度的评价指标。其计算公式为

$$R^2 = \frac{\sum(y_c - \overline{y})^2}{\sum(y - \overline{y})^2} = 1 - \frac{\sum(y - y_c)^2}{\sum(y - \overline{y})^2}$$

当 x 与 y 之间的依存关系很密切，乃至 y 的变化完全由 x 引起时，x 与 y 为确定的函数关系，$R^2=1$；当 x 与 y 之间不存在线性依存关系，即 x 的变化与 y 无关，则 $R^2=0$。一般而言，R^2 的取值在 0～1 之间。R^2 的值越接近于 1，则反映所选的自变量对因变量的影响越大，从而方程的代表性越好。

判定系数按上述公式计算是比较烦琐的，实际工作中常采用简捷公式计算：

$$R^2 = \frac{a\sum y + b\sum xy - n(\sum y/n)^2}{\sum y^2 - n(\sum y/n)^2}$$

【例 8-4】 仍以表 8-6 资料为例，计算判定系数。

$$R^2 = \frac{a\sum y + b\sum xy - n(\sum y/n)^2}{\sum y^2 - n(\sum y/n)^2}$$

$$= \frac{3.2922 \times 1148 + 0.9801 \times 115515 - 1148^2/12}{117008 - 1148^2/12} = 0.9983$$

计算结果表明，出口总额的总变差中有 99.83% 可以由进口总额的变动来解释，只有 0.17% 属于随机因素的影响。因此，这条回归直线是合适的。

将判定系数 R^2 开平方根，可得相关指数

$$R = \pm\sqrt{\frac{\sum(y_c - \overline{y})^2}{\sum(y - \overline{y})^2}} = \pm\sqrt{1 - \frac{\sum(y - y_c)^2}{\sum(y - \overline{y})^2}}$$

对于直线相关来说，相关指数 R 等同于直线相关系数 r，即 $R=r$，其含义基本相同。对于曲线相关来说，R 具有独立的意义。因此，无论是曲线相关还是直线相关，都可以用相关指数 R 来揭示变量之间相关关系的密切程度。

R 反映变量间的相关程度，其原理及相关程度的划分与 r 基本一致，$|R|$值越大，相关关系越密切，R 趋向于+1，表示正相关越强；R 越近于-1，表示负相关越强；R 越近于 0，说明变量间无相关关系。

由于在直线相关条件下相关系数有正负之分，因此，R 的符号由回归系数 b 的符号来决定，当 b 为正时，R 取正为正相关；当 b 为负时，R 取负为负相关。在前例中，$R^2=0.9983$，

因 b 是正值，故 r 也取正值为正相关，这和前面的计算结果是完全一致的。

四、估计标准误差

（一）标准误差的意义

1. 估计标准误差的概念

从前面拟合回归直线的有关阐述中已经知道，两个变量之间存在直线相关关系，可拟合一条回归直线来分析两个变量间的变化规律。根据回归直线方程，已知自变量的实际值便能得到因变量的估计值。但因变量的每一个实际值和推算出来的估计值，并不完全相等，甚至完全不同。从相关图上看，每个散点不都是恰好落在回归直线上，甚至全部散点都不在回归直线上。这样一来，因变量的实际值与估计值之间便产生了误差，这个误差的大小，直接关系到推算结果的准确程度。如果因变量的每一个实际值与估计值一样，那就是没有误差，说明推算结果准确性极高；换言之，回归直线作为各散点的"代表"，其代表性极强，各个散点都落在回归直线上，表现为函数关系。如果因变量的每一个实际值与估计值差别大，说明推算结果的准确性差，各散点对回归直线的离散程度大，回归直线的代表性小。反过来，因变量的实际值与估计值的误差小，说明推算结果准确，各散点对回归直线的离程度小，回归直线的代表性强。估计标准误差就是用来说明回归直线方程推算结果准确程度的统计分析指标，或者说是反映回归直线代表性大小的统计分析指标。

在第四章中讲过平均数和标准差，平均数的代表性大小可以通过标准差来衡量，则因变量估计值的代表性好坏也可通过估计标准误差来反映。估计标准误差和标准差的性质是相同的，不同的是标准差说明平均数的代表性，而估计标准误差说明回归直线（平均线）的代表性。

2. 产生误差的原因

实际值与估计值之间会产生误差，其原因有以下几方面。

（1）我们在研究现象变动时，不可能把影响现象变动的全部因素考虑在内。有的因素虽能发生作用，但当时尚不能认识；有的因素虽与研究对象有关，但在统计上不能度量，如心理因素。因此，在一元线性回归中，研究因变量的变动时，只考虑一个主要自变量变动对它的影响，而忽略了其他因素的影响，这就不可避免地会产生误差。

（2）误差的产生可能是所选的模式不够完善。

（3）误差的产生可能存在测量误差等。

（二）估计标准误差的计算

估计标准误差也称为估计标准差或估计标准误，是残差平方和的算术平均数的平方根，用 S_y 表示。其计算公式为

$$S_y = \sqrt{\frac{\sum_{i=1}^{n} e_i^2}{n-m}}$$

式中　S_y——估计标准误差；

　　　e_i——估计残差（实际值与估计值之差）；

　　　n——样本容量；

　　　m——回归模型中待定参数的个数。

$$\sum_{i=1}^{n} e_i^2 = \sum_{i=1}^{n}(y_i - y_c)^2 = \sum_{i=1}^{n}(y_i - a - bx_i)^2$$

残差的平方和可以反映出实际值与回归直线的离散程度。而计算其平均数，可以消除求和项数对残差平方和的影响。因而，在此基础上计算出的估计标准误差更能反映出实际值与回归直线的平均离散程度。估计标准差是一项误差分析指标，用于判断回归模型拟合的优劣程度。

上式计算估计标准差较烦琐，可以采用简捷方法计算估计标准差。其简捷计算公式为

$$S_y = \sqrt{\frac{\sum_{i=1}^{n} y_i^2 - a\sum_{i=1}^{n} y_i - b\sum_{i=1}^{n} x_i y_i}{n-m}}$$

【例 8-5】　仍用表 8-6 的资料计算如下。

$$S_y = \sqrt{\frac{\sum_{i=1}^{n} y_i^2 - a\sum_{i=1}^{n} y_i - b\sum_{i=1}^{n} x_i y_i}{n-m}}$$
$$= \sqrt{\frac{117008 - 3.2922\times1148 - 0.9801\times115515}{12-2}}$$
$$= 1.1$$

计算结果表明，虽然出口总额的实际值与估计值的离差有大有小，但平均来说是 1.1。

S_y 越大，实际值与回归直线的离散程度越大；反之，S_y 越小，实际值与回归直线的离散程度越小。一般要求 $\frac{S_y}{\bar{y}} < 15\%$。

运用上述两种公式计算出的估计标准差从理论上说应该是相等的，但在实际计算过程中，由于回归方程的待定系数 a 和 b 也是利用公式计算出来的，在计算的过程中通常会涉及四舍五入的情况，从而导致两种计算公式的结果不一致。但其偏差往往很小，不会影响对问题的分析。

（三）估计标准误差的作用

（1）用以反映回归直线的代表性高低。估计标准误差值越小，说明估计值准确程度越高，实际值与估计值的离差越小，相关点与回归直线的离散程度越小，回归直线的代表性越好。反之，估计标准误差值越大，则回归直线的代表性越差。

（2）说明变量之间相关关系的密切程度。一般说来，估计标准误差数值越小，说明剩余变差值小，表明回归直线相关变量间关系密切。反之，估计标准误差数值越大，则说明变量间关系不密切，直至变量间无相关。

（3）可以用于在一定的概率保证下进行区间估计。这在后面讲。

（四）估计标准误差与相关指数（相关系数）的关系

估计标准误差和相关指数可从不同的角度表述变量之间相关关系的密切程度，两者之间的关系又如何呢？

当 n 较大时，可设 $n-2 \approx n$，则有

$$\sum (y - y_c)^2 = ns^2$$

由此可得

$$R = \sqrt{1 - \frac{\sum (y - y_c)^2}{\sum (y - \overline{y})^2}} = \sqrt{1 - \frac{S_y^2}{\sigma_y^2}}$$

或

$$S_y = \sigma_y \sqrt{1 - R^2}$$

在直线相关时，$R=|r|$。从上述关系式可以看出，R（或 r）值越大，则 S_y 越小，说明两变量间相关程度越高，回归线的代表性越好。两者在说明变量间相关关系的密切程度时，其评价数值方向正好相反，若 $S_y=0$，则 $R=1$，说明变量间完全相关；当 $R=0$，则 $S_y = \sigma_y$，说明变量间无相关。

五、一元线性回归预测

如果总体变量之间存在线性相关关系，并且样本回归方程也通过了各项检验，即一元线性回归模型通过上述检验，若其精度较好，拟合度优，这样我们就可以利用样本回归方程和估计标准误差对总体进行推断预测。具体预测又有点值预测和区间预测之分。若以 x_0 为自变量 x 的取定值，相应的因变量实际值为 y_0，代入

$$y_c = a + bx_0$$

求得 y_c 作为 y_0 的预测值，这种预测称为点值预测。

点值预测反映了因变量的可能具体值，反映了变量间的近似趋势关系。但由于变量间是相关关系，由于随机因素的存在，故点预测值不够准确，其实际应用时局限性较大。但点值预测是区间预测的基础。

由于实际计算中不可避免要出现误差，因而预测值应该是在一定的范围之内的一个数值，而不是一个确定值。因此，除了测算一个数值点外，还应测算预测值可能产生的范围，即测算其置信区间。区间预测则是在一定的概率下，给出总体因变量 Y_0 的一个取值范围。有关统计理论已经证明，在小样本的条件下，根据给定的 x_0，总体因变量 Y_0 在置信水平 $1-\alpha$ 下的置信区间为

$$Y_0 = y_0 \pm t_{\alpha/2(n-1)} \cdot \sigma_r \sqrt{1 + \frac{1}{n} + \frac{(x_0 - \overline{x})^2}{\sum (x - \overline{x})^2}}$$

从置信区间的计算公式可以看出，总体因变量 Y_0 预测区间的一个重要特点，即当给定的 x_0 值越接近其算术平均数值时，$\dfrac{(x_0 - \overline{x})^2}{\sum (x - \overline{x})^2}$（因子）就越小，则预测区间就越小（当 x_0 值等于其算术平均数值时，因子值等于零，这时的预测区间最小）；当 x_0 值离平均值越远，因子值就越大，则预测区间就越大。在一定置信水平下的预测区间的形状可用图形直观地表示出来，如图 8-6 所示。

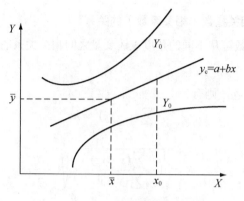

图 8-6 Y_0 的置信区间

从图 8-6 可以看出，y_0 的预测区间的上、下限都是对称地落在样本回归线 $y_c=a+bx$ 的两侧，呈喇叭形。显然 x_0 是可以在一定范围内任意给定的，如果给定的 x_0 是在样本点 x_1，x_2，…，x_n 以内，其预测过程称为内插；如果给定的 x_0 是在样本点以外，则其预测过程就称为外推预测。当 x_0 与样本平均值距离较远时，样本回归线的预测能力下降，取得的结果也较不可靠。其原因在于，所构造的模型仅仅反映样本的状况，对总体只是一种近似描述。如果所要预测的特定值离样本点很远，显然原来的样本已不能近似反映，则根据由原来的样本拟合的回归方程来预测其可信程度必然下降。所以，在利用回归方程进行预测时，一般局限于原来观察数据的变动范围，不得随意外推，尤其是远距离地外推，除非有充分的依据证明样本回归方程仍然具有代表性。

另外，当样本容量 n 很大时，一般 $n>30$，并且 x_0 相对地接近其平均值时，在总体方差未知的条件下，可以用 S_y 作为总体方差的估计值，这时 y_0 的预测置信区间可简化为

$$Y_0 = y_0 \pm z_{\alpha/2} \cdot S_y$$

其中 $z_{\alpha/2}$ 是在给定置信概率 $1-\alpha$ 时的正态分布的概率度。

【例 8-6】 某地居民年平均消费水平和食品类销售额统计资料见表 8-7 第 2、3 列所示，根据表中资料分析居民平均消费水平与食品类销售额的关系，并预测居民年平均消费水平达到 213 万元时的食品类销售额。

解：第一，建立回归模型。令居民平均消费水平为 x，食品类销售额为 y。设

$$y_c = a + bx$$

第二，计算参数 a 和 b 的值。依据表 8-7 资料计算可得

$$b = \frac{\sum_{i=1}^{n} x_i y_i - \frac{1}{n}\sum_{i=1}^{n} x_i \sum_{i=1}^{n} y_i}{\sum_{i=1}^{n} x_i^2 - \frac{1}{n}(\sum_{i=1}^{n} x_i)^2} = \frac{116557 - 1114 \times 929 \times \frac{1}{10}}{140582 - (1114)^2 \times \frac{1}{10}} = 0.7927$$

$$a = \frac{1}{n}\sum_{i=1}^{n} y_i - b\frac{1}{n}\sum_{i=1}^{n} x_i = \frac{929}{10} - 0.7927 \times \frac{1}{10} \times 1114 = 4.593$$

表 8-7　　　　　　　　　某地食品类销售额依居民消费水平回归方程计算表

年份	居民平均消费水平 x_i （万元）	食品类销售额 y_i （万元）	x_iy_i	x_i^2	y_i^2
2003	64	56	3584	4096	3136
2004	70	60	4200	4900	3600
2005	77	66	5082	5929	4356
2006	82	70	5740	6724	4900
2007	92	78	7176	8464	6084
2008	107	88	9416	11449	7744
2009	125	102	12750	15625	10404
2010	143	118	16874	20449	13924
2011	165	136	22440	27225	18496
2012	189	155	29295	35721	24025
合计	1114	929	116557	140582	96669

由此，可得一元线性回归方程：

$$y_c = 4.593 + 0.7927x$$

第三，进行相关性检验。

（1）计算相关系数：

$$r = \frac{n\sum xy - \sum x \sum y}{\sqrt{n\sum x^2 - (\sum x)^2}\sqrt{n\sum y^2 - (\sum y)^2}}$$

$$= \frac{10 \times 116557 - 1114 \times 929}{\sqrt{10 \times 140582 - 1114^2} \times \sqrt{10 \times 96669 - 929^2}} = 0.9997$$

可见，y 与 x 具有高度线性相关。

（2）估计标准误差检验：

$$S_y = \sqrt{\frac{\sum_{i=1}^{n} y_i^2 - a\sum_{i=1}^{n} y_i - b\sum_{i=1}^{n} x_iy_i}{n-m}}$$

$$= \sqrt{\frac{96669 - 4.593 \times 929 - 0.7927 \times 116557}{10 - 2}} = 0.9598$$

$$\bar{y} = 92.9$$

$$\frac{S_y}{\bar{y}} = \frac{0.9598}{92.9} = 0.0103 = 1.03\% < 15\%$$

由此可判断出 y 与 x 的线性相关是较强的。

第四，预测当居民平均消费水平达到 213 万元时，食品类销售额是多少。

将 $x = 213$ （万元）代入 $y_c = 4.593 + 0.7927x$，得

$$y_c = 4.593 + 0.7927 \times 213 = 173.438 \text{（万元）}$$

若其可靠度为 95%，则其置信区间为（173.438－1.96×0.9598，173.438＋1.96×0.9598），即置信区间为（171.56，175.32），下一年食品类销售额的预测范围在 171.56 万～175.32 万元之间。

第三节 多元线性回归

一元线性回归分析所反映的是一个自变量与一个因变量之间的关系。但在现实生活中，某一社会经济现象的变化通常是受多项因素变动影响的。例如，企业的年销售额要受销售数量、销售单价、市场供求状况、广告投入等多种因素的影响。对于错综复杂联系的客观事物来说，影响因变量变动的自变量往往不是一个而是多个，在多个自变量中，有的起主导作用，有的起非主导作用，仅仅考虑单个变量是不够的，因此需要把一个因变量和多个自变量联系起来进行分析。这种预测对象受多个因素影响的社会经济现象就需要采用多元线性回归分析来解释变量之间的关系。这就需要建立多元回归模型才能反映变量间的变化规律。多元线性回归分析是利用回归分析的原理，寻找因变量与多个自变量之间的变化规律，以建立回归模型，并利用所建立的回归模型进行预测。多元回归分析可分为线性和非线性两种，这里仅以二元线性回归为例来说明多元线性回归分析的原理与方法。

一、多元线性回归方程

研究在线性相关条件下，两个和两个以上自变量对一个因变量的数量变化关系，称为多元线性回归，表现这个数量关系的数学公式，称为多元线性回归方程或多元线性回归模型。多元线性回归模型是一元线性回归模型的扩展，在计算上比较复杂，但其基本原理与一元线性回归模型类似。根据样本资料确定的多元线性回归方程的一般表达式为

$$y_c = a + b_1 x_1 + b_2 x_2 + \cdots + b_n x_n$$

为了说明方便起见，在多个自变量中，我们确定两个影响较大的自变量 x_1 与 x_2，则二元线性回归方程为

$$y_c = a + b_1 x_1 + b_2 x_2$$

式中，y_c 为回归估计值，a 为常数项，b_1、b_2 分别为 y 对 x_1、x_2 的回归系数。在多元回归方程中，y 对某一自变量的回归系数，是指当其他自变量都固定时，该自变量变化一个单位而使 y 平均改变的数值，也通称之为偏回归系数。

和研究一元线性回归一样，也可根据最小二乘法推导出二元线性回归方程的参数 a、b_1、b_2 的值。依据最小二乘法，要使实际值与对应估计值之间的残差平方和（$Q = \sum\limits_{i=1}^{n} e_i^2$）最小，参数 a、b_1、b_2 应满足的条件是

$$\begin{cases} \dfrac{\partial Q}{\partial a} = 2\sum\limits_{i=1}^{n}(y_i - a - b_1 x_{1i} - b_2 x_{2i}) = 0 \\[2mm] \dfrac{\partial Q}{\partial b_1} = 2\sum\limits_{i=1}^{n}(y_i - a - b_1 x_{1i} - b_2 x_{2i})(-x_{1i}) = 0 \\[2mm] \dfrac{\partial Q}{\partial b_2} = 2\sum\limits_{i=1}^{n}(y_i - a - b_1 x_{1i} - b_2 x_{2i})(-x_{2i}) = 0 \end{cases}$$

将上式整理，可得到关于 a、b_1、b_2 的正规方程组：

$$\begin{cases} \sum_{i=1}^{n} y_i = na + b_1 \sum_{i=1}^{n} x_{1i} + b_2 \sum_{i=1}^{n} x_{2i} \\ \sum_{i=1}^{n} x_{1i} y_i = a \sum_{i=1}^{n} x_{1i} + b_1 \sum_{i=1}^{n} x_{1i}^2 + b_2 \sum_{i=1}^{n} x_{1i} x_{2i} \\ \sum_{i=1}^{n} x_{2i} y_i = a \sum_{i=1}^{n} x_{2i} + b_1 \sum_{i=1}^{n} x_{1i} x_{2i} + b_2 \sum_{i=1}^{n} x_{2i}^2 \end{cases}$$

解此联立方程组，即可得到 a、b_1、b_2。

【例 8-7】 某企业生产某产品的成本费用（万元）与劳动量（千工时）及原材料价格（万元/吨）有密切关系，表 8-8 列出了 2012 年 1 月至 2013 年 6 月的相关资料。

表 8-8 　二元线性回归计算表

时间	成本 y	劳动量 x_1	价格 x_2	$x_1 y$	$x_2 y$	$x_1 x_2$	x_1^2	x_2^2	y^2
2012 年 1 月	6.06	3.66	2.37	22.1796	14.3622	8.6742	13.395	5.6169	36.7236
2 月	8.63	1.75	3.36	15.1025	28.9968	5.8800	3.0625	11.289	74.4769
3 月	8.39	2.45	3.26	20.5555	27.3514	7.9870	6.0025	10.627	70.3921
4 月	6.46	1.02	2.51	6.5892	16.2146	2.5602	1.0404	6.3001	41.7316
5 月	3.23	1.25	2.03	4.0375	6.5569	2.5375	1.5625	4.1209	10.4329
6 月	2.98	0.83	1.18	2.4734	3.5164	0.9794	0.6889	1.3924	8.8804
7 月	3.24	1.07	1.27	3.4668	4.1148	1.3589	1.1449	1.6129	10.4976
8 月	5.88	2.17	2.19	12.7596	12.8772	4.7523	4.7089	4.7961	34.5744
9 月	9.31	2.29	3.37	21.3199	31.3747	7.7173	5.2441	11.357	86.6761
10 月	6.85	1.99	2.68	13.6315	18.3580	5.3332	3.9601	7.1824	46.9225
11 月	7.59	2.97	2.82	22.5423	21.4038	8.3754	8.8209	7.9524	57.6081
2013 年 1 月	0.12	0.01	0.74	0.0012	0.0888	0.0074	0.0001	0.5476	0.0144
2 月	3.67	1.72	1.86	6.3124	6.8262	3.1992	2.9584	3.4596	13.4689
3 月	4.30	1.88	1.50	8.0840	6.4500	2.8200	3.5344	2.2500	18.4900
4 月	3.72	1.72	1.35	6.3984	5.0220	2.3220	2.9584	1.8225	13.8384
5 月	5.73	2.61	1.88	14.9553	10.7724	4.9068	6.8121	3.5344	32.8329
6 月	1.35	0.57	0.46	0.7695	0.6210	0.2622	0.3249	0.2116	1.8225
	4.50	1.95	1.54	8.7750	6.9300	3.0030	3.8025	2.3716	20.2500
合计	92.01	31.91	36.37	189.9536	221.8372	72.6760	70.0221	86.4455	579.6333

由 表 8-8 可 得 $\sum y$=92.01 ， $\sum x_1$=31.91 ， $\sum x_2$=36.37 ， $\sum x_1 y$=189.9536 ， $\sum x_2 y$=221.8372 ， $\sum x_1 x_2$=72.6760 ， $\sum x_1^2$=70.0221 ， $\sum x_2^2$=86.4455 ， $\sum y^2$=579.6333 。

将上述数据代入标准方程组得

$$\begin{cases} 92.01 = 18a + 31.91b_1 + 36.37b_2 \\ 189.9536 = 31.91a + 70.0221b_1 + 72.676b_2 \\ 221.8372 = 36.37a + 72.676b_1 + 86.4455b_2 \end{cases}$$

计算可得 a=-0.7358，b_1=0.4968，b_2=2.4581

于是二元线性回归方程为

$$y_c = -0.7358 + 0.4968x_1 + 2.4581x_2$$

上述回归方程表明，在原材料价格不变的条件下，当劳动量每增加 1 千工时，成本将增加 0.4968 万元；在劳动量不变的条件下，当原材料价格每吨提高 1 万元时，成本将增加 2.4581 万元。

二、复相关系数

同一元相关与回归分析一样，多元线性回归方程虽然表明了一个因变量和几个自变量之间关系的性质和具体表现形式，但不能表明关系的紧密程度，更不能区别不同自变量对因变量影响的重要程度。

在拟合多元回归方程时，考虑到分析和计算的复杂性，自变量个数应尽量地少，但同时要考虑到影响因变量变动的自变量很多，这就需要有个选择的问题。我们当然希望选择那些同因变量关系最密切的自变量来配合多元回归方程。这种选择判断，一方面可以借助专业知识和理论分析来进行，另一方面更要借助统计本身的方法——相关系数的比较来完成。在一元相关与回归分析中，我们是用相关系数来判定变量间紧密程度的，在多元相关与回归分析中，则可采用复相关系数。

在多元线性相关分析中，以样本资料为依据所计算的反映所有自变量对因变量综合影响程度的相关系数称为样本复相关系数，简称复相关系数。在二元线性回归分析的实例中，复相关系数就是表明劳动量和原材料价格二者共同与成本费用间关系的紧密程度。

在多元回归分析中，仍然存在着如下的关系：总变差=回归变差+剩余变差。即

$$\sum (y-\overline{y})^2 = \sum (y_c-\overline{y})^2 + \sum (y-y_c)^2$$

将回归变差和总变差对比所得的指标称为多元判定系数，即

$$R^2 = \frac{\sum (y_c-\overline{y})^2}{\sum (y-\overline{y})^2} = 1 - \frac{\sum (y-y_c)^2}{\sum (y-\overline{y})^2}$$

它的平方根就是复相关系，即 $R = \pm\sqrt{\dfrac{\sum (y_c-\overline{y})^2}{\sum (y-\overline{y})^2}} = \pm\sqrt{1-\dfrac{\sum (y-y_c)^2}{\sum (y-\overline{y})^2}}$

复相关系数表明的是各自变量的综合影响，这些自变量与因变量的关系可能有的是正相关，有的是负相关，但复相关系数只取正值，即有

$$R = \sqrt{\frac{\sum_{i=1}^{n}(y_c-\overline{y})^2}{\sum_{i=1}^{n}(y_i-\overline{y})^2}} = \sqrt{1-\frac{\sum_{i=1}^{n}(y_i-y_c)^2}{\sum_{i=1}^{n}(y_i-\overline{y}_i)^2}} \qquad 0 < r_{y\,(12)} < 1$$

由于计算很烦琐，如果多元回归方程已经求出，则复相关系数可按下式计算：

$$R = \sqrt{1-\frac{\sum_{i=1}^{n}y_i^{2} - a\sum_{i=1}^{n}y_i - b_1\sum_{i=1}^{n}x_{1i}y_i - b_2\sum_{i=1}^{n}x_{2i}y_i}{\sum_{i=1}^{n}y_i^{2} - n(\overline{y}_i)^2}}$$

这个公式适用于二元回归分析。

复相关系数的取值范围为 $0 \leqslant R \leqslant 1$。复相关系数为 1，表明因变量与自变量之间存在严密的线

性关系；复相关系数为 0，则表明因变量与自变量之间不存在任何线性相关关系。一般情况下，复相关系数的取值在 0 和 1 之间，表明变量之间存在一定程度的线性相关关系。

【例 8-8】 下面根据表 8-8 的资料及有关计算结果来说明复相关系数的计算。

$$R = \sqrt{1 - \frac{\sum_{i=1}^{n} y_i^2 - a\sum_{i=1}^{n} y_i - b_1\sum_{i=1}^{n} x_{1i}y_i - b_2\sum_{i=1}^{n} x_{2i}y_i}{\sum_{i=1}^{n} y_i^2 - n(\overline{y_i})^2}}$$

$$= \sqrt{1 - \frac{579.6333 - (-0.7358) \times 92.01 - 0.4968 \times 189.9536 - 2.4581 \times 221.8372}{579.6333 - 18 \times (92.01/18)^2}}$$

$$=0.9643$$

由以上计算结果可见，该产品的劳动量和原材料价格与成本的相关关系是十分紧密的。但应注意：这是样本复相关系数，能否作为总体复相关系数判定依据，仍需通过检验，在此从略。

三、估计标准误差和区间预测

二元线性回归模型的估计标准误差是在给定 x_1、x_2 时 y 的实际值同估计值的平均离差，其一般计算公式为

$$S_y = \sqrt{\frac{\sum_{i=1}^{n}(y_i - y_c)^2}{n-m}}$$

这里，自由度为 $n-3$，因为二元回归模型有 3 个参数，故求解回归方程时要损失 3 个自由度。用上式计算有时比较烦琐，可用下列简捷公式：

$$S_y = \sqrt{\frac{\sum_{i=1}^{n} y_i^2 - a\sum_{i=1}^{n} y_i - b_1\sum_{i=1}^{n} x_{1i}y_1 - b_2\sum_{i=1}^{n} x_{2i}y_i}{n-m}}$$

【例 8-9】 根据表 8-8 的资料计算估计标准误差。

$$S_y = \sqrt{\frac{\sum_{i=1}^{n} y_i^2 - a\sum_{i=1}^{n} y_i - b_1\sum_{i=1}^{n} x_{1i}y_1 - b_2\sum_{i=1}^{n} x_{2i}y_i}{n-m}}$$

$$= \sqrt{\frac{579.6333 - (-0.7358) \times 92.01 - 0.4968 \times 189.9536 - 2.4581 \times 221.8372}{18-3}}$$

$$= \sqrt{\frac{7.667}{18-3}} = 0.7149$$

说明建立的二元线性回归方程拟合度较好。

同一元线性回归一样，当给定自变量 x_1、x_2 数值时，便可以估计标准误差为尺度对因变量进行

区间预测。在大样本条件下，因变量的预测区间为：$y_c \pm t S_y$，在小样本条件下，因变量的预测区间为

$$y_c \pm t_{n-1} S_y$$

【例 8-10】 以例 8-7 建立的二元线性回归方程预测当劳动量为 2 千工时，原材料价格为 2 万元/吨时，计算成本费用。

解： 将 $x_1 = 2, x_2 = 2$ 代入二元线性回归方程 $y_c = -0.7358 + 0.4968 x_1 + 2.4581 x_2$，得

$$y_c = -0.7358 + 0.4968 \times 2 + 2.4581 \times 2 = 5.174 \text{（万元）}。$$

若其置信度为 95%（$t = 1.96$），则其置信区间为（$5.174 - 1.96 \times 0.7149$，$5.174 + 1.96 \times 0.7149$），即当劳动量为 2 千工时，原材料价格为 2 万元/吨时，商品需求量预测值在 3.7728 万元至 6.5752 万元之间。

第四节 非线性回归

一、非线性回归的意义

在实际问题中，纯粹的线性相关是比较少见的，而大量存在的是非线性相关，由于它们常在其变量的一定区间内近似线性，所以可按线性相关对待。但如果实际资料通过相关图分析表现出明显的非线性趋势时，若再勉强拟合直线，就将出现较大的误差，其相关系数的绝对值也会较小，从而降低甚至丧失进行相关与回归分析的价值。因此，在这种情况下，应选择恰当的曲线方程加以拟合。

在前面已经讲过，对非线性相关的两变量间相关关系密切程度的说明，可以采用相关指数来进行，其公式为 $R = \pm \sqrt{\dfrac{\sum (y_c - \overline{y})^2}{\sum (y - \overline{y})^2}} = \pm \sqrt{1 - \dfrac{\sum (y - y_c)^2}{\sum (\overline{y} - y)^2}}$

由于非线性相关不分正负，所以 R 的取值范围在 0 到 1 之间，即 $0 < R < 1$。

对非线性相关与回归的分析，主要方法是将非线性相关变换成线性相关问题，然后应用线性相关与回归分析的方法拟合曲线方程并进行估计。非线性回归根据相关变量的多少可分为一元非线性回归与多元非线性回归。

二、指数曲线回归

指数曲线回归方程为

$$y_c = a b^x$$

式中：a、b 为参数，当 $b > 1$ 时，曲线随 x 值的增加而弯曲上升，当 $0 < b < 1$ 时，则曲线随 x 值的增长而弯曲下降。一般情况下，当自变量 x 变化时，因变量 y 按大致相同的增长率变化，两变量的变动关系就呈指数曲线形式，这种曲线在客观实际中广泛存在，例如，产值、产量等按一定比率增长，成本、原材料消耗等按一定比例降低。

通常将 y 值取对数 $\lg y$，并将观测资料绘制成图形，当资料近似于直线时，可选用指数曲线回归方程。

【例 8-11】 在分析研究推销员训练的天数和工作成绩的关系中，根据表 8-9 所列资料绘制成散点图 8-7 和图 8-8，可见成曲线形状；如将资料训练天数与成绩对数绘制成散点图，则接近于一直线。图 8-7 根据这一特点，可选用指数曲线方程来表示它们的关系。

表 8-9   训练天数和工作成绩指数曲线计算

序号	训练天数 x	工作成绩 y（分）	x^2	$y'=\lg y$	xy'	y_c
1	1	45	1	1.65321	1.65321	43.2097
2	1	40	1	1.60206	1.60206	43.2097
3	2	60	4	1.77815	3.55630	58.8790
4	2	62	4	1.79239	3.58487	58.8790
5	3	75	9	1.87506	5.62518	80.2305
6	3	81	9	1.90849	5.72547	80.2305
7	4	115	16	2.06070	8.24280	109.3248
8	5	150	25	2.17609	10.88045	148.9697
9	5	145	25	2.16137	10.80685	148.9697
10	5	148	25	2.17026	10.85130	148.9697
合计	31	921	119	19.17778	62.52849	—

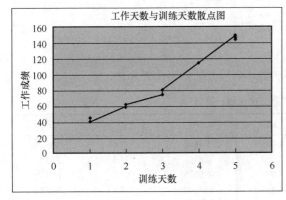

图 8-7　训练天数和工作成绩散点图

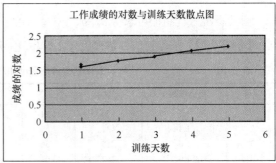

图 8-8　工作成绩的对数与训练天数散点图

将指数曲线方程 $y_c=ab^x$ 两边取对数得

$$\lg y_c = \lg a + (\lg b) x$$

并设 $y'=\lg y_c$，$A=\lg a$，$B=\lg b$，

则有 $y'=A+Bx$

这就把指数曲线方程化为直线方程，然后用拟合直线的方法求 A、B 之值，再求反对数，得 a、b 的值，于是就有了所需的指数曲线方程。根据最小平方法，得标准方程组：

$$\begin{cases} \sum y' = nA + B\sum x \\ \sum xy' = A\sum x + B\sum x^2 \end{cases}$$

由表 8-9 资料代入计算可得

$A=1.5012$，$B=0.1344$

查反对数表得

a=31.71，b=1.3626

从而指数曲线方程为

$y_c=31.71\times1.3626^x$.

可以利用上述公式进行预测。同样为了表明推销员训练天数和工作成绩间的曲线相关的密切程度，可计算相关指数，计算结果接近于1，说明配合的指数曲线方程很合理。

三、二次曲线回归

二次曲线回归方程为

$$y_c = a+bx+cx^2$$

式中，a、b、c 为参数，当 $a>0$ 时，曲线开口向上，峰顶朝下；$a<0$ 时，曲线开口向下，峰顶朝上。二次曲线的图形为抛物线，若实际资料的散点图呈抛物线趋向时，便可配合二次曲线方程。求解参数 a、b、c 的方法仍然是最小平方法，其标准方程组为

$$\begin{cases} \sum y = na + b\sum x + c\sum x^2 \\ \sum xy = a\sum x + b\sum x^2 + c\sum x^3 \\ \sum x^2 y = a\sum x^2 + b\sum x^3 + c\sum x^4 \end{cases}$$

解此标准方程组即可求得 a、b、c。

【例 8-12】 某作物的种植密度（千株/亩）与产量（公斤）的资料见表 8-10。

表 8-10 某作物的种植密度和产量二次曲线计算表

序号	每亩株数 x	产量 y	x^2	x^3	x^4	xy	x^2y
1	1.1	170	1.21	1.331	1.4641	187.0	205.70
2	1.3	181	1.69	2.197	2.8561	235.3	305.89
3	1.6	250	2.56	4.096	6.5336	400.0	640.00
4	1.9	262	3.61	6.859	13.0321	497.8	945.82
5	2.0	246	4.00	8.000	16.0000	492.0	984.00
6	2.2	294	4.84	10.648	23.2456	646.8	1422.97
7	2.4	283	5.76	13.824	33.1776	679.2	1630.08
8	2.7	281	7.29	19.683	53.1441	758.7	2048.49
9	2.8	310	7.84	21.952	61.4656	868.0	2430.40
10	3.0	298	9.00	27.000	81.0000	894.0	2682.00
11	3.1	302	9.61	27.791	29.3521	936.2	2902.22
12	3.3	275	10.89	35.937	118.5921	907.5	2994.75
合计	27.4	3152	68.30	181.318	503.0430	7502.5	19192.31

根据表中资料如绘制散点图可以发现形状如抛物线，故可配合二次曲线方程。将有关数据代入标准方程组得

$$\begin{cases} 3152 = 12a + 27.4b + 68.3c \\ 7502.5 = 27.4a + 68.3b + 181.318c \\ 19129.31 = 68.3a + 181.318b + 503.043c \end{cases}$$

解之得 $a=-60.52$，$b=255.66$，$c=-45.781$

则二次曲线方程为

$$y_c=-60.52+255.66x-45.781x^2$$

为了表明作物种植密度与产量间关系的密切程度，也可计算相关指数。

四、双曲线回归

双曲线的回归方程为

$$y_c = a+b\frac{1}{x}$$

令 $x'=1/x$，则可化为直线方程式

$$y_c = a+bx'$$

以此便可采用最小平方法配合回归方程，求参数 a、b 的标准方程组为

$$\begin{cases} \sum y = na+b\sum x' \\ \sum x'y = a\sum x' + b\sum (x')^2 \end{cases}$$

【例 8-13】 某商店各期流通费率（%）和销售额（万元）资料见表 8-11。

表 8-11　　　　　　　　　　流通费率与销售额双曲线回归方程计算表

序号	销售额 x	流通费率 y	$x'=1/x$	$(x')^2$	$x'y$
1	9.5	6.0	0.105	0.01103	0.63
2	11.5	4.6	0.087	0.00756	0.40
3	13.5	4.0	0.074	0.00549	0.30
4	15.5	3.2	0.065	0.00416	0.21
5	17.5	2.8	0.057	0.00327	0.16
6	19.5	2.5	0.051	0.00263	0.13
7	21.5	2.4	0.047	0.00216	0.11
8	23.5	2.3	0.043	0.00181	0.10
9	25.5	2.2	0.039	0.00154	0.09
10	27.5	2.1	0.036	0.00132	0.08
合计	185.0	32.1	0.604	0.04097	2.21

如果将上述资料绘成散点图可以看出，销售额和流通费率之间呈现双曲线趋势，故可配合双曲线方程。将表 8-11 中资料代入标准方程组得

$$\begin{cases} 32.1 = 10a+0.604b \\ 2.21 = 0.604a+0.04097b \end{cases}$$

解之得 $a=-0.4377$，$b=60.4$

代入双曲线方程有

$$y_c = a+b\frac{1}{x} = -0.4377+\frac{60.4}{x}$$

同样可计算相关指数以判定两变量相关的密切程度并利用拟合的方程进行预测。

思考题

一、单项选择题

1. 当变量 x 按一定数值变化时，变量 y 也近似地按固定数值变化，这表明变量 x 和变量 y 之间存在着（ ）。

    A．完全相关关系   B．复相关关系

    C．直线相关关系   D．没有相关关系

2. 单位产品成本与其产量的相关；单位产品成本与单位产品原材料消耗量的相关（ ）。

    A．前者是正相关，后者是负相关   B．前者是负相关，后者是正相关

    C．两者都是正相关   D．两者都是负相关

3. 相关系数 r 的取值范围（ ）。

    A．$-\infty < r < +\infty$ B．$-1 \leqslant r \leqslant +1$ C．$-1 < r < +1$ D．$0 \leqslant r \leqslant +1$

4. 当所有观测值都落在回归直线 $y=a+bx$ 上，则 x 与 y 之间的相关系数（ ）。

    A．$r=0$ B．$r=1$ C．$r=-1$ D．$|r|=1$

5. 相关分析与回归分析，在是否需要确定自变量和因变量的问题上（ ）。

    A．前者无须确定，后者需要确定   B．前者需要确定，后者无须确定

    C．两者均需确定   D．两者都无须确定

6. 一元线性回归模型的参数有（ ）。

    A．一个   B．两个   C．三个   D．三个以上

7. 直线相关系数的绝对值接近 1 时，说明两变量相关关系的密切程度是（ ）。

    A．完全相关   B．微弱相关   C．无线性相关   D．高度相关

8. 年劳动生产率 x（千元）和工人工资 y（元）之间的回归方程为 $y=10+70x$，这意味着年劳动生产率每提高 1 千元时，工人工资平均（ ）。

    A．增加 70 元   B．减少 70 元   C．增加 80 元   D．减少 80 元

9. 在回归分析中，自变量同因变量地位不同，在变量 x 与 y 中，y 依 x 回归同 x 依 y 回归是（ ）。

    A．同一个问题

    B．有联系但意义不同的问题

    C．一般情况下是相同的问题

    D．是否相同，视两相关变量的具体内容而定

10. 下列现象的相关密切程度高的是（ ）。

    A．某商店的职工人数与商品销售额之间的相关系数为 0.87

    B．流通费用率与商业利润率之间的相关系数为-0.94

    C．商品销售额与商业利润率之间的相关系数为 0.51

D. 商品销售额与流通费用率之间的相关系数为-0.81

11. 下列关系中，属于正相关关系的有（　　　）。

　　A. 合理限度内，施肥量和平均亩产量之间的关系

　　B. 产品产量与单位产品成本之间的关系

　　C. 商品的流通费用与销售利润之间的关系

　　D. 流通费用率与商品销售量之间的关系

12. 直线相关分析与直线回归分析的联系表现为（　　　）。

　　A. 相关分析是回归分析的基础　　　　　　B. 回归分析是相关分析的基础

　　C. 相关分析是回归分析的深入　　　　　　D. 相关分析与回归分析互为条件

13. 如果估计标准误差 $S_y = 0$，则表明（　　　）。

　　A. 全部观测值和回归值都相等　　　　　　B. 回归值等于 y

　　C. 全部观测值与回归值的离差之和为零　　D. 全部观测值都落在回归直线上

14. 进行相关分析，要求相关的两个变量（　　　）。

　　A. 都是随机的　　　　　　　　　　　　　B. 一个是随机的，一个不是随机的

　　C. 都不是随机的　　　　　　　　　　　　D. 随机或不随机都可以

15. 相关关系的主要特征是（　　　）。

　　A. 某一现象的标志与另外的标志之间存在着确定的依存关系

　　B. 某一现象的标志与另外的标志之间存在着一定的关系，但它们不是确定的关系

　　C. 某一现象的标志与另外的标志之间存在着密切的依存关系

　　D. 某一现象的标志与另外的标志之间存在着函数关系

16. 相关分析是研究（　　　）。

　　A. 变量之间的数量关系　　　　　　　　　B. 变量之间的变动关系

　　C. 变量之间相互关系的密切程度　　　　　D. 变量之间的因果关系

17. 从变量之间相关的方向看，可分为（　　　）。

　　A. 正相关与负相关　　　　　　　　　　　B. 直线相关和曲线相关

　　C. 单相关与复相关　　　　　　　　　　　D. 完全相关和无相关

18. 现象之间相互依存关系的程度越低，则相关系数（　　　）。

　　A. 越接近于 0　　　　B. 越接近于-1　　　　C. 越接近于 1　　　　D. 越接近于 0.5

19. 当所有观察值都落在回归直线 $y = a + bx$ 上，则 x 与 y 之间的相关系数（　　　）。

　　A. $r = 0$　　　　　　B. $-1 < r < 1$　　　　C. $r = -1$　　　　D. $0 < r < 1$

20. 估计标准误差是反映（　　　）。

　　A. 平均数代表性的指标　　　　　　　　　B. 相关关系的指标

　　C. 回归直线的代表性指标　　　　　　　　D. 序时平均数代表性指标

21. 在回归直线 $y = a + bx$ 中，b 表示（　　　）。

　　A. 当 x 增加一个单位时，y 增加 a 的数量

  B. 当 y 增加一个单位时，x 增加 b 的数量

  C. 当 x 增加一个单位时，y 的平均增加量

  D. 当 y 增加一个单位时，x 的平均增加量

22. 当相关系数 $r=0$ 时，表明（ ）。

  A. 现象之间完全无关   B. 相关程度较小

  C. 现象之间完全相关   D. 无直线相关关系

23. r 值越接近于-1，表明两变量间（ ）。

  A. 没有相关关系   B. 线性相关关系越弱

  C. 负相关关系越强   D. 负相关关系越弱

24. 回归直线和相关系数的符号是一致的，其符号均可用来判断现象是（ ）。

  A. 正相关还是负相关   B. 线性相关还是非线性相关

  C. 单相关还是复相关   D. 完全相关还是不完全相关

25. 下列直线回归方程中，肯定错误的是（ ）。

  A. $y=2+3x$，$r=0.88$ B. $y=4+5x$，$r=0.55$

  C. $y=-10+5x$，$r=-0.90$ D. $y=-100-0.90x$，$r=-0.83$

26. 正相关的特点是（ ）。

  A. 当自变量的值变动时，因变量的值也随之变动

  B. 当自变量的值增加时，因变量的值随之而有增加的趋势

  C. 当自变量的值增加时，因变量的值随之而有减少的趋势

  D. 当自变量的值变动时，因变量的值也随之发生大致均等的变动

27. 在回归分析中，要求对应的两个变量（ ）。

  A. 都是随机变量   B. 是对等关系

  C. 不是对等关系   D. 都不是随机变量

28. 计算估计标准误差的依据是（ ）。

  A. 因变量的数列   B. 因变量的总变差

  C. 因变量的回归变差   D. 因变量的剩余变差

29. 两个变量间的相关关系称为（ ）。

  A. 单相关   B. 复相关   C. 无相关   D. 负相关

30. 某校经济管理类的学生学习"统计学"的时间（x）与考试成绩（y）之间建立线性回归方程 $y=a+bx$。经计算，方程为 $y=20-0.8x$，该方程参数的计算（ ）。

  A. a 值是明显不对的   B. b 值是明显不对的

  C. a 值和 b 值都是不对的   D. a 值和 b 值都是正确的

二、多项选择题

1. 相关关系与函数关系各有不同特点，主要体现在（   ）。

  A. 相关关系是一种不严格的互相依存关系

B. 函数关系可以用一个数学表达式精确表达

C. 函数关系中各现象均为确定性现象

D. 相关关系是现象之间具有随机因素影响的依存关系

2. 在直线相关和回归分析中（　　　　　）。

A. 据同一资料，相关系数只能计算一个

B. 据同一资料，相关系数可以计算两个

C. 据同一资料，回归方程只能拟合一个

D. 据同一资料，回归方程随自变量与因变量的确定不同，可能拟合两个

3. 相关系数 r 的数值（　　　　　）。

A. 可为正值　　　　　　B. 可为负值　　　　C. 可大于 1　　　　D. 可等于-1

4. 相关系数 $r=0.9$，这表明现象之间存在着（　　　　　）。

A. 高度相关关系　　　　　　　　　　B. 低度相关关系

C. 高度负相关关系　　　　　　　　　D. 高度正相关关系

5. 估计标准差是反映（　　　　　）。

A. 自变量数列的离散程度的指标　　　　B. 因变量数列的离散程度的指标

C. 因变量估计值可靠程度的指标　　　　D. 回归方程的代表性的指标

6. 回归分析的特点有（　　　　　）。

A. 两个变量具有非对等的关系　　　　B. 因变量是随机的，自变量是可控的

C. 两个变量具有对等关系　　　　　　D. 因变量和自变量都是随机的

7. 直线相关分析的特点有（　　　　　）。

A. 两个变量是对等关系

B. 只能算出一个相关系数

C. 相关系数有正负号，表示正相关或负相关

D. 相关的两个变量必须都是随机的

8. 从变量之间相互关系的表现形式看，相关关系可分为（　　　　　）。

A. 正相关　　　　　　B. 负相关　　　　　C. 直线相关　　　　D. 曲线相关

9. 在回归方程中，回归系数（　　　　　）。

A. 说明自变量与因变量的变动比例关系

B. 表示自变量与因变量变动的密切程度

C. 既说明自变量与因变量的变动比例关系，又表示其变动的密切程度

D. 数值大小取决于变量所用计量单位的大小

10. 关于一元线性回归型的判定系数的说法中，正确的有（　　　　　）。

A. R^2 是回归平方和与总平方和的比值

B. $R^2=0$，说明变量间不存在线性依存关系

C. $R^2=1$，说明变量间不存在线性依存关系

D. R^2 越接近于 1，说明回归方程拟合优度越高

三、判断题

1. 相关关系和函数关系都属于完全确定性的依存关系。（　　　）

2. 如果两个变量的变动方向一致，同时呈上升或下降趋势，则二者是正相关关系。（　　　）

3. 假定变量 x 与 y 的相关系数是 0.8，变量 m 与 n 的相关系数为-0.9，则 x 与 y 的相关密切程度高。（　　　）

4. 当直线相关系数 $r=0$ 时，说明变量之间不存在任何直线相关关系。（　　　）

5. 相关系数 r 有正负、有大小，因而它反映的是两现象之间具体的数量变动关系。（　　　）

6. 在进行相关和回归分析时，必须以定性分析为前提，判定现象之间有无关系及其作用范围。（　　　）

7. 回归系数 b 的符号与相关系数 r 的符号，可以相同也可以不相同。（　　　）

8. 在直线回归分析中，两个变量是对等的，不需要区分因变量和自变量。（　　　）

9. 相关系数 r 越大，则估计标准误差 S_y 值越大，从而直线回归方程的精确性越低。（　　　）

10. 进行相关与回归分析应注意对相关系数和回归直线方程的有效性进行检验。（　　　）

11. 估计标准误差是以回归直线为中心反映各观察值与估计值平均数之间离差程度的大小。（　　　）

12. 正相关指的就是两个变量之间的变动方向都是上升的。（　　　）

13. 负相关指的是两个变量变化趋势相反，一个上升而另一个下降。（　　　）

14. 相关系数是测定变量之间相关密切程度的唯一方法。（　　　）

15. 回归分析和相关分析一样，所分析的两个变量都一定是随机变量。（　　　）

16. 回归分析中，对于没有明显因果关系的两个变量可以求得两个回归方程。（　　　）

17. 当回归系数大于零时，变量则为正相关，回归系数小于零时，则负相关。（　　　）

18. 相关的两个变量，只能算出一个相关系数。（　　　）

19. 计算回归方程时，要求因变量是随机的，而自变量不是随机的，是给定的数值。（　　　）

20. 一种回归直线只能作一种推算，不能反过来进行另一种推算。（　　　）

四、名词解释题

1. 相关关系　　　2. 相关系数　　　3. 回归分析

4. 回归系数　　　5. 估计标准误差

五、简答题

1. 相关分析的主要内容包括哪些？

2. 简述相关关系的种类。

3. 简述回归分析的主要内容。

4. 相关关系与函数关系有什么区别？

5. 简述回归分析与相关分析的区别与联系。

6. 什么是估计标准误差？其作用是什么？

六、计算分析题

1. 已知：$n=8$，$\sum x = 17.5$，$\sum y = 49.88$，$\sum xy = 128.59$，

$\sum x^2 = 50.75$，$\sum y^2 = 350.11$。

要求：

（1）计算两个变量间的相关系数；

（2）建立直线回归方程；

（3）计算估计标准误差。

2. 某企业产量和成本资料见表 8-12。

表 8-12

月份	产量（kg）	单位成本（元）
1	2	73
2	3	72
3	4	70
4	3	73
5	4	69
6	5	68
合计	21	425

要求：

（1）计算相关系数；

（2）建立单位成本（y）对产量（x）的回归直线方程；

（3）说明回归系数 b 的意义。

3. 8 个企业的可比产品成本降低率和销售利润的资料见表 8-13。

表 8-13

序号	降低率（%）	利润（万元）
1	2.1	4.1
2	2.0	4.5
3	3.0	8.1
4	3.2	10.5
5	4.5	25.4
6	4.3	25.0
7	5.0	35.0
8	3.9	23.4

要求：

（1）计算相关系数 r；

（2）建立直线回归方程；

（3）计算估计标准误差 S_y。

4. 某地教育经费（X）与在校学生数（Y）连续 6 年的统计资料见表 8-14。

表 8-14

教育经费（万元）	在校学生数（千人）
3160	11
3430	15
3730	18
3920	20
4180	22
4550	25

要求：

（1）计算相关系数；

（2）建立直线回归方程；

（3）计算估计标准误差。

累计法平均增长速度查对表

递增速度 间隔期：1~5 年

平均年增长（%）	各年发展水平总和为基期的百分比（%）				
	1 年	2 年	3 年	4 年	5 年
0.1	100.10	200.30	300.60	401.00	501.50
0.2	100.20	200.60	301.20	402.00	503.00
0.3	100.30	200.90	301.80	403.00	504.50
0.4	100.40	201.20	302.40	404.00	506.01
0.5	100.50	201.50	303.01	405.03	507.56
0.6	100.60	201.80	303.61	406.03	509.06
0.7	100.70	202.10	304.21	407.03	510.57
0.8	100.80	202.41	304.83	408.07	512.14
0.9	100.90	202.71	305.44	409.09	513.67
1.0	101.00	203.01	306.04	410.10	515.20
1.1	101.10	203.31	306.64	411.11	516.73
1.2	101.20	203.61	307.25	412.13	518.27
1.3	101.30	203.92	307.87	413.17	519.84
1.4	101.40	204.22	308.48	414.20	521.40
1.5	101.50	204.52	309.09	415.23	522.96
1.6	101.60	204.83	309.71	416.27	524.53
1.7	101.70	205.13	310.32	417.30	526.10
1.8	101.80	205.43	310.93	418.33	527.66
1.9	101.90	205.74	311.55	419.37	529.24
2.0	102.00	206.04	312.16	420.40	530.80
2.1	102.10	206.34	312.77	421.44	532.39
2.2	102.20	206.65	313.40	422.50	534.00
2.3	102.30	206.95	314.01	423.53	535.57
2.4	102.40	207.26	314.64	424.60	537.20
2.5	102.50	207.56	315.25	425.63	538.77
2.6	102.60	207.87	315.88	426.70	540.40
2.7	102.70	208.17	316.49	427.73	541.97
2.8	102.80	208.48	317.12	428.80	543.61
2.9	102.90	208.78	317.73	429.84	545.20
3.0	103.00	209.09	318.36	430.91	546.84
3.1	103.10	209.40	319.00	432.00	548.50

续表

平均年增长（%）	各年发展水平总和为基期的百分比（%）				
	1年	2年	3年	4年	5年
3.2	103.20	209.70	319.61	433.04	550.10
3.3	103.30	210.01	320.24	434.11	551.74
3.4	103.40	210.32	320.88	435.20	553.41
3.5	103.50	210.62	321.49	436.24	555.01
3.6	103.60	210.93	322.12	437.31	556.65
3.7	103.70	211.24	322.76	438.41	558.34
3.8	103.80	211.54	323.37	439.45	559.94
3.9	103.90	211.85	324.01	440.54	561.61
4.0	104.00	212.16	324.65	441.64	563.31
4.1	104.10	212.47	325.28	442.72	564.98
4.2	104.20	212.78	325.92	443.81	566.65
4.3	104.30	213.08	326.54	444.88	568.31
4.4	104.40	213.39	327.18	445.98	570.01
4.5	104.50	213.70	327.81	447.05	571.66
4.6	104.60	214.01	328.45	448.15	573.36
4.7	104.70	214.32	329.09	449.25	575.06
4.8	104.80	214.63	329.73	450.35	576.76
4.9	104.90	214.94	330.37	451.46	578.48
5.0	105.00	215.25	331.01	452.56	580.19
5.1	105.10	215.56	331.65	453.66	581.89
5.2	105.20	215.87	332.29	454.76	583.60
5.3	105.30	216.18	332.94	455.89	585.36
5.4	105.40	216.49	333.58	456.99	587.06
5.5	105.50	216.80	334.22	458.10	588.79
5.6	105.60	217.11	334.86	459.29	590.50
5.7	105.70	217.42	335.51	460.33	592.26
5.8	105.80	217.74	336.17	461.47	594.04
5.9	105.90	218.05	336.82	462.60	595.80
6.0	106.00	218.36	337.46	463.71	597.54
6.1	106.10	218.67	338.11	464.84	599.30
6.2	106.20	218.98	338.75	465.95	601.04
6.3	106.30	219.30	339.42	467.11	602.84
6.4	106.40	219.61	340.07	468.24	604.61
6.5	106.50	219.92	340.71	469.35	606.35
6.6	106.60	220.24	341.38	470.52	608.18
6.7	106.70	220.55	342.03	471.65	609.95
6.8	106.80	220.86	342.68	472.78	611.73
6.9	106.90	221.18	343.35	473.95	613.56

续表

平均年增长（%）	各年发展水平总和为基期的百分比（%）				
	1 年	2 年	3 年	4 年	5 年
7.0	107.00	221.49	343.99	475.07	615.33
7.1	107.10	221.80	344.64	476.20	617.10
7.2	107.20	222.12	345.31	477.37	618.94
7.3	107.30	222.43	345.96	478.51	620.74
7.4	107.40	222.75	346.64	479.70	622.61
7.5	107.50	223.06	347.29	480.84	624.41
7.6	107.60	223.38	347.96	482.01	626.25
7.7	107.70	223.69	348.61	483.15	628.05
7.8	107.80	224.01	349.28	484.32	629.89
7.9	107.90	224.32	349.94	485.48	631.73
8.0	108.00	224.64	350.61	486.66	633.59
8.1	108.10	224.96	351.29	487.85	635.47
8.2	108.20	225.27	351.94	489.00	637.30
8.3	108.30	225.59	352.62	490.19	639.18
8.4	108.40	225.91	353.29	491.37	641.05
8.5	108.50	226.22	353.95	492.54	642.91
8.6	108.60	226.54	354.62	493.71	644.76
8.7	108.70	226.86	355.30	494.91	646.67
8.8	108.80	227.17	355.96	496.08	648.53
8.9	108.90	227.49	356.63	497.26	650.41
9.0	109.00	227.81	357.31	498.47	652.33
9.1	109.10	228.13	357.99	499.67	654.24
9.2	109.20	228.45	358.67	500.87	656.15
9.3	109.30	228.76	359.33	502.04	658.02
9.4	109.40	229.08	360.01	503.25	659.95
9.5	109.50	229.40	360.69	504.45	611.87
9.6	109.60	229.72	361.37	505.66	663.80
9.7	109.70	230.04	362.05	506.86	665.72
9.8	109.80	230.36	362.73	508.07	667.65
9.9	109.90	230.68	363.42	509.30	669.62
10.0	110.00	231.00	364.10	510.51	671.56
10.1	110.10	231.32	364.78	511.72	673.50
10.2	110.20	231.64	365.47	512.95	675.47
10.3	110.30	231.96	366.15	514.16	677.42
10.4	110.40	232.28	366.84	515.39	679.39
10.5	110.50	232.60	367.52	516.61	681.35
10.6	110.60	232.92	368.21	517.84	683.33

平均年增长（%）	各年发展水平总和为基期的百分比（%）				
	1 年	2 年	3 年	4 年	5 年
10.7	110.70	233.24	368.89	519.05	685.28
10.8	110.80	233.57	369.60	520.32	687.32
10.9	110.90	233.89	370.29	521.56	689.32
11.0	111.00	234.21	370.97	522.77	691.27
11.1	111.10	234.53	371.66	524.01	693.27
11.2	111.20	234.85	372.35	525.25	695.27
11.3	111.30	235.18	373.06	526.52	697.32
11.4	111.40	235.50	373.75	527.76	699.33
11.5	111.50	235.82	374.44	529.00	701.33
11.6	111.60	236.15	375.15	530.27	703.38
11.7	111.70	236.47	375.84	531.52	705.41
11.8	111.80	236.79	376.53	532.76	707.43
11.9	111.90	237.12	377.24	534.03	709.48
12.0	112.00	237.44	377.93	535.28	711.51
12.1	112.10	237.76	378.62	536.52	713.53
12.2	112.20	238.09	379.34	537.82	715.63
12.3	112.30	238.41	380.03	539.07	717.67
12.4	112.40	238.74	380.75	540.37	719.78
12.5	112.50	239.06	381.44	541.62	721.82
12.6	112.60	239.39	382.16	542.92	723.94
12.7	112.70	239.71	382.85	544.17	725.98
12.8	112.80	240.04	383.57	545.47	728.09
12.9	112.90	240.36	384.26	546.72	730.14
13.0	113.00	240.69	384.98	548.03	732.28
13.1	113.10	241.02	385.70	549.33	734.40
13.2	113.20	241.34	386.39	550.59	736.46
13.3	113.30	241.67	387.11	551.89	738.59
13.4	113.40	242.00	387.83	553.20	740.73
13.5	113.50	242.32	388.53	554.48	742.83
13.6	113.60	242.65	389.25	555.79	744.98
13.7	113.70	242.98	389.97	557.10	747.13
13.8	113.80	243.30	390.67	558.38	749.23
13.9	113.90	243.63	391.39	559.69	751.38
14.0	114.00	243.96	392.11	561.00	753.53
14.1	114.10	244.29	392.84	562.34	755.74
14.2	114.20	244.62	393.56	563.65	757.89
14.3	114.30	244.94	394.26	564.93	760.01
14.4	114.40	245.27	394.99	566.27	762.21

平均年增长（%）	各年发展水平总和为基期的百分比（%）				
	1 年	2 年	3 年	4 年	5 年
14.5	114.50	245.60	395.71	567.59	764.39
14.6	114.60	245.93	396.43	568.90	766.55
14.7	114.70	246.26	397.16	570.24	768.76
14.8	114.80	246.59	397.88	571.56	770.94
14.9	114.90	246.92	398.61	572.90	773.16
15.0	115.00	247.25	399.34	574.24	775.38
15.1	115.10	247.58	400.06	575.56	777.56
15.2	115.20	247.91	400.79	576.91	779.80
15.3	115.30	248.24	401.52	578.25	782.02
15.4	115.40	248.57	402.25	579.60	784.26
15.5	115.50	248.90	402.98	580.94	786.48
15.6	115.60	249.23	403.71	582.29	788.73
15.7	115.70	249.56	404.44	583.64	790.97
15.8	115.80	249.90	405.19	585.02	793.26
15.9	115.90	250.23	405.92	586.36	795.49
16.0	116.00	250.56	406.65	587.71	797.74

附录 B 随机数字表

编号	1	2	3	4	5	6	7	8	9	10	11	12	13	14	15	16	17	18	19	20	21	22	23	24	25
1	28	89	65	87	08	13	50	63	04	23	25	47	57	91	13	52	62	24	19	94	91	67	48	57	10
2	30	29	43	65	42	78	66	28	55	80	47	46	41	90	08	55	98	78	10	70	49	92	05	12	07
3	95	74	62	60	53	51	57	32	27	12	72	27	77	44	67	32	23	13	67	95	07	76	30
4	01	85	54	96	72	66	86	65	64	60	56	59	75	36	75	46	44	33	63	71	54	50	06	44	75
5	10	91	46	96	86	19	83	52	47	53	65	00	51	93	51	30	80	05	19	29	56	23	27	19	03
6	05	33	18	08	51	51	78	57	26	17	34	87	96	23	95	89	99	93	39	79	11	28	94	15	52
7	04	43	13	37	00	79	68	96	26	60	70	39	83	66	56	62	03	55	86	57	77	55	33	62	02
8	05	85	40	25	24	73	52	93	70	50	48	21	47	74	63	17	27	27	51	26	35	96	29	00	45
9	84	90	90	65	77	63	99	25	69	02	09	04	03	35	78	19	79	95	07	21	02	84	48	51	97
10	28	55	53	09	48	86	28	30	02	35	71	30	32	06	47	93	74	21	86	33	49	90	21	69	74
11	89	83	40	69	80	97	96	47	59	97	56	33	24	87	36	17	18	16	90	46	75	27	28	52	13
12	73	20	96	05	68	93	41	69	96	07	97	50	81	79	52	42	37	13	81	83	92	42	85	04	31
13	10	89	07	76	21	40	24	74	36	42	40	33	04	46	24	35	63	02	31	61	34	59	43	36	96
14	91	50	27	78	37	06	06	16	25	98	17	78	80	36	85	26	41	77	63	37	71	63	94	94	33
15	03	45	44	66	88	97	81	26	03	89	39	46	21	17	98	10	39	33	15	61	63	00	25	92
16	89	41	58	91	63	65	99	59	97	84	90	14	79	61	55	56	16	88	87	60	32	15	99	67	43
17	13	43	00	97	26	16	91	21	32	41	60	22	66	72	17	31	85	33	69	07	68	49	20	43	29
18	71	71	00	51	72	62	03	89	26	32	35	27	99	18	25	78	12	03	09	70	50	93	19	35	56
19	19	28	15	00	41	92	27	73	40	38	37	11	05	75	16	98	81	99	37	29	92	20	32	39	67
20	56	38	30	92	30	45	51	94	69	04	00	84	14	36	37	95	66	39	01	09	21	68	40	95	79
21	39	27	52	89	11	00	81	06	28	48	12	08	05	75	26	03	63	05	77	13	81	20	67	58
22	73	13	28	58	01	05	06	42	24	07	60	60	29	99	93	72	93	78	04	36	05	76	01	54	03
23	81	60	84	51	57	12	68	46	55	89	60	09	71	87	89	70	81	10	95	91	83	79	68	20	66
24	05	62	98	07	85	07	79	26	69	61	67	85	72	37	41	85	79	76	48	23	61	58	87	08	05
25	62	97	16	29	18	52	16	23	56	62	95	80	97	63	32	25	34	03	36	48	84	60	37	65
26	31	13	63	21	08	16	01	92	56	21	44	79	74	73	72	08	64	80	91	38	07	28	66	61	59
27	97	38	35	34	19	89	84	05	34	47	88	09	31	54	88	97	96	86	01	69	46	13	95	65	96
28	32	11	78	33	82	51	99	98	44	39	12	75	10	60	36	80	66	39	94	97	42	36	31	16	59
29	81	99	13	37	05	08	12	60	39	23	61	73	84	89	18	26	02	04	37	95	96	18	69	06	30
30	45	74	00	03	05	69	99	47	26	52	48	06	30	00	18	03	30	28	55	59	66	10	71	44	05
31	11	84	13	69	01	88	91	28	79	50	71	42	14	96	55	98	59	96	01	36	88	77	90	45	59
32	14	66	12	87	22	59	45	27	08	51	85	64	23	85	41	64	72	08	59	44	67	98	36	65	56
33	40	25	67	87	82	84	27	17	30	37	48	69	49	02	58	98	02	50	58	11	95	39	06	35	63
34	44	48	97	49	43	65	45	53	41	07	14	83	46	74	11	76	66	63	60	08	90	54	33	65	84
35	41	94	54	06	57	48	28	01	83	84	09	11	21	91	73	97	28	44	74	06	22	30	95	69	72
36	07	12	15	58	84	93	18	31	83	45	54	52	62	29	91	53	58	54	66	05	47	19	63	92	75
37	64	27	90	43	52	18	26	32	96	83	50	58	45	27	57	14	96	39	64	85	73	87	96	76	23

38	80	71	86	41	03	45	62	63	40	88	35	69	34	10	94	32	22	52	04	74	69	63	21	83	41
39	27	06	08	09	92	26	22	59	28	27	38	58	22	14	79	24	32	12	38	42	33	56	90	92	57
40	54	68	97	20	54	33	26	74	03	30	74	22	19	13	48	30	28	01	92	49	58	61	52	27	03
41	02	92	65	68	99	05	53	15	26	70	04	69	22	64	07	04	73	25	74	82	78	35	22	21	88
42	83	52	57	78	62	98	61	70	48	22	68	50	64	55	75	42	70	32	09	60	58	70	61	43	97
43	82	82	76	31	33	85	13	41	38	10	16	47	61	43	77	83	27	19	70	41	34	78	77	60	25
44	38	61	34	09	49	04	41	66	09	76	20	50	73	40	95	24	77	95	73	20	47	42	80	61	03
45	01	01	11	88	38	03	10	16	82	24	39	58	20	12	39	82	77	02	18	88	33	11	49	15	16
46	21	66	14	38	28	54	08	18	07	04	92	17	63	36	75	33	14	11	11	78	97	30	53	62	38
47	32	29	30	69	59	68	50	33	31	47	15	64	88	75	27	04	51	41	61	96	86	62	93	66	71
48	04	59	21	65	47	39	90	89	86	77	46	86	86	88	86	50	09	13	24	91	54	80	67	78	66
49	38	64	50	07	36	56	50	45	94	25	48	28	48	30	51	60	73	73	03	87	68	47	37	10	84
50	48	33	50	83	53	59	77	64	59	90	58	92	62	50	18	93	09	45	89	06	13	26	98	86	29

　　随机数字表又称乱数表，是把0~9的10个数字，按随机原则和编码位数的要求（如二位一组、三位一组、四位一组、五位一组甚至十位一组），编制成的一张表。这个表内任何号码的出现都有同等的概率。

　　对已编好号码的全部总体单位，按编号的最大位数确定使用随机数表中的列（或行）数字，然后从表中任意列（或行）开始，向纵向（或横向）画线取数，碰上属于总体单位编号范围内的数码，就取定为样本单位。若抽样是按不重复方法进行，这时有遇到重复出现的数字时就不选取它，按表中顺序继续取下去，直到抽取够预定的样本单位数为止。

　　假定，欲从某一小区50户居民中，随机抽取10户居民对某种商品的需求量进行调查。首先要将总体50户居民按1~50户编号，由于编号最多是两位数字（50以内为两位），故从随机数表中任意选定两列，假定选中的第一个数是05（即第6行第1列），按从左到右顺序取数，选10个1~50之间的不同数（当遇到大于50的数时均跳过），获得的10个样本编号分别是05，33，18，08，26，17，34，23，39，11。

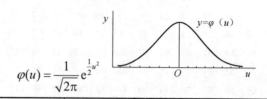

$$\varphi(u)=\frac{1}{\sqrt{2\pi}}e^{\frac{1}{2}u^2}$$

t	F(t)	t	F(t)	t	F(t)	t	F(t)
0.00	0.000 0	0.30	0.235 8	0.60	0.451 5	0.90	0.631 9
0.01	0.008 0	0.31	0.243 4	0.61	0.458 1	0.91	0.637 2
0.02	0.016 0	0.32	0.251 0	0.62	0.464 7	0.92	0.642 4
0.03	0.023 9	0.33	0.258 6	0.63	0.471 3	0.93	0.647 6
0.04	0.031 9	0.34	0.266 1	0.64	0.477 8	0.94	0.652 8
0.05	0.039 9	0.35	0.273 7	0.65	0.484 3	0.95	0.657 9
0.06	0.047 8	0.36	0.281 2	0.66	0.490 7	0.96	0.662 9
0.07	0.055 8	0.37	0.288 6	0.67	0.497 1	0.97	0.668 0
0.08	0.063 8	0.38	0.296 1	0.68	0.503 5	0.98	0.672 9
0.09	0.071 7	0.39	0.303 5	0.69	0.509 8	0.99	0.677 8
0.10	0.079 7	0.40	0.310 8	0.70	0.516 1	1.00	0.682 7
0.11	0.087 6	0.41	0.318 2	0.71	0.522 3	1.01	0.687 5
0.12	0.095 5	0.42	0.325 5	0.72	0.528 5	1.02	0.692 3
0.13	0.103 4	0.43	0.332 8	0.73	0.534 6	1.03	0.697 0
0.14	0.111 3	0.44	0.340 1	0.74	0.540 7	1.04	0.701 7
0.15	0.119 2	0.45	0.347 3	0.75	0.546 7	1.05	0.706 3
0.16	0.127 1	0.46	0.354 5	0.76	0.552 7	1.06	0.710 9
0.17	0.135 0	0.47	0.361 6	0.77	0.558 7	1.07	0.715 4
0.18	0.142 8	0.48	0.368 8	0.78	0.564 6	1.08	0.719 9
0.19	0.150 7	0.49	0.375 9	0.79	0.570 5	1.09	0.724 3
0.20	0.158 5	0.50	0.382 9	0.80	0.576 3	1.10	0.728 7
0.21	0.166 3	0.51	0.389 9	0.81	0.582 1	1.10	0.733 0
0.22	0.174 1	0.52	0.396 9	0.82	0.587 8	1.12	0.737 3
0.23	0.181 9	0.53	0.403 9	0.83	0.593 5	1.13	0.741 5
0.24	0.189 7	0.54	0.410 8	0.84	0.599 1	1.14	0.745 7
0.25	0.197 4	0.55	0.417 7	0.85	0.604 7	1.15	0.749 9
0.26	0.205 1	0.56	0.424 5	0.86	0.610 2	1.16	0.754 0
0.27	0.212 8	0.57	0.431 3	0.87	0.615 7	1.17	0.758 0
0.28	0.220 5	0.58	0.438 1	0.88	0.621 1	1.18	0.762 0
0.29	0.228 2	0.59	0.444 8	0.89	0.626 5	1.19	0.766 0

t	F(t)	t	F(t)	t	F(t)	t	F(t)
1.20	0.769 9	1.55	0.878 9	1.90	0.942 6	2.52	0.988 3
1.21	0.773 7	1.56	0.881 2	1.91	0.943 9	2.54	0.988 9
1.22	0.777 5	1.57	0.883 6	1.92	0.945 1	2.56	0.989 5
1.23	0.781 3	1.58	0.885 9	1.93	0.946 4	2.58	0.990 1
1.24	0.785 0	1.59	0.888 2	1.94	0.947 6	2.60	0.990 7
1.25	0.788 7	1.60	0.890 4	1.95	0.948 8	2.62	0.991 2
1.26	0.792 3	1.61	0.892 6	1.96	0.950 0	2.64	0.991 7
1.27	0.795 9	1.62	0.894 8	1.97	0.951 2	2.66	0.992 2
1.28	0.799 5	1.63	0.896 9	1.98	0.952 3	2.68	0.992 6
1.29	0.803 0	1.64	0.899 0	1.99	0.953 4	2.70	0.993 1
1.30	0.806 4	1.65	0.901 1	2.00	0.954 5	2.72	0.993 5
1.31	0.809 8	1.66	0.903 1	2.02	0.956 6	2.74	0.993 9
1.32	0.813 2	1.67	0.905 1	2.04	0.958 7	2.76	0.994 2
1.33	0.816 5	1.68	0.907 0	2.06	0.960 6	2.78	0.994 6
1.34	0.819 8	1.69	0.909 9	2.08	0.962 5	2.80	0.994 9
1.35	0.823 0	1.70	0.910 9	2.10	0.964 3	2.82	0.995 2
1.36	0.826 2	1.71	0.912 7	2.14	0.967 6	2.84	0.995 5
1.37	0.829 3	1.72	0.914 6	2.16	0.969 2	2.86	0.995 8
1.38	0.832 4	1.73	0.916 4	2.18	0.970 7	2.88	0.996 0
1.39	0.835 5	1.74	0.918 1	2.20	0.972 2	2.90	0.996 2
1.40	0.838 5	1.75	0.919 9	2.22	0.973 6	2.92	0.996 5
1.41	0.841 5	1.76	0.921 6	2.24	0.974 9	2.94	0.996 7
1.42	0.844 4	1.77	0.923 3	2.26	0.976 2	2.96	0.996 9
1.43	0.847 3	1.78	0.924 9	2.28	0.977 4	2.98	0.997 1
1.44	0.850 1	1.79	0.926 5	2.30	0.978 6	3.00	0.997 3
1.45	0.852 9	1.80	0.928 1	2.32	0.979 7	3.20	0.998 6
1.46	0.855 7	1.81	0.929 7	2.34	0.980 7	3.40	0.999 3
1.47	0.858 4	1.82	0.931 2	2.36	0.981 7	3.60	0.999 68
1.48	0.861 1	1.83	0.932 8	2.38	0.982 7	3.80	0.999 86
1.49	0.863 8	1.84	0.934 2	2.40	0.983 6	4.00	0.999 94
1.50	0.866 4	1.85	0.935 7	2.42	0.984 5	4.50	0.999 993
1.51	0.869 0	1.86	0.937 1	2.44	0.985 3	5.00	0.999 999
1.52	0.871 5	1.87	0.938 5	2.46	0.986 1		
1.53	0.874 0	1.88	0.939 9	2.48	0.986 9		
1.54	0.876 4	1.89	0.941 2	2.50	0.987 6		

参考文献

［1］贾俊平. 统计学. 4版. 北京：中国人民大学出版社，2012.

［2］曾五一，肖红叶. 统计学导论. 北京：科学出版社，2007.

［3］刘定祥，樊俊花. 统计学基础. 北京：首都师范大学出版社，2009.

［4］黄良文，朱建平. 统计学. 北京：中国统计出版社，2008.

［5］徐国祥. 统计学. 上海：上海财经大学出版社，2009.

［6］袁卫，庞皓，曾五一. 统计学. 北京：高等教育出版社，2009.

［7］刘达民. 应用统计学. 北京：化学工业出版社，2004.

［8］胡健颖. 实用统计学. 3版. 北京：北京大学出版社，2004.

［9］施建龙，吕洁. 应用统计学. 南京：南京大学出版社，2005.

［10］黄长凌. 工商管理统计学. 北京：清华大学出版社，2009.

［11］赵喜仓. 统计学. 北京：高等教育出版社，2011.

［12］梁前德. 统计学. 北京：高等教育出版社，2008.

［13］吴喜之. 统计学——从数据到结论. 北京：中国统计出版社，2006.

［14］张梅林. 应用统计学. 上海：复旦大学出版社，2004.

［15］李洁明，齐新娥. 统计学原理. 上海：复旦大学出版社，2006.

［16］陈全森. 统计学. 郑州：郑州大学出版社，2010.